中国广播电影电视社会组织联合会学术研究系列丛书
"中山火炬开发区杯"征文获奖作品选

广播电视改革发展40年

中国广播电影电视社会组织联合会
国家中山火炬高技术产业开发区党工委 编

中国广播影视出版社

图书在版编目（CIP）数据

广播电视改革发展40年／中国广播电影电视社会组织联合会，国家中山火炬高技术产业开发区党工委编．--北京：中国广播影视出版社，2019.8

（中国广播电影电视社会组织联合会学术研究系列丛书）

ISBN 978-7-5043-8321-1

Ⅰ.①广… Ⅱ.①中…②国… Ⅲ.①广播事业—体制改革—中国—文集②电视事业—体制改革—中国—文集 Ⅳ.①G229.2-53

中国版本图书馆CIP数据核字（2019）第141920号

广播电视改革发展40年
中国广播电影电视社会组织联合会
国家中山火炬高技术产业开发区党工委　编

责任编辑	刘川民
封面设计	贝壳学术

出版发行	中国广播影视出版社
电　　话	010-86093580　010-86093583
社　　址	北京市西城区真武庙二条9号
邮　　编	100045
网　　址	www.crtp.com.cn
电子信箱	crtp8@sina.com

经　　销	全国各地新华书店
印　　刷	旭辉印务（天津）有限公司
开　　本	710毫米×1000毫米　1/16
字　　数	524（千）字
印　　张	26
版　　次	2019年8月第1版　2019年8月第1次印刷
书　　号	ISBN 978-7-5043-8321-1
定　　价	92.00元

（版权所有　翻印必究·印装有误　负责调换）

编选说明

由中国广播电影电视社会组织联合会和国家中山火炬高技术产业开发区党工委共同举办的"'中山火炬开发区杯'改革开放与广播电视——纪念改革开放40周年"主题征文活动于2018年10月31日圆满结束，总计来稿126篇。征文主办方于2018年11月16日在京召开评定会。经评委们认真评议，最后评选出一等奖10篇，二等奖20篇，三等奖28篇。现将获奖作品结集出版。

《中国广播电视学刊》编辑部

目 录

一等奖

改革开放40年中国广播电视主要成就及启示 …………… 覃 榕 覃信刚 / 2
中国广播的变革与融媒体发展 ………………………… 高贵武 周 亮 / 15
坚守现实主义：改革开放40年中国电视剧创作的根本
　　经验 ……………………………………………… 杨明品 胡 祥 / 24
改革开放40年中国新闻评论的回顾、反思与启示 ……… 袁丽媛 王灿发 / 32
改革开放40年：中国广播电视学术研究的历史进程 …… 欧阳宏生 唐希牧 / 42
中国影视作品对外传播路径初探 ………………………………… 张 玲 / 57
坚守纪实美学　记录时代影像
　　——《纪录片编辑室》25周年回顾与思考 ……………… 唐 俊 / 63
改革开放40年电视舆论监督节目的发展经验与新时代发展路径 … 杨 晶 / 69
改革开放40年藏地题材纪录片发展概述 ………………………… 支晓亮 / 76
广播引领传统媒体向交互型融合媒体进阶
　　——对广播媒体40年交互功能进化的研究 ……………… 吴生华 / 83

二等奖

改革开放40年广播的创新发展 …………………………………… 涂有权 / 94
秉承改革精神　构建"广播+"媒体新业态 ……………………… 李 静 / 101
变革中的广播理念与实践 ………………………………… 曾少华 陆敏华 / 107
央广《新闻和报纸摘要》节目40年之流变 ……………… 诸雄潮 郑宇飞 / 113
以40年为镜，分析广电媒体管理体制和用人机制的演变与
　　创新 …………………………………………………… 王 丽 杨 冰 / 120

中国广播广告市场回顾与发展 ··· 方　乐 / 125

改革开放以来中国广播创新发展轨迹探析

　　——基于对多家电台改革实践的综合考察 ··············· 王春美 / 134

中国电视纪录片解说发展历程之成长期（1978—1992） ······· 邢梦莹 / 143

在变与不变中体现时代担当

　　——由《新闻联播》看中国电视新闻的改革路径 ········ 冯　华 / 152

从类型化电台到互联网音频媒体

　　——"珠江模式"30载广播的变革与转型 ··············· 武　鹏 / 158

中国广电改革40年中的十个关键节点 ········· 郑勇华　杨　伦　李德品 / 162

改革开放40年：中国广播电视产业四次大跨越 ··············· 李　岚 / 167

砥砺五年：我国电视剧发展纵论 ····················· 戴　清　邵　将 / 172

推动视听新媒体行业健康可持续发展 ···························· 李园园 / 182

聚焦美好生活　勇攀创作高峰

　　——十八大以来国产电视动画发展综述 ··················· 王亚奇 / 188

近五年中国纪录片的创新与发展 ····················· 张国涛　孟　雪 / 193

广播电视公益广告宣传开创新局面 ······························ 于进宝 / 198

广播电视新闻舆论监督节目发展历程及现实意义

　　——以《焦点访谈》《公仆走进直播间》为例 ··········· 闫丽琴 / 204

改革开放40年中国纪录片的转型 ································ 孙蕾蕾 / 211

中国电视手语主持发展40年 ···································· 袁　伟 / 217

三等奖

中国广播在改革开放40年中的几个重要变化 ··················· 谢明辉 / 226

试论媒体融合的发展"轨迹" ····································· 王　君 / 235

财经广播的发展与节目定位 ······································ 葛文婕 / 242

从《小喇叭》节目看儿童广播的媒体融合 ······················· 李晓冰 / 248

现场直播在路上

　　——改革开放40年我国广播新闻现场直播的发展 ··· 成文胜　齐茗馨 / 254

改革开放以来广播收听方式的变迁 ······························ 艾红红 / 264

云南广播以类型化开先河，走出特色传播之路 ······· 杨　锦　李建文 / 269

三次难忘的茶叙 ·· 赵复铭 / 273

地方广电媒体的"跨地域"采访

　　——大型媒体（新闻）行动异地实施的实践和经验 ······ 吕　岸 / 277

| 目 录 |

城市台讲好改革故事应把握三种辩证关系 …………………………… 牟　毅 / 282
媒介技术发展背景下的新闻教育改革探析 ………………… 史文静　赵雪婷 / 287
广电媒体对农业发展的正面影响 …………………… 徐晓飞　刘陈强　芳忱 / 295
新时期媒介融合人才培养的四重转向 ……………………………… 赵　渊 / 299
深化司法改革背景下法制节目的舆论引导艺术
　　——以央视《法治在线》对念斌案、陈满案、聂树斌案的
　　报道为例 …………………………………… 杨凤娇　熊方萍　龚茜 / 305
深度报道舆论引导力的构建路径 …………………………………… 王国安 / 313
西藏广播电视融合发展的思考
　　——西藏广播电视40年改革发展巡礼 ……………………… 王清江 / 319
"过去未去，未来已来"：改革开放40年广电事业发展回眸与
　　展望 ……………………………………………… 蔡之国　王文瑾 / 325
浅谈广播呼号在我国广播事业发展不同阶段所呈现的时代特征 …… 陈健声 / 333
见微知著看变化
　　——以甘州广播电视台《甘州百村行》为例 …… 门晓峰　朱兴忠 / 339
融媒时代主流媒体的新闻评论创新
　　——以《央视快评》为例 ……………………………………… 李文学 / 343
城市广播舆论监督路径探析 ………………………………………… 左　宁 / 349
从单媒体到融媒体　见证媒体改革进程
　　——以中卫市新闻传媒集团媒体融合改革实践为例 ……… 吕建宁 / 356
电视媒体的"变"与"不变" ……………………………………… 伍时华 / 360
无声之屏：改革开放40年手语节目主持研究综述 ………… 王彦　曹芮 / 366
改革开放40年来城市电台法治节目探索之路
　　——以成都人民广播电台为例 ………………………………… 李申建 / 378
农民工社会融合问题的影像呈现
　　——央视纪实节目《城市梦想》解析 ………………………… 王　平 / 385
广播影视走出去实现跨越式发展 …………………………………… 朱新梅 / 393
守正出新　砥砺奋进
　　——一份媒体融合发展的"答卷" …………………………… 彭　锦 / 401

一等奖

改革开放40年中国广播电视主要成就及启示

覃 榕 覃信刚

改革开放是当代中国最鲜明的特色，是中国共产党最鲜明的旗帜，也是中国广播电视事业最鲜明的特色和最鲜明的旗帜。分析、总结改革开放以来中国广播电视40年的发展历程、主要成就、主要经验及其启示，可以看清改革开放是如何在中国创造了一个广播电视大国，继而会如何迈向广播电视强国，意义重大而深远。

一、改革开放40年中国广播电视的发展历程

改革开放40年，是中国广播电视事业发生历史性巨变的40年。这40年，大致可分为五个时期。

第一个时期（1978—1982）。1978年12月，党的十一届三中全会做出了把党和国家工作重心转移到经济建设上来、实行改革开放的重大历史性决策。1981年6月，《关于建国以来党的若干历史问题的决议》彻底否定了"文化大革命"，对新中国成立以来历史经验教训进行了全面而深刻的总结，以邓小平为核心的中央领导集体形成，我国广播电视事业步入改革开放历程，迎来大好发展机遇。1980年10月第十次全国广播工作会议，总结历史经验，重提"自己走路"的方针，新闻节目悄然变化，广播剧、电视剧逐渐兴起，全国广播网、电视网随之形成。1982年5月，中央广播事业局撤销，升格为广播电视部。随之，全国省级广播事业局也先后改为广播电视厅或局。

第二个时期（1982—1992）。1982年9月，邓小平提出了关于建设有中国特色社会主义的思想。这个时期，1983年第十一次全国广播电视工作会议提出了"四级办广播、四级办电视、四级混合覆盖"的方针，并强调"以新闻改革为突破口""坚持'自己走路'，扬独家之优势，汇天下之精华"，激活了全国广播电视人的热情。广东珠江经济广播电台开播，全国新闻节目、专题节目、文艺节目不断增加，电视剧年产量大大超过电影，广播电视的规模不断扩大，传播力、影响力不断提升。我国自己研制的第一颗通信卫星于1984年4月发射成

功,开启了多路传输广播电视节目的试验。从 1986 年开始,传送多套广播电视节目。同时,广播电视部改为广播电影电视部,统一领导电影和广播电视事业。

第三个时期(1992—2002)。这个时期以邓小平南方谈话和党的十四大为标志,中国改革开放进入新的发展阶段,社会主义市场经济体制改革目标确立。广播电视发展进入快车道,节目样式出新,运营方式变革,频率频道增加,专业化办台破冰,有线电视崛起,卫星电视出现,产业化、数字化发展加快,对外交流增多,广播电视智能大楼、广播电视塔不断启用。广播电视部改组为国家广播电影电视总局,职能职责再次调整。中央人民广播电台、中国国际广播电台、中央电视台升格为副部级事业单位,省级电台、电视台也逐步升格为副厅级事业单位,广播电视的主体地位提高。《广播电视管理条例》颁布,广播电视村村通工程和西新工程等全面实施,大大拓展了覆盖范围。

第四个时期(2002—2012)。这一时期国家民主法制建设和政治体制改革稳步推进,全面建设小康社会和构建和谐社会进入新阶段,广播电视迈向科学发展。2003 年"广播发展年"推动了广播的发展。大规模的"走转改"强化了"三贴近",品牌栏目,广播电视新闻、文艺节目传播力不断扩大,影响力不断提升。"西新工程""村村通工程"向广播电视公共文化服务体系转变,地面数字电视开通,高清、标清节目开播,第一颗直播卫星成功发射。无线电视与有线电视合并,电台与电视台合并,管办分离、制播分离、转企改制不断深化,广播电视进入快速发展时期。

第五个时期(2012—2018)。这个时期是"四个全面"战略布局和"五位一体"总体布局全面实施的时期。中国广播电视进入中国特色社会主义新时代。传统广播电视与新兴媒体融合发展强势推进,大数据、云计算、人工智能平台正加快建设;电台、电视台合并,诞生了全球最大的广播电视台——中央广播电视台总台,与党报并立成为正部级事业单位;台长同时任中宣部副部长,标志着广播电视主体地位的再次强化;全国县级融媒体中心建设于 2018 年 9 月启动,将于 2020 年全面完成;事业单位人事制度改革"三定"方案逐步落实。电台、电视台节目文化品位提升,产业发展虽遇电视下滑状态,但整体仍呈增长趋势。2013 年 3 月,国家新闻出版广电总局成立,这是大部门制改革的一次尝试,也是转变政府职能、深化简权放权、创新监管方式的探索。2018 年 3 月,国家广播电视总局成立,原新闻出版、电影部门划归中宣部直属,这使广播电视总局更加关注于广播电视事业、产业的发展,强化了职能和职责。

二、改革开放40年中国广播电视的发展成就

（一）事业发展成就

40年前，中国开启了改革开放这场伟大革命。从此，中国辽阔的大地发生了翻天覆地的变化。世界第二大经济体、第一大工业国……处于这种大国态势的中国广播电视也水涨船高。截至2017年年底，全国公共广播节目2825套，公共电视节目3493套，分别是改革开放之初1979年的92倍和28倍。在政府财政的强有力支持下，一幢幢广播电视智能大楼拔地而起，国际台、央广大楼以及新修建的央视大楼，上海、深圳、江苏、辽宁电视大楼，成为新型大城市的标志。央视大楼让世界惊奇，各种报道、讨论见诸世界报刊。上海、北京、天津、广州广播电视塔等，成为改革开放后大城市崛起的风景线。全国广播电视从中央台到省市台，全部实现网络数字化。以中国广播云平台，"中华云""中国电视云"为代表的全国省级以上广播电视台基本实现高清化，县级全部实现数字化、网络化。高清电视和超高清电视得到进一步推广，4K超高清电视频道开播，由此中国将逐步迈入全球最大的4K超高清市场。全国播出设备特别是大中小型转播车、调音台，在全世界均处于第一流。2018年3月，中央广播电视总台成立，全台拥有47个电视频道，129个广播频率、103个海外电台，其覆盖能力、媒体规模已超过美国CNN、英国BBC，成为世界最大的传媒集团。我国政府把构建公共广播电视服务体系作为战略目标，广播电视实施城乡覆盖，先后实施了"西新工程""村村通工程"、无线覆盖工程和卫星接收入户项目，统筹有线、无线、卫星覆盖，大大提升了广播电视的公益性地位。截至2017年年底，全国广播综合人口覆盖率98.71%，电视综合人口覆盖率99.07%，全国有线广播电视覆盖用户数达3.36亿户，实际用户数2.14亿户，其中有线数字电视实际用户数1.94亿户，国内听广播、看电视的人口超过13亿，中央广播电视总台覆盖超过全球210个国家和地区，国内用户超过13亿。广播电视覆盖居世界前列。

（二）宣传工作成就

马克思主义新闻观在中国广播电视事业的实践结晶，是中国特色社会主义广播电视。中国特色广播电视在40年的新闻宣传中，形成了鲜明特色，铸就了新闻传播重镇。中国特色广播电视以新闻立台，40年尽心尽责宣传党和国家工作大局以及重大思路、重大举措、重大战略，构建了以《新闻和报纸摘要》《新闻联播》为代表的品牌栏目群。《新闻和报纸摘要》《新闻联播》以人民为中心高扬主旋律，引领中国人民建设社会主义现代化，40年的消息、评论、专题、通讯、简讯等，呈现了一个站起来、富起来、强起来的"声音新闻里的中国""图像新闻里的中国"，2018年，收视率在2%以上的节目比较稀少，但《新闻联播》平均收视率高达8.05%，呈收视率最高峰，而《新闻和报纸摘要》也一路

引跑，在中国也包括全世界是收听收看人数最多的广播电视栏目，是中国特色政治传播的重镇。同时，全国广播电视新闻资讯节目不断增加播出量，截至2017年年底，广播资讯类节目播出时间297.33万小时，电视资讯类节目播出时间271.85万小时，中国已成为名副其实的新闻资讯播出大国。

广播电视的理论强则有利于党强、国强、民强。中国特色广播电视长期重视理论宣传，摆到重要位置，在多种时段都能听到理论的声音，看到理论的图像。从1978年11月中央电台《学习》节目播出《理论和实践问题——实践是检验真理的唯一标准》，到2018年8月央视《百家讲坛》播出特别节目《平"语"近人——习近平总书记用典》，以及《新时代学习大会》，形式多样，内容丰富，影响力也越来越大。

时代呼唤先进典型，人民需要先进典型，广播电视为人民鼓与呼，理应多报道先进典型。改革开放以来，我国涌现出了一批又一批具有崇高理想信念、高尚道德情操，深受人民爱戴的先进典型：徐洪刚、孔繁森、任长霞、牛玉儒、高德荣等。中国广播电视选择具有改革开放时代特征的先进典型，理直气壮、旗帜鲜明而又实事求是地宣传先进典型，持续不断采取三级联动（中央、省、市）的方式作立体型传播，为全面提高全体人民的思想道德水平，全面推进社会进步做出了重要贡献，形成了中国特色广播电视新闻宣传最鲜明的特色。可以说，中国广播电视也是先进典型宣传的重镇。

广播电视声画并茂，改革开放以来，中国广播电视忠实传承弘扬中华优秀传统文化、积极发展传播中国先进文化，借鉴世界广播电视的文明成果，从中国国情、省情出发，经过一次又一次改版，改变广播电视综合型一统天下的模式，逐步转向专业化、类型化，服务群众、满足群众对广播电视文化的需求。中国广播电视在经历了系列台、专业化、类型化细分改版后，形成了多样化共同发展的局面，而且这种局面与国家的发展进步紧密相连。改革开放启动之初，我国仍然是一个贫穷落后的国家，城镇化率落后，人民群众生活水平比较低。1978年年末，常住人口城镇化率为17.92%，2017年末上升为52.5%。改革开放40年，中国最主要的转型是由乡土中国转向城镇中国。这期间，都市频率、都市频道不断涌现。改革开放后，我国以经济建设为中心，2010年超过日本成为世界第二大经济体。1978年，中国经济规模仅有3679亿元人民币，2017年中国国内生产总值已达82.71万亿人民币。1978年，我国平均国民收入为200美元，远低于中等偏下收入国家，2016年提高到8250美元，高于中等收入国家的平均水平。1979年至2017年，全国居民人均可支配收入平均实际增长8.5%。同时，中国由计划经济模式转向市场经济模式。在这样一种大环境下，广东珠江经济广播电台应运而生，"珠江模式"在全国流行，经济广播、经济频道遍地开花，而且几十年都有用武之地。1978年,我国公路通车总里程89万公里,2017年年底,我国公路总里程477.35万公里,高速公路以13.65万公里的通车里程稳居世界之首;改革开放初期,我国铁路里程5.7万公里,2003年年底,铁路网规模达7.3万公里,世界上海拔最高的青藏铁路2006年建成。截至2017年年底,全国铁路营运里程12.7万公里,增长7.53万公里,其中高铁2.5万公里,覆盖65%以上的百万人口城市。改革开放初期,我国民航隶属空军,民用机场78个,2017年年底,我国运输机场发展到229家。① 汽车时代、高铁时代、航空时代并列,并于2017年后又出现"共享单车时代"。2018年10月23日,总长约55公里的港珠澳大桥开通,这是世界跨海大桥奇迹。在这样的大背景下,我国交通广播出现,而且不断细分,出现了汽车音乐广播、交通资讯广播、私家车广播等。到2018年,已发展至200余家,广告收入过亿的有20多家,北京交通台2012年广告收入就突破6亿,成为中国广播也是世界广播的领头羊。

新中国成立以来,我国广播有新闻性、文艺性、教育性、服务性节目等,电视初期的节目也大致如此。改革开放以来,党和国家的主要任务是发展生产力,随着综合国力的提升,人民群众不仅对物质文化生活提出了更高要求,而且在民主、法治、公平、正义、安全、环境、文化、娱乐、健康等方面的要求也日益增长。广播电视适应人民群众的这一系列需求,经过改版改革,分别形成了30余种和20余种类型频率、频道以及各类栏目。如广播有全新闻、新闻/谈话、经典音乐、经济、都市等类型化电台,电视有全新闻、电影、纪录片、都市、公共等频道。在栏目类型方面,《焦点访谈》《电视问政》《新闻纵横》《阳光热线》等形成了广播电视典型的舆论监督文化,而《中国好声音》《等着我》《中国诗词大会》《致我们正在消逝的文化记忆》等,成为中国特色社会主义文化传播的制高点。《春晚》收视率平均达到30%,创造世界收视率奇迹。众多的电视剧场,出现了红色经典剧、续拍剧、商贾剧、戏说剧、动漫游戏改编剧、情景喜剧、方言电视剧、戏曲电视剧、音乐电视剧等,而广播剧则出现了历史、当代、爱情、非虚构等类型,不断满足了受众对广播电视艺术的需求。广播电视是当之无愧的中国特色社会主义文化传播重镇。

(三)体制改革成就

1980年8月,邓小平发表《党和国家领导制度的改革》讲话。从此,我国政治体制改革在探索中稳步推进,大规模的政府机构改革也在80年代展开,都涉及广播电视体制。第一次改革始于1982年,国务院所属部委体制改革,主要是精简机构、解决机构膨胀、冗员增多的问题。国务院原有52个部、委,经过

---

① 胡静、刘锦鑫:《改革开放40年见证中国速度》,《中国新时代》2018年第9期。

这次机构改革，总共设置41个部委。在这轮改革中，撤消中央广播事业局，设立广播电视部，升格为正部级，级别与报业相同。没有被撤，反而升，这说明中央对广播电视发展的高度重视。之后，地方机构改革随之展开，广播事业局改为广播电视厅（局），升格为正厅级。但是，此轮部委机构改革结束后，出现了反弹现象，引起了中央高层的密切关注。1986年1月，中共中央发布通知，要求各地、各部门要对擅自增加机构、扩大编制的问题进行一次检查、清理。该撤销的机构坚决撤销。不该升格的恢复原级别。1986年1月，广播电视部改为广播电影电视部，电影局由原属文化部成建制地划归广播电影电视部领导，影视合并，统筹管理。广播电视部不但未撤，反而扩大。不过，由于意见分歧，划归工作进展缓慢，有的省十多年后才完成。

1983年4月，第十一次全国广播电视工作会议提出"四级办广播、四级办电视、四级混合覆盖"的方针，改变了中央、省、市三级办无线广播、县办有线广播、中央和省级办电视、分级覆盖的做法，扩大了广播电视的规模，推动了广播电视的发展，被公认为是我国广播电视发展的一个里程碑。

党的十四大之后，行政体制改革和政府职能转变的步伐进一步加快。第一次大规模的机构改革在1992—1993年间展开，第二轮机构改革于1997—1998年进行。党的十五大报告批评"机构庞大，人员臃肿，政企不分，官僚主义严重"的问题，力图通过机构改革逐步解决。1998年3月10日，广播电影电视部改组为国家广播电影电视总局（正部级，以下简称广电总局），列入国务院直属机构系列，地方广播电影电视厅局则改为局，列入省级政府直属机构系列。这次改革"定职能、定机构、定编制"的"三定"工作也同步实施。

党的十六大报告第一次详细谈到了"深化行政管理体制改革"的问题。2003年2月，《关于深化行政管理体制和机构改革的意见》，由十六届二中全会通过。2007年10月，十七大报告继续强调"加快行政管理体制改革，建设服务型政府"的目标。2008年3月，中共中央、国务院《关于深化行政管理体制改革的意见》强调继续推进地方机构改革。而对事业单位分类改革的部署是："按照政事分开、事企分开和管办分离的原则，对现有事业单位分三类进行改革。主要承担行政职能的，逐步转为行政机构或将行政职能划归行政机构；主要从事生产经营活动的，逐步转为企业；主要从事公益服务的，强化公益属性、整合资源，完善法人治理结构，加强政府监管。"[①] 2011年3月，中共中央、国务院做出《关于分类推进事业单位改革的指导意见》，提出了事业单位改革的总体目标

---

① 《中共中央、国务院印发〈关于深化行政管理体制改革意见〉的通知》（2008年3月3日），《十七大以来重要文献选编》（下），中央文献出版社2014年版，第279页。

和阶段性目标。2013年3月，《关于国务院机构改革和职能转变方案的决定》颁布，决定整合加强新闻出版和广播电影电视管理机构。将国家新闻出版总署、国家广播电影电视总局的职责整合，组建国家新闻出版广电总局，国家新闻出版广电总局加挂国家版权局牌子，不再保留国家广播电影电视总局、国家新闻出版总署。这次国务院机构改革的一大特点，是推行大部门制。十七大以后，从中央到地方都进行了大部门制改革的探索，地方也组建了新闻出版广电局。2017年10月，党的十九大报告提出了"深化事业单位改革，强化公益属性，推进政事分开、事企分开、管办分离"的新部署。① 2018年3月，新一轮改革开始，在原国家新闻出版总局广播电视职责的基础上成立国家广播电视总局。原新闻出版、电影机构合并到中宣部，"影视"在合并32年后分设。地方广电机构也在2019年3月完成改革。在此轮改革中，中央三台（中央人民广播电台、中国国际广播电台、中央电视台）合并，组成中央广播电视总台，升格为正部级，与国家广播电视局"管办分离"，其机构与党报平级。新中国成立69年来，广播电视台首次为正部级，这再次说明了党中央对广播电视的重视。从此，全国广播、电视除吉林、广西、西藏三个省区未合并外，其余全部合并升格为正厅级。

  现在回过头来简要概述广播电视的政事分开、事企分开、管办分离。1996年，广州日报报业集团成立，成为我国第一家传媒集团。1998年6月9日，全国首家广播电视集团——无锡广电集团正式成立。该集团是一个综合性的广电集团，自收自支、自负盈亏。同年12月27日，第一个省级广电集团——湖南广播影视集团诞生。2001年12月6日，中国广播影视集团成立。在这之前和之后，全国有多家广播影视集团成立。

  国家历来把广播电视列为公益事业。公益性质成为广播影视集团探讨的一个问题。于是，有的省市成立广播电视台，实施两台合并、管办分离、事企分开。这样，就出现了广播电视台改来改去的情况。"摸着石头过河"，没有现成的模式可复制，难免付出成本代价。

  中央三台合并，可以说使两台合并"一锤定音"，广播电视合并已是大势所趋，未来的工作是如何把广播电视台办好。

  2018年8月21日，习近平总书记在全国宣传思想工作会议上强调："要扎实抓好县级融媒体中心建设，更好引导群众，服务群众。"9月，全国县级融媒体中心建设开始推进，将于2020年年底全面完成。届时，全国将有1887家县级融媒体中心成立，包括广播电视、报纸、新媒体以及公共文化服务，这将是继

---

① 习近平：《决胜全面建成小康社会，夺取新时代中国特色社会主义伟大胜利》，人民出版社2017年版，第39页。

"四级办广播电视"之后的又一里程碑。

（四）产业发展成就

改革开放前，我国广播电视事业的经费主要靠财政拨款，1977年为3.9亿元。1978年12月，《人民日报》联合八家首都媒体给财政部打报告，要求试行"事业单位，企业化管理"，财政部批准了这个报告。1979年1月28日，上海电视台播放了我国内地第一条电视商业广告；3月5日，上海人民广播电台也恢复了广告业务。11月，中共中央宣传部发出了《关于报刊、广播、电视台刊播外国商品广告的通知》。文件下发后，中央电视台同时在1、2套节目推出了商业广告。1980年1月，中央人民广播电台开办了《广告》节目，随后各地方电台、电视台也纷纷效仿。① 这期间，广播电视经历了全员拉广告，集中管理、集中经营，集中管理、分散经营的探索。邓小平南巡谈话的发表，激活了广播电视人的思想，社会主义市场经济的发展和市场体制的建立、中央深化文化体制改革政策的引领，都推动了中国广播电视产业的发展。全国广播电视台纷纷成立公司，采取多种方式进行市场化经营。截至2017年年底，广播电视服务总收入6070.21亿元，广播电视实际创收收入4841.76亿元。电视剧、电视动画产业持续增长，2003年以来保持在1.5万集左右，网络媒体广告收入306.71亿元，占广告收入总额18.57%，网络新媒体广告成为新的收入增长点。广播电视产业的快速发展，极大推动了中国广播电视事业的繁荣兴盛。

（五）媒体融合成就

1996年12月15日，广东珠江经济广播电台上网，同月，"央视国际"的诞生拉开了我国电视媒体上网的序幕。事过一年，笔者初步统计，全国有200余家电台上网。2004年，湖南卫视的金鹰网建立。2009年12月28日，中国网络电视台（CNTV）开播。之后，又有几家网络广播电视台出现。这期间，探索的是全媒体、多媒体、台网互动及媒介融合。学界的研究也紧紧跟进。2014年8月18日，中央全面深化改革领导小组第四次会议审议通过了《关于推动传统媒体和新兴媒体融合发展的指导意见》，习近平总书记在会上就媒体融合作了重要讲话。在经历了2014年的顶层设计、2015年媒体融合元年和2016—2018年的快速发展，全国省市以上广播电视台的台、网、端、微已布局完毕，采用云计算、大数据技术的中央厨房建设已基本完成，中央广播电视总台采取先进技术引领，与阿里巴巴、腾讯、百度、新浪、中国移动、华为等企业开展合作，深入研究大数据、云计算、人工智能、5G网络，全力推进媒介融合。央视网终端覆盖人次达到14.3亿，央广网海外拥有数以亿计听众，国际多语种平台用户总数量达到

---

① 赵玉明主编：《中国广播电视通史》，北京广播学院出版社2004年版，第459页。

3.3亿。全国县级融媒体中心建设正在加快推进，媒体融合建设取得突破性成就。

（六）国际传播成就

改革开放以来，我国电台、电视台通过卫星传输、海外建设本土化电台等方式进行国际传播，在播出语种、覆盖范围等方面取得了突破性进展。截至2018年10月，中国国际广播电台使用65种语言全天候向世界传播，在世界开办了103家电台，覆盖50多个国家的首都和城市，其网站国际在线提供65种外语播出。中央电视台全球唯一使用六种联合国工作语言对外传播，年播出量高达32.9万小时，覆盖用户超过全球210个国家和地区，《国际锐评》评论原创品牌已覆盖五大洲40个国家的80多个主流媒体。我国广播电视节目和产品不断"走出去"，影响力越来越大，电视剧、动画片等已销售到东南亚、南亚等40多个国家和地区。边疆省区的广播电视节目在周边国家和地区的覆盖进一步扩大，国际传播能力不断提升，国际一流媒体建设取得重大进展。

（七）广播电视教育成就

改革开放以来，我国40年的广播电视教育，已形成多种层次、多种形式、学科门类齐全的办学体系，以学院的大建制来进行广播电视学、新闻学等新闻教育已经成为趋势。除中国传媒大学、浙江传媒学院等院校，在全国2900多所高校中，有约800多所院校办有广播电视专业。在实施"985工程""211工程"和"双一流建设"等工作中，高校聚集了一大批高级广播电视人才，形成了一批具有国际先进水平的学科，缩小了与世界一流大学的学科差距。截至2017年年底，全国广播电视从业人员97.69万人，大专以上学历人员占比80.19%。这其中，广播电视专业的人才比重逐步呈上升趋势。

（八）学术研究成就

40年改革开放开创和发展了中国特色社会主义广播电视，形成了中国特色广播电视理论体系、行政体系、事业体系、产业体系、技术体系等。在这个过程中，中国特色广播电视学术理论的形成有其鲜明的特点。

中国特色广播电视理论源自于实践，指导实践，联系实际，形成过程产生了"局台长学术群"①。这一群体的出现有其特殊的历史背景：改革开放大潮需要中国特色广播电视理论指导，有马克思主义新闻观的指引，又有丰富的实践经验，局台长往往又有紧迫的问题需要解决，于是在工作中研究，在研究中工作，由广播电视实践思索的经验体会、理性分析，上升到广播电视理论，推动了广播电视学术理论的繁荣，也指导广播电视实践，由此出版了一大批学术著作，取得了丰

---

① 泛指局级、台级从事广播电视学术研究的领导。

硕成果。这个学术群体的学术研究，往往主题宏大，代表着中国广播电视学术理论的研究方向。代表性著作如《吴冷西论新闻报道》①《热运行与冷思考——谈广播电视学会工作》②《中国电视论纲》③《中华人民共和国广播电视简史》④《中国广播电视改革发展十年回眸》⑤《中国广播电视学》⑥《中央电视台发展史》(1998—2008)⑦《中央人民广播电台简史》⑧《中国国际广播电台发展史》第一卷（1941—2000）⑨《中国国际广播电台发展史》第二卷（2001—2011）⑩《新闻架起连心桥》⑪《新媒体环境下的广播战略转型》⑫《横空出世——广播"珠江模式"的理论与实践》⑬《融合，广播的使命》⑭等。局台长学术群是中国广播电视学术理论研究的重要力量，其作品在业界产生了广泛而深远的影响，为中国特色社会主义广播电视学术理论的建设立下汗马功劳。有的局台长退休后，到广播电视协会、电视艺术家协会和高校兼职，也带动了协会、学会、联合会和高校的研究。

随着高校广播电视学科建设的加强，学界研究广播电视理论的学者越来越多，中国传媒大学、中国人民大学、复旦大学、四川大学、暨南大学出版了一系列广播电视学术专著、教材。还有一大批中青年学者也非常活跃，科研成果显著，受到业界称赞。

广播电视学术理论的繁荣，引发了学界、业界研究人员的流动，出现了"两栖型学者"，有的从业界到学界，有的从学界到业界。他们既有业界的实践，又有学界的理论，为中国广播电视理论建设做出了可贵贡献。

广播电视的学术研究，需要平台，需要阵地。改革开放以来，学术团体、研究机构不断出现。1986年10月15日，中国广播电视学会成立，该学会是全国

---

① 《吴冷西论新闻报道》：新华社新闻研究所编，新华出版社2005年版。
② 孙家正1994年11月13日在上海召开的中国广播电视学会第二届常务理事会第四次会议上的讲话：《热运行与冷思考——谈广播电视学会工作》，《中国广播电视学刊》1995年第1期。
③ 杨伟光主编：《中国电视论纲》，中国广播电视出版社1998年版。
④ 徐光春主编：《中华人民共和国广播电视简史》，中国广播电视出版社2003年版。
⑤ 刘习良主编：《中国广播电视改革发展十年回眸》，中国国际广播出版社2012年版。
⑥ 张振华主编：《当代中国广播电视学》，中国国际广播出版社2014年版。
⑦ 赵化勇主编：《中央电视台发展史》(1998—2008)，中国广播电视出版社2008年版。
⑧ 杨波主编：《中央人民广播电台简史》，北京广播学院出版社2000年版。
⑨ 胡耀亭、陈敏毅主编：《中国国际广播电台发展史》第一卷（1941—2000），中国国际广播出版社2011年版。
⑩ 王庚年主编：《中国国际广播电台发展史》第二卷（2001—2011），中国国际广播出版社2011年版。
⑪ 胡占凡主编：《新闻架起连心桥》，学习出版社2012年版。
⑫ 王求主编：《新媒体环境下的广播战略转型》，中国广播影视出版社2015年版。
⑬ 曾广星主编：《横空出世——广播"珠江模式"的理论与实践》，中国广播电视出版社1999年版。
⑭ 董传亮、金俊、薛可主编：《融合，广播的使命》，中国广播影视出版社2016年版。

性的广播电视团体,目的是加强广播电视工作,促进广播电视的改革和发展。之前的1985年4月,中国电视艺术家协会成立。之后,中华广播影视交流协会、中国教育电视协会等社会组织成立。高校也成立了有关学会。进入21世纪,我国广播电视学术研究团体不断壮大,中国广播电视协会更名为中国广播电影电视社会组织联合会,联合20多个全国性协(学)会、50余个二级分会和专业委员会,而中国广播电影电视社会组织联合会学术委员会下设11个学术研究基地,广泛开展学术活动,使我国广播电视学术研究进入黄金时期。

中国广播电视学会成立后,全国省、市广播电视机构、电视教育部门也都成立了广播电视学会或分会。继全国性的刊物《北京广播学院学报》(1979年创办,1994年更名为《现代传播》)、《电视文艺》(后定名为《中国电视》)、《电视业务》(后更名为《电视研究》)、《中国广播电视学刊》《中国广播》创刊,省市级学会、协会也纷纷创办刊物,《视听界》《视听纵横》《岭南视听研究》《声屏世界》也纷纷创办。据统计,此间全国广播电视的相关研究刊物总计达到64种,同时还出版了一批有内部刊号的广播电视期刊,呈现百花齐放、精彩纷呈状态。

改革开放40年,是中国广播电视最辉煌的40年。它的最大贡献在于,构建了中国特色广播电视体系,推动了国家的现代化建设。当前,我们已经走进新时代,社会主义主要矛盾已经发生变化,广播电视事业如何解决"不平衡、不充分"的矛盾,可谓任重道远。我们应时刻牢记使命,坚持改革开放,努力建设广播电视强国。

三、改革开放40年中国广播电视的主要经验

以上回顾了改革开放40年来我国广播电视的发展历程、所取得的巨大成就。而改革开放以来中国特色广播电视所形成的诸多宝贵经验,更是弥足珍贵,值得认真总结、提炼。笔者分析归纳,总结出如下主要经验。

第一,坚持马克思主义新闻观,坚持党的领导。党性原则是马克思主义新闻理论的根本原则。党性是社会主义新闻舆论事业的灵魂。改革开放40年来,中国特色广播电视始终坚持走中国特色社会主义道路,始终坚持马克思主义新闻观的指导,坚持党的领导,坚持新闻的党性原则,在党为党,坚持社会效益第一位,坚持正确的舆论导向,坚持正面宣传,高度负责地宣传党的路线、方针、政策,报道我国人民群众鲜活的现实生活、精神风貌,使中国特色广播电视事业不断发展壮大,使党台姓党成为中国特色大国广播电视最鲜明的特色。

第二,坚持以人民为中心的宣传导向。我国广播电视努力践行全心全意为人民服务的根本宗旨,时时刻刻把人民利益放在第一位,始终以人民利益为重,坚持党性和人民性相统一,努力把宣传党的主张和反映人民呼声有机结合起来,坚

持以人民为广播电视传播的主体和服务对象,报道人民群众的伟大创造,聚焦人民最关心、最直接、最现实的问题,争分夺秒报道重大事件、突发事件,细分类型,满足群众的需求和品味,因而受到人民群众的普遍喜爱。改革开放40年历史证明,坚持以人民为中心的宣传导向,我们就会取得胜利。反之,则会带来灾难。

第三,深化体制改革。我国广播电视体制是在高度集中的计划经济条件下逐步形成的。在新中国成立30年期间,为我国广播电视的发展做出了历史贡献。同时,它也存在不少缺陷,制约广播电视的创新发展。改革开放40年来,传播环境的深刻变化,使我国广播电视面临许多新问题、新情况,带来系列新挑战。因此,广播电视体制改革成为广播电视开创工作新局面、实现事业新发展的重大任务。从1982年5月至2018年3月进行的五轮体制改革,时间跨度36年,可谓大刀阔斧,波澜壮阔。而电台、电视台推行的专业化、类型化、制播分离、管办分离、采编与经营分离、组建广播电视集团、两台合并,推进媒体融合,也都涉及体制的变革。中国广播电视涉险滩、闯难关,破除一切制约发展壮大的制度藩篱,取得一次又一次突破。

第四,坚持解放思想、与时俱进。改革开放40年,是中国广播电视事业解放思想、与时俱进的40年。解放思想、与时俱进,使我国广播电视体制越来越适应广播电视事业、产业发展的规律,适应人民的需求;解放思想、与时俱进,使我国的广播电视节目越办越丰富,不断满足了用户的需求。解放思想、与时俱进在改革开放中也克服了自身的诸多不足甚至失误。解放思想、与时俱进,是前进的动力、致胜的法宝。

第五,坚持科技领引。改革开放以来,我国重大科技成果相继问世,如天宫、蛟龙、天眼、悟空、墨子、大飞机等,广播电视技术也一步步升级,如广播从短波、中波到调频再到卫星发射,电视从标清到高清再到超高清。进入媒体融合时代,广播电视开始使用大数据、云计算、人工智能、物联网、车联网等。可以说,广播电视天然与高科技契合,每一次新技术升级,都推动了广播电视的发展。

第六,坚持产业发展。改革开放以来,1984年,我国广播电视财政拨款为13.2亿元,1987年为22亿元。2008年,总收入为1582.88亿元。2017年年底,广播电视服务总收入6070.21亿元,9年间增长了4倍。没有产业的发展,作为高投入、重装备、新技术的广播电视很难创新发展。产业发展为广播电视事业的繁荣兴盛提供了强有力的经济支撑。

第七,坚持事业为上选择关键人才。改革开放40年,中国广播电视事业取得了巨大成就,人才是关键。广播电视事业是一个综合性的事业,需要方方面面的人才，如播音员、主持人、记者、编辑、技术人员等，但是一个台关键是台长，一个频率、频道关键是总监。改革开放以来，中国电台、电视台的历任台长为广播电视事业的发展做出了突出贡献，立下了汗马功劳。笔者抽样调查了中央三台的14名台长，全国省级电台、电视台的100余名台长，200余名总监，发现这些台长、总监有如下特征：①丰富的实践经验。多数台长、总监当过记者、编辑、播音员、技术人员或受过多种基层岗位的磨炼，从实践中走来。②政治立场坚定，党性原则较强。③广播电视事业为上，业务精湛。理解广播电视，懂宣传，能吃苦耐劳。④善于学习，勤于思考，有持续不断地创造力。⑤有较强的组织能力，能团结人。善于人事管理、宣传管理、经营管理、技术管理等。⑥有洞悉未来的远见。⑦时间观念极强。这些台长、总监坚持事业为上，事迹突出，这也是广播电视事业又好又快发展的重要保证。

四、启示

从成就中提炼出经验，再从经验中寻找结论，我们认为改革开放40年最大的启示，就是坚持走中国特色社会主义道路，坚定不移地推进改革开放。对于中国广播电视来说，就是坚持马克思主义新闻观，坚持党的领导，以人民为中心，坚持新闻规律、市场规律、传播规律，发展中国特色社会主义广播电视的理论体系、管理体系、法制体系、内容体系、产业体系、技术体系、人才体系、公共文化服务体系等，坚持解放思想、实事求是、与时俱进，努力使我国广播电视早日走进世界广播电视舞台中央。

总结改革开放40年中国广播电视的发展历程、主要成就和主要经验后得出的重要启示，是中国广播电视人的光荣使命和再造辉煌的起点。

（作者单位分别为：暨南大学；云南广播电视台）

中国广播的变革与融媒体发展

高贵武　周　亮

2018年是中国改革开放40周年。中国社会在40年中发生了日新月异的变化。40年来，我国广播媒体不仅见证和记录了国家变革道路上的一个个重要历史时刻，而且自身也在不断焕发出活力，探索着属于自己的发展道路，经历了中国广播的自主化、人格化、专业化、数字化、社会化、融合化等一个个改革与创新的重要阶段，走出了一条具有中国特色的广播媒体发展之路。

一、走自己的路：中国广播的自主化发展

1940年12月30日，中央人民广播电台的前身新华广播电台在革命圣地延安发出第一声呼号，由中国共产党领导的新中国广播事业在革命中正式发端。从诞生之日起，广播电台就长期隶属新华社（其前身为红中社），其功能也主要以播出新华社、《解放日报》的新闻稿为主，因而多多少少具有报纸和通讯社的特点，属于广播自己的特色并不明显。20世纪50年代初，我国的新闻宣传相关部门负责处于初建阶段的广播队伍建设。中央电台原台长左漠野曾说："当时新闻总署给广播电台规定了三项任务：一是发布新闻、传达政令；二是社会教育；三是文化娱乐。继而胡乔木同志向我们提出：我们要自己走路。"[①] 在此思想指导下，广播电台开始自己采编、播发一些"本台消息""本台评论"等，中央人民广播电台的经典栏目《新闻和报纸摘要》《全国新闻联播》（不同时期节目名称稍有不同）也在这一历史时期应运而生，其他文艺专题节目、广播剧等产品形态也开始展现出广播媒介的传播特点和活力。

1978年11月，中央人民广播电台《学习》栏目率先播出了《理论和实践问题——实践是检验真理问题的唯一标准》13次讲座，既体现了广播人在思想解放方面的前瞻性，也拉开了改革开放和中国广播自主性发展的序幕。[②] 随后，在

---

① 张斌：《"自己走路"三部曲：从中央台看中国广播改革创新的历史沿革》，《现代传播》2007年第4期。
② 覃倩、覃信刚：《改革开放以来中国特色广播理论的创新与实践》，《中国广播》2018年第1期。

"实践是检验真理的唯一标准"的思想指导下，广播人又迅速投入到对广播行业未来发展的思考和探索中。1980年10月，第十次全国广播工作会议重新提出了"自己走路"的方针。同年，中央人民广播电台成立了评论组，开始播出本台评论、短评。1983年3月，我国召开了第十一次全国广播电视工作会议，这次会议不仅确定了"四级办广播、四级办电视、四级混合覆盖"的广电事业发展目标，奠定了中国广播电视发展的基本格局，同时更明确了广播电视要"扬独家之优势，汇天下之精华"的发展方针。即：要充分发挥广播电视迅速及时、传播广泛、声形并茂、感染力强的优势，开创出一条适合广播电视自己的发展道路。[①]由此，中国广播正式踏上了自己走路的历史征程，开启了其后数十年一以贯之的自主化发展道路。

二、主持人节目初现：中国广播的人格化发展

中央人民广播电台于1981年元旦首播了对台湾广播节目《空中之友》。至此，由播音员出身的徐曼首次以节目主持人的身份，以一种明显区别于传统播音的柔和、亲切的语调面向台湾同胞娓娓而谈。徐曼及节目主持人的出现，在中国广播中首次注入了鲜明的人格化色彩，其新鲜的播报方式不仅轰动了海峡两岸，为中国广播注入了新的活力，也在中国广播电视界形成了节目主持人和主持人节目的热潮。[②]同年，由广东人民广播电台李一萍、李东主持的《大众信箱》节目再次掀起社会热议。

有了中央人民广播电台在节目形态上做出突破的先例，部分具有先行意识的地方电台也开始了更为深入的人格化传播变革。广东人民广播电台推出了珠江经济台，采用"主持人全程直播""全天滚动式新闻""大板块内容组合"等节目形式，迅速赢得了听众的喜爱。珠江经济台的这一做法因为敢于创新、为中国广播发展探索了新的发展模式，从而被学界称为"珠江模式"，[③]并沿用至今。

上海东方广播电台正式开播于1992年10月28日。它在借鉴"珠江模式"的基础上，大胆开设"电话热线"节目，其热线谈话、热线咨询、热线专访，不仅丰富了广播节目的内容和主题，而且通过互动形式改变了"我播—你听"的广播节目格局，大大调动了听众参与节目的积极性，既增强了节目本身的吸引力，又及时了解了听众的需求和满意度等，算是在我国大众传播领域最早实现具有人际传播特色的双向沟通和互动传播，上海东方广播电台的这一创新模式被称

---

① 周小普：《广播电视概论》，中国人民大学出版社2014年版。
② 赵玉明：《中国广播电视通史》，中国传媒大学出版社2006年版。
③ 吴廷俊：《中国新闻传播史》，复旦大学出版社2011年版。

为"东广现象"。①

无论是节目主持人在广播中的闪亮登场,还是后来的"珠江模式"和"东广现象",都在广播中注入了越来越多"人"的元素,对广播人格化传播进行了具体实践。其背后最大的推动力则是市场经济发展带来的我国人民大众文化消费力的日益提升和消费意愿的日益多元,也是广播媒介对传播效果与传播方式的重视,而在更深层次上则反映了中国广播在传播理念上由"传者本位"向"受众本位"的转向。

三、广播变"窄播":中国广播的专业化发展

1986年的"珠江模式"不仅开创了中国广播人格化传播的新局面,而且拉开了中国广播整体架构向专业化迈进的改革序幕。在开办珠江经济台之后,广东人民广播电台又接连开办了新闻、音乐、交通等八个系列台(频率)。随之,天津、上海等地的广播电台也都纷纷建立起自己的系列台(频率),开始了广播的专业化发展。1992年年底,北京人民广播电台也正式开始创办专业系列台(频率),此后短短两年时间,就先后开办了经济、新闻、音乐、交通、文艺、体育和首都生活等七家"专业化系列台"。从此"专业化系列台"的模式逐步风行全国,翻开了从"广播"走向"窄播"的崭新一页。2002年,中央人民广播电台也开播了一个覆盖全国的流行音乐频率。而在上海,流行音乐和严肃音乐的专业化细分频率更是相继走进了听众的日常生活中。②

在众多专业化广播中,除了因契合中国汽车发展大潮而大放异彩的交通广播,不能不提的还有新闻广播。新闻专业化广播自诞生以来便以其新颖的手段、丰富的内容、创新的形式、高效的机制吸引受众群体,冲击传媒市场,显示出这一新生事物的强大生命力。仅到2008年,"在这些名目繁多、花样繁杂的2500多个广播频率中,至少有270多个新闻广播,成为比例最高的频率专业化广播,也成为各广播电台的'领军'台、'龙头'台。"③

2004年伊始,中国新闻广播的旗舰、中央人民广播电台新闻频率中国之声改版后全新面世,上海东方新闻频率也实现了创新。跨入新千年以来,中国广播人越来越意识到新闻广播作为一种伴随式媒介,其发展必须要在信息的时效性和丰富度上发力,力求随时随地最高效地为听众提供他们最想获取的资讯。因此,搭乘日益兴盛的类型化广播浪潮,中央电台和各地方台又都进行了大刀阔斧的改革。

所谓类型化,其实是专业化广播的另一种形式,就是在人口学特征基础上,

---

① 孟建、黄灿:《当代广播电视概论(第二版)》,中国传媒大学出版社2016年版。
② 胡正荣、张磊:《中国媒介三十年》,陕西人民出版社2008年版。
③ 胡占凡:《广播要进一步增强自信心》,《南方广播研究》2008年第5期。

播出风格特征、内容定位专一的节目,以满足特定人群需求。类型化与专业化的区别在于,专业化以节目内容为出发点对市场进行区分,而类型化则以听众人群为出发点对市场进行细分,按照类型人群的需求、收听时间、接受方式进行多频率的交叉覆盖。①

江苏广播电视总台的江苏新闻广播作为首个省级广播新闻类型台,是中国第一家广播、电视资源共享、联合打造的广播频率。② 其紧密滚动播出的新闻简讯以及翔实的深度报道极大提升了广播新闻生产的质量和效率。上海东广新闻台则"首先在国内开始尝试时钟式滚动播出新闻……这种滚动式的播报在一小时的时间段内,以20分钟为一个单元,进行新闻、天气、交通路况等信息的循环播报"③。自2004年全新改版之后,东方新闻台除保留了早上6点到9点的《东方早新闻》栏目基本不变之外,其他全时段都划分成半小时的单位区隔,每个半点和整点播出十分钟的新闻和十分钟的气象信息,真正实现了全面覆盖和全时段收听。

为了扩大内容丰富度,有些地方广播电台甚至致力于在听众中培养信息员,由他们提供一手的新闻信息源,再由编辑进行后期加工处理,及时推出能够既反映民生又鲜活、及时的新闻资讯。

中央人民广播电台中国之声经过2009年1月再次改版后,把75%的内容调整为新闻内容,早间时段的《新闻和报纸摘要》《新闻纵横》、午间时段的《全球华语广播网》和晚间时段的《全国新闻联播》《直播中国》《新闻解读》三大新闻板块以及其他时段的新闻节目,每天从6点半到23点实现滚动式新闻直播,24小时滚动新闻播报已经日益成为中国新闻广播主流的内容生产模式。此外,中国之声还学习和借鉴了美国盛行的"参与式"新闻制作手法。所谓"参与式"新闻或互动新闻强调的是以听众为中心,听众可借助手机等通信工具向电台提供现场情况,从而参与到广播新闻的生产与播出过程中来。④

从专业化到类型化,实际上体现的是我国广播媒介在传播理念上从大众传播向分众传播的转变,是对广播听众市场的进一步细分,是中国广播针对20世纪90年代中后期我国市场经济深入发展的应时之举。在物质生产能力迅速扩张的时期,人民群众的生活也逐渐过渡到快节奏的物质和信息交流时期,而广播、电视等传统媒体也意识到自己在受众文化生活中的角色定位与转变,即从物质匮乏

---

① 章平:《中国广播:业态与变革04、05年广播动态及相关研究》,《新闻大学》2006年第2期。
② 蒋宁、钱晨炜:《广播电视资源整合的成功实践》,安徽广播网,http://www.ahradio.com.cn/events/system/2009/04/13/000118923.shtml。
③ 邓炘炘、黄京华:《广播频率专业化研究》,中国传媒大学出版社2006年版。
④ 王声骋:《互动新闻:广播新闻改革的新突破》,《中国广播电视学刊》2005年第7期。

年代的"必需品"变为"伴随品",各个专业频率担负的实际上是随时随地伴随听众的新使命。立足某一细分市场,专门打造能够时刻提供信息、资讯、生活服务等内容,既是中国广播对新的市场经济形势的适应,也为中国广播媒体进入市场进一步发展壮大找到了良方。

四、数字音频广播:中国广播的数字化发展

进入 21 世纪,在广播电视技术和互联网迅猛发展的双重驱动下,数字压缩技术、流媒体技术等都经历了一轮又一轮的升级更新,这同样对包括广播电台在内的传媒业产生了深刻的影响。如果说在新千年以前,广播媒体尚能依托内容专业层面的革新不断增强对听众的吸引力、提升自身传播力和影响力的话,在 2000 年之后,伴随着我国互联网技术不断发展和网民规模的逐年增长,传统的单靠广播既有技术和渠道显然已难以满足受众的需求,也无法适应新的媒体竞争格局。于是,广播媒体也开始借助互联网和自身技术的迭代变革,由过去的模拟广播向着数字化广播转变。其中,数字音频广播(DAB)被认为是广播媒介自诞生以来最深刻的一场技术革命。

互联网发展和广播媒介数字化转型,首先催生了新千年前后的一大批数字广播电台和网络广播电台。

1996 年 12 月,亚洲第一个数字音频广播先导实验网在广东珠三角地区建立,这标志着中国广播开始进入数字声音广播的时代。[①] 2000 年 6 月,京津地区的数字音频广播实验网建成并开始试播。而到了 2006 年,南方传媒旗下广东省数字多媒体"天声"手机电视已经将传输覆盖区域进一步扩展到附近六个城市,覆盖范围还在继续扩大。相应的,手机制造商联想也推出了中国首款数字音频广播移动多媒体手机 ET980。数字音频广播相比较于传统的调频、调幅广播技术,极大提升了音质与抗干扰能力,而且还能在声音传输之外同时传播图文和视频,为广播之后的多媒体融合发展准备了充分的条件。

广播的数字化和互联网化,除了催生出数字音频广播和网络广播,还表现在广播节目运营方式的变革上。广播的跨媒体运营要求广播的制作、播出要更加移动化、高效化,数字技术正好为此提供了可行方案。北京人民广播电台就自主研发出一套"新广播运营管理平台","这一平台包括主持人系统、音视频流媒体系统、微博系统、短信系统、网站系统、OA 系统、路况编辑系统等在内的内容制作与管理体系"[②],利用数字技术实现了媒体内容移动化审核,运营安全性极大提升。

总之,进入新千年后,我国广播媒体的数字化发展呈现出"多地开花"的新

[①] 孟伟:《广播传播学》,中国广播电视出版社 2013 年版。
[②] 孟伟等:《互联网+时代音频媒体产业重构原理》,中国广播影视出版社 2015 年版。

兴态势。数字技术将媒体、终端、用户等要素紧密联系起来，不仅催化出了更加丰富多元的广播产品内容和运营形式，而且也为社会化广播平台的出现创造了条件。

五、网络音频应用：中国广播的社会化发展

1995年4月，位于美国西雅图的"进步广播"（Progressive Networks）首次向用户提供"随选音效"服务，这一举措标志着真正的网络广播的诞生。[①] 受其影响，中国早期的互联网企业随即开始了网络广播服务的尝试。2003年10月，中国最大的电子邮件服务商之一，后来主攻宽带娱乐的原"21世纪"网站开通"21世纪网络电台"。[②] 2005年，从属于主流媒体中央人民广播电台和中国国际广播电台的"银河台""国际在线"也纷纷亮相。

但是，随着互联网的加速和迭代，除了受国家政策支持的主流广播媒体创办的网络电台之外，包括21世纪网络电台、QQ电台、网易电台在内的第一批网络广播平台迅速淡出了公众视野。随后，豆瓣电台又在2009年年底上线，凭借其创新式音乐社区的打造和对独立音乐人的扶植，豆瓣电台率先打出了一面特色鲜明的网络电台旗帜——开始探索社交化广播的发展道路。

诞生于2009年8月的微博在以飓风式的速度扩大用户规模之后，也将目光投向新型广播这一领域。"微电台是新浪微博推出的将传统电台与微博相结合的新传播形态……2011年5月11日，微电台正式上线。"[③] 微电台一方面打破了广播传播的终端和地域限制，另一方面突破了传统广播线性、单向传播的路径局限，并结合已经积累的年轻一代用户的优势，极大扩展完善广播媒体的受众结构。在微电台上，主持人和粉丝之间、粉丝和粉丝之间，基于"文字+声音+图片+表情"的多重感官体验路径，可实现实时互动交流，使得广播中大众传播和人际传播有效结合的优势，在这一平台上实现了更好的体现和融合。

搭乘移动互联网和智能终端快车发展起来的是音频客户端（App）平台，社交化思维则是这类音频客户端平台发展建设的主导思想。以"喜马拉雅FM"为例，用户可以选择直接用微博账号、微信账号、QQ账号登上"喜马拉雅FM"，省去了注册这一烦琐的环节。[④]

传统广电媒体在社交化上的发力也一直未曾止步，央广视讯于2016年年初建成的"央广云电台"就是一大典型案例，它创造性地为每一档栏目打造专属

[①] 柳芳：《网络广播的发展现状分析》，《新闻前哨》2007年第1期。
[②] 柳芳：《网络广播的发展现状分析》，《新闻前哨》2007年第1期。
[③] 陈力丹、陈慧茹：《微博多级传播路径下传统广播的新突破——以微电台为例》，《中国广播》2013年第6期。
[④] 秦艺轩：《互动仪式链视域下的网络电台APP》，《青年记者》2017年第4期。

社区，供听众粉丝驻留，同时还建设了包括播放弹幕、互动评论、社交分享、抢红包、喊红包、付费问答、投票、竞猜、赛事举办等深度互动功能模块。① 在第五届中国网络视听大会上，央广云电台荣获国家新闻出版广电总局2017年度创新案例大奖。

除了在用户运营的端口发力，新时代的广播媒体在内容生产模式上也日益走向了"用户主体"及"社交互动"的新格局。有学者根据内容生产模式将目前的网络广播客户端（App）分为三类：以"北京广播在线""凤凰FM"等为代表的PGC（专业生产内容）类电台客户端，以"荔枝FM"等为代表的UGC（用户生产内容）类电台客户端，以"喜马拉雅FM""蜻蜓.fm"等为代表的PUGC（专业用户生产内容）类电台客户端。

PUGC模式对于网络视听传播至关重要，它之所以对我国广播事业的发展尤为关键，是因为它和之前所说的广播网络平台自身建设、用户维系等发展环节紧密相关且相辅相成。只有打造出基于PUGC的优质内容和节目，才能够形成具备互动、讨论价值的传播热点，社交化广播的网络社群、粉丝运营等才可以落地。同样，PUGC模式通过对社会各界大众群体的生产赋权，才能够保证产品和节目的体量、丰富程度，真正能够为用户搭建基于个人需求和兴趣进行选择的数据库，才能使基于数据库运算的精准推荐服务有内容基础。目前，"喜马拉雅FM"便从海量的用户生产内容中深度挖掘符合受众需求的爆款节目，将这一类质量上乘的个人节目整合打包，通过专业生产内容的模式再生产，从而实现了资源的有效利用，最大化地发挥网络广播平台的优势。

不论是Web1.0时代诞生的银河台、国际在线（CRI Online）、21世纪网络电台等，还是在Web2.0时代焕发活力的豆瓣电台、微电台等，抑或当前Web3.0时代"百花齐放"的各类音频应用平台，无一不在印证广播媒介正朝着强互动、重社交的方向演进的发展规律。社会化媒体平台的基础是基于社交关系的用户之间的相互关注、频繁互动以及内容生产，社交属性是网络电台客户端的天然属性。广播亦是如此，只有适应社交化形态转型的广播媒体，或许才能够得以生存，并凭借日益扩大的版权（IP）优势达到可持续发展。

六、技术驱动创新：中国广播的个性化发展

如果说互联网的出现让广播媒体的社交化属性有了更好的释放平台，那么，大数据、人工智能等高端技术的发展，则进一步为广播提供了与终端、用户进行深度融合的机遇与挑战，为广播的个性化发展提供了可能。个性化广播是一种深

---

① 《央广云电台融媒体创新案例》，央广网，http://news.cnr.cn/hxw/hxw2016/2016hxwal/20170316/t20170316_523661813.shtml.

度体现"用户本位"思维、充分注重用户个体体验的传播路径，它将适用于互联网环境分众传播思维的"窄"播路径进一步"窄"化，使广播能够聚焦到精神需求日益丰富的个人；以大数据为核心的算法推荐程序也为向网络广播平台用户提供了日益精准的个性化推荐技术支持。

早在 Web2.0 时代，播客技术就已经能够将新近的节目推送到听众面前，而不是由听众自己去点播。① 同样，目前移动端的代表性平台"喜马拉雅 FM"也已经形成了独具特色的精准推荐机制："喜马拉雅 FM"在登录界面会为新用户提供一些可选择的兴趣标签，在用户添加这些标签之后，一些相关的节目内容会以推荐的方式出现在用户的主页上；② 不同年龄、不同类型、不同背景的用户可以定制不同的个性化节目内容，每个类别下还有更加详细的小分类。

目前国际上一些先行的国外媒体也在精准推荐模式方面为我国媒体提供了很好的范例。在美国，以 60dB 和 NPR One 为代表的新一代网络音频广播就是对传统音频广播节目甚至是网络广播节目进行改革。③ 美国全国公共广播 NPR 发布的新闻广播软件 NPR One，通过算法设定收集用户的个人兴趣等相关数据，就能向用户提供定制化的节目和内容。相比 NPR One 这一款具有专业独特性的新闻广播应用程序，60dB 则依靠更加先进的算法提供了更加精确的推送。

当广播被构建于数字技术平台之后，就能够通过对用户的收听习惯、收听偏好等个人信息进行大数据收集、整理及分析，绘制出用户画像，进而实现音频产品的精准推送。④ 当然，在这一过程中，随着智能终端设备和软件的不断丰富，用户切换不同客户端软件的频率会越来越高，其使用习惯和行为变动速率加大，建立一套随着使用时间而不断学习，从而让整个系统变得更加智能、高效的智慧操控平台，在未来阶段就显得尤为必要。

七、不止于声：中国广播的融合化发展

除了大数据、人工智能等技术在广播媒介中的新运用，诉诸调动用户多元感官体验的"可视化广播"形式也在凸显当前广播的融合化发展趋势。

2006 年 7 月 10 日，浙江电视台钱江频道联手浙江广电集团文艺广播频率推出该省内首档电视夜谈节目《万峰时间》。这一节目具有典型的广播节目"可视

---

① 向美霞：《试论网络广播电台发展之困境》，《新闻记者》2011 年第 11 期。
② 郭凌云：《我国网络广播 App 的发展现状与传播策略研究——以喜马拉雅 FM 为例》，《新媒体研究》2018 年第 3 期。
③ 张志成、张建中：《媒体融合时代广播节目的内容供给侧改革 以美国"60dB"和"NPR One"为例》，《传媒》2017 年第 6 期。
④ 李峻岭：《"电台"or"网络"融媒时代下广播的创新空间》，《声屏世界》2017 年第 3 期。

化"形态，将广播和电视两种传统媒体联合。① 此后，北京、上海等地的交通广播频率也开始相继和电视台、移动电视台等融合合作。"北京移动电视直播室"的启用以及上海首次在公共交通上开设电视专栏节目的实践等，为广播交通频率的融合发展奠定了一定的基础。此外，广播和互联网端口的影像、视频的融合也在不断加深。网络可视广播、"可视化的"直播室等形式让可视化广播开始真正走向了网端。这似乎都预示着中国广播在融合化发展的道路上渐行渐近，似乎也暗合了广播电台与电视台的合并之路。

八、结语：不断消逝的广播边界

从改革开放40年来中国广播媒体的发展变革历程不难发现，不论是对于数十年发展起来的传统广播电台，还是对于诞生在互联网时代并不断更迭换代的新媒体商业广播，在其发展中都自觉不自觉地遵循着某些共性的发展规律，走出了一条属于中国广播自己的发展之路。随着中国社会改革开放的深入，中国广播发展所体现的"自己走路"特色也将会越来越明显、越来越深入。

在40年发展历程中，中国广播的传播思维越来越体现出由"传者中心"向"用户本位"的理念转变，正是这种思维层面的转化直接导致了各类广播媒体在传播技术和传播手段上持续的创新性发展；中国广播的传播模式也越来越体现出由单向传播向互动传播、由大众传播向大众传播和人际传播结合的社交化传播模式转变的趋势。随着技术革新的不断赋能，这种社交化传播中的人际交往色彩所占比重也在不断扩大，日益健全的社交化广播平台建设将越来越成为未来广播媒体的发展趋势；中国广播中凸显人格化的传播内容越来越成为对用户的引力中心，PUGC内容生产模式下"个性化＋高质量"的广播内容将越来越大有可为；中国广播传播渠道层面"台、网"间的区分与边界也将变得越来越模糊，不同广播终端之间优势互补、实现个性化的精准推送正越来越成为广播媒介的发展王道，而人工智能和大数据技术等则正在将"精准"的边界不断刷新。

（作者分别为：中国人民大学新闻学院教授；中国人民大学新闻学院广播电视学专业硕士研究生。本文系国家社科基金项目"新媒体环境下的中国主流媒体声誉管理研究"前期成果，项目批准号：14BXW063）

---

① 程思遥：《探索"广播节目可视化"的未来之路》，《科技创新导报》2009年第27期。

坚守现实主义：改革开放 40 年中国电视剧创作的根本经验

杨明品　胡　祥

改革开放 40 年，中国电视剧创作取得了巨大成就。每个历史时期都涌现出一批与时代同行、与发展共进的优秀作品。回顾 40 年来的电视剧创作，我们发现，在此起彼伏的市场喧嚣中，有一类电视剧，尽管没有多少叫卖声，却牢牢地刻在人们审美记忆里，那就是现实主义电视剧。可以说，40 年我国电视剧最突出的成就和最厚重的作品都在现实主义创作，根本的经验在现实主义。那些脱离现实、疏离时代、回避主流和只求娱乐与眼球效应的作品，哪怕曾鼓噪一时，但转眼即成泡沫。梳理 40 年来现实主义电视剧创作，既是对成功创作经验的总结，也是为了分析当下电视剧创作得失，为新时代现实主义创作提供借鉴。

一、改革开放 40 年电视剧现实主义的新发展

马克思主义文艺观认为，文学艺术是一种特殊意识形态。它的特征在于，艺术作品通过艺术的创造性想象，用典型化的手法，把现实加以形象化而栩栩如生地再现出来。马克思在讲到荷马史诗和古希腊艺术时，曾经指出这些作品所以仍能给我们以"艺术享受"，是因为它使我们看到了人类的童年时代。真实地反映现实是现实主义文艺创作的一个根本规律，明确地认识到这一点，有很重要的意义。恩格斯在致英国小说家玛·哈克奈斯的信中阐发了现实主义理论原则，这是恩格斯在马克思主义文艺理论体系形成中一个重大的贡献。他指出："现实主义的意思是，除细节的真实外，还要真实地再现典型环境中的典型人物。"恩格斯提出的现实主义创作的原则是一般现实主义的基本规律。

现实主义要表现人民群众的真实生活。1942 年，毛泽东同志在延安文艺座谈会上指出"我们的文艺，是为了人民的。人民生活中本来存在着文学艺术原料的矿藏，这是自然形态的东西，是粗糙的东西，但也是最生动、最丰富、最基本的东西"。邓小平同志说"我们的文艺属于人民"。江泽民同志要求广大文艺工作者"在人民的历史创造中进行艺术的创造，在人民的进步中造就艺术的进

步"。胡锦涛同志强调"只有把人民放在心中最高位置，永远同人民在一起，坚持以人民为中心的创作导向，艺术之树才能常青"。习近平总书记强调"人民是历史的创造者，是时代的雕塑者。既是历史的'剧中人'、也是历史的'剧作者'。一切优秀文艺工作者的艺术生命都源于人民，一切优秀文艺创作都为了人民"。

习近平总书记关于文艺创作的指导思想是马克思文艺观在当代中国的继承和发展，深刻地阐述了包括电视创作在内的新时代文艺创作的基本规律，为总结改革开放40年电视剧创作实践提供了指引，其中最重要的一条就是以人民为中心的创作导向和现实主义创作观点。以人民为中心的创作导向需要坚持现实主义理念。在十九大报告中，习近平总书记强调："要加强现实题材创作，不断推出讴歌党、讴歌祖国、讴歌人民、讴歌英雄的精品力作。"在五年一次的党的代表大会上对现实题材创作进行部署，可见推进现实题材和现实主义创作的重要性。

二、改革开放40年电视剧创作对现实主义的新发展

随着时代的发展，现实主义内涵不断扩展，展现出新的气质。需要明确的是，现实题材电视剧不等同于现实主义电视剧。40年来，现实主义电视剧不断呈现新面貌，其发展进步既表现在现实题材和革命历史题材，也表现在历史正剧中。在当代电视剧审美实践中，现实主义已成为最闪亮的审美特征和最旺盛的审美需求。

（一）现实主义电视剧的主流始终是改革开放的号角和鼓手

习近平总书记在文艺工作座谈会上强调："文艺只有植根现实生活、紧跟时代潮流，才能发展繁荣；只有顺应人民意愿、反映人民关切，才能充满活力。"40年来的电视剧创作始终与改革开放中的中国社会紧紧相连，艺术化地呈现社会的温度和时代的进步，成为改革开放的号角和鼓手。

20世纪80年代前半期，"文革"结束了，改革开放的春天来了，中国电视剧也从沉睡中醒来，开始踏上复兴之路。这时期的电视剧一方面聚焦反思，反映人们挣脱极"左"桎梏之后的深沉思考，电视剧领域出现了"伤痕电视剧"和"反思电视剧"。如1980年的改革题材电视剧《乔厂长上任》中，主人公厂长乔光朴敢做敢当，大刀阔斧进行各项改革，这对当时的整个政治经济形势都是一个巨大而贴切的象征行为，这是电视屏幕上最早的改革者形象。1983年的《女记者的画外音》，聚焦工业改革，这部电视剧因为涉及体制改革而影响广泛。

20世纪80年代，社会上出现一股反映知青岁月的"伤痕文学"，电视剧领域也涌现一批知青题材作品，如1982年的《蹉跎岁月》，表现了在那段特殊时期云南地区知识青年的上山下乡运动，算是中国电视剧现实题材在早期比较成功的范本。

农村改革是当时现实主义电视剧另一大主流。1986年的《雪野》通过吴秋香坎坷而又自强不息的命运，从一个侧面反映了十一届三中全会后，女主人公及其所生活的土地上的巨变，说明了物质生活日益丰富。而1987年的《葛掌柜》《庄稼汉》《家在三峡》《吴福的故事》《河湾湾，路弯弯》《乡下人，城里人，外国人》等题材同样以农村的大发展背景为切入口，通过典型人物故事，将农村改革事迹展现到观众面前。这一时期农村题材还出现一大分支——关注农村女性的生存困境，如《篱笆、女人和狗》《辘护、女人和井》《古船、女人和网》。这三部电视剧通过表现东北地区农村人家的日常生活，深刻探讨了农村女性的生存困境。

20世纪90年代的中国社会进入转型期，电视剧更加关注普通人的日常生活。1990年播出的《渴望》作为中国第一部大型室内电视连续剧被称为"中国电视剧发展历史性转折的里程碑"；1991年播出的《编辑部的故事》开创中国电视系列喜剧先河，填补了新中国电视剧品种的空白；1991年的《外来妹》是在改革风起云涌的时代第一部反映打工者生活的电视剧，1998年的《牵手》直面当代人的种种情感困惑，给观众留下很大的思考空间。这一时期，社会问题逐渐暴露出来，腐败成为公众关注的焦点，反腐题材的电视剧凸显。《苍天在上》《大雪无痕》等反腐题材电视剧，反映百姓诉求，弘扬惩治腐败的主旋律，产生了广泛社会影响。这些多元化体裁与题材的作品，一步步推动着中国电视剧开拓出主旋律和娱乐性多样化的创作格局。

进入21世纪，中国电视剧走向成熟。现实主义创作持续兴盛，创作紧跟时代发展，将时代的细微变化折射在荧屏银幕上。2001年的《不要和陌生人说话》，是中国首部剖析家庭暴力的悬疑类电视剧。2004年的《中国式离婚》通过一个普通家庭走向离婚的发展轨迹，放大了婚姻生活的不和谐、不宽容、不理性所带来的伤害与疼痛。2005年的《家有儿女》聚焦少儿题材，成为热播多年的情景轻喜剧。2006年的《士兵突击》开创现实主义军旅题材新境界。《平凡的世界》和《白鹿原》，这些改编自经典名著的电视剧遵从原著的现实主义理念风格，展示出厚重的历史底蕴，反映了中国人坚毅奋进、自强不息的精神。2017年引发全民热议的《人民的名义》，聚焦十八大以来反腐风暴，反映党心民心，回应时代话题，彰显公平正义。电视剧《黄大年》《太行赤子》《杨善洲》等表现改革开放中涌现的勇于拼搏创新的时代楷模形象，《情满四合院》描绘改革开放以来普通人生活变迁，显现工笔画式的现实主义风采。还有诸如《小别离》《归去来》聚焦年轻一代海外留学问题，电视剧《温州一家人》《鸡毛飞上天》回顾改革历程，刻画创业者的精神升华。这些电视剧从各自角度描绘时代侧影，立足社会议题，切中时代痛点，彰显出现实主义创作的艺术魅力。

（二）现实主义电视剧集中体现了以人民为中心的创作导向

坚持以人民为中心的创作导向是社会主义文艺创作的本质要求，也是现实主义创作的必然要求。人民是历史的创造者，是时代的雕塑者。现实主义电视剧如何实践以人民为中心的创作观？首先要以人民为表现主体，围绕人民的喜怒哀乐，用艺术手法刻画出一个个有血有肉、有情感、有爱恨、有梦想的人物形象。

改革开放以来，我国现实主义电视剧创作的一个新特征就是践行以人民为中心的创作观，关注中国普通老百姓的日常生活与命运，将普通百姓请上电视剧艺术的殿堂，塑造了一大批普通人的形象。普通人生活成为主流，自《渴望》开始，电视剧开始着力挖掘平民生活主题。《我爱我家》是第一部表现普通百姓生活的情景喜剧，《编辑部的故事》表现知识分子的生活。《北京人在纽约》反映在"出国热"背景下一批在纽约的北京人的生存与挣扎，《媳妇的美好时代》《北京青年》展现都市80后的崭新婚姻观等，《鸡毛飞上天》《温州一家人》展现伴随改革开放勇于挺立潮头的普通人的创业传奇。以人民为中心的创作一方面体现在着重表现普通人的生活，还体现在以人民为中心的执政理念，如电视剧《北平无战事》《大明王朝》《雍正王朝》《大秦帝国》等，凸显以民为重的执政理念的重要性，契合时代发展的要求。这些电视作品都是因为坚持以人民为中心，反映人民的呼声，所以才广受人民喜爱，赢得口碑。

（三）现实主义电视剧有力传播社会主义核心价值观

世界上任何一个民族都有自己的民族精神。中华民族所蕴含的独特的思想理念和道德规范，是社会主义核心价值观的重要内容。习近平总书记指出："社会主义核心价值观是当代中国精神的集中体现，是凝聚中国力量的思想道德基础。"电视剧创作要把培育和弘扬社会主义核心价值观作为根本任务，创作更多蕴含中国风格的优秀作品。

改革开放40年来，我国的现实主义电视剧塑造了无数凝聚中华民族精神的经典形象，包括老一辈无产阶级革命家英勇无畏、心怀天下的光辉形象，如《长征》《人间正道是沧桑》《海棠依旧》等；有反映中华民族不畏强敌、敢于抗争精神的代表人物，如电视剧《亮剑》《生死线》等；有反映工人阶级积极进取的生活状态和精神风貌，如《工人大院》《钢铁年代》；有反映中国农民强烈的发展意识和创业精神的电视剧《闯关东》《老农民》等；也塑造了不同年代民族企业家的敢于拼搏的家国情怀，如《乔家大院》《那年花开月正圆》《鸡毛飞上天》；有反映知识分子的顽强、执着、坚韧的电视剧《灵与肉》《最美的青春》《那些年，我们正年轻》。这些剧中的人物形象承载主流价值观，构建了中华民族的精神世界，连缀成中国故事的人物长廊，具有极大的审美价值。

（四）现实主义电视剧艺术不断创新，更加注重类型化

"诗文随世运，无日不趋新。" 40年来的中国现实主义电视剧逐渐形成了忠于现实、本色朴素的艺术特质，揭示一个真理，即现实主义电视剧要讲好中国故事，要有食人间烟火的角色，要有叩击人心的真情，要具备现实生活的质感。随着社会的发展，观众审美品味日趋多元化，观众的审美需求日渐提升，现实主义电视剧在艺术内涵上不断发展，从内容到形式不断创新，突出的特点是更加注重类型化创作。

主旋律电视作品更加类型化，人物摆脱千篇一律的"高大上"形象塑造，宣扬国家意识形态的诉求与电视作品对艺术性的追求结合更加自然融洽。《亮剑》《潜伏》《风筝》等佳作频出，主旋律类型化受到观众的欢迎，也受到了市场的肯定。

都市类型电视剧已经成为重要类别，如反映婆媳关系和婚姻问题的《媳妇的美好时代》《中国式离婚》等，青春类电视剧广受年轻观众喜爱，如《奋斗》《欢乐颂》等。尤其值得一提的是，都市类型电视剧中的行业剧开始兴起，如医疗剧《心术》《急诊科医生》，职场剧《猎场》《杜拉拉升职记》，律政剧《离婚律师》《继承人》，反映海上救援行业的《碧海雄心》，警匪剧《白夜追凶》《无罪之证》等，其中部分优秀的类型化电视剧更是出口海外，进军国际市场，这些作品都是类型化的最新代表。

类型化对我国现实主义电视剧创作具有重要意义。一方面，类型化创作在细化市场、分众接收、准确把握观赏需求等方面有助于增强作品的传播力，另一方面也在某种程度上促进了电视剧专业水准的提升和题材分类的成熟。这种实践还将继续，成为必然趋势。

（五）现实主义电视剧刻画了一大批典型人物

习近平总书记强调："典型人物所达到的高度，就是文艺作品的高度，也是时代的艺术高度。"反映在电视剧创作中，就是人物需上接天线、下接地气。提起那些在岁月沉淀的优秀电视剧，首先跃入观众脑海的，一定是鲜活的人物形象，而那些人物形象一定是从无数现实生活中提炼出来。

一是塑造了一批挺立于改革潮头的"弄潮儿"形象。如《乔厂长上任》中坚持国企改革的乔光朴，《合伙人》中意气风发的创业青年古东青，《十八个手印》中敢于改革的凤阳县基层干部陈开元，《鸡毛飞上天》中的敢闯敢拼民营企业家陈江河，构成一幅幅反映改革开放进程的生动人物画卷。

二是塑造了一批叱咤时代风云、立下丰功伟绩的共和国领袖形象。电视剧《换了人间》《海棠依旧》《历史转折中的邓小平》等塑造了毛泽东、周恩来、朱德、邓小平、陈云等领袖群象。

三是塑造了一批追求光明、敢于牺牲的革命者和英雄形象。《潜伏》中的余则成,《人间正道是沧桑》的杨立青,《北平无战事》中的方孟敖,《风筝》中的郑耀先,等等,再现了革命斗争的艰难曲折与共产党人的理想信仰。

四是塑造了一批具有历史担当、敢于为民请命、勇于肩负使命的历史人物形象,如《大秦帝国》中的渠梁、商鞅,《大明王朝》的张居正、海瑞,《于成龙》中的于成龙,等等,展示了中华民族精神源流。

五是塑造了一大批引领时代的英模和热爱生活、积极进取的工人、军人、知识分子、商人、市民、农民等各行各业的人物形象。这些形象承载主流价值观,构建了中华民族的精神世界,连缀成中国故事的人物长廊,具有极大的审美价值。

40年来,现实主义电视剧塑造了各个时期不同类型不同职业的人物现象,为改革者、开拓者、奋斗者、奉献者、爱国者、勇敢者、正义者塑身,他们从民族历史、革命战争年代和当今时代走来,汇聚一起,形成了时代变迁的人物长廊,构成了电视艺术中最富魅力的剪影。

40年来特别是党的十八大以来,现实主义创作的突出特点,一是更加注重导向,贯彻了习近平总书记的重要论述:"文艺要反映好人民心声,就要坚持为人民服务、为社会主义服务这个根本方向。这是党对文艺战线提出的一项基本要求,也是决定我国文艺事业前途命运的关键"。二是更加注重现实题材,近年来,现实主义题材电视剧所占比重越来越大,2017年立项的当代题材电视剧占比59%,国内电影、电视剧最高奖项都颁发给现实题材电视剧作品。三是更加注重社会议题,电视剧通过设置社会议题,推动社会进步发展。四是更加注重都市生活,都市剧网罗更多社会话题,除传统的婚姻家庭生活,开始聚焦女性独立、职场拼搏进取等现代性命题。

三、现实主义电视剧创作的新走向

习近平总书记在十九大报告中做出重大政治判断,中国特色社会主义进入新时代,开启全面建设社会主义现代化国家新征程。"文章合为时而著,歌诗合为事而作"。在新时代,经历改革开放40年洗礼的现实主义电视剧承担新使命、新要求,要有新担当、新发展。

(一)当前电视剧创作乱象亟待现实主义引领

市场经济给电视剧创作带来巨大活力,但也带来了浮躁和优秀创作传统的消解,艺术良知变得稀缺,逐利倾向严重,市场乱象丛生,现实主义创作在滑坡。其根源在与电视剧的艺术属性、商品属性、价值观传播属性的失衡。主要表现在以下两个方面:一是商业化、娱乐化严重侵蚀电视剧创作。电视剧"唯收视率"、唯感官刺激现象久治不愈,历史题材戏说化、革命战争题材娱乐化、现实题材虚浮化、主旋律题材概念化、轻内容重特效现象仍然突出，炫富、恶搞、雷剧、神剧、猎奇、感官刺激、低级噱头等难以绝迹。二是伪现实主义排挤现实主义。有些电视剧，写的现实题材，但实际上远离现实主义，疏离大众生活，陷入杯水风波，屏蔽社会主流，回避时代问题，漠视人民审美需求，找不到半点时代精神。离开现实生活的真情实感，最亮丽的颜值、最华丽的场景都是泡影，不可能赢得观众。这是我国电视剧创作必须跨过的两个陷阱，方向在哪儿？力量在哪儿？都在现实主义。

（二）要增强现实主义创作自觉

随着社会经济发展，文艺思潮呈现多元化趋势，以追求感官刺激为主的文艺创作占据屏幕，厚重的现实主义似乎有些过时，退居次席，失去了文艺思潮的主要阵地，这样的后果就是商业主义和消费主义甚嚣尘上，现实主义消隐。纵览我国文艺发展历程，那些千古流传的名篇佳作无不充满对人民的怜悯与关怀。从《诗经》对百姓生活的真实反映，到《离骚》中忧国忧民的赤子之情，再到唐诗中"安得广厦千万间，大庇天下寒士俱欢颜""朱门酒肉臭，路有冻死骨"，关汉卿的《窦娥冤》，曹雪芹的《红楼梦》，都是关心百姓疾苦，反映时代风貌的伟大作品。中华现实主义创造力是如此强大、创造的成就是如此辉煌，现实主义创作也应该感到无比自信。

（三）紧紧把握中国实现社会主义现代化进程的主流，反映中华民族伟大复兴的伟大实践

2017年，中国广播电视市场继续高歌猛进，电视剧年产量稳定在1.5万集左右，生产数量世界第一，中国广播电视服务业总收入达到6070.21亿元，同比增长20.45%。从产业角度来看，中国电视行业发展迅猛，市场规模越来越大。但是伴随行业规模的快速发展，品质参差不齐，佳作产出尤其是现实主义佳作产出不足的问题也明显地存在着，收视口碑双赢、叫好又叫座的电视作品仍旧是"稀缺资源"。真正兼具现实性、思想性、艺术性的电视佳作少之又少，有力反映时代风貌、真正唤起内心共鸣的精品力作依旧寥寥可数。好的现实主义作品一定是对时代主流生活实践的体现。新时代时代主流是什么？是实现社会主义现代化进程，是中华民族伟大复兴的伟大实践，我国电视文艺创作者勇当时代的先行者，通过书写人民伟大实践，展现人民积极昂扬的风貌，鼓舞全国各族人民朝气蓬勃迈向未来。

（四）准确把握人民群众审美需求的脉搏

文艺走入生活、贴近人民，这是艺术创作的基本态度。时代在发展，人民群众的审美需求也在发生变化，为人民创作，就必须要准确把握人民的审美需求脉搏。在2018年召开的全国电视剧创作规划会议上，相关主管部门要求创作者增

强群众意识和人民情怀,要"从人民群众日常生活中挖掘素材,从人民群众劳动创造中提炼主题,从人民群众的甘苦承担和拼搏奉献中汲取情感",再次强调要准确把握人民审美需求的重要性。人民群众的审美需求是什么?一定是主流的审美需求,一定是对真实生活、美好人性表达的需求。只有不断从时代中萃取、把握人们的主流审美需求才能创作出真正的现实主义作品,只有表现本民族文化和精神的内容才能永久屹立于世界艺术之林,而为了迎合受众而故意制作娱乐的快消品只会被迅速淘汰。

(五)现实主义创作呼唤"工匠精神"

习近平总书记曾指出:"在文艺创作方面,也存在着有数量缺质量、有'高原'缺'高峰'的现象,存在着抄袭模仿、千篇一律的问题,存在着机械化生产、快餐式消费的问题。"在新时代,要认真解决这些问题,就需要大力弘扬"工匠精神",在文艺创作中要有"大国工匠"一样的严谨专注、一丝不苟、精雕细琢和精益求精。我国唐代贾岛诗人就有"二句三年得,一吟双泪流",他的"推敲"故事早已成文千古文坛佳话。曹雪芹为了完成《红楼梦》做到"批阅十载,增删五次"。著名作家陈忠实曾言:"我体会到,创作是最孤苦伶仃也是最诚实的劳动",这话表明文艺创作是一种复杂、细密的精神产品的制作过程,它要求"生产者"必须全神贯注、脚踏实地,心无旁骛。编剧、导演、制片、服化道、演员、制作、发行、播出、评论等都要有工匠意识,沉下身子,力戒浮躁,尊重生活本来面目,刻画好人物精气神。只有用"工匠精神"打造的现实主义,才经得起岁月的淘洗,才能在影视艺术长河中绽放永恒的光芒。

(作者单位:国家广播电视总局发展研究中心)

改革开放 40 年中国新闻评论的回顾、反思与启示

袁丽媛　王灿发

新闻评论在新闻学中占有很重要的地位，被称为媒体的旗帜和灵魂。新中国成立以来至改革开放前夕，作为权力话语的党报新闻评论强化媒体的宣传功能，强调"报刊是宣传工具""新闻服从于政治斗争的要求"①，社评言论往往运用指令性、教化式的语言表达。尽管《人民日报》有过改版，倡导开展自由讨论，并发表多篇社会言论，但后来受挫并中断，之后经历"文革"的畸形发展，新闻传播业在徘徊中前行，以"工具论""一言堂"为主要特征的新闻评论发展受阻。改革开放 40 年来，中国经济和社会发生了巨大变化，新闻传播事业在改革的浪潮中革新前行，新闻评论也步入新的历史轨道，作为社会变革之声的话语体现，新闻评论在这一时期的嬗变、创新和发展，使其获得了新的生命力和影响力。

一、回顾：改革开放以来新闻评论的突破、创新与发展

（一）新闻评论恢复新生，媒体言论格局逐步开放（1978—1991）

1. 实事求是原则恢复，党报党刊评论体现党报党刊言论的话语核心

1978 年 5 月 10 日，中央党校内部刊物《理论动态》全文发表了署有"光明日报社供稿"的文章《实践是检验真理的唯一标准》，成为当代中国第一次思想解放的宣言书，文中精辟的论述和极为大胆的提法彻底打碎了"两个凡是"的精神枷锁，"不仅在问世的当时有强烈的现实意义，而且还具有长远的历史意义。"② 5 月 11 日，《光明日报》全文刊登此文，并署名"本报特约评论员"，当

---

① 见《新闻业务》（新华社编印的内部刊物，1951 年 1 月创刊，1960 年 8 月与"中国记协"机关刊物《新闻战线》合并，成为由人民日报、新华社、"中国记协"三家联合主办的新的《新闻业务》出版）1957 年第 11 期，第 30 页。

② 马立诚、凌志军：《交锋——当代中国三次思想解放实录》，今日中国出版社 1998 年版，第 54 - 57 页。

天，新华社向全国新闻媒体发了通稿，之后，《人民日报》《解放军报》全文转载，全国各级报刊也陆续转载此文。至此，在报刊上围绕"真理标准"文章而展开了大讨论。到1978年年底，中央及省级报刊发表的有关"真理标准"大讨论的文章有650篇之多，形成了新中国成立以来的第一次伟大的思想解放运动，这场讨论，冲破了长期以来"左"倾思想的束缚，为当年的十一届三中全会的召开做了理论上和思想上的准备。①

1978年12月，中共十一届三中全会召开，党和国家的工作重心转移到经济建设上来，我国新闻传播业也从"以阶级斗争为纲"转移到服务于经济建设这个中心。长期以来，报刊以及广播电台、电视台，过分重视和强调媒体的政治宣传功能，"宣传腔"居高临下，端起架子，新闻评论往往以指令性的方式向受众灌输思想，自上而下的传递一种声音，不尊重受众，甚至引起受众的反感，新闻评论自下而上的多种声音受到忽视。20世纪70年代末到整个80年代，新闻传播业进入全面改革的时期，新闻评论在内容、文风、数量等方面也发生了很大的变化。《人民日报》带头进行改革，一是在内容上坚持实事求是，讲真话，讲真理，从"文革"期间"左"的思想中解放出来。"斗争就是生活，你不斗它，它就斗你；你不打它，它就打你；你不消灭它，它就消灭你，这是你死我活的阶级搏斗"，这完全是极"左"的整人的言论，这是在宣传谬误，方向完全错误。党的十一届三中全会以后，报纸上的言论以坚持真理、实事求是为重要方面，报纸上批评性的言论多了，包括批评不正之风，批评领导干部，还有揭露社会的阴暗面和党的阴暗面。② 二是在文风上，力求短小精悍，生动活泼，生动活泼的新闻小言论日益受到重视；在作者队伍上，提倡大家动手，各显神通。③ 在文风上，1980年《人民日报》"今日谈"专栏面世，随后，各报纷纷仿效，出现了名目繁多的新闻性小言论专栏，比如《天津日报》的"津门小议"、《北京日报》的"文明小议"、《新华日报》的"细流集"、《四川日报》的"巴蜀小议"、《解放日报》的"新世说"、《羊城晚报》的"街谈巷议"等。除此之外，短评作为"轻骑兵"，由于篇幅短小、内容精悍，比社论要轻便灵活，也为新闻评论增添了新的光彩，受到读者的喜爱。评论文章除了出自于编辑部之外，群众自由撰写的言论出现在报纸版面上，联系群众紧密了，版面也灵活多样了，以《人民日报》为例，除了"今日谈"，还有"市场随笔""快语""大地漫笔"等专栏，题材广泛，文字生动，作者比较自由地发表见解，多样化的言论主体，使得党报

---

① 刘家林：《新中国新闻传播60年长编（1949—2009）（下）》，暨南大学出版社2010年版，第12页。
② 邵华泽：《新闻评论写作漫谈》，长城出版社1986年版，第170页。
③ 邵华泽：《新闻评论写作漫谈》，长城出版社1986年版，第169页。

言论的权威性得以重塑。

2. 告别"传声筒"角色，广播独立新闻评论话语诞生

新中国成立以后，广播评论经历了缓慢而曲折的发展，广播电台创办过一些短小的评论节目，但总体上仍是以播报报纸评论稿为主，直到党的十一届三中全会召开，广播评论走上独立发展的正轨。1979 年 4 月 26 日中央人民广播电台《全国联播》节目播出署名为"本台评论员郭平"的评论《改善越中关系的根本办法》，这成为新时期中国广播电台播出的第一篇广播评论。1980 年，中央人民广播电台正式成立评论组，各地广播电台也纷纷播出新闻评论。除此之外，1980 年第二届全国好新闻评选中，首次增设了评论项目，广播评论榜上有名：中央人民广播电台的广播评论《绝不允许有"特殊公民"》（1980 年 10 月 17 日）获奖，湖北人民广播电台的广播评论《从田埂的变化看政策的威力》（1980 年 7 月 11 日）受表扬。"本台评论""本台评论员文章"开始在广播上作为一种独立的评论样式，逐渐受到人们的关注和认可。中国广播评论在 20 世纪 80 年代的"喉舌"意识显著，围绕着党和国家的工作中心，广播评论在宣传党的各项方针政策的同时，关注社会生活，针砭时弊，引导社会舆论，广播评论也屡被各大报纸转载，或被国内外通讯社转发，广播评论稳步前行，有了自身的社会地位和媒介影响力。广播评论在阐释"自己走路"的过程中还不断涌现各类独具广播特色的评论样式，比如广播谈话类节目以一种聊天的方式展开话题，用类似谈话的交流方式进行分析和评论，充分挖掘声音传播的特征。同时，将音响引入广播评论中，成为 80 年代后期诸多电台使用的评论方式。

3. 电视新闻评论节目兴办，丰富媒体言论话语格局

我国早期的电视台没有电视评论节目，新中国成立以后电视新闻节目中只是由播音员口播新华社、人民日报、《红旗》杂志发表的评论，除此之外没有自己撰写的新闻评论，从某种程度上说，当时的电视评论是报纸的附庸。"文革"结束后，1978 年 5 月 1 日，北京电视台正式改名为"中央电视台"。1979 年，中央电视台成立专题部，着手筹划自己的电视新闻评论栏目。1980 年 7 月 12 日，中央电视台开播第一个述评性的新闻评论栏目《观察与思考》，该节目的宗旨是通过对广大群众关心的事件、问题和人物的调查、分析和研究来阐述道理，引起观众的思考。1988 年 7 月，中央电视台进一步加大新闻评论的力度，将《社会瞭望》与《观察与思考》合并，推出全新的新闻评论栏目《观察思考》，该节目共播出约 260 期，直到 1994 年 3 月 27 日，该栏目不再播出，其大多成员并入后来影响更大的《焦点访谈》。80 年代的电视台，从模仿报纸、广播的新闻评论开始，经过摸索和筹划，才逐渐开办了具有电视特色的评论节目。至此，广播电视告别了作为报刊和通讯社传声筒角色，开始创办独立的新闻评论，媒体言论话语

权格局开始分化。

(二)新闻评论稳步前行,媒体言论日渐丰富(1992—2003)

1. 报刊评论倡导"三贴近"原则,拓展群众言论空间

1992年党的十四大召开,中国从计划经济向市场经济转轨,经济发展和文化体制改革也促使新闻工作的改革,新闻评论观念更新,报纸新闻评论开始盛行专业评论,包括思想评论、经济评论、文化评论、体育评论、科技评论、法制评论等,尤其是经济评论和法制评论,比如《人民日报》,1999年的经济评论专栏有十几个,法治评论专栏有四个。伴随着扩版热潮和都市报的迅速兴起,各大报纸评论更加强调贴近实际、贴近生活、贴近群众的原则。作为意识形态权力的党报言论仍然是媒体言论格局的主体,市场经济条件下的新闻改革涉及新闻观念的更新、新闻媒体的多功能开发、新闻队伍建设、新闻事业管理等多个方面,处于新闻改革核心地位的新闻评论,呈现出形态多样化、表现形式丰富多元的特征。早期的都市报对社论、时评等新闻评论的重视度不够,与传统党报和机关报不同的是,其更加注重股评和体育评论。不论在内容上还是形式上,报纸新闻评论更加短小精悍、丰富多样、趣味性强,所以得到广大读者的喜爱。在此基础上,报纸专栏评论走向品牌化,比如《中国青年报》的《冰点时评》,创造出自身的评论专栏品牌,成为众多报纸学习的范例,群众言论空间进一步拓展。

2. 广播评论重视传播效果,加强现场评论手法的运用

进入20世纪90年代,广播评论节目在内容上与人民群众的日常生活融合接轨,在评论的语气和风格上,也越来越重视听众的实际需求,交谈式、谈心式的评论方式大量出现,从"为说而写"向"以说为主"转变,不仅突破了广播谈话类评论写作"为说而写"的界限,增强了评论现场感,也增强了广播评论的传播效果。这一时期,广播评论作为一种特殊的评论样式愈加受到重视。20世纪90年代初,中央人民广播电台《新闻和报纸摘要》节目深化新闻改革,着力加强广播评论的力度,例如在1993年4月8日、4月23日,中央人民广播电台《新闻和报纸摘要》节目分别播出了胡占凡采写的新闻述评《拜金主义要不得》《再谈拜金主义要不得》,引起了广泛的社会反响,收到全国各地听众的来信70多封,新华社、人民日报、光明日报等20多家媒体争相转载。[①] 20世纪90年代是广播评论节目在稳步前行中逐渐走向兴盛的阶段,这一时期的广播评论既挖掘了广播传播本身的语言魅力,又加大了节目的信息容量,使得广播评论节目更具感染力和影响力。1994年10月1日,中央人民广播电台创办了新闻评论性栏目

---

① 刘家林:《新中国新闻传播60年长编(1949—2009)(下)》,暨南大学出版社2010年版,第219页。

《新闻纵横》，其作为新闻杂志性栏目，以新闻事件为主要评论对象，配合《全国新闻联播》《新闻和报纸摘要》这两个新闻节目进行深度报道、答疑阐述和分析评论，包含"今日观察""权威论坛""国际风云"三个子栏目，系列评论和连续评论是《新闻纵横》主要采用的播出方式，比如系列节目《不该忘却的纪念》，连续节目《令人却步的北京"一日五游"》，特别节目《江苏打假暗访实录》等，将夹叙夹议、边述边评、现场采访与专家访谈结合，聚合了广播评论的特征，具有很强的感染力和易受性。[①] 全国各级广播电台也纷纷创办了自己的广播评论性节目，广播评论节目日益兴旺。

3. 电视评论日渐成熟，重视言论的公众参与意识

20世纪90年代，社会主义市场经济体制初步确立并不断完善，中国新闻传播事业逐步走向企业化、市场化，电视媒体迅猛发展，社会影响力加强，成为报纸、杂志、广播、电视四大媒体中影响力最大的媒体，电视新闻评论节目及深度报道栏目创办兴旺。"电视新闻评论不同于靠文字符号传播的报刊评论，也不同于靠声音符号传播的广播评论，而是综合运用画面、音响、屏幕文字和解说、论述性语言等多种传播手段的声画合一、视听结合的新闻评论，是一种真正意义上的'形象化的争论'。它晚于报纸、广播评论，可以说是后起之秀，但其影响确实深远而广泛。"[②] 电视新闻评论是新闻评论中一个重要组成部分，也是90年代受到业界和受众关注最多的新闻评论形式。中央电视台从《观察与思考》到《观察思考》，采用深度调查报道的形式，运用系列评论与连续评论的方式，对新闻事件进行追踪报道和深度评析。1988年7月，中央电视台组建了评论组，1993年评论组扩大为评论部，1993年5月1日，央视新闻杂志性栏目《东方时空》开播。半年后，中央电视台决定对该节目进行改革，成立一个新部门——新闻评论部，认为新闻评论是一个媒体的"号角"和"旗帜"，新闻媒体应对社会热点问题进行舆论监督。1994年4月1日晚间19点38分，由新闻评论部主办的电视述评节目《焦点访谈》开播，该节目集新闻报道与新闻评论于一身，放在央视一套黄金时段播出，很快引起轰动效应。20世纪90年代到21世纪初，全国各省市兴起了一大批新闻评论类节目，比如上海电视台《新闻透视》、北京电视台《18分钟经济社会》、河北电视台《新闻广角》、安徽电视台《社会之窗》、广东电视台《社会聚焦》、成都电视台《今晚8：00》、江苏电视台《大写真》等，这些节目结合电视传播优势，将画面、音响、文字、主持人叙述、同期声、"解说词"及记者现场报道等诸多符号融于一体，对电视新闻评论进行了大胆的探索与

---

① 胡文龙主编：《中国新闻评论发展研究》，中国人民大学出版社2002年版，第372页。
② 刘习良主编：《中国电视台》，中国广播电视出版社2007年版，第327页。

创新。20世纪90年代电视台纷纷"上星",受众覆盖率扩大,为电视行业带来生机和活力,在一定程度上也加大了包括新闻评论节目在内的电视节目的繁荣。

4. 网络评论崭露头角,媒体言论承载形态多样化

20世纪90年代后期,互联网进入人们的视野,网络媒体随之兴起,在短短的时间发展迅猛并成为与报刊、广播、电视三大传统媒体并列的"第四媒体",作为一个崭新的公共领域,网络平台的自由开放、参与性强、平等互动的特征,吸引了越来越多的人们表达心声、发表观点和意见,网络评论迅速跃入大众的视线,成为不可忽略的一种新兴评论形式。网络平台"既刺激了受众的表现欲和发言权,活跃了政治生活中的民主气氛,又极大地推动了传统媒体新闻评论的发展和进步。"[①] 我国主流媒体从90年代末期已经开始筹划并注重网络评论平台的建设,1997年1月1日,《人民日报》"网络版"正式连接互联网。1999年5月,《人民日报》在网站开设"强烈抗议北约暴行BBS论坛",引起网友极大的关注和互动,直接推动"抗议论坛"改版并成为中国网络媒体创办的第一个网上时政论坛《强国论坛》。2000年8月21日,《人民日报》"网络版"改为"人民网",2001年3月21日,人民网原创网络评论专栏《人民时评》创办,从此形成了新闻、互动和服务为一体的综合立体系统,人民网建立的留言、博客、论坛、社区等互动平台和言论空间,成为网友在线表达观点、发表意见并交流互动的重要言论平台。

(三)新闻评论蓬勃发展,媒体言论传播格局重构(2004年至今)

1. 传统报刊评论遭遇危机,媒体融合重塑党报评论的权威

2004年开始,全国报刊开展了一场新中国成立以来规模最大的治理整顿活动,报刊实行管办分离。随后,全国各地报纸再次掀起改版、扩版热潮,仅2005全年改版的报纸就有60余种,《人民日报》截至2010年再度扩至24版,各大都市类报纸更是加入到扩版、改版的潮流中,报纸进入厚报时代,新闻评论也随之扩大版面,愈加受到重视。2013年1月,《人民日报》第一块新闻评论版与读者见面,《人民日报》陈立云表示:"版上文章多短小精悍,没有放之四海而皆准的套话,也没有长篇大论的空洞说教,诸如辉煌、伟大、雄踞之类的'大词'少了,短文多了,短剧多了,鲜活生动的语言也多了,文章少则二三百字,多则不超过千字,但重在让事实说话,以观点取胜,意尽言止,语约义丰,虽然字数减少,高度未降,思想未减。"[②] 尽管如此,党报新闻评论受到广播电

---

① 丁法章:《漫谈网络新闻评论》,《新闻大学》2008年第4期。
② 陈立云:《壮大"主流",传递更多中国"好声音""真声音"——〈人民日报〉新推评论版的过程与认识解析》,《中国记者》2013年第3期。

视媒体、网络媒体的冲击而遭遇危机，媒体言论不再是党报言论独领风骚，尤其是开放度、自由度、创新性较强的网络言论兴盛，言论形式的不断拓展，对报刊新闻评论的影响较大。但从未来的趋势来看，我国媒体言论场在相当长的时间内，仍以党报言论为权威和核心，媒体融合步伐的加快，也将重塑党报新闻评论的权威地位。

2. 广播电视评论稳步发展，不断探索话语资源空间

进入21世纪初的中国广播在"新闻立台"和"频率专业化"办台理念的指导下，交通频率、音乐频率、经济频率等获得迅速发展。2004年1月，中央人民广播电台"中国之声"开播，随着新闻传播领域治理整顿活动的开展，广播也进行了改版。2009年，"中国之声"再次改版，新闻时效性得到加强，"第一时间、第一现场、第一话语权的报道多了"。同时，邀请专家、学者对新闻作及时的解读、分析和点评，广播的意见声音更加清晰和透彻，直接对新闻做出评论，广播评论高度再次提升，不断探索话语资源以构建广播公共话语空间。电视新闻评论在积极发挥自身媒体优势的同时，不断探索新的表达方式和传播手段。中央电视台《东方时空》对新闻事件的解读追求时效性、全面行、深刻度，《面对面》也采用新闻性访谈节目形式，以主持人"质疑"风格的提问交流方式，揭示新闻背后的新闻，点评新闻事件和社会现象。与此同时，全国各大电视台纷纷探索电视民生新闻中的新闻评论模式，比如《第七日》《南京零距离》《第一时间》《民生大参考》等。电视评论节目广开言路，成为重要的沟通平台和观点汇集出，并屡屡创造了电视节目的收视高点，也较好地发挥了舆论监督的功能。然而，近几年随着网络媒体的影响，传统广播电视媒体收到较大的冲击，广播电视新闻评论的竞争力受挫，今后广播电视新闻评论节目需要进一步探索创新路径，才能在竞争激烈的媒介环境中占有一席之地。

3. 网络评论渐入佳境，新闻评论价值取向多元共生

有学者认为，网络媒体是典型的融媒体，它具有巨大的包容性，所以直接造就了网络评论的形态多样化，党报言论引导主流价值的舆论功能不容动摇。与此同时，随着民众个体意识和权力意识的提高，网络空间新闻评论呈现价值取向多元共生的现状。进入21世纪，网络媒体的影响力日益增大，一系列关乎国计民生、社会百态的新闻舆论事件，让成千上万的民众通过网络媒体平台关注事件的发生发展，并发表观点、表达意见及参与到公共事件中，网络评论以网络舆论监督的一种特殊表达方式呈现出来，网络评论的兴盛以强大威力影响着新闻评论的传统格局。2006年7月，"中国新闻奖"首次将网络新闻作品纳入评奖范围，人民网原创网络评论《我们怎样表达爱国热情》、新华网的原创网络评论《网民感动总理　总理感动网民》分别荣获一等奖，这对提升网络新闻的传播力和公信

力、推动网站运作的管理规范化、促使网络媒体向主流媒体方向发展具有重要现实意义。如果按照创作主体划分，网络评论主要有三种形式：一是传统媒体精英话语体系的网络评论；二是由网络媒体自身的评论团队生产的新闻评论；三是网民评论，即由网民通过论坛、跟帖、个人网页等方式，还有在博客、微博、微信等渠道发表的有关信息和言论。网络评论得到进一步充实和发展，如人民网负责人所言："成千上网的网民（各种身份、地位的人）在此议论时事、共商国是，他们或围绕一个热点、一个话题，或主设主题，自弹自唱，各抒己见，或争论、争执、交锋。他们雄辩，他们诡辩，他们群辩。当然，更多的人在浏览、'坐山观虎斗'，分享讨论者的思想。"[①] 值得引起注意的是，随着移动网络的普及和应用，手机完成由通信工具到移动媒体的蜕变，包括手机媒体在内的网络评论方兴未艾，网络评论产生了更加广泛的媒介和社会影响力。

二、反思：中国新闻评论在变革之中的新探索

回溯改革开放以来中国新闻评论40年的发展脉络，既呈现于新闻评论自身传播过程中媒介体例的拓展和创新上，也体现在新闻评论作为一种媒介活动与社会变革的互动关系上，针对中国新闻评论发展的历史及现状，反思其存在的问题并探索发展之路径，在很大程度上具有现实意义。

（一）以中国本土为根本，积极探寻本土化的发展路径

新中国成立至改革开放前，我国新闻业以前苏联"老大哥"为榜样，全面、广泛地引进前苏联办报、办通讯社、办广播的经验，在新闻评论方面也沿袭前苏联做法，过分强化媒体的宣传功能，强调"新闻事业是阶级斗争的工具""报刊是宣传工具""新闻报道必须服从于政治斗争的要求""要非常注意报纸的党性和对敌斗争观念"，不仅强调"工具论"的宣传功能，还奉行"一言堂"的"灌输"方式，报刊"在社论的写作上，盲目模仿苏联的《真理报》，不论有无必要，硬要每天必有一篇。新闻评论的教条、呆板、空洞，产生高高在上且仰望不可及的传播效果，不符合受众的阅读需求，严重脱离人民群众。改革开放以来的40年，中国新闻评论积极探寻本土化的发展路径，以中国本土为根本，借鉴外来资源之精华为我所用，再不照抄照搬之。

（二）处理好具象性和抽象性的关系，增强新闻评论的传播效果

改革开放以来的40年，是中国社会发生重大历史性变革的时期，中国新闻传播事业繁荣发展，新闻评论作为一种体裁形式和实践活动，是我国政治社会生活的集中体现，报刊评论、广播电视评论、网络评论，共同构成了媒体言论的格

---

① 引自官建文《沟通思想交换智慧的平台》，载于何家正、刘红主编《强国路上的对话》，中国传媒大学出版社2007年版，第1页。

局。然而，膜拜仰望式的抽象性推理论证方法不符合时代对评论性话语的要求，也增加了新闻评论阅读理解的难度，随着改革开放以来媒体言论话语权的分化，具象性话语符号以其时新性、开放性、通俗性、趣味性等的特征，迎合了大众对评论话语的需求心理，如何处理好具象性和抽象性的关系，从而增强新闻评论的传播效果，是当前新闻评论突破传统评论格局并有效发挥其舆论监督功能的重要因素。

（三）在评论路径方面，妥善处理选题与立意、观点与论证的关系

在社会思潮复杂化、价值观多元化的社会环境下，和其他新闻文本样式一样，新闻评论从概念认识到本体定位都需要重新界定，才能在实际路径探寻方面找到新的出路以达到最佳传播效果，才能发挥新闻评论引领正确时代精神的现实意义。当代新闻评论是集报刊、广播电视、网络等多媒介平台而形成的言论格局，然后，一切媒体评论的创作都是以报刊评论为基本出发点的。因此，在新闻评论的成文过程中，需要处理好多重关系，比如选题与立意的关系，选准了新闻题材，有了关键性视角，才有多维度的立意空间；观点与论证的关系，良好的逻辑思维训练是关键所在，有了严密的逻辑思维，才有观点缜密的论证；事实与应用的关系，新闻评论依托新闻事实又不拘泥于事实，即对新闻事实的评论不能就事论事，尤其作为论据的新闻事实，只有从中发现存在的问题，才能就这一问题发表鲜明独特的观点。①

三、启示：党媒言论为核心、专业意识是本质、大众评论为主体

改革开放 40 年来，新闻评论在历史发展阶段更迭中显现出不同特征，随着我国新闻传播业的发展，无论纸质媒体还是广播电视，都通过改版或增加节目加大了评论的分量，网络评论以快捷性、互动性、平民化的特征对传统媒体评论造成了很大的冲击。但整体而言，观点表达平台和意见传播形态呈现多样化生存，新媒体环境下的新闻评论打破了传统报刊、广播电视新闻评论原有的格局，如何跟上时代步伐，更好发挥新闻评论的社会功能，40 年的历史蕴含着丰富的经验启示。

（一）坚持将新闻评论的党性原则置于首位

我国社会主义的新闻媒体，是党和人民的"喉舌"，是党的舆论工具，新闻评论最鲜明地体现着媒体的立场和观点。在新闻评论中，要忠贞不渝地坚持和体现党性原则，站在党的立场上，从党和人民的利益出发评论和处理问题，把握正确的舆论导向，坚持党的实事求是的思想路线，深刻理解党媒姓党，坚定承担媒体的职责使命。改革开放以来，中国社会利益结构多样化，思想观念显现多元

---

① 刘茂华：《观点交锋：媒介化时代的新闻评论》，武汉出版社 2011 年版，第 214 页。

化，媒体引导社会舆论的任务愈加艰巨。自1989年11月中宣部"新闻工作研讨班"上第一次正式提出新闻宣传工作的"舆论导向"问题以来，党领导的新闻媒体更加关心和重视新闻评论。新闻评论是媒体的灵魂和旗帜，即媒体的方向，评论提倡什么，反对什么，集中体现媒体的政治立场和政治态度，作为思想信息的新闻评论直接关乎舆论导向的正确与否，唯有坚持新闻评论的党性原则，不断探索和创新，新闻评论才能真正发挥舆论监督的社会功能。

（二）新闻专业意识回归是其本质

回顾过去40年我国新闻传播业的发展，一个基本的教训是：新闻传播事业的改革必须与社会的发展变化相适应，才能充分发挥新闻媒体的社会监督功能，否则将无法满足社会其他系统对新闻传播系统的需求，不仅影响媒体舆论监督功能作用的发挥，还会给整个社会造成一定的破坏。新闻评论是顺应新闻传播业发展的必然产物，改革开放以来的40年，从以报刊为"观点中心"到广播、电视、网络媒体新闻评论载体的多样化呈现，从"真理的化身"到多种视角"无形意见"的评论诉求，新闻评论对"事实"的尊重、对多元化言论的包容，不仅仅停留在口号的层面，也落实到了实践中，新闻媒体正逐渐回归自己的专业定位，新闻评论也在实现其自身特征的回归与提升。

（三）大众化参与评论势不可挡

在当前媒体格局下，网络评论日益显现出不同于传统媒体评论的传播特征和影响力，其中重要的原因即网络的高参与度，网络评论也因此成为网民参与公共生活的重要方式。从新闻传播史来看，中国新闻曾在多个历史阶段更多在关注意识形态，重"说话"甚于重"事实"，这也在很大程度上给新闻业带来了严重的扭曲。新闻评论的发展要基于大众广泛的参与，尽管网络空间存在许多情绪化、非理性的声音，但整体而言，网络公共领域正在逐步完善和发展，媒体也应以开放的姿态搭建交流的平台，为大众提供广泛的对话空间。在传统媒体新闻评论创新发展并以评论精品塑造新闻评论权威性的同时，网络评论也应为大众提供声音传播的平台，构建大众公共话语空间。

总体而言，改革开放40年来，中国新闻评论一直发挥着引导社会舆论、弘扬社会正气、调解舆论温度、监督社会公正等的功能。新闻评论历经改革和发展，有经验也有教训，其前行之路未有穷期，需要进一步去探索，去创新，去总结经验。

（作者分别为：中国传媒大学新闻学院博士研究生、内蒙古科技大学包头师范学院副教授；中国传媒大学新闻学院教授）

改革开放 40 年：中国广播电视学术研究的历史进程

欧阳宏生　唐希牧

2018 年，时值我国实行改革开放 40 周年。在迈向中国特色社会主义新时代的历史进程中，广播电视研究取得了显著进步，其研究的规模、质量和层次不断提升，并呈现出多学科交叉、多领域跨界、多方法融合的繁荣景象。可以说，改革开放的 40 年也是中国广播电视学术研究发展最快的时期。"明镜可以照形，古事所以知今。"没有对学科历史的清理，我们便无法在现实的语境中去还原与把握研究对象，也就无法进一步推进整个学科向前发展。面对不断活跃着的行业实践，广播电视学术研究应该有怎样的追求？怎样的目标？如何在既有的基础上再出发？凡此种种问题，均需我们予以深思。因此，为纪念改革开放 40 周年，让我们以一种新的问题意识、新的思想姿态、新的理论眼光，对广播电视学术研究所走过的这段历史进行一番深入且具有构建意义的总结与反思，无疑是回答上述问题的关键所在。

我国自 1923 年诞生广播，1958 年出现电视，人们对其的认识也由此展开。这种认识既是一种探索和发现的过程，也是一种形成知识系统的研究过程。[①]然而，随着时间的推移，广播电视学术研究的对象与内容随着社会的发展而发展，随着广播电视事业的变迁而变迁，但架构学科结构的理论体系和引领科学发展的思维逻辑仍保持了相对的统一。在这个模式下，中国广播电视学术研究的发展轨迹便有着贯穿今昔的线索意义。以此为基点，观照改革开放 40 年来中国广播电视研究的发展历程，大致可以将其划分为学术研究的探索期、学科意识的觉醒期、学科独立与成型期以及学科的多元与繁荣期四个阶段。下面将分别对这四个阶段作简要的梳理。在此需要说明的是，限于篇幅的原因，本文未能穷尽各阶段所有的研究内容，仅选取了其中较有代表性的事件与成果进行阐释，以求达到

---

① 赵玉明、艾红红、庞亮主编：《广播电视学学科体系建设研究》，中国广播影视出版社 2015 年版，第 3 页。

"窥一斑而见全豹"的作用。此外，本文研究的范围仅限定于中国大陆，不包括港、澳、台地区。

一、学术研究的探索期（1978—1982）

在历史时间轴上第一处涤荡社会积久诟病的节点处，是由思想解放所散发出的光辉牵引社会的变革，发出振聋发聩的声响，作为吹响新时代的号角。1976年10月，持续十年之久的"文化大革命"宣告结束。但在较长一段时间内，国内的政治氛围和意识形态并没有立竿见影地回暖。直到党的十一届三中全会召开，会前关于真理标准的大讨论以及会议确立的"解放思想，实事求是"的思想方针，才为我国各项事业的拨乱反正提供了根本性的政治保障和思想基础。在此背景下，广播电视研究开始进入到一个端正指导思想的反思阶段，对广播电视本体理论的探讨成了这一时期的核心议题。其具体内容主要表现在以下三个方面。

（一）积极探索"自己走路"

关于广播电视"自己走路"并不是这一时期新提出的口号，早在新中国成立之初，时任国家新闻出版总署署长的胡乔木就提出："广播电视要学会自己走路。"据中央台原台长左漠野回忆："当时的新闻总署为广播规定了三个任务：一是发布新闻，传达政令；二是社会教育；三是文化娱乐。继而胡乔木同志向我们提出：你们要自己走路。意思是说，广播不能完全依靠报纸和通讯社，自己应当采、编、写一些东西。"[①]在此背景下，广播电视开始了第一次蹒跚学步，并在新中国成立以后的17年中取得了初步成绩。然而，这一方针的贯彻却在"文革"中被迫中断，广播电视又重新沦为了报纸的"有声版"与"传声筒"。直到1980年10月，在第十次全国广播工作会议上，时任广播事业局局长的张香山在其报告中重新提出"自己走路"的方针，并且就方针的贯彻提出了七条重要的措施。于是，广播电视又一次迈出了"自己走路"的新步伐。

然而，两次方针的提出有其不同的时代背景与历史意义。50年代提出"自己走路"主要是为了克服广播对报纸与通讯社的依赖，从而建立起自己的记者、编辑和节目制作队伍。[②]而80年代重提，广播电视的队伍已经壮大，设备不断完善，影响力也越来越大。此时的"自己走路"不仅意味着广播电视已彻底摆脱了报纸这种以文字为主的信息传播方式，走上了一条尊重自身传播规律的发展道路。更为重要的是，它解放了广播电视工作者的思想，调动了他们的积极性，从而激发了他们对广播电视实践的创造力。从第十次全国广播工作会议到之后的

[①] 左漠野：《自己走路 发挥优势》，《新闻战线》1980年第11期。
[②] 周华斌：《广播电视文艺沉思录》，《现代传播》2000年第4期。

第十一次全国广播电视工作会议的召开，短短两年时间里，广播电视"自己走路"便取得了五个方面的成绩：第一，电台、电视台以"短、快、新"为特点的新闻明显增多；第二，广播评论重新上马，电视评论初现荧屏；第三，主持人节目开始出现；第四，远距离教育的发展；第五，电视剧开始复苏。[1] 而这些均为我国广播电视未来的发展奠定了坚实基础。

（二）对广播电视特点和原理的深入探讨

正是在"自己走路"这一号召下，80年代初，理论界掀起了一场关于广播电视特点的本体论讨论热潮，其目的是对广播电视界的一些基本问题加以廓清。据统计，在1979年至1981年的三年间，在《北京广播学院学报》"新闻采编"上就发表了有关广播电视本体理论的文章共20篇。[2] 这20篇文章涉及了广播电视的特点、性质、传播的职能与范围等多方面的内容。在广播研究方面，白谦诚首先从"广播特点是由什么决定的"这一本源出发，认为"广播的特点是由无线电波传送声音这种特殊的传播方式所决定的，因而广播兼有无线电和声音两方面的特点。"据此他进一步指出，广播具有"依靠声音、对象广泛、迅速及时、没有距离"这四个特点。[3] 然而对这一论断，有学者提出了不同的见解。其中，春犁认为，"传播方式不等于广播特点"。虽然"传播方式决定广播特点"这一观点是正确的，但要科学地表述广播特点，需要有明确的标准，即"所谓特点，应该既包括优点，也包括缺点，它是相比较存在的"。进而作者提出广播的特点具体可以分为优点和缺点两部分："（一）广播依靠电波传播声音，因而具有迅速及时、感染力强、对象广泛、传输方便的长处；（二）广播依靠电波传播声音，同时存在着稍纵即逝、不便选择、语言限制、不易保密的短处。"[4] 而学者章宗栋则是根据"特点"这一词的含义，即"一事物与他事物相比，此事物有而他事物无的地方"，对白谦诚的"四特点说"进行了剖析，他认为"广播的特点只有一个，那就是：仅仅用声音来传播内容"。[5] 在电视研究方面，张凤铸的《电视新闻的力量在于真实》和叶家铮的《谈电视特性兼谈电视新闻》《以电视传播的特性谈新闻之"新"》，这三篇文章则分别从新闻学的理论与方法以及电视传播的特性出发，认为电视"是以电子信息技术为手段，通过屏幕形式展示连续运动及富于变化的图像和声音，极其迅速地向广大家庭传播各种特定的内容

---

[1] 赵玉明主编：《中国广播电视通史》，中国传媒大学出版社2006年版，第353-357、1页。
[2] 杨靖、陈思稷：《中国广播电视学术研究20年》，《现代传播》1999年第5期。
[3] 白谦诚：《广播特点初探》，《北京广播学院学报》1979年第1期。
[4] 春犁：《漫谈广播特点》，《北京广播学院学报》1980年第3期。
[5] 章宗栋：《"不要纸张"和"没有距离"已经不是广播的特点》，《北京广播学院学报》1980年第3期。

(节目)。它是最大众化、最有社会影响力的传播媒介。"① 而电视新闻则是"'没有纸张''没有距离'的报纸,是'形象化的政论'。它通过可视形象来表现现实生活,表达人民的思想情感,最迅速、最直接地和广大人民群众见面,雅俗共赏、老少咸宜,为人民群众所喜闻乐见。"②

从以上对广播电视特点的分析与辩驳中可以看出,此时的研究虽处于一个比较宏观的层次,但随着讨论的不断深化,研究者们逐渐革除了以往那种被特殊政治文化所制约、所扭曲而形成的唯上、唯书的思维传统,重构根植于新闻传播实践的具有当代中国特色的主体意识和学术理性。③

（三）对广播电视"工具论"的批判与反思

批判与反思是为了除旧,是对"拨乱反正、正本清源"的呼应。然而,早期的广播电视学术研究是以传统新闻学④为基础的,尚未形成独立的学科属性。因此,对广播电视"工具论"的批判最早是从新闻学界对"报纸是阶级斗争的工具"⑤的批判开始的。1980 年,在《新闻研究资料》第 3 辑《新闻研究》专题下,学者们针对这一命题展开了激烈的讨论。其讨论的结果是引发了两种观点的激烈碰撞：一种观点认为,新闻事业的产生和发展是出于阶级斗争的需要,"阶级斗争工具"即为新闻事业的本质属性。所以,"只要社会上还存在着阶级斗争,报纸、广播仍是阶级斗争或阶级专政的工具"⑥；另一种观点则认为,新闻事业是生产力发展到一定阶段为适应社会需要而产生的,作为阶级斗争的工具是新闻事业的一种作用,不是其本质属性,⑦ 其本质属性是新闻性。因而准确的表述应该是"报纸是新闻传播的工具,在阶级社会里,又是阶级的舆论工具。"⑧从以上两种观点所各自依持的论据来看,其主要的分歧在于报纸是因为什么需要

---

① 叶家铮：《以电视传播的特性谈新闻之"新"》,《北京广播学院学报》1983 年第 1 期。
② 张凤铸：《电视新闻的力量在于真实》,《北京广播学院学报》1979 年第 2 期。
③ 李向阳：《解放思想与我国当代新闻传播理念的嬗变——纪念改革开放 30 周年》,《现代传播》2008 年第 6 期。
④ 本文所谓"传统新闻学"特指 1978 年传播学引入之前的新闻学。这一时期的新闻学主要是以报刊等印刷媒介为主要研究对象,偏重于新闻理论、新闻业务、新闻历史三版块研究的新闻学体系,就其阶级性质而言,又可称为中国无产阶级新闻学。
⑤ 关于"报纸是阶级斗争的工具"的说法最早由中共中央机关报《红旗日报》在 1930 年 8 月 15 日的发刊词《我们的任务》中提出。1949 年 11 月 8 日,《中共中央关于新街坊城市中中外报刊通讯社处理办法的决定》以正式文件的形式将报纸是阶级斗争工具的提法确定下来。到了"文革"期间,该观点进一步演变为"报纸是无产阶级专政的工具",不仅成为"四人帮"操纵中国新闻业的有力武器,还被写入"文革"时期的新闻学教材之中。
⑥ 康荫：《新闻工作性质初探》,《新闻研究资料》1980 年第 3 辑。
⑦ 甘惜分：《报纸的性质和作用,是相互联系而又相互区别的两个概念》,《新闻研究资料》1980 年第 3 辑。
⑧ 徐培汀、谭启泰：《试论报纸的性质》,《新闻研究资料》1980 年第 3 辑。

而产生的。纵观整个中外新闻发展史，将报纸归结于是出于阶级斗争的需要而产生的这一说法显然是违背历史事实的，因而其所支撑的观点也是站不住脚的。正是在新闻学界这种自我反思与批判浪潮的影响下，广播电视界也开始发出自己的声音。1981年，郭镇之在《评"阶级斗争工具"说》一文中指出阶级斗争工具的提法含义太狭窄，他认为广播电视最主要的特征应该是迅速广泛地传播消息，而这种传播性才是新闻媒介区别于其他的根本属性。① 1983年，时任广电部顾问的卢克勤则是从信息这一概念出发，通过对广播电视在沟通消息渠道、传播科学文化知识、提供文化娱乐和社会服务等各方面功能的梳理与考察，进而将广播电视定位于一种"现代化信息传播工具"。② 这不仅从根本上否定了过去几十年占统治地位的阶级斗争工具论，同时也拓宽了研究的视野与范围。

总体而言，此次关于广播电视性质的讨论具有双重历史意义：一方面，经过一段时间的讨论之后，虽然学界对广播电视的性质并未达成一致，但坚持"阶级斗争工具论"的人少了，而对广播电视是新闻传播和社会舆论工具之类的观点有了一定的认识；另一方面，讨论本身给中国的广播电视学者提供了一个怀疑政治权威强加于广播电视研究现状的话语机会，此后，广播电视学术研究有了更大的发展空间。

二、学科意识的觉醒期（1983—1991）

第十一次全国广播电视工作会议是我国广播电视事业发展史上的里程碑。此次会议不仅确立了"以新闻改革为突破口，推动整个广播电视宣传改革"的工作目标，同时还提出了广播电视"坚持自己走路，扬独家之优势，汇天下之精华"的业务方针以及"四级办广播、四级办电视、四级混合覆盖"的事业发展方针。③ 在此背景下，全国的广播电视媒体于80年代中期至90年代初开启了一场轰轰烈烈的新闻改革。然而，改革过程中出现了许多新的现象、新的问题，改革的实践迫切需要理论的指导，这种客观要求成了广播电视学术研究的动力。因此，这一阶段的广播电视研究不仅非常活跃，而且突破了新闻学的框架，形成了较为独立的学科意识。其具体表现在以下三个方面。

（一）学术团体与研究机构的建立

这一时期，随着广播电视改革的不断深入，一些学术团体与研究机构也开始相继建立。在研究机构方面，从1986年10月起，广播电视部开始承担系统内协调、指导各研究单位业务工作的管理职能。在此之前，其系统内部只有一个负责

---

① 郭镇之：《评"阶级斗争工具"说》，《北京广播学院学报》1981年第3期。
② 卢克勤：《广播电视——强大的现代化信息传播工具》，《广播与电视技术》1983年第5期。
③ 王文利：《中国广播电视学术研究史稿（1920—2011）》，新华出版社2013年版，第190页。

搜集、翻译、编印外国广播电视情报资料的研究机构,即国际台研究室。此后,中央电台、中央电视台及全国各地方广播电视厅(局)也陆续成立了研究室。据不完全统计,截至1986年5月,广播电视系统的研究机构就发展到了15家。[①] 在研究团体方面,1986年10月15日中国广播电视学会(以下简称中广学会)的成立,标志着我国广播电视学术研究进入到了一个新的阶段。作为全国性的广播电视学术团体,学会以开展广电的学术研究,提高广电工作者的素质,提高广电节目质量,促进中国广播学、电视学的建设和发展为宗旨。主要任务是:研究广播电视理论与历史,建设和发展中国的广播学、电视学;开展广播事业的调查研究,为决策的民主化、科学化提供有利条件等。[②] 随着学会各项工作的展开,广播电视学术研究逐渐改变了长期以来分散的个体研究状态,形成了个体研究与群体研究并举的新局面,其研究的问题与范畴也由以往侧重对微观业务与工作经验的介绍转向对带有全局性、系统性等宏观问题的思考。同时,围绕如何建立有中国特色社会主义广播电视理论体系这一总体目标,从1986年至1991年,学会曾组织了近百次相关的经验交流会与学术研讨会。在1988年和1990年,学会还举行了两次全国性的广播电视学术论文评选,以及1990年首届全国广播电视学术著作评选活动,其中评选出的不少论文与著作均填补了我国广播电视研究的多项理论空白。此外,值得一提的是,1992年3月由广播电影电视部政策法规司与中广学会联合召开的全国广播电视研究工作会议,还首次将学界与业界的研究者们汇集在了一起。针对研究中出现的新问题、新任务,会议共制定了1992年至1995年全国广播电视研究课题115个,其中重点研究课题22个。[③] 这些课题被下达到全国各大广电研究系统。一时间,积极申报课题、踊跃承担课题成了广播电视研究工作中一道亮丽的风景线。

(二)各类刊物的创办与学术论文的涌现

1986年中国广播电视学会成立后,全国各级电视媒体、电视教育部门也纷纷成立广播电视分会,分会的成立进一步推动了广播电视理论研究阵地的建设,广播电视刊物迎来了创办热潮。1979年创刊的《北京广播学院学报》(1994年更名为《现代传播》)以学术性、专业性为追求,是我国广播电视研究重要的专业性期刊。1982年中国电视艺术委员会成立并创办了《电视文艺》,后定名为《中国电视》,主要刊登电视文艺,特别是电视剧、综艺节目的研究论文。1984年10月,由广播电视部主办的,以广大电视工作者为对象的《广播电视战线》

---

① 罗弘道:《改革开放十三年的广播电视理论研究工作》,《中国广播电视学刊》1992年第5期。
② 中华人民共和国广播电视简史编辑部:《当代中国广播电视大事记(1984—1995)》,中国广播电视出版社1997年版,第92页。
③ 参见何光:《广播电视研究工作的新起点》,《现代传播》1993年第1期。

创刊，其主要任务是以宣传工作为中心，开展经验交流与业务研究，从而为提高节目质量、开创广播电视宣传工作新局面服务。① 1985年3月，中央电视台内部刊物《电视业务》（1989年更名为《电视研究》试刊出版，1988年4月中国广播电视学会电视学研究委员会成立，并决定将其作为全国电视学研究委员会的会刊，其宗旨是传播电视新理念，探讨电视业务。1988年2月，由中国广播电视学会和广播电影电视部政策研究室联合创办的《中国广播电视学刊》在全国公开出版发行。该刊坚持基础理论研究和决策理论研究并重的方针，既保持了较高层次的学术理性，又增强了时代特色和现实针对性。② 此外，陆续创办的刊物还有中央人民广播电台主办《中国广播》、浙江省的《视听纵横》、江苏省的《视听界》、广东省的《岭南视听研究》以及江西省的《声屏世界》等。据统计，此间全国广播电视的相关研究刊物总计达64种。③

这些刊物的创办不仅为广播电视研究开辟了新的阵地与交流平台，而且凝聚起了一大批广播电视理论研究工作者。借助这些平台，大量的学术成果开始涌现，广播电视研究进一步向纵深推进。在理论研究方面，随着西方传播学的引入，过去对广播电视性质、功能等概念表述的不够完整与确切等问题被再次提出讨论。如刘志筠的《我对广播电视性质的思考》、甘惜分的《广播电视，姓甚名谁》、白谦诚的《当代中国广播电视的性质和职能》等，均对广播电视的一些基本问题与原理作了进一步阐释与分析。在业务研究方面，1986年广东珠江经济广播台的改革在业界引起了轰动，"珠江模式"也成了学者们关注的焦点，像曹璐的《深化广播改革的新视野——从珠江经济台的节目改革谈起》、罗弘道的《从"机关型"到"大众型"——珠江经济广播电台的改革之路》、李东的《论珠江经济广播电台"听众参与"的思想与实践》等，他们从不同角度出发，对广播的这一改革进行了系统的总结与思考。同时，这一时期随着电视的普及，其影响力逐渐超越报纸、广播而成为中国的"第一媒介"，与之相对应的电视研究也有大批的成果问世。如田本相的《论电视文化的结构》、刘建宏的《中国电视市场的机会和构成》、胡智锋的《十年来中国电视发展历程的一种描述》等。

（三）对广播电视作为独立学科体系的理论探讨

一般而言，衡量一个学科是否独立应具有三个条件：第一，是否有特定的研究对象；第二，是否构建起相对完整的学科体系；第三，是否能与其他学科划清

---

① 赵玉明、王福顺主编：《中外广播电视百科全书》，中国广播电视出版社1995年版，第481页。
② 参见胡占凡：《继往开来开拓创新：为建设中国特色广播电视理论体系做出更大贡献》，《中国广播电视学刊》2007年第12期。
③ 刘习良主编：《中国电视史》，中国广播电视出版社2007年版，第264、226页。

界限。① 如果以此为尺度，那么可以说从20世纪80年代中期到90年代初，随着广播电视理论成果的日趋丰富，广播电视研究已逐渐突破了新闻学的框架，其独立的学科建设也逐渐被提上议程。这一时期，对广播电视学科体系的理论探讨主要集中于对广播电视内部体系的完善与建构上，如左漠野的系列文章《广播电视有学》《人们需要广播学、电视学》《关于建设广播学、电视学的一些想法——在中国广播学会第一届理事会上的讲话》《建设广播电视学构想——写在〈中国广播电视学刊〉创刊的时候》，温济泽的《关于广播学、电视学的几点思考》以及白谦诚的《广播电视事业和广播电视学》等文章，都集中探讨了广播电视学科建设的可能性、合理性与必要性。而最早把广播电视学作为一个整体来研究则始于1986年7月，广播电影电视部政策研究室在庐山召开的首次广播电视学研讨会。这次会议把广播与电视作为独立的学科，从宏观上、总体上进行了综合研究。② 同年10月，在中国广播电视学会成立大会上，温济泽在大会发言中建议将广电研究从新闻学的框架中分离出来，建立独立的广播电视学。该提议被当作学会的首要任务，这标志着建设有中国特色社会主义广播学、电视学已由少数人的倡导变成了全系统的共识。

同时，围绕建设有中国特色社会主义广播电视学这一总体目标，此期间，大量基础理论著作开始涌现，如刘志筠编写的《电子新闻媒介——广播与电视》、施天权的《广播电视概论》、田本相的《电视文化学》、王珏的《新闻广播电视概论》、左漠野主编的《当代中国的广播电视》、吴信训的《实用电视传播学》等。其中，由闫玉主编的《中国广播电视学》是这一时期较为全面、系统地论述广播电视学的理论专著和广播电视学学科的奠基之作。该书汇聚了全国广电系统内26位专家、学者，在反复研究、讨论的基础上，用了四年的时间才集结成册。全书共计63.3万字，共有八编40章，其主要内容涉及广播电视节目系统、节目要素、节目生产流程、节目传播、传播者与受众、立法与管理等多个方面。此外，在史论与工具书方面还有北京广播学院的《中国广播电视年鉴》、赵玉明的《广播电视简明辞典》《中国现代广播简史》以及郭镇之的《中国电视史》等。

三、学科的独立与成型期（1992—2000）

1992年11月，在国家技术监督局颁布的国家标准体系中，广播电视学作为独立学科被写进《学科分类与代码》，隶属于"新闻学与传播学"学科，成为正

---

① 赵玉明：《谈谈广播电视研究和广播电视学科建设》，《现代传播》2007年第4期。
② 欧阳宏生：《中国电视批评史》，北京大学出版社2010年版，第133页。

式的二级学科。① 由此，广播电视学作为一门新兴学科的地位得到社会认同，广播电视学术研究也迎来了自己的黄金发展时期。其具体内容主要表现在以下几个方面。

（一）争鸣意识与创新意识的增强

广播电视事业改革的发展必然带来新旧观念的碰撞，在学术上的突出反映就是学术争鸣。该阶段，争鸣主要是围绕广播电视的本质与创作两个方面进行的。在广播电视本质方面，1992年6月16日，中共中央、国务院颁布的《关于加快发展第三产业的决定》，明确地将广播电视纳入第三产业。在这一政策的引领下，中国的广播电视事业被完全推向了市场。然而，实践的发展却遭到了传统观念的束缚，受长期以来形成的广播电视事业属于上层建筑，是党的宣传工具，是党和人民喉舌等固有观念的影响，此时人们对广播电视能否走向市场还充满了疑惑，这直接导致了广播电视事业改革的举步不前。在此背景下，中国广播电视学界展开了一场关于"媒体是否具有商品属性"的大讨论。通过讨论，大家开始逐渐认识到"中国的广播电视是党、政府和人民的喉舌，作为社会主义的现代化大众传媒，中国广播电视具有文化属性和产业属性。"② 由此，广播电视的双重属性得以正式确立。另外，关于广播电视文化品格、品味的问题也成了这一时期学者们争鸣的对象。通过争鸣，大家从理论上廓清了主流文化、精英文化、大众文化与广播电视的关系，充分认识到了优秀文化在中国广播电视发展中所起到的基础性作用。广播电视创作方面，对广播电视新闻节目的研讨是其中重要的组成部分。90年代初，中国广播电视学会电视学研究委员会就对电视新闻的类型问题进行了研讨。经过三年的探索与研究，20多位专家、学者结合大量的电视新闻事件，阐述了电视新闻的分类与意义，列出了70多个关于电视新闻的词条，最终对电视新闻的分类与界定达成了统一的认识。此外，整个90年代，学界还对广播电视新闻改革、广播电视栏目改版、广播电视节目主持人以及电视剧美学等都展开过深入的讨论。

（二）理论研究与业务实践的有机结合

进入90年代后，新一轮的思想解放和改革热潮为我国广播电视业注入了新的活力，相应地，广播电视学术研究也重新步入了理论与实践相结合的良性发展轨道。一方面，国外的一些相关理论被用来指导我国广播电视实践，并取得了很好的效果。例如，当时就有学者借鉴西方纪录电影的理论，论述了其对中国电视的启示："对于中国电视人来说，学习西方记录电影，应在'直接电影'上再进

---

① 赵玉明主编：《中国广播电视通史》，中国传媒大学出版社2006年版，第353-357、1页。
② 杨伟光：《中国电视论纲》，中国广播影视出版社1998年版，第49页。

一步，变'纯记录'为'真实的片段记录'，把等拍、抢拍与挑拍结合起来，并且在任何时候都不要忘记自己是电视人，电影自有其独特的传播与接收的规律，电视节目在'这一刻'播出的内容是可以有头没有尾或没头没尾的。"① 同时，作者对一系列拍摄方法的专业性阐述更加密切了理论与实践的关系；另一方面，随着改革的不断深入，诸如广播电视新闻、广播电视专题、广播电视文艺等应用层面的学术成果也在实践中产生、在实践中发展起来。1996年出版的《十评飞天奖》便是这一时期关于电视剧研究的代表著作。该书由长期担任电视剧奖项评委的仲呈祥撰写，其内容均是作者在长期的评奖实践中总结出的关于电视剧创作的独到见解。该书出版后，其中的许多具有创建性意义的观点还被当时的电视剧创作者广泛采用。此外，值得一提的是，进入市场经济后，各媒体间开始有了激烈的竞争，于是受众满意度成为大家关注的焦点。为满足受众需要，各大媒体不断进行改版工作，调整自身定位与节目内容。此时的广播电视受众研究也在这一倾向的带动下逐渐从早期对受众接触媒体的外显行为的调查，转为对媒体信息传播与受众内在思想观念的关联的研究。例如，张克旭等人的《从媒介现实到受众现实——从框架理论看电视报道我驻南使馆被炸事件》一文便是运用全新理论与方法研究广播电视受众问题的典范。

（三）广播电视理论体系的日趋完善

该阶段，广播电视学作为一个独立学科也得到了长足发展，其突出地表现在广播电视理论体系的逐步完善上。第一，中国特色社会主义电视理论体系的形成。1998年，国家社科"九五"规划重点项目"中国特色社会主义电视理论研究"立项，②《中国电视论纲》则是该阶段的代表性成果。围绕此书的内容，1998年11月，中央电视台和《光明日报》还联合举办了"中国特色社会主义电视理论暨《中国电视论纲》研讨会"。会上，沈宝祥、郑兴东、赵立凡、王甫、郭镇之、童兵、欧阳宏生等20多名专家学者发表了自己的意见，高度评价了该书在中国电视事业发展中做出的突出贡献。③ 同时，不少学者也对此成果表达了自己的观点。例如，陈力丹教授就从电视的属性、功能、产业、管理、未来发展以及学科构建等几个方面全面、客观地评价了《中国电视论纲》的理论意义与

---

① 李幸、汪继芳：《西方记录电影与中国电视》，《电视艺术》1998年第3期。
② 全套丛书共9本，分别是《中央电视台发展史》《电视专题文集》《电视新闻文集》《电视文艺文集》《重大新闻现场直播文案选编》《电视管理文集》《电视技术文集》《荧屏金杯录（二）》《中国电视美术》。
③ 详见《建设有中国特色社会主义电视理论——〈中国电视论纲〉研讨会发言摘要》，《电视研究》1999年第1期。

现实意义。① 此外，在建设中国特色社会主义电视理论的过程中，除《中国电视论纲》这一重大成果外，如北京广播学院的《中国应用电视学》、涂光晋的《广播电视评论学》、叶家铮的《电视媒介研究》、张雅欣的《电视概论》、黄匡宇的《理论电视新闻学》、张君昌的《实用电视新闻学》、刘炘的《电视重构论》、陆晔的《电视时代——中国电视新闻传播》等也是这一时期的代表性著作。第二，广播电视经济学成为研究热点。这一时期，伴随着市场经济的发展以及广播电视双重属性的确立，经济学的相关理论开始渗透进广播电视之中，为广播电视研究开辟了一条新道路。1996年，北京广播学院设立了我国第一家研究传媒经济理论与应用的机构——传媒经济研究所。所长周鸿铎是我国研究广播电视经济理论最早的学者。其所著的《广播电视经济学》一书则是这一时期的代表性著作。同时，陆地的《中国电视产业发展战略研究》一书则是较早在我国提出电视产业化、集团化理论的著作。此外，对广播电视经济学的理论探索还多见于各类学术会议与业务交流的文集中。由喻万祥主编的《首届广播电影电视经济管理研讨会文集》一书是我国首届广播影视经济管理研讨会的重要成果，该书收录了多篇有关广播电视经济研究的理论佳作，这些都为今后广播电视经济学研究的蓬勃发展奠定了坚实的基础。第三，广播电视艺术学学科体系的建立。广播电视艺术学是艺术学学科下的二级学科，是艺术与电子技术结合而产生的新兴学科。1990年代，在原有基础上构建并发展起来的广播电视艺术学学科体系已初具规模。对此，作为广播电视艺术学学科化重要推动者之一的胡智锋教授将其概括为"两种路径，多元格局"②，所谓两种路径是指由于学术背景、学术理念、学术风格的差异，从事广播电视艺术的学科建设和专业研究所呈现出的两种有代表性的思路、取向和方式，它们分别以北京广播学院和北京师范大学艺术系为代表。依托这两种路径，多年来，以黄会林的《艺苑论谭——放言影视戏剧艺术民族化》、周星的《中国影视艺术研究》、胡智锋的《电视美学大纲》、高鑫的《电视艺术学》、张凤铸的《电视声画艺术》以及曾庆瑞的《电视剧原理》为代表，形成了中国广播电视艺术理论体系的基本轮廓。这些成果不仅指导了广播电视艺术的创作实践，同时也推动了广播电视理论的发展。

总体而言，在改革中发现问题，在探讨中提升理论与业务水平，从而建构起独立的广播电视理论研究体系，这一时期广播电视学术研究的最大特色便是从实践中来，到实践中去，在实践中进行理论探索，再到实践中进行检验和升华。尽

---

① 陈力丹：《构架具有中国特色的电视学——读〈中国电视论纲〉》，《电视研究》1998年第11期。
② 胡智锋、张国涛：《两种路径多元格局——十年来中国广播电视艺术学科建设回眸》，《中华读书报》2004年8月11日。

管这一阶段广播电视改革的步伐有快有慢，但不可否认，这个边摸索、边建设、边实践、边总结的发展阶段，无论是对我国的广播电视事业还是对我国广播电视学术研究而言，都是一个不可替代的重要历程。

四、学科的多元与繁荣期（2001—2018）

进入21世纪，伴随着新媒体的崛起，广播电视原有的生态格局被打破，媒体间的竞争愈加激烈，媒介融合成为大势所趋。在此背景下，2012年10月，教育部公布了普通高等教育本科专业目录，正式将"广播电视新闻学"调整为"广播电视学"，这是国家主管部门首次为广播电视学正名，[①]旨在发挥广播电视自身的学科优势，以便更好地应对来自新媒体的冲击。此后，广播电视研究开始呈现出多元与发散的特点，其研究主体更加成熟多样，研究内容更加丰富，研究方法更加多元，尤其对交叉学科和理论的借鉴和吸取，不断深化和丰富着广播电视研究的内涵。

（一）强化组织建设，学术队伍壮大，主体身份多样

进入21世纪，我国广播电视学术研究空前繁荣。在组织建设方面，国家每年社科规划课题中有关广播电视的选题占了一定比例。国家广电总局每年围绕行业发展发布40个左右的部级科研课题。同时，为了适应发展，我国最大的广播电视学术团体中国广播电视协会正式更名为中国广播电影电视社会组织联合会。联合会整合了我国广播电影电视业界和学界的学术资源，下属24个国家一级协（学）会，56个二级分会和专业委员会，搭建了"学术研究、创新引领"等一系列学术平台，每年围绕广播电视热点、难点问题，发布研究选题。此外，为有力地推动学术研究的发展。2001年，根据国家广电总局党组的指示精神，中国广播电视学会组织开展了"全国十佳百优广播电视理论工作者"的评选活动，一批在广播电视理论研究中做出贡献的理论工作者受到表彰、奖励。以后这一活动每隔四年评选一届，该举措极大地鼓舞了全国各界广播电视理论工作者的学术热情。

广播电视组织建设的强化，使学术研究队伍不断壮大。据不完全统计，我国已有800多所院校办有广播电视专业，约有三万名从事广播电视教育和研究的人员，全国业界的研究人员也有近万名，总计有四万人左右。在主体结构分布上，以广播电视管理部门、高等院校和广播电视媒体为主的三支学术队伍分别凝聚起了不同的研究群体，并日益形成稳定的研究风格。如以管理部门为代表的研究群体，汇集了来自行业管理结构和媒体单位的领导成员。这一群体常以政策决策、

---

① 石长顺：《广播电视学：作为学科的内涵与知识体系》，《现代传播》2013年第7期。

行业建设、管理探索等为内容，对带动全局性和根本性的理论及实践问题进行探讨，在沟通政府、媒体机构与市场运营实体方面有着无法替代的作用。而以高校为代表凝聚起来的广播电视研究主体，则在广播电视本体理论的构建，史学研究、文化事业的呈现以及学科体系的建设方面发挥出独一无二的作用。以广播电视媒体单位为核心形成的研究群体，则是业务研究领域中最为活跃的组成部分。这一群体以媒体一线的从业者为主，是我国广播电视应用研究的主要力量，其视角和看法往往紧扣行业的诉求，更多是从行业动态、人文艺术的角度出发来审视整个行业。诸如媒介融合、新媒体经营管理、电视剧研究等，在这部分群体的文章中都能得到快速回应。此外，网络的兴起催生了一批特殊的广播电视研究群体。这些隐匿于网络世界背后的研究主体，职业背景多元，大多没有受过专业的职业训练，但却有着广泛的社会阅历和多学科的知识储备，往往能从旁逸斜出的角度对行业的发展提出独到的见解。

（二）研究格局基本形成，研究成果丰硕

进入21世纪，我国广播电视学术研究进一步细化，基本形成了广播电视基础理论、广播电视应用理论、广播电视决策理论和广播电视史论的研究格局。在基础理论方面，学者们对有关广播电视与政治、社会、经济、法律、伦理道德等外部关系进行了较为深入的研究，在广播电视传播理论、美学理论、批判理论以及广播电视新闻、专题、文艺等内部关系上也出现了大批成果，如胡智锋的《中国电视观念论》、陈富清的《马克思主义新闻观与广播电视业》、时统宇的《电视批判理论研究》、张骏德的《当代广播电视新闻学》、谭天和王甫的《电视策划学》、周小普的《广播新闻与音响报道》、尹鸿的《娱乐旋风——认识电视真人秀》、欧阳宏生的《电视文化学》等。其中，由张振华主编的《当代中国广播电视学》是这一时期广播电视理论研究的重要成果，著作吸收了21世纪以来我国广播电视理论研究的最新成果，集中体现了理论研究的当代性。在决策理论方面，随着国家"深化文化体制改革""大力发展文化产业"等相关政策的出台，我国广播事业整体呈现出向产业化转向的发展轨迹。在此过程中，诸如制播分离、三网融合、集团化试水、资本运营等词语，成了这一时期决策研究的重点。围绕这些重点，学者们展开了深入的研究，如胡正荣的《中国广播电视发展战略》、黄升民的《广电媒介产业经营新论》等便是其中的代表性著作。应用理论方面，在21世纪的头几年里，以互联网为代表的新兴媒体并未在我国真正普及开来。因此这一阶段的应用研究更多地侧重于对广播电视改革自身的理论探索，例如围绕广播电视经营管理，进行了有关体制改革的研究；围绕广播电视技术发展，进行了广播电视数字化的研究；围绕广播电视节目质量，进行了频道专业化、品牌化、精品化的研究；围绕广播电视文化，进行了平民化、娱乐化的研究。① 此外，对电视剧、纪录片、综艺节目的生产、管理及创作规律等也都进行了深入的研究，且取得了诸多突破性的成果。然而，由于新媒体对广播电视的影响日渐突出，仅靠广播电视自身改革已难以应对实践中出现的各种问题，因此，媒介融合成了行业发展的必然选择。与之相适应，广播电视应用理论研究也开始逐渐转移到对媒介融合的思考与阐发上来，"互联网+""中央厨房"模式、大数据等研究热潮便是这一倾向的集中体现。据不完全统计，2014 年以来我国公开出版的有关媒介融合的著作约 20 部，发表相关学术论文 300 余篇。而在广播电视史学研究方面，一方面随着积累的不断增多，对广播电视通史、思想史、事业史的研究更加深入，像赵玉明主编的《中国广播电视通史》、刘习良的《中国电视史》、徐光春的《中华人民共和国广播电视简史》、申启武的《中国广播研究 90 年》、常江的《中国电视史：1958—2008》等均是这一时期较有影响力的研究成果；另一方面除围绕中国广播电视史这个中心外，外国广播电视史、学术史、批判史、教育史等也成了该阶段史学研究的亮点。如郭镇之的《中外广播电视史》、陈尔泰的《中国广播史考》、欧阳宏生的《中国电视批判史》、陈志昂的《电视艺术通史》、王文利的《中国广播电视学术研究史稿（1920—2011）》、赵玉明和艾红红的《中国广播电视史教程》等都填补了我国广播电视史学研究的多项空白。

（三）研究视野愈加开阔，研究方法多元

"工欲善其事，必先利其器"。为了使观点活跃起来并传播出去，广播电视学术研究必须利用科学的研究方法来推理论证。其中，实证研究是广播电视研究中应用最为广泛、研究结果最为客观的一种研究方法。该方法旨在揭示客观现象的内在构成因素及因素间的普遍联系，归纳、概括现象的本质和运行规律，② 从而使大量广播电视实践在理论中得到升华。此外，解释研究和思辨研究也在广播电视研究中得到广泛应用。进入 21 世纪，跨学科研究浪潮的兴起使不少其他领域的学者开始将自身学科的诸多研究方法涉入广播电视领域，极大地拓宽了广播电视研究的视野。其实，早在广播电视学诞生之初就受到了诸如社会学、心理学、政治学、信息学等学科形式的影响，其研究方法也在很长时间里沿用与继承着这些学科，如社会学中的田野调查、心理学中的实验认知、政治学中的论述分类、信息学中的信息分析等。而近年来在研究中大量兴起的数据统计、模式研究、话语分析等研究方法也都受到了诸如统计学、逻辑学、符号学、叙事学等学

---

① 欧阳宏生、李宜蓬：《中国电视理论研究的发展历程》，《现代传播》2009 年第 2 期。
② 欧阳宏生：《理念、范式、方法——传媒研究方法论》，四川大学出版社 2016 年版，第 141 页。

科的影响。其实，无论上述哪种研究方法，在实际的运用当中是很难泾渭分明的。但这种方法之间相互交叉、相互融合的现象恰恰反映出广播电视研究正赢得越来越多人的关注。研究方法的多元与融合使学科之间的沟壑被填平，学科间的交流和兼容也日益扩大，从而逐步实现了真正意义上的资源共享与资源整合。

沿着改革开放40年的历史发展足迹，我们简要回顾了中国广播电视学术研究不同历史阶段的发展历程。管窥中可以看出，在"解放思想、事实求是"的方针指引下，经过几代广电学者的不懈努力，中国广播电视学术研究在学科体系的建构上日益完善并形成了相当规模。其研究主体多样，逐渐从感性认识走向了理性的思辨；研究内容丰富，从以往更加重视业务实践的研究转向了对广播电视多个向度的探索；研究视野开阔，日益走向多维与多元，并且在人才培养与学科建设上都有了很大的进步。

任何学科的发展都有它自身的延续性，只有不断地总结经验，才能更好地把握未来的发展方向；也只有经常地展望和前瞻，才能更加清晰地认清历史。如今，我们已步入了中国特色社会主义新时代。在新的时代背景下，广播电视对中国乃至世界的发展、进步正起着比以往任何时候都更加重要的作用，而这同样也对我国广播电视学术研究未来的发展提出了更高的要求。从上述这些问题来看，中国广播电视学术研究发展之路任重而道远。

（作者分别为：四川大学文学新闻传播学院教授，成都大学特聘教授、传媒研究院院长；四川大学文学与新闻学院广播电视学专业博士研究生）

中国影视作品对外传播路径初探

张 玲

习近平总书记在 2016 年 2 月 19 日党的新闻舆论工作座谈会上强调，要加强国际传播能力建设，增强国际话语权，集中讲好中国故事，同时优化战略布局，着力打造具有较强国际影响的外宣旗舰媒体。影视作品作为一种国家文化软实力的载体，在国家形象塑造、社会现实呈现、文化价值传达等方面有着不可忽视的作用，中国影视作品在对外传播过程中如何得到国际影视市场的认可，引发国外观众的共鸣，是我们需要研究的问题。

一、改革开放后中国影视作品对外传播发展历程

1978 年以来，中国实行改革开放政策，中国电影也再一次积极投身到走向世界、走向国际的浪潮之中。电影工作者开始深刻思考国产电影与世界电影的关系，并展开了积极的探索。在理论层面，电影界的思想解放迸发出诸多真知灼见，其中最有影响力的是张暖忻和李陀在 1979 年 3 月号《电影艺术》杂志上发表的《谈电影语言的现代化》。文章通过回顾电影史上电影语言的重大发展和变革，尖锐指出国产电影语言过于陈旧的问题，分析了世界电影艺术的发展趋势，大声疾呼加强学习、借鉴，对国产电影进行改革，也探讨了如何民族化的问题。在电影创作热情高涨的氛围中，中国电影迎来了一个创作高峰，国际地位和影响也达到了前所未有的高度。第四代与第五代导演作为当时中国电影的中坚力量，掀起了属于中国电影自己的"新浪潮"。

以吴贻弓、吴天明等为代表的第四代导演重新发掘了巴赞长镜头的纪实美学风格，反对虚假，追求真实，在创作上从民族本身出发，挖掘内在的精神价值。而以张艺谋、陈凯歌为首的第五代导演则更多地从法国新浪潮、意大利新现实主义电影的革新浪潮中寻找灵感。在北京电影学院学习期间，张艺谋、陈凯歌等人反复观摩戈达尔等导演的作品，在构图、剪辑以及叙事技巧上深受其影响，因此他们的作品在形象塑造和镜象话语的表达上也呈现出与前人全然不同的形态。从创作内容上看，第五代导演更多地反映了当下社会现实，投射个人情感。例如张

艺谋导演的《红高粱》《秋菊打官司》，陈凯歌导演的《黄土地》《霸王别姬》，都展现了这片东方神秘土地上充满激情和人性光辉的民族故事，满足了西方对东方的猎奇心理，得到了西方电影工作者的认可和推崇，频频斩获国际A类电影节奖项，赢得了一定的国际地位。但中国电影逐渐呈现出迎合西方"他者"视角的趋势，加上原有内在机制弊端，此后一段时间遭遇严重滑坡。中国电影不可避免地面临产业化改革，探寻新的发展模式。

2001年12月24日，国家广电总局颁布《关于广播影视"走出去工程"的实施细则》，明确提出培育我国影视节目国际竞争力的未来发展的重要目标，我国影视作品"走出去"工程也随之启动。

从国家政策上看，自2001年以来，国家一直扶持主流电影、电视剧的创作与发展，鼓励国产影视作品走出去。国家广电总局接连出台了多项关于"走出去"工程的政策，包括2002年的《关于加强引进剧规划工作的通知》、2004年的《关于进一步加强广播影视"走出去工程"管理工作的通知》、2005年的《关于进一步加强和改进文化产品和服务出口工作的意见》、2006年的《广电总局办公厅关于建立全国影视节目出口备案机制有关事宜的通知》。这一系列政策的出台表明我国政府对国产影视作品"走出去"的积极鼓励和支持态度。为破解语言障碍制约影视作品走出去的难题，2012年起，国家广电总局以"影视译制"为突破口，先后实施了"中非影视合作工程""中国当代作品翻译工程""丝绸之路影视桥工程"等重点项目，积极支持和鼓励优秀影视节目的多语种翻译配音和海外推广工作，通过在国外主流媒体开办"电视中国剧场""中国时段""中国动漫"栏目以及中国频道等方式，已实现在全球100多个国家播出。

从各类节展看，中国影视业界在持续参加各类国际节展的基础上，开始组织举办影视节展，试图在全球影视链条上打开一个缺口，建立中国影视的话语体系和审美标准，在商业和艺术两方面共同寻求突破。目前，上海国际电影节、北京国际电影节和丝绸之路国际电影节是国内影响力较大的三个国际电影节。上海国际电影节始办于1993年，至今共举办21届，其中创立于2007年的项目创投单元已经成功孵化了多个电影项目，在国际电影节的项目创投版块获得很好的口碑，在亚洲乃至世界都有一定影响。北京国际电影节创办于2011年，依托北京地区的文化优势和庞大的电影产业资源，聚拢了大量的海内外嘉宾参与，已经有了相当的人气和行业影响力，对于中国电影的国际交流，寻找到了一个新的突破口。丝绸之路国际电影节创办于2014年，以"一带一路"倡议为依托，从文化的角度来联结相关地区的经济和文化往来，打造一个区域综合体，逐渐成为全球交流与合作的重要润滑剂和平台。

为配合我国的主场外交，近年来新增了两个影响力较大的国际电影节，一个是2017年6月在成都举办的金砖国家电影节，一个是2018年6月在青岛举办的上合组织国家电影节。这些电影节都取得了丰硕的对外交流成果。尤其令人瞩目的是国家电影局首次主办的上合组织国家电影节，各国之间的电影文化互动实现了从人员交往、影片交流到节目交易的飞跃，电影节市场直接促成了十多个电影交易意向的签署。

此外，原国家广播电影电视部在1990年设立的上海电视节和四川电视节也发展成了具有国际影响力的电视交流合作平台，促进了中国电视与国际电视业界的交流、沟通、合作和发展。

回顾改革开放40年，中国影视发展至今，已经在对外传播中取得了长足的进步，通过各类政策、节展建立起制度和话语权，但仍然需要加大对外传播的力度，进一步融入国际主流影视文化产业市场。

二、中国影视作品对外传播具体案例分析

改革开放以来，尤其是2001年国家广电总局提出"走出去工程"之后，中国影视逐渐形成了产业化发展模式，有相对成熟的制作、发行和播出等一系列流程。在将影视作品作为产品对外输出的过程中，影视剧和纪录片等都得到国际影视行业的认可，打下了良好的基础。

在电视剧的对外传播方面，中国一直是电视剧制作和播出大国，但与日益庞大的国内市场相比，我国电视剧出口额相对较小，海外市场也以东南亚、日韩为主。从最早成功走向海外的《西游记》开始，中国电视剧出口经历了以宣传为主的起步期、政府与市场调节的宽松期和文化产业发展的蓬勃期三个阶段，目前中国电视剧出口正向着产业化的方向迈进。

2010年，《媳妇的美好时代》作为首部被国家广电总局选定的"中国优秀电视剧走进非洲"的电视剧，在坦桑尼亚热播，同时获得东京国际电视节最佳海外电视剧奖，成为近年来出口海外较为成功的电视剧。由于经济因素的制约，坦桑尼亚等非洲国家的文化产业相对落后，对于影视作品的接受度势必高于欧美、日韩等国家，但《媳妇的美好时代》被选为中国优秀电视剧的代表在非洲播出并收获好评，一定有其自身的必然性。首先从主题选择看，该剧以家庭伦理为核心，展现中国普通家庭的婆媳关系。家庭是电视剧的一大母题，婆媳关系更是这一母题中的永恒难题，并不只是中国社会的难题，更是世界的难题。女主角毛豆豆以一种喜剧式的心态面对这一令人头疼的问题，展现了当下中国社会人们普遍的善良、坚强和乐观，反映了积极向上的价值观。这一主题表现和价值取向不会受到地域的限制，而是具有普遍意义。因此非洲观众很容易对剧中传递的人与人之间的包容和爱感同身受，从而产生文化认同。

在电影对外传播方面，华表奖获奖电影《真爱》近年来销往哈萨克斯坦阿

拉木图卫视等多个"一带一路"沿线国家的主流电视台，成为以"小正大"为创作原则的电影作品对外传播的成功案例。和此前蜚声国际影坛的《英雄》等大制作影片不一样，这是一部低成本的主旋律影片，集中体现了习近平总书记在文艺工作座谈会上提到的"以人民为中心"的创作导向，弘扬主流价值观，讴歌人性光辉，展现家国情怀。该片以"感动中国"的十大人物之一阿尼帕·阿力玛洪为原型，讲述她几十年时间含辛茹苦将六个民族的19个孩子抚养成人的感人故事。这种跨越民族的母爱真情具有跨越文化和超越国界的感人力量，影片正是凭借它所弘扬的中国精神、传递的内在价值打动观众和评委，在多个海外影展中取得盛誉。

近年来，随着网络这一传播渠道的发展，网络剧展现出强大的生命力，成为一种新的潮流。2017年，网络剧《白夜追凶》成为网络爆款，在口碑和点击量上都取得不俗的成绩。潘粤明在剧中一人分饰两角，分别扮演身为刑侦支队队长的哥哥关宏峰和双胞胎弟弟关宏宇，讲述兄弟俩共同参与重案调查的故事。2017年11月30日，美国视频网站网飞（Netflix）获得该剧的海外发行权，该剧也成为首部正式在海外大范围播出的国产网络剧集。该剧在情节设置上采用"双线叙事"的方式，以关宏峰、关宏宇兄弟破案的过程贯穿，节奏紧凑，案件环环相扣，剧情步步推进，悬念节节迭生。不同于传统的国产电视剧和网络剧，该剧的制作类似于美剧，运用丰富的具有电影质感的镜象语言、明暗对比强烈的灯光布置和外化情感的人物动作来营造让观众更有代入感的场景。这样的手法更接近西方观众的审美习惯，为该剧在海外播出奠定了基础。

除了主动向海外输出外，中国影视作品还通过中外合拍的方式推动对外传播，《山河故人》《功夫瑜伽》《大闹天竺》等合拍片依托题材、发行上的先天优势在全球范围内更快地打开市场。2016年，电影频道节目中心启动了与HBO亚洲合拍"广东十虎"系列数字电影的项目，第一批的两部影片《擎天无影脚黄麒英》《醉侠苏乞儿》在电影频道CHC家庭影院和落地20多个国家和地区的HBO亚洲频道同步首播，并双双进入播出当月收视率的前30名。这是我国合拍数字电影作品首次实现在海内外主流媒体同时首播，是对中国影视作品"走出去"工作的实质性推进。

三、中国影视作品对外传播的现实路径分析

习近平总书记在不同场合多次提出"要讲好中国故事"。中国影视作品作为中国故事的重要载体，如何讲好中国故事、展现中国当今社会、传递中国精神，是目前中国影视作品对外传播的重要着力点。为提升中国影视作品的国际影响力，需要从作品本身和传播渠道两方面着手。

作为传播本体，影视作品本身的艺术性在很大程度上决定其能否达到广泛传

播的效果。在国际化语境下，影视作品的话语权依旧掌握在西方国家手中。20世纪90年代，中国电影曾出现过迎合西方猎奇心理的现象，使电影创作受到局限。从影视制作层面看，欧美国家的发展实践更丰富，视听语言运用、题材选择和产业链配合上都有更多探索。我国影视作为后来者，学习西方的影视制作方式是必要的。在艺术手法上向西方靠拢，一方面有助于我国影视的良性发展，另一方面也能有针对性地提高西方文化圈对我国影视作品的接受度。例如2017年在海外广泛播出的网络剧《无证之罪》和《河神》，就是凭借电影级质感画面、独到的题材选择和紧凑的情节设置，成功打入海外市场。

除了表现形态，影视作品的内在价值也是不可忽视的部分。讲好中国故事，需要注重故事的内容和价值选择。总的来说，就是要求影视作品承载我国传统文化，反映当下社会现实。2018年4月，国家广播电视总局召开"全国电视剧创作规划会"，明确指出近年来个别脱离历史真实和生活真实的所谓"爆款"电视剧，由于宣传的误导，向市场传递了错误信号，影响了中国电视剧整体形象和健康发展。从政策来看，国家广电总局积极鼓励以现实题材为主体，这是为了促进我国影视作品构建正面的国家影视形象，全面而正确地反映中国当下的社会现状。一些历史题材影视作品往往满足了西方对东方的猎奇心，容易让西方观众对中国的认知产生偏差。因此在内容和价值选择过程中，最好的方式是保留本土文化特色，同时尊重世界文化差异，遵从"小正大"的创作原则。如电视纪录片《舌尖上的中国》，以中国各地的特色美食为载体，讲述美食背后的人文故事，传递中国人勤劳、乐观的民族文化，海外观众也能从中找到故土情怀、家族观念等人类共通的情感。

在提升影视作品品质的同时，也要寻求传播渠道的深化和拓宽。在我国影视作品走向国际的早期，传播渠道相对单一，以参加各类影视节展为主。而在媒体发展迅猛的当下，影视传播渠道也正在不断地深化和拓展。总体看来，除了欧洲三大电影节之外，传统国际电影节的影响力正日益衰微，互联网的传播能力正逐渐取代电影节的媒介优势。电影节展的设立，显示着国家的文化标准，也促进了行业内部的权威确立。与国外电影节衰微不同，我国的影视类节展呈现出蓬勃发展的势头，如北京与上海国际电影节，试图树立以中国文化为核心的话语体系，掌握影视行业一定的话语权。除此之外，近年来，电影频道节目中心先后在南非、塞内加尔、阿尔及利亚、科特迪瓦、加纳的主流电视媒体上举办"中国电影展播周"活动，这是少有的国家主流电视媒体之间的联动和展播，通常的电影节展都在线下举行，而此类线上的节展符合时代发展趋势，也取得了超出预期的活动效果。在互联网时代，网络传播渠道极具生命力。世界最大的收费视频网站网飞（Netflix）为我国影视作品"走出去"提供了一个全球化的平台。2017

年，网飞首次买下中国内地网络电视剧《白夜追凶》的版权，又在2018年5月买下首部中国主流电影《后来的我们》，至今已买下多部中国影视剧的海外版权，并与我国视频网站爱奇艺签订合作协议。与传统媒体相比，网络平台的播出环境和制作空间，受时间和空间的限制相对较小，符合当下碎片化的传播方式，对我国影视作品的对外传播有着重要的战略意义。

除了电影和电视剧，中国原创电视综艺节目也在不断加大"走出去"的步伐。2018年4月的法国戛纳电视节上，《声临其境》《国家宝藏》《朗读者》《经典咏流传》等九大中国优秀原创综艺节目进行了集体推介，向世界传播中国文化。此前，江苏卫视的《超级战队》栏目卖到了包括美国在内的15个国家，《超凡魔术师》的越南版本也在当地取得不俗的收视成绩。这些中国原创模式的成功源自高度的文化自觉与自信，通过深度挖掘传统文化承载的思想观念、人文精神、时代内涵，向世界讲好中国故事，传递中国价值。

四、结语

改革开放40年来，"走出去工程"始终是中国影视工作的重要内容。走向国际的影视作品，是中国国家形象的名片，是国家文化软实力的载体，是文化自信和价值观自信的体现。中国拥有悠久的历史，丰厚的文化传统积淀，也有先进的现代化技术和前沿的传播媒介，我国影视只要能立足本土特色，提升作品品质，深化并拓宽国际传播渠道，必将迎来更辉煌的新时代。

（作者单位：中央宣传部电影卫星频道节目制作中心）

坚守纪实美学　记录时代影像
——《纪录片编辑室》25 周年回顾与思考

唐　俊

一、纪实美学的兴起与《纪录片编辑室》的辉煌

1993 年 2 月 1 日，《纪录片编辑室》在上海电视台 8 频道开播，周播每期 40 分钟，以当时令人耳目一新的纪实主义创作手法及平民化视角，推出了一批受到广泛关注与好评的作品，成为中国纪录片发展历程的重要地标。纪实，是一种特殊的纪录形态。这种形态强调记录行为空间的原始面貌，强调记录形声一体化的行为活动。[①] 作为一种纪录形态和美学风格，在纪实性的纪录片创作中，避免过分的人为控制和修饰，通常采用跟踪拍摄、现场抓取的方式以及长镜头、同期声等视听语言，来相对完整地记录事物发展的过程。20 世纪 90 年代上海电视台《纪录片编辑室》制作的一批代表作品，例如《毛毛告状》《德兴坊》《大动迁》《重逢的日子》《一个叫作家的地方》等，坚持纪实风格，关注社会大背景下普通人物的情感和命运，注重故事性，弘扬人文关怀，讲究文化品质，奠定了《纪录片编辑室》在中国纪录片发展史上的独特地位。

20 世纪 90 年代，也是纪实美学在中国纪录片界蓬勃兴起的时期。在《纪录片编辑室》开播前一年多，四集纪录片《望长城》横空出世，被认为是中国第一部纪实风格的大型电视纪录片；而《纪录片编辑室》成立后的几个月，中央电视台大型早间杂志节目《东方时空》创办，其子栏目《生活空间》经制片人陈虻改造后，确立了"讲述老百姓自己的故事"的定位。《生活空间》（后改为《百姓故事》）同样崇尚纪实美学和平民视角，其创作理念和手法与《纪录片编辑室》可谓异曲同工，一时间两者成为中国纪录片栏目的南北双子星座。

《望长城》《沙与海》《纪录片编辑室》《生活空间》等是当时纪实主义创作

[①] 中国电视学编辑委员会、北京广播学院电视系学术委员会：《中国应用电视学》，北京师范大学出版社 1993 年版，第 336 页。

大潮中的佼佼者。它们是体制内推动这一潮流的旗手，也铸就了自身的辉煌。而纪实美学在中国的兴起，除了创作者观念追随时代的进步外，还有多方面的原因。

观众层面：经过改革开放十多年的洗礼，观众对过去解说驾驭画面、宣教味浓厚、封闭叙述的"形象化政论"模式日益反感，而纪实性纪录片"采用一种非强制性的、开放型的叙事结构，用一种再现式的真实把整个场的信息完好地呈现给观众，提供给观众多义性的选择空间，使观众有种平等的参与感，可以有自己的观点和结论"。① 随着中国社会从计划经济转向市场经济时代，观众的欣赏喜好和审美趣味越来越受到重视。

技术层面：20世纪80年代ENG（电子新闻采集）摄像机的引进和普及，使电视片的生产摆脱了烦琐的胶片模式，用磁带进行拍摄，可以做到摄录一体、声画同步，大大增强了现场感与表现力。摄像机越来越轻便，能够便捷地反映和干预社会现实。技术的进步为纪实性纪录片的创作提供了有利条件，同时也推动着创作者纪实美学观念的发展与成熟。

外宣层面：纪录片长期以来承担着外宣的任务，《纪录片编辑室》最初就是上海电视台国际部推出的栏目。当时，纪实美学早已成为国际纪录片的主流美学风格，而中国长期盛行的政论片、专题片难以参与国际对话。因此，促使纪录片的创作理念与手法对接国际市场、促进人文交流成为迫切的需求。《纪录片编辑室》早期创作群体曾认真观摩了《五平太流转》《大地之心》等日本优秀纪录片，受到了很大的启发和影响。

二、新世纪后戏剧美学和技术美学占据主导地位

进入21世纪后，大众消费文化对传媒的巨大影响，媒介市场竞争的明显加剧，以及专业纪实类频道的纷纷成立，使戏剧美学观念在纪录片创作中逐渐成为主流。戏剧美学的本质，就在于它要概括、集中、提炼生活中的矛盾、冲突，特别是各种人物心灵、性格的冲突，以形成尖锐、紧张的戏剧情节。② 在戏剧美学的倡导下，纪录片栏目和作品非常注重冲突、悬念、揭秘，且常用情景再现的方式对难以实拍的内容进行重新演绎。代表性栏目有中央电视台科教频道的《探索·发现》、北京卫视的《档案》、湖南金鹰纪实频道的《丁点真相》等。由于戏剧元素的引入，这类纪录片节目的观赏性明显超过传统纪录片，满足了观众文化消费的需求，因此收视率普遍较高，成为频道应对市场竞争的主力。纪录片从90年代的栏目化进入21世纪的频道化传播时代，节目需求量大为提高，而戏剧

---

① 何苏六：《中国电视纪录片史论》，中国传媒大学出版社2005年版，第92–93页。
② 仇春霖主编：《简明美学原理》，高等教育出版社1987年版，第112页。

美学主导的节目便于形成工业化、标准化的制作流程，且较多运用情景再现的拍摄手法，因此节目制作周期明显短于纪实风格的纪录片。

除了戏剧美学的蓬勃发展外，随着拍摄、制作技术的迅猛进步，技术美学也强势崛起。技术美学是美学的一个分支，最早应用于工业生产，后应用范围不断扩大。技术美学在实用功能的基础上，高度重视产品的设计感、形式感，以满足人们多方位的需求。反映在纪录片制作上，特别是在以《故宫》《舌尖上的中国》等为代表的大片生产中，创作者不断追求更高品质的影像标准，高速、延时、微距、航拍、水下等过去少见的特种摄影开始大量使用，后期的CGI特效、三维动画、电脑校色等屡见不鲜。剥离核心内容（题材、故事、人物、思想）外，纪录片的画面品相、造型特色、视听冲击力等也成为吸引观众的重要因素。戏剧美学和技术美学的携手，使中国纪录片的整体面貌发生了很大变化，不再是传统的娓娓道来、推进舒缓、形态质朴、引人思考，而是趋向节奏紧张、叙事起伏、造型新异、视听震撼等，也使人们的观看行为更具商品消费特征。

反观遵循纪实美学的纪录片，进入21世纪后在戏剧美学和技术美学的冲击下，逐渐陷入边缘化的境地。在许多作品中，纪实性创作手法和内容成分依然存在，但已不占主导地位，而是成为一种补充或修饰。有些纪录片甚至完全用情景再现的手法制作，向剧情片看齐，连访谈的手段也被放弃。客观地说，纪实形态作品采用跟踪拍摄的方法，周期普遍较长，结果难以预测，基本属于手工活，无法工业化制作，产量很难保证，栏目化生产已属不易，更难适应频道化运转的需求。此外，一些导演沉醉于自我表达，观众意识薄弱，作品画面粗糙、节奏拖沓、情节性不强，因此影响了可看性，加上不注重推广，在传播渠道多元化时代缺乏市场竞争力。

21世纪以来，各电视台的一批纪实性纪录片栏目被关停并转，《纪录片编辑室》作为中国第一个以"纪录片"命名的栏目也进入到不稳定的时期。2002年上海纪实频道成立后，对纪录片的生产提出了全新的要求。这一时期《纪录片编辑室》仍推出了《干妈》《房东蒋先生》《马戏学校》《红跑道》等一批纪实风格的优秀纪录片，但栏目在频道化运转中也渐显力不从心，播出方式、时长及内容定位多次调整，其中有两年时间（2012年7月到2014年6月）还改版成了一档在演播室采访纪录片创作者、穿插相关作品片段的访谈节目，虽然番号还在，但不可否认处境尴尬。总体而言，21世纪以来纪实性纪录片在体制内的生产中从中心走向边缘，媒体纪录片以宣传性、商业性大片以及故事性栏目为主，纪实美学风格主要存在于体制外独立导演的创作中，虽然也不乏优秀作品，并受到国际影视节展的青睐，但播出平台有限，对普通观众的影响并不大。

三、纪实美学创作式微引发的忧虑和思考

纪实美学创作式微的状况引起了学界和业界的担忧。戏剧美学和技术美学创作理念及应用在增强纪录片的可看性、提升市场竞争力、开发商业价值等方面起到了重要作用,但是也引起了一些弊端。表现在戏剧元素的过多引入容易导致混淆真实与虚构的界限,侵蚀到真实性这一纪录片的底线;一些作品为夺人眼球而故弄玄虚,完全等同于商业文化消费品,降低了纪录片的文化品质;而技术手段的滥用(如三维、航拍等)则导致作品视觉效果过于眩目,而内容与思想贫乏,背离纪录片的核心价值。

更重要的是,如果纪实美学创作长期处于边缘地位,将造成以下不利影响。

(一) 损害纪录片的本质属性

对纪录片来说,可以说纪实既是目的又是手段。纪录片创作的根本目的就是用影像反映真实世界,追求对客观物质现实的复原。同时,没有什么手段能比参与式观察、跟踪式拍摄更能有效达到这种目的了。因此在国际纪录片界,纪实性始终被公认为是纪录片的本质属性、基本品格和主流美学,各大国际纪录片节展中获得大奖的也大多是纪实形态的纪录片。纪实美学的作品,不以文化消费为目的,而以反映社会现实为职守,蕴含着纪录片最为人们所珍视的人文价值和美学力量。如果纪实美学创作长期弱化,大家热衷于通过组织拍摄、情景再现、电脑特效来创作,而非较长时间耗费心力的跟拍、蹲守,无疑将对纪录片的健康发展造成极大的损害。

(二) 削弱纪录片的档案功能

纪录片追求跨时空、跨文化的恒久价值,它所拍摄的人物、故事、场景等能够成为未来的人们回眸今日世界的影像标本。而逼真的情景再现、眩目的技术手段在当下或许能引人关注,但客观地说大都不具备恒久价值,无法为后代所珍视,因为从技术上说后人肯定还可以拍得更好。要实现纪录片的档案功能,只能依靠纪实美学的作品,因为那是真实的、不可再造的影像。例如,我们要找寻20世纪70年代中国的真实影像,很自然地会选择伊文思的《愚公移山》、安东尼奥尼的《中国》这种纪实主义作品。而后代要了解90年代至今上海的城市变迁与市民生活,也很可能会选择《纪录片编辑室》,而非戏剧美学风格为主的栏目。正如《纪录片编辑室》的创始人刘景锜所说,"纪录片本身的一个责任,就是为历史留下档案,为时代留下脚印"。[①] 因此,如果大量的资金、人力被用于各种市场化大片、栏目的生产,而纪实主义创作陷入困境,纪实美学走向衰落,

---

① 上海文广新闻传媒集团电视新闻中心评论部:《电视的记忆》,上海辞书出版社2009年版,第66页。

一定会导致能够留给历史、留给后代的真实影像记忆减少，从而造成不小的遗憾。

（三）影响现实类题材的创作

进入21世纪后，随着纪实主义创作大潮的减退，我国媒体纪录片创作呈现出政治宣传、历史文化题材较多，而社会现实题材较弱的状况。然而，迅速发展的中国、日新月异的时代呼唤更多记录民众生活、反映社会变迁的现实题材优秀作品。近年来，传媒管理层也在经费资助、评奖导向、播出平台等方面加大对现实题材纪录片创作的扶持力度。当前，纪录片还承载着讲述好中国故事、传播好中国声音的重要使命，而实现这一使命不能仅靠制作精美、宏大叙事的历史人文大片，也需要富有真实质感、能够通过个体故事折射时代发展的现实题材作品，或者说"小而美"的作品。事实上，国际上更关心或更感兴趣的，并非宏大叙事，而是当今普通中国人的生存状态与思想情感。而优秀的现实题材作品，必须靠扎扎实实的实拍记录得来。纪实美学的边缘化，直接影响到《纪录片编辑室》这类现实题材纪录片的生产。

四、《纪录片编辑室》的创新与纪实美学的回暖

2014年6月，上海广播电视台纪实频道上星播出，通过整合制作团队，重新将《纪录片编辑室》改版成为一档纪实性现实题材栏目推出，以彰显海派纪录片的特色。但栏目仍然被周期长、产量低、市场竞争力不足等问题所困扰。团队意识到，坚持纪实主义的创作方向并不意味着只能固守传统模式，而是应当通过创新来适应周遭环境的变化。2017年11月，《纪录片编辑室·72小时》正式推出，周播半小时。作为《纪录片编辑室》品牌下的一个特色板块，"72小时"借鉴日本NHK纪录片的模式，每期选择城市的一个公共空间，如轮渡码头、便利店、地铁站、面馆、公园、医院等，进行三天72小时的集中拍摄，反映普通市民的生活体验与真情实感。制片人郭静认为，这样的一种纪录，即便是琐碎日常的，从长远看依然有其价值，可以让未来的人看到今天的上海人是什么样子。

《纪录片编辑室·72小时》仍然坚持用纪实手法进行拍摄，但周期固定可控，有效提升了产量；碎片化而又内在统一的故事呈现，符合新媒体时代观众的收看特征；标准清晰的节目模式，有利于商业开发。该板块推出后，收视率在频道名列前茅，在网络端也有良好表现。例如一期在宠物医院拍摄的节目引起网友热议，视频片段登上了微博热搜榜，播放量已超过5000万次。当然，"72小时"的推出并不意味着《纪录片编辑室》的整体转型，但无疑为这一老牌纪实栏目注入了新的活力。

当前，从作品数量到社会影响力判断，除了政论片、文献片仍占据特殊地位外，戏剧美学和技术美学主导中国纪录片生产的格局总体上并未改变。但近两年

来，纪实性作品中也出现了多部市场"爆款"，如《我在故宫修文物》《生门》《人间世》《二十二》等，均取得了巨大的反响。这些作品一方面坚持纪实性创作的原则，包括采用跟踪拍摄的手法，排斥情景再现，很少运用特效等；另一方面又分别有所变化与创新，以适应观众的欣赏喜好。例如，相对过去较为粗糙的纪实创作，在画面、制作上更为考究；长镜头减少、镜头数增多，采用蒙太奇手法使节奏更为明快；有别于传统的叙事舒缓、铺垫较多，更注重讲故事的技巧，使片子情节起伏、富有悬念、引人入胜；借鉴商业片的营销方法，进行丰富多样的宣传推广等。这些作品的成功，使得创作者与市场都对纪实性纪录片有了更多的信心，推动纪实主义创作呈现出回暖上升之势，也一定程度地反映出纪实美学观念和手法的演进趋势。

五、结语

《纪录片编辑室》的25年，折射了纪实主义纪录片创作在中国的兴衰起伏。具有重要的标本价值。25年来，纪录片的行业、市场均发生了巨变，《纪录片编辑室》仍在坚守纪实美学、记录时代影像，力图以忠实的纪录留下一个个城市发展的足印。但是，坚守并不等同于故步自封、自说自话，不断进行契合时代需求的探索和创新才是走向未来的通行证。当年，纪实主义的兴起也是引进和创新的产物，未来在坚守纪实内核的基础上，也可适当吸收戏剧美学、技术美学的手法，增强作品的表现力、感染力及市场竞争力，推动中国纪录片的繁荣发展。此外，还应当看到，纪实主义创作本质上仍是公益性的，体现社会责任的，需要有各方的鼓励和扶持，不可能完全市场化，这在世界范围也是如此。在同时代同类型栏目大都已消亡的背景下，《纪录片编辑室》能够坚守至今，也与上级部门多年来的扶持密不可分。今天，纪录片的题材类型、创作手法变化甚巨，但纪实性始终是这一影像产品的本质属性。"一个国家没有纪录片，就像一个家庭没有相册。"顾兹曼所指的纪录片，一定是崇尚真实影像、信仰记录精神的纪实美学作品。《纪录片编辑室》以及它所代表的纪实主义创作未来仍将具有蓬勃的生命力。

(作者单位：上海广播电视台纪实频道)

改革开放 40 年电视舆论监督节目的发展经验与新时代发展路径

杨 晶

中国正处于并将长期处于社会主义初级阶段,这是当代中国改革开放的客观依据,这也是中国民主监督建设的现实基础。电视舆论监督作为民主监督体系的重要组成部分,其 40 年的持续发展为改革开放的推进、人民权益的实现和民主政治的纵深发展提供了良好的环境,并在新时代全面深化改革和扩大对外开放的新起点上继续发挥着保障功能。

一、改革开放 40 年电视舆论监督节目的发展概况

40 年来我国电视舆论监督节目顺应时代变迁,响应党的号召,在实践中不断发展与完善。按照其内在逻辑,电视舆论监督节目的发展进程大致可以分为以下四个阶段。

(一)起步阶段:1978—1992 年

电视舆论监督是随着电视新闻节目的成长发展起来的,当时的电视新闻评论节目和电视法制节目等都有一定比例的电视舆论监督专题。1979 年 8 月至 9 月,中央电视台《新闻联播》就当时北京市公共管理不善问题进行报道,开启了电视舆论监督的先河。1980 年 7 月,我国第一个电视舆论监督深度报道节目《观察与思考》在中央电视台开播。1983 年,时任广播电视部部长吴冷西在第十一次全国广播电视工作会议上提出"搞好评论是新闻改革的一项重要任务"。各级电视台纷纷响应,开设各类电视舆论监督节目。1988 年,《观察与思考》节目更名为《观察思考》,在央视一套每周日晚 8 点播出,每期节目 20 分钟。该节目的《会海大透视》《物价大震荡》等专题播出后,由于其话题深入群众、批评尺度适宜,深受广大观众的欢迎。此外,中央电视台的《电视论坛》、广东电视台的《立此存照》、北京电视台的《观众之声》、上海电视台的《观众中来》、安徽电视台的《社会之窗》和福建电视台的《记者观察》等都是当时具有代表性的节目。

（二）成长阶段：1993—2002 年

1992 年，邓小平同志发表南方谈话，又一次推进了全社会的思想解放。同年，党的十四大指出："重视传媒的舆论监督，逐步完善舆论监督体制。"在中宣部的部署下，中央电视台开始筹建新的电视舆论监督节目。1993 年 5 月 1 日，新闻杂志节目《东方时空》开播，其子栏目《焦点时刻》《时空报道》因独特的舆论监督特色而反响良好。同年年底，央视新闻评论部成立。1994 年《观察思考》停播，全体人员投入到当年 4 月 1 日新设的《焦点访谈》节目中。据统计，截至 2002 年 8 月，《焦点访谈》播出节目 3000 多期，其中舆论监督类节目占近 30%，其中 1998 年所占比例达到最高点，占全年节目总数的三分之一。由于其评论犀利、立场鲜明，迅速成为家喻户晓的节目，成为央视收视率最高的节目之一。《焦点访谈》推动了全国其他"焦点类"节目的开办，据统计，当时全国 31 个省、市、自治区除西藏、青海外都开设以舆论监督见长的电视评论节目，这大大促进了我国电视舆论监督深度报道事业的发展。

（三）调整阶段：2003—2011 年

《焦点访谈》节目掀起了电视新闻节目的"舆论监督热"，不但获得了广大观众的认可，也受到了党和政府的高度关注与支持。与此同时，从 2000 年起，《焦点访谈》节目收视率出现下滑趋势。主要原因是节目在时度效方面存在不足，具体表现为节目新闻性弱化，追踪报道热点事件不到位，监督力度也不符合民众期待。2003 年，《焦点访谈》得到国务院办公厅的支持，节目进行了改进，包括加大监督力度，舆论监督节目的数量维持在 30%－40% 之间，节目也更加注重新闻的时效性与重要性等特征。如"非典"期间，《焦点访谈》及时报道抗击"非典"的各界人士，走访重点隔离区，帮助观众了解疫情的防控进展，坚定必胜的信心。这一年，收视率火爆的《南京零距离》推动了城市民生电视新闻节目的热潮。在民生新闻节目中，舆论监督栏目占据较高的比例，这给各大地方台新的发展契机，其本土化、平民化、时效性强的特点，使地方新闻节目更加灵活地发挥舆论监督功能。2005 年，国家广电总局印发《关于切实加强和改进广播电视舆论监督工作的要求》，为电视舆论监督节目的建设确立了职责与方向。该文件在 2010 年被国家广电总局列为继续有效的部门规章和规范性文件，其内容成为长期指导性思想。这一阶段，各级电视台一方面继续探索电视舆论监督的创新发展路径，另一方面不断增强电视舆论监督节目的公信力和影响力。

（四）快速成熟阶段：2012 年至今

党的十八大以来，习近平同志先后主持召开了全国宣传思想工作会议、中央全面深化改革领导小组第四次会议、党的新闻舆论工作座谈会等并发表了与新闻传播工作密切相关的系列重要讲话，明确了社会主义新闻舆论工作的职责、使命与要求。广大电视新闻工作者深受触动，积极深入节目创新实践，以扭转近年来"监督弱化、引导式微"的困局。另外，网络舆论监督的快速发展，对电视舆论监督节目形成不小的冲击与挑战。除了央视以外，山西、山东、天津等省市电视台顺应融媒体发展趋势，最大程度发挥电视媒体的优势，积极建设"中央厨房"，先行打造电视与互联网之间跨媒体联动、融媒体播出的新型传播模式。

二、改革开放以来电视舆论监督节目的发展经验

1978年关于真理标准问题的讨论催生了我国的舆论监督。党的十一届三中全会召开，重新确立了"解放思想，实事求是"这一党的思想路线。当时邓小平同志就指出："群众提了些意见应该允许""一个革命的政党，就怕听不到人民的声音，最可怕的是鸦雀无声"[①]。在这一号召下，当时包括电视在内的各类大众媒体开始独立思考舆论监督问题，尝试开播栏目发挥其在舆论监督的引领功能。电视媒体凭借其视听传播特点在新闻舆论监督中长期占据着主导地位，并在改进与加强自身建设过程中形成了三点基本经验。

（一）坚持党性原则，树立电视舆论监督节目的自觉使命

人民当家作主是社会主义民主政治的本质和核心，舆论监督是落实这一本质与核心的具体要求之一。建国之初，党中央就做出《关于在报纸刊物上开展批评和自我批评的决定》，要求党指导人民群众拿起媒体武器积极开展监督工作，消除党内官僚主义，推进新中国的建设事业。改革开放以后，党的十三大第一次明确了"舆论监督"的概念，标志着党的官方话语体系中的"报纸批评与自我批评"开始向"舆论监督"转换。这一次会议报告明确"要通过各种现代化的新闻和宣传工具，增加对政务和党务活动的报道，发挥舆论监督的作用，支持群众批评工作中的缺点错误，反对官僚主义，同各种不正之风作斗争"。

党坚持为人民服务的宗旨决定了党自觉接受和拥护来自人民群众的监督。因此，电视舆论监督节目自开播之日起，党的宣传工作部门与政府的新闻管理机构就多次予以欢迎和支持，并鼓励各级电视台创办更多的新闻舆论监督类节目，不断提高新闻节目中的舆论监督比例。如时任国务院总理的李鹏同志、朱镕基同志和温家宝同志都是央视知名度最高的电视舆论监督节目《焦点访谈》的忠实观众，他们都曾经视察节目组并题辞和赠言，重申新闻舆论监督的使命，充分肯定节目的创作导向。此外，地方各级领导对电视新闻舆论监督同样予以认可与欢迎。2004年2月9日，《焦点访谈》曝光了嵊州市总工会办公楼所在场地出现脱衣舞表演产生的恶劣社会影响。时任浙江省委书记的习近平同志当晚做出指示，

---

① 《邓小平文选》第二卷，人民出版社1983年版，第144页。

要求有关部门立即进行深入调查，查找问题根源，以杜绝浙江再次出现此类现象。2004年12月，习近平在调研整改后的嵊州市工人文化活动中心时指出，"坏事"可以变成"好事"，压力可以转成动力，抓与不抓大不一样。①

各类电视舆论监督节目往往在宣传环节就十分直白地向广大观众展示其宗旨与使命。虽然表述各异，但是精神基本一致。概括起来就是，让电视媒介成为人民群众的舆论工具，为人民群众提供真实、准确的信息，维护好和发展好人民群众的舆论监督权，服务当代中国的民主法治建设。中国改革开放40年间，电视新闻舆论作为一个强有力的社会舆论监督力量，为推进党和国家各项事业的建设与管理体制改革，既发挥了"放大镜"的作用，抓准问题，号准命脉，也释放出"稳定器"的功能，坚定立场，把住方向。

（二）改进电视媒体的舆论监督工作方法，维护人民民主权利

我国电视舆论监督节目的使命就是充分保障人民群众的知情权与监督权，匡扶公平正义，维护社会风尚，推动中国特色社会主义民主与法治建设的进步。1980年开播的《观察与思考》节目就明确定位为"通过对具有普遍意义或群众关心的事件、问题或人物进行调查、介绍、分析和研究，说明某种道理，引起观众思考，起到影响和引导舆论的作用"②。这一以人民为中心的节目定位基本上也被后继的电视舆论监督节目所遵循。

电视舆论监督节目的健康发展是健全我国社会主义舆论监督制度的重要举措之一。党和国家支持新闻媒体正确开展舆论监督，提出了各级单位要为采访报道提供方便，基层单位不得干预媒体舆论监督等工作要求。各级电视台备受鼓舞，积极制播的舆论监督节目，满足社会对公平正义的美好期待。但是，随着各类电视舆论监督节目的泛化，出现了部分节目走入误区的现象。这些误区最典型的表现就是，节目的制作者与受众将舆论监督理解为批评报道或"揭丑"报道，在此理解模式下导致舆论监督发生"越位"行为，陷入媒介审判的困境，结果走向了舆论监督的反面，违背了公平正义的初衷。这其中还出现了因违反程序开展隐性采访导致侵权、突出刺激的报道内容而出现娱乐化与庸俗化倾向、评论立场不鲜明或过分草根化而弱化了警示意义等问题。种种误区背后存在着共同的原因即媒体舆论监督工作方法不当，这与新闻工作者的专业素养不高、法制观念不足、社会责任感不强等因素有关。

当然，陷入上述误区的舆论监督节目总体而言只是个别现象或发展进程中的

---

① 《习近平在嵊州调研时强调深入开展"双建设双整治"活动扎实推进城乡精神文明建设》，《浙江日报》2004年12月15日。

② 中央电视台研究室主编：《中央电视台年鉴（1994年卷）》，人民出版社1995年版，第41页。

阶段性现象。总体而言，在党和政府的部署、关怀与指导下，各级电视台都把学习和落实党的舆论监督工作方法作为创办舆论阶段节目的基石。1998年，《焦点访谈》的高收视率带动了全国的"舆论监督热"。但是当时就有广电工作者意识到舆论监督不能替代职能部门的作用。电视媒体在问题曝光方面具有传播优势，也能够辅助有关部门扩大监督范围，但是解决具体问题，电视媒体就力不从心了，"最关键的问题，还是要健全监督制度，加强对职能部门的监督力度和对渎职者的惩处"[①]。2005年，国家广电总局要求广电媒体贯彻落实中共中央办公厅《关于进一步加强和改进舆论监督工作的意见》和中宣部《加强和改进舆论监督工作的实施办法》，确立建设性监督、科学监督与依法监督的原则，站在人民的立场上开展舆论监督工作，以真正维护好广大人民群众的民主权利。

（三）探索节目创新建设，扩大节目社会影响力

从社会环境来看，早期电视舆论监督节目的制播及时响应"解放思想、实事求是"的时代号召，顺应改革开放的大趋势，让物质文化需求长期得不到满足的观众感到耳目一新。另外，节目凭借党和政府的支持与配合，舆论监督的现实效果十分明显，因而迅速赢得广大观众的喜爱与热捧。但是从新闻传播本身来看，电视舆论监督节目从开播起，就不断探索电视节目制作规律，推进形式、机制与内容等各方面的创新，以满足电视观众不断增长的视听需求。例如，央视《观察与思考》的主持人与记者的角色分工明确，主持人负责穿针引线与发表评论，记者专司采访与调查的任务。这种电视报道的模式比起当时《新闻联播》等节目中播音员出镜口播的方式，无疑是一大进步。再如，《东方时空》实行制片人制，这一机制创新解放了节目的生产关系，激发了节目的生产力，灵活的机制让栏目得到迅速的提升。

近年来，我国网络与新媒体进入高速发展阶段，推进了"所有人对所有人的传播"，也促进了网络舆论监督的迅速发展，拓展了社会舆论监督的渠道，给电视舆论监督带来不小的冲击。具体实践中，电视比起网络媒体，在事件报道的现场性与时效性方面没有太多的优势。这一时期，电视工作者自觉探索融媒体，主动改革电视节目以适应信息时代的新要求，在融合创新中取长补短，不断提升电视舆论监督的影响力。央视2013年全新改版的《焦点访谈》、西安广播电视台的《每日聚焦》和《问政时刻》等节目都做了有益的创新尝试。另外，传统电视媒体进一步强化自身优势建设，探索新媒体时代的"突围"之路。其中比较突出的是浙江卫视开办的"建设性舆论监督"栏目《今日聚焦》，其成功带动了全省各市、县级电视台纷纷开办了近60个电视舆论监督栏目，形成了电视舆

---

① 王晓芬：《对电视"舆论监督热"的几点思考》，《新闻大学》1999年第4期。

论监督的"浙江现象"。

三、新时代电视舆论监督节目的发展路径

新时代是当代中国全面深化改革开放的新的历史方位，它从根本意义上决定了电视舆论监督节目的发展路径。电视舆论监督在新时代的新发展要立足过去的发展成果，紧密结合新的时代条件和实践要求，不断增强节目质量，提升节目效果，满足广大人民群众合法权益与根本利益实现的需要。

（一）服务新时代发展大局，充分发挥电视舆论监督的优势

新时代，电视舆论监督工作需要进一步满足国家治理体系与治理能力提升的需要。舆论监督是国家治理的有效途径，它作为舆论监督体系与舆论监督制度建设的重要组成部分，历来是国家治理体系的建设重点。电视媒体为充分发挥党和人民群众的舆论监督发挥了有力作用，新时代电视媒体要从推进国家治理体系和治理能力现代化的高度加强舆论监督节目创新，这也就进一步要求电视舆论监督要将统一思想、凝聚力量、促进改革发展、维护社会稳定作为工作立足点，充分发挥好电视舆论监督的内容主流化优势，增进社会舆论监督的公正性与透明度。

新时代，电视舆论监督工作需要深刻把握并服务好我国社会主要矛盾发生转化这一重大现实。新闻舆论工作者应正确面对人民群众的公平意识、民主意识、权利意识不断增强的趋势，抓住多样矛盾中的主要矛盾，保障多元利益中的根本利益，真正满足人民对美好生活与公平正义的期待。当前，社会主要矛盾的转化要求充分发挥好电视舆论监督的内容权威性优势，正确引导社会舆论，唱响时代主旋律。新闻采编人员要增强法律意识，既善于利用法律武器开展新闻实践，又要在监督过程中遵纪守法，秉持程序正义，确保监督的正当性。节目主持人要进一步增强新闻评论能力，保持勇于创新、敢于批评的职业精神，坚持实事求是的原则要求，避免个人感情凌驾于公益与法理之上，发挥好舆论领袖作用。节目的创作团队要顺应融媒体的发展趋势，融合互补电视媒体与新媒体的优势，提升监督水平和质量，办出让党放心、让人民满意的舆论监督节目。

（二）遵循舆论监督规律，坚持以人民为中心的工作导向

媒体舆论监督是人民群众利用媒体工具从事舆论监督的过程，这就决定了新闻舆论工作者除了要加强研究自身擅长的新闻传播规律，还要不断地学习舆论监督规律。党和政府积极鼓励媒体的舆论监督工作，媒体对此不应有任何畏惧情绪，要敢于接招、勤于想招。在实践中，新闻工作者常常因为越过"度"而误导公众的认知，或者因为达不到"度"而满足不了公众的期待。因此，遵循舆论监督规律的重点和难点就是学会如何把握舆论监督的"度"。

遵循舆论监督规律，就是要坚持舆论监督与正面宣传的统一。在实践中，电视媒体应摒弃"为了监督而监督"的粗陋观念，明确舆论监督要以人民为工作

导向，扶正祛邪，激浊扬清，其根本目的是改进工作、端正态度，在国家宪法和法律规定的范围内开展媒体的监督工作，在报道事实过程中应坚持微观真实与宏观真实有机统一，既要揭露社会的负面问题，又要报道正面典型。在批评性报道中，确保信息真实、全面，杜绝报道不当信息或掩盖信息，主动挖掘负面内容的警示意义与正面效应，帮助人民建立辩证看待现实问题的思维能力，引导群众树立社会进步、发展的信心。

（三）深化广电体制机制改革，创新电视舆论监督的方法与手段

深化广电体制机制的改革是为了进一步主动调整广播电视的生产关系，激发广播电视的生产力与活力。新时代，广电体制机制改革应重点解决发展中不平衡、不充分的问题，加强供给侧改革，提升电视舆论监督节目的影响力。党的十八大以来，随着政治体制改革的深入推进，舆论监督保障机制逐渐健全，为电视新闻舆论监督营造了更为宽松的环境与氛围，也为电视舆论监督节目的体制机制创新提供了客观条件。一方面，电视舆论监督节目要遵循新闻传播规律与新媒体传播规律，提升舆论监督节目的可看性与艺术性；另一方面，电视舆论监督要坚守公共文化服务的本质，注重思想性与专业性，增强主流媒体的舆论引导力。

创新电视舆论监督工作的方法、手段要落实在舆论监督的批评性与建设性的统一性上。舆论监督工作最忌讳的就是"只破不立"，而要做到"有破有立"，即媒体实施舆论监督的目的是破除现实中权力不受约束的行为，同时要确立如何实现权力正确运行的方法。电视舆论监督节目要明确舆论监督的目的是以新闻的力量推动社会进步，因此舆论监督的批评只是形式，实质是推动建设，帮助人民建立起从事实中找原因、从原因找出路的工作方法，引导群众树立起方法总比困难多的坚强决心，构建起监督推动整改、整改要有反馈的媒体监督环状系统，真正发挥出新闻舆论工作的智力支持作用。

（作者系浙江越秀外国语学院网络传播学院副教授。本文系2017年国家社科基金青年项目的阶段性成果，项目编号：17CKS002）

改革开放 40 年藏地题材纪录片发展概述

支晓亮

改革开放以来，西藏经济、社会获得了巨大发展，开放程度也越来越高。伴随着社会经济的发展，越来越多的人们将目光投向了西藏，因此反映西藏的影像作品也越来越多，特别是纪录片这种艺术形式，在反映西藏的自然景观、风俗民情、社会变迁等方面表现得尤为突出。改革开放 40 年来，产生了大量反映藏地题材的优秀纪录片，并且这些藏地题材的纪录片的发展也呈现出阶段性的特点。本文将从以下四个阶段，具体来分析和和揭示改革开放 40 年来藏地题材纪录片的发展状况。

一、新时期藏地题材纪录片（1980—1990）

20 世纪 80 年代，随着"文革"的结束和党的十一届三中全会的召开，我国经济体制也开始从计划经济体制向市场经济转变，改革开放的大幕也正式开启。伴随着政治、经济、社会环境的转变，文化领域也开始转变，这种变化也在纪录片领域得到了体现。具体表现在以下几个方面：首先，纪录片的题材和内容上，其教育性和宣传性减弱，但其艺术性、科学性以及文化性进一步加强。纵观改革开放之前的藏地题材纪录片，他们的主要功能在于宣传和歌颂党和国家在西藏解放以及西藏社会建设方面取得的重要成果。特别是关于农奴解放方面，主流媒体拍摄了大量此类题材的纪录片，代表作品如 20 世纪中期八一制片厂与捷克共同制作的纪录片《通向拉萨的幸福道路》。1959 年，郝玉生、何钟辛等拍摄制作了反映西藏农奴解放的长纪录片《百万农奴站起来》。同时期，中央新影厂拍摄制作了《阳光照耀着山南》《欢腾的西藏》《山高水长》等纪录片。八一电影制片厂还拍摄制作了反映中印两国和平解决边界问题的纪录片《为了和平解决中印边界问题》，以及反映昆仑山自然景观和藏族小伙达旺的《在喀喇昆仑山》和《达旺见闻》。还有一些藏族摄影师与一些其他影视公司共同制作的《十世班禅》《故乡行》《拉萨一家人》《生命的最后时刻》《我们走过的日子》和《我们的家乡西藏》等纪录片。此外，20 世纪 60 年代初，中国社科院民族研究所组织拍摄了反映西藏农奴制度的《西藏农奴制》。"文革"结束前，他们在藏东南察隅地区拍摄制作第一部彩色纪录片《僜人》，记录了生活在藏东南地区的僜人的生存状态和西藏解放后他们生活发生的巨大改变。还有反映中国人登顶珠穆拉玛峰的《征服世界最高峰》，以及后来拍摄完成的纪录片《再次登上珠穆拉玛峰》。中央新影厂拍摄完成了纪录片《西藏高原大寨花》。1973年，中央电视台拍摄了《中华健儿登珠峰》和《仁布掠影》等藏地题材纪录片。1976年正在筹备中的西藏电视台拍摄了纪录片《欢腾的高原》。进入新时期以来，中央电视台和西藏、青海等省的电视台纷纷投入藏地纪录片的拍摄中，使藏地纪录片的摄制工作进入了一个新的发展时期。1983年，西藏电视台正式成立。电视的出现，加快了藏地村落和社区生活形态以及生存方式的变化。西藏电视台先后拍摄制作了反映青稞丰收的《青稞在欢唱》，表现藏北草原牧人措达一家人如何在藏北草原上生活的《藏北人家》，反映在唐古拉山无私奉献的一群女性的《走上唐古拉的女人》，这些优秀纪录片都在藏地民众中引起了很大影响。如《唐蕃古道》就被许多藏族人民誉为"奉献给藏族人民和广大电视观众的一条圣洁吉祥的哈达"。进入新时期，拍摄的藏地题材纪录片跟以往有很大的区别，最重要的是主题的变化，这时的题材已经不再把表现的重点放在政治教育上，而开始把目光投向西藏的自然风光、生活习俗、名胜古迹和社会变迁。同时，随着纪录片的发展，传统的新闻纪录片电影记录形式慢慢被电视纪录片取代，这也使此时期拍摄的纪录片更具艺术性和审美性。这一时期的代表性作品有反映徐凤翔无私奉献、积极投身西藏林业研究事业的人物纪录片《小木屋》，表现四位艺术家朝圣故事、呈现独特的西藏人文地理和宗教文化的纪录片《西藏的诱惑》，该片还获得了首届录像片大赛一等奖、第三届电视文艺星光奖一等奖和优秀撰稿奖的殊荣。此外，还有反映西藏阿里地区古格王朝文明发展史的《古格遗址》。这些纪录片中，尤以著名纪录片导演王海兵拍摄的《藏北人家》影响最大，该片通过客观、真实的影像不仅展现了藏民族与大自然抗争和适应中建立起的一种和谐关系，更展现了情感心理和他们创造出的独特游牧文明。

二、转型期藏地题材纪录片（1991—2000）

进入20世纪90年代，随着我国改革开放力度不断加大，平民文化迅速起飞，纪录片也越来越重视将"人"作为表现的中心。因此，这一时期，涌现出了像《望长城》这样在"纪录过程、再现原生态、声画并重"的纪实理念下创作的纪录片。同样，作为这一时期的藏地题材纪录片，也开始受到像《望长城》这样注重纪实风格的纪录片的影响，出现了注重展现西藏真实的游牧文化和社会生活的一批优秀纪录片作品，如展现高海拔地区草原牧民的生活方式与生存状态的纪录片《格拉丹东儿女》，该片就运用了客观记录手法。还有90年代初拍摄的展现西藏40年来发生巨大变化的《我们走过的日子》和记录中央代表团赴西藏参加西藏和平解放40周年情形的《在西藏的日子里》。特别是1993年，中央新影厂导演傅红星拍摄的《雪域明珠》和《回访拉萨》，这两部片子还获得了少数民族纪录片骏马奖。同时，这一时期，涌现出了反映藏族宗教仪式和宗教信仰的《轮回与圆圈》，表现康巴藏族牧民真实生活的《康区满族牧民一日》以及反映藏族出版人使用传统雕版印刷术为西藏周边国家印制佛经故事的《藏族的雕版印刷术》。这些纪录片都运用了客观记录的手法，真实地反映了藏地人民真实的生活状态。这一时期，还有一些西方国家的媒体拍摄的关于藏地题材的纪录片，代表作品如《困顿》和《西藏七年》。然而，这些作品并没有反映真实的西藏，大多都是从西方国家的政治立场出发，塑造过于政治化、过于符号化的形象。整个画面里故意充斥着一种神秘，包括服装、道具、造型以及场景，都让人感觉那是另外一个世界。从而刻意歪曲西藏的社会历史发展，极力将西藏形象妖魔化，以便其在国际上丑化西藏形象。

三、成熟期藏地题材纪录片（2001—2010）

从2001年到2010年，这一时期可以看做是藏地题材纪录片走向成熟期的重要标志。随着西方纪录片的大量涌入以及纪实主义理念的影响，中国纪录片人也开始积极探索，从而使纪录片逐渐形成了纪实主义的传统，回归到了纪录片应有的品质和精神，同时借鉴了国际主流的纪录语言和国际表达方式，创作出了一大批真实呈现藏地自然景观、社会变迁和文化发展，特别是藏地普通民众生存状态和日常生活情景的优秀作品，逐步显现出中国藏地纪录片独具的特色、风格和品质。段锦州的《八廓街十六号》运用纪录片大师怀曼"直接电影"的理念，通过对八廓街居委会这一从内地汉人社会"移植"过来的公共权力机构的理性观察和记录，以其独特的记实语言真实反映了拉萨核心基层组织处理邻里纠纷、家庭问题、偷盗诉讼、打架斗殴等事务的日常生活，记录了普通藏人的现实生活和思想嬗变。季丹的《贡布的幸福生活》通过对甘孜一位有六个女儿，即将出生一个儿子的老房东贡布日常生活的跟踪拍摄，表现藏族普通农民面对多种生活依然豁达开朗、快乐自在的族群性格和藏地民情。季丹和沙青的《老人们》也是通过对几个风烛残年的老人晚年生活的真实记录，直观地呈现藏族人民俭朴、随和的生活和对人生命的深刻感悟。导演曲静深拍摄制作的纪录片《第十一世班禅额尔德尼》，全片没有一句解说词，只是用视听影像叙述了班禅喇嘛圆寂后，一名诞生在西藏藏北草原的名叫确吉杰布的男孩被发现，并被中央政府确认为转世活佛的故事。导演郝跃俊的《最后的马帮》则通过真实而有感染力的情节推进和细节描摹，并对现实生活进程中不可预知的突发性情节进行捕捉，一步步揭开了藏地高原人民粗犷、豪放的性格和艰辛的生存状态，从而多侧面地反映出了藏地原生态的区域马帮文化。著名导演田壮壮拍摄制作的《德达姆》，则以行走的马帮作为贯穿全片的线索，分别选取了不同阶层的人物作为叙述对象，有本身就充满很多故事的老牧师、藏族赶马人、104岁的老太太，年轻时经历过浪漫爱情的喇嘛，以及想去外面世界的藏族女教师等，通过他们来构成整部片子的主体，进而真实地呈现了怒江流域不同文化与宗教的融合统一，用精雕细刻的电影语言记录了茶马古道怒江流域的马帮文化和以丙中洛乡为中心的滇、川、藏边区民众的生存状况。还有导演李虹拍摄的探寻长江、黄河、澜沧江的源头的纪录片《三江源》，该片以分集主题的形式系列介绍了青藏高原的地理进化史，澜沧江的源头和雪域动植物生态体系等内容。彭辉的《平衡》则把他用三年时间追踪的西部野牦牛队在可可西里保护藏羚羊的过程，浓缩在一部相当于故事片长度的纪录片里，讲述了藏人围绕濒危动物藏羚羊展开的一场正义与邪恶、理想与现实、坚毅与彷徨的角力，有力地凸显出保护生态平衡、尊重生命与自然的主题内涵，具有强烈的现实主义震撼力量。2004年，由著名藏族导演万玛才旦拍摄了纪录片《最后的防雹师》，该片是从藏族人的世界观出发，向世人展示了藏族人民的文化、审美价值观和宗教观等一系列问题。而他的另一部纪录片《静静的玛尼石》，则展示了一个身处偏远的小寺院、对新兴事物充满好奇心的小喇嘛和他身边的人从大年三十到初三下午的故事。该片以细腻感人的纪实风格摒弃了有的汉族导演对藏族文化探索的偏狭视角，展示了在经济全球化和大众普同化的浪潮下，藏地的文化魅力、雪域精神与佛国景观的张扬，以及这一切与现代化发展的矛盾、冲突与融合。此外，还有法国导演雅克·贝尔任制片、监制的纪录片《喜马拉雅》，该片在富有浓郁民族特色的藏族民歌和神秘的藏焚呗等音符营造的氛围中，原生态地展现了藏族人民独有的崇敬天地、与大自然融合、天人合一的信仰和生活观。当然，这一时期最为出名的还数由著名旅英作家、导演孙书云编导的纪录片《西藏一年》。这部纪录片以时间为概念，以金色的夏季开始到绿色的春天结束，同时以人为线索，跟踪拍摄记录了西藏江孜县城寺院喇嘛、乡村法师、酒店老板、乡村医生、三轮车夫、妇女干部、包工头和学佛僧徒八个普通西藏人一年的生活。该片于2008年在英国BBC广播公司的电视屏幕上播出，随后又在40多个国家的电视台相继播出。2009年，中央电视台也播出了这部纪录片的中文版，该片也被认为是"改变了中国涉藏对外宣传长期处于失语状态的尴尬局面。"

四、藏地题材纪录片辉煌发展期（2011年至今）

2010年以后，国内纪录片发展迎来了辉煌的发展期，伴随国内纪录片市场总体繁荣的时代背景，藏地题材纪录片也迎来了辉煌的高速发展期，不仅在数量上得到进一步发展，而且质量上也取得重大突破，涌现出一大批精品力作。从2011年到2018年，有40多部关于藏地题材的纪录片相继播出，包括反映青藏高原人与自然和谐相处的原生态生活的《第三极》；讲述发生在西藏21个不同年龄、不同性别、不同职业人物身上的一段段令人感动的故事《极地》；展现一僧一寺、一座山、一群人故事的《喜马拉雅天梯》；首次全面展示雅鲁藏布江这条国际大河在西藏全流域的自然风光、人文景观，深入介绍该流域生态现状、百姓生活和社会经济发展的《天河》；展现西藏地区历史文明的演进、变迁，具备极强政治意义和文化价值的《西藏》；以小人物的悲欢离合折射藏族青年人的现状，还原真实藏地的纪录片《塔洛》；讲述六世班禅喇嘛不远万里从西藏到北京朝觐乾隆皇帝这一历史事件的《圣途》；讲述在西藏腹地的古村普拉村10个普通藏族人和一个孕妇出发前去2500公里以外的冈仁波齐朝圣故事的《冈仁波齐》等精品力作。这一时期，藏地题材纪录片内容和拍摄叙事手法也向着更为多元的方向迈进。同时，随着新媒体和移动端的迅速发展，传播媒介也越来越多样性，纪录片的播出也不限于电视和院线，新媒体平台成为纪录片播出的重要渠道。尤其是在很多商业网站成为纪录片播出的首选，如优酷、爱奇艺、腾讯、B站和乐视等网络视频播出平台，专门设置有纪录片专区。当然，为了吸引更多的受众，很多网络视频公司也开始加入到纪录片的拍摄制作中。很多纪录片都会选择在电视和视频网站两种传播媒介播出。如著名的藏地纪录片《极地》，首先开始在央视记录片频道播出，几天之后，参与拍摄制作该片的B站和乐视便开始跟播，为了吸引观众，两家网站还专门设置了纪录片《极地》专区。传播媒介形式的多样化，也使得纪录片叙事和艺术风格发生着变化。正如著名导演曾海若在接受采访时说："新媒体为纪录片传播及其制作提供了更多可能性，也为更多人了解纪录片提拱了可能。"纵观2010年至2017年国内藏地纪录片创作，其题材主要聚焦于藏地人们的生活方式、风俗民情、自然风光和时代变迁。笔者经过梳理，认为能代表该阶段纪录片最高成就的是《第三极》《极地》和《冈仁波齐》三部大型纪录片。2015年3月25日，中国首部被美国国家地理频道直接采购并被推送到其全球电视网络播出，覆盖全球200多个国家和地区的《第三极》，曾在国际上引起强烈反响。该片是以空间为概念的纪录片，通过40多个青藏高原故事，全面反映了青藏高原人与自然和谐相处的原生态生活，着眼于把影像语言对准人的故事、人的特写、人的动作和人的劳动，真实呈现了藏人在自然条件下如何生存、回报自然、依靠自然、与自然成为朋友的生活本相与存在境况。纪录片《极地》作为《第三级》的姊妹篇，摒弃了以往站在上帝视角俯瞰西藏圣洁、美丽的地理景观的手法，以"人"为切入点，一个又一个普通人走进镜头，讲述自己的故事，让我们看到在那片绝美与贫瘠的净土上，普通人的真实生活是什么样的。纵观这两部纪录片，它们最大的特点就是平视化。走进去，融进去，坚守平和的心态，用平视的镜头对准青藏高原的每一块土地，对准普通藏族百姓的日常生活，展现他们的喜怒哀乐，关注他们在四季轮回里的跌宕起伏，透视他们在社会转型中历经的迷茫、奋争、困惑和进取，呈现他们在日常生活中所表现出来的情感状态与信仰理念，力争用平静、柔和的心境把西藏文化最本质的东西表现出来。纪录片《冈仁波齐》从人文价值来看，通过藏区青年从普通牧民到登山向导的一系列角色转变，向观众真实地展现了新一代藏民的精神面貌和内心的独白，他们平凡如世界上任何一个年轻人，有自己的困惑、苦恼、人生选择和未来，然而他们也伟大得如同每一位攀登高峰的人，在环境的极限与人类的极限之间，在一步之遥的遗憾与站在世间最高处之间，留下动人的故事。片中主人公们在冰峰之上一步步凿冰而行，攀越天梯，正是人生的苦难、修行与救赎的象征。从文化价值上来看，藏民族作为中华民族的一员，该片让更多观众深入了解、认识藏族特有文化和宗教习俗。影片中我们可以很容易发现宗教文化对于藏民族的影响无所不在，清晰地展现了宗教如何构造这一个民族的行为和思维方式，让观众有一种感官及内心的震撼。而本片真正深刻的地方是表现出了宗教的矛盾性和复杂性：原本应被膜拜的圣洁之山，成了商业项目中被人征服的对象。对于汉文化的思维方式来说，这种矛盾构成了一种悖论，世俗与宗教是两张皮，后者只在需要的时候发挥作用，它是刻意为之的标榜、救赎甚至交易。但对于藏文化来说，这种悖论或许并不存在，世俗与宗教是融为一体的，宗教既是生活，生活亦为宗教，世俗被宗教化，宗教也被世俗化了。从历史价值看，作为信息的载体，纪录片第一次将镜头对准一群普通藏族青年，记录他们真实的生活，整体而全面地呈现给观众。有人说："新闻就是明天的历史。"其实，纪录片的内容记录也是一种历史，该片正是通过记录一群青年的蜕变也将成为反映藏区变革的一种历史见证。同时，与以往的藏地纪录片相比，这三部纪录片与以往藏地纪录片具有的质地精神、形式手法，以及传播方式大不相同，因而在国内外引起了广泛的关注和热议。

　　结语：改革开放40年来，藏地题材纪录片得到了很好的发展，每一个阶段的藏地题材纪录片都有经典的代表作，通过不同时期的纪录片的展示，人们可以很好地了解西藏的自热景观、风俗人情、社会发展和时代变迁。同时，改革开放40年来，藏地纪录片创作理念、主题呈现、表达方式、审美特色和传播方式都发生了很大变化，这些新变化也更好地促进了藏地纪录片的发展，并引发了一波又一波藏地纪录片热。通过这些纪录片，也很好地传播了西藏，让更多的人了解西藏，关注西藏，促进了西藏经济、社会的发展，很好地提升了西藏的国际影响力，也吸引了更多人到西藏来，领略西藏的大美风光，感受西藏人文历史、风土民情，进而更好地促进了西藏走向世界。

（作者单位：西藏电视台）

广播引领传统媒体向交互型融合媒体进阶

——对广播媒体 40 年交互功能进化的研究

吴生华

今天，当我们在交互传播时代驻足回望的时候，那些大众传播领域内看似单向的传播，其实都只是因为回收反馈信息比较困难，亦或反馈信息比较微弱，使得传播者无法收集，以至于影响了传播者及时调节后续传播活动的方案，而不是说他们完全没有或者无视受众的反馈。恰恰相反，收集受众的反馈、达成与受众之间顺畅的双向互动，是所有大众传播者一直以来孜孜以求的理想传播状态，因为传播的最终实现在于受众的到达和接受。当受众接收到了传播者发出的信息，总会做出接受或拒绝、积极或消极的不同反应，这些反馈内容构成了传播活动中新的信息，推动或者调节着传播活动的发展和走向。

迄今为止，我国传媒与受众的互动方式嬗变大致经历了通信互动、热线电话、短信与网络平台互动以及微博、微信、客户端（简称"两微一端"）互动四个阶段，互动时效逐渐由"延时"向"即时"和"全时"转变，互动形式也逐渐由信息反馈向人际交互发展。改革开放 40 年来，在我国大众传媒交互功能的进化史上，广播始终担当了实验室和先导者的角色，并实现了传播由单向到双向、由单一的电波传送到与多种媒介手段融合，并率先做到了由大众传媒向交互型融合媒体——"新广播"的进化。

一、广播引领传统媒体交互方式的嬗变

（一）通信互动阶段

在 20 世纪 80 年代中期广播热线电话开通之前，国内大众传媒基本上处于通信互动的阶段。早在 1950 年 5 月，中央人民广播电台（以下简称中央电台）就设立了专门机构处理听众来信并接待听众来访，此后一直保留着与听众联系的机构。改革开放以后，报社、广播电台以及崭露头角的电视台，都十分重视群众来信，设有群工部或听工部（听联组）等，专门负责处理和答复受众的来信。

群工部最早诞生于党报，全称是群众工作部（有的媒体也叫通联部），是为

报刊联系人民群众专设的部门，其职能主要是接待群众来信或来访、联络地方通讯员、编发群众来信、选择来信来访线索进行调查等，是党报党刊与人民群众沟通的桥梁与纽带。多年来，群工部在履行媒体特殊功能上发挥了重要的作用，是人民群众向各级党委政府反映情况、阐述自己意见的窗口，不少党报、党刊以及后来兴起的晚报、都市报都办有"读者来信"专版。

1981年，中央电台和广东人民广播电台先后开办了主持人节目，如徐曼主持的《空中之友》和李一萍主持的《大众信箱》。20世纪80年代至90年代，通信类节目风靡全国广播界，成为广播吸引、联络、沟通听众的重要窗口。1982年12月，中央电台听众联系组升级为听众工作部，下设听众联系组和《听众信箱》节目编辑组，听众来信大大丰富了广播的内容资源，形成了良好的互动传播局面。1987年5月11日，上海人民广播电台792频率推出《蔚兰信箱》节目，在短短的一年时间内，吸引了上海及江浙地区数以百万计的听众。1988年5月3日，《蔚兰信箱》节目主持人蔚兰应听众要求同大家见面，原定发票1000张，可前来索票的约有两万人之多，见面会当天，整个会场一片欢呼和掌声。①通信互动方式到20世纪90年代中期到达顶峰，据悉，1996年是中央电台收到听众来信最多的一年，达到186万件，创中央电台有史以来最高纪录。②

（二）热线电话互动阶段

1986年，广东人民广播电台珠江经济台开启了将热线电话引入广播节目的先河。当年12月15日，珠江经济台开播，以版块节目为特点，采用主持人直播，通过热线电话的方式，实现了听众的直接参与。

1992年，上海东方广播电台开播，开创了电台全天24小时直播模式，通过热线电话互动的午夜谈话节目《相伴到黎明》成为全国知名节目，在长三角地区掀起了一股"东广旋风"，并直接带动了中国广播界传播互动方式的变革。

听众通过热线电话参与的广播沟通方式和呈现方式，搭建了一个社会各种声音汇聚的大平台。这个平台彻底颠覆了从播音到听众的单向传播模式，听众主动、建设性地参与节目，构建了广播新的话语空间，实现了传者与受者之间平等交流意见和观点的空间。

直至目前，听众热线电话仍然是广播节目重要的互动形式之一，较为常见的热线电话参与节目包括听众监督投诉类、知识咨询类、资讯服务类等内容。如2001年4月1日起，安徽省淮南市纪委、监察局与淮南人民广播电台联合开办

---

① 蔚兰：《关于"蔚兰信箱"的通信》，《中国记者》1989年第1期。
② 杨波主编：《中央人民广播电台简史（1940~2000）》，中国广播电视出版社2010年版，第264页。

《政风行风热线》，近20年来节目保持了稳定的收听率与听众参与率。目前，这类以"市长热线""市民热线""行风热线""政风热线"为名称的沟通政府和群众的热线节目依然是各级电台具有稳定收听率的重点节目。此外，1997年北京人民广播电台经济广播开办服务性节目《百姓物品交换站》，每天一小时，一年接听热线电话上万人次。① 类似这样的热线服务性节目，在当前的广播界仍然较受听众欢迎。

继广播之后，热线电话的应用也开始进入电视节目和报刊版面。在电视屏幕上，一些服务咨询类栏目，观众可以通过热线电话参与。报刊虽然不能做到实时的电话沟通，但也经常在版面和专栏上设立"主持人"，开通热线电话，接受读者的咨询、投诉以及对各种社会现象的监督和评论。就当前媒体与受众的主要互动方式相比较，热线电话仍然是最为直接的双向交流方式，声音传播具有表情性和感染力优势。

（三）短信与网络平台互动阶段

1992年全球第一条手机短信诞生。当年12月3日，英国信息基础设施专业公司Airwide Solutions的工程师尼尔·帕普沃斯（Neil Papworth）发出第一条手机短信，接收者是正在英格兰纽伯雷Vodafone通讯公司总部参加预祝圣诞节舞会的理查德·贾维斯（Richard Jarvis），由于当时的手机设计还没有输入和发送英文字母的功能，帕普沃斯只能通过电脑键盘向贾维斯发送短信。②

短信在中国的应用始于2000年前后。中国移动自2000年11月发布"梦网创业计划"，建立了合作、共赢的商业模式和产业链，短信业务异军突起。之后，中国联通也不甘落后，迅速跟进。2000年下半年，短信业务平均每月增加4000万条。但直到2002年5月，中国联通与中国移动才实现全国范围内短信互通。③ 到2012年短信业务基本上达到顶峰，据工信部统计，2012年全国移动短信发送量达到8973.1亿条。之后随着手机QQ和微信等移动端社交媒体的发展，手机短信业务呈现快速下滑的趋势。

短信真正成为大众传媒与受众互动的有效工具是基于网络短信平台的成功研发。据考证，从2002年中央电视台春节联欢晚会得到启示，北京人民广播电台交通广播《一路畅通》节目主持人杨洋建议在广播媒体中引入短信互动，并得到采纳。起初，他们只是将短信平台作为听众点歌、参与猜题问答的渠道，但不

---

① 赵多佳、许秀玲：《内容、受众、传播，广播专业化概论》，中国国际广播出版社2008年版，第32页。
② 《第五媒体诞生十五周年，短信功能日趋多样》，《扬子晚报》2007年12月10日。
③ 孙丽霞：《中国联通与中国移动5月1日实现全国短信互通》，中国新闻网，http://www.chinanews.com/.

久，听众的力量就打破了节目的原先设置，问路的、求助的、发表评论的、反映问题的、交流感情的……各种各样的信息都发到了主持人面前的短信显示屏上。据当时《一路畅通》主持人刘思伽回忆，2002年4月5日，节目收到第一条跟点歌无关的短信。因为那天是清明节，天又下着雨，路上特别堵，但那条短信说："堵车让大家觉得挺烦的，可是我在皇城根儿遗址公园，看到紫玉兰在树上盛开着，可漂亮了。"① 由此，网络短信平台成为广播直播节目的重要互动手段。

网络作为大众传媒与受众的互动工具主要是伴随着BBS（电子公告板，更多人称之为网络论坛）的应用而得到推广的。1991年中国有了第一个个人的BBS站点，可以通过调制解调器登陆并发表帖子，但是用户极少。1995年是中国BBS发展历史上重要的一年。这一年，个人搭建的业余BBS网渐渐地形成了一个全国性的电子邮件网络——中国惠多网（China FidoNet）。第一个建立在全国公众网络（CERNET）上的BBS站点——清华大学水木清华站也在该年正式开通。

在微博、微信诞生之前，广播、电视媒体的互动方式包括手机短信与网络平台、QQ、网络论坛等各种网络社交方式。与热线电话相比，短信既不会占线，也不受节目是否正在播出的时段限制，这一互动方式受到传播者和受众的欢迎。特别是对于广播直播节目来说，短信更容易控制在节目播出时的节奏，而不会伤及互动的顺畅。更为重要的是，短信与网络平台的应用，可以有效控制安全播出方面的风险。

（四）微博、微信、客户端的互动阶段

传媒与受众互动方式发展的另一个方向就是微博、微信和手机客户端等社交媒体崛起后的广泛应用。2009年8月14日，门户网站新浪推出微博服务内测，这是我国微博应用的发端，2010年被称为"微博元年"。微信是腾讯公司于2011年初推出的一款支持文字、照片和语音交流的手机社交应用。2011年1月微信发布，迭代更新和用户发展十分迅速。2012年4月"朋友圈"上线，8月"公众号"上线。2017年11月腾讯发布的《2017微信数据报告》显示，微信日登录用户（当年9月）9.02亿人次，较上年增长17%。另据2017年8月中国互联网络信息中心（CNNIC）发布的第40次《中国互联网络发展状况统计报告》，截至2017年6月，微信朋友圈、QQ空间和微博排名为社交应用使用率前三名。微信朋友圈、QQ空间作为即时通信工具所衍生出来的社交服务，用户使用率分别为84.3%和65.8%。手机客户端的发展源于智能手机的诞生，2002年是智能手机发展的爆发之年，众多智能手机的诞生，使人们认识到它的强大应用功能，

---

① 徐泓主编：《超越：北京交通广播解析》，北京大学出版社2003年版，第54、55页。

最终演变成了苹果 iOS 和 Android 两大系统并存的市场格局。

到目前为止，传统媒体基本上构建了与"两微一端"相融合的交互渠道。对于大众传媒来说，微博对传统媒体新闻采集和发布方式冲击的"首因效应"是巨大的，乃至于有人发出了"微博改变传媒"的惊呼。当前大众传媒充分利用 QQ、微博、微信等新媒体工具，形成社会公共媒体和自媒体以及个人的双向互动。目前，微博作为电台或栏目、主持人的推介平台仍然发挥着较为重要的作用，有些广播栏目将其作为在互联网平台上同步视频直播的入口，并接收网络受众的实时反馈。广播等传统媒体对微信的应用始于 2012 年 8 月公众号的上线，如浙江人民广播电台交通之声抢先开通"FM93 交通之声"微信公众号，经过三年多时间，于 2015 年 10 月 1 日实现订阅用户突破 100 万。[①] 微信之于广播，最大的优势是听众可以发送语音、图片、文字及小视频等多种文本参与节目，真正实现了由单一的音频传播转变为集音频、文字、图像及视频于一体的全方位交互传播。因此，自 2013 年以来，微信公众号平台已经成为广播频率直播的"标配"。特别是以交通广播、私家车电台定位的广播频率，直播节目主持人在节目进行过程中可以随时引导听众提供实时路况、参与话题互动讨论或参加节目互动游戏，主持人也可以通过微信平台发送文字、图片或开通实时视频直播。

继 2014 年 6 月中央电台"中国广播"客户端改版上线后，2014 年 10 月和 11 月，上海广播电视台的"阿基米德 FM"和北京人民广播电台"听听 FM"诞生，2016 年和 2017 年，成为省级电台开发自有独立客户端最为集中的两年。先后有辽宁广播电视台"瓢虫 FM"、江苏广播电视总台"大蓝鲸"、四川广播电视台"熊猫听听"、湖北广播电视台"九头鸟 FM"、河北广播电视台"即通 FM"、山东广播电视台"51 听"、广东广播电视台"粤听 FM"、福建省广播影视集团"广电车盒子"和浙江广播电视集团"喜欢听"等十多家 省级电台推出手机音频客户端。这些客户端各有特色，如"大蓝鲸"号称是"全国第一款打通微信公众平台的融媒体客户端"，"瓢虫 FM"以"弹幕式互动"为卖点，成功探索了多方面互动的交互新界面，"喜欢听"将直播互动作为融合突破点，集纳微信、视频直播及打赏点赞、现金红包等多项互动功能，打造了全新的广播节目交互平台。[②]

在城市电台中，更多地采用了"借船出海"的发展策略，除了微信公众号，还尽可能地利用第三方平台建设交互型的广播新业态。目前城市电台合作较多的

---

① 邹艾玲：《广播媒体借力微信公众平台发展思路探析——以浙江交通之声为例》，《视听纵横》2016 年第 1 期。

② 项勇：《媒体融合中的广播纵向价值》，《传媒评论》2018 年第 2 期。

广播融媒体平台是"开吧"客户端,这一广播融媒体平台自2015年12月在杭州广播电视台交通经济广播(FM91.8)率先启用以来,以资讯推送灵活自主的优势,为电台增加了用户黏性。到2017年年底,"开吧"客户端平台赢得全国近70家城市交通广播或音乐广播的加盟,在"开吧"开通当地的频道。①

利用"两微一端"新媒体平台除了实现与受众的实时互动之外,对于广播等大众传媒而言,更重要的是把握受众的接收状态,即起到受众调研的作用。根据对受众情况的精准把握,完善和实施一定时期的传播策略,进行节目改版、频率定位调整等。如"大蓝鲸"背后最核心的"部件"是江苏广播电视总台互联网用户数据中心的"微啵云"系统,这一系统具有用户信息存储、用户身份识别和用户数据分析三大功能,通过用户注册流程,可实现用户兴趣标签整理和后续的技术开发工作。浙江广播电视集团的"喜欢听"客户端也为签约入驻栏目提供数据化的用户管理服务,根据收听人次数、互动量、点赞值、打赏榜等提供精细的量化数据。上海广播电视台的"阿基米德FM"团队也有专门的用户管理系统和数据分析系统,让以前看不见、摸不着的听众"显形",精准把握他们的年龄、地域、喜好甚至消费能力。② 这些技术可以对听众进行精准把握,为广播和音频平台上节目产品的投放提供了精细化路线。

二、广播媒体交互方式的特点

随着技术进步的加快,广播所引领的传统媒体交互方式也进入了快速发展的阶段,其演变的轨迹表现出一些鲜明的特点。

(一)"类交流"局限被彻底打破

手机和网络以及诸多自媒体、社交媒体的融合,使得广播等大众传媒和受众的互动渠道越来越畅通,达到了随时随地沟通的境界。"类交流"③ 作为一个概念,虽然只属于广播评论中的谈话体,但传统广播媒体在由播报向主持人谈话演变过程中,都带有一定的"类交流"特征,即虽然主持人说话和听众收听不在同一时空,但主持人尽量以设问、对话等方式创造一种类似于面对面对话交流的语言环境,以达成理想的传播效果。而在互动渠道越来越顺畅和多样化的环境下,主持人的话语随时都可以得到听众的实时反馈。例如在"开吧"客户端的平台上,主持人抛出一个话题,所有的听友留言都可以在平台上看到,听友报路

---

① 数据根据"开吧"客户端开通城市标记统计,截止时间为2018年1月31日。
② 成吉:《阿基米德:打开广播价值新空间》,《传媒评论》2018年第2期。
③ "类交流"是广播评论中广播谈话体裁的一个概念,广播谈话是说、听双方不在同一场合,这种空间距离使双方无法进行即时的直接交流,而只能由说话的一方借助某种中介,创造类似双方交流、交流的语言环境。其中的交流感,不同于日常交谈中的直接交流,称为"类交流"。

况的音频也可以实时转换成文字在首页流动发布,可以说节目的推进就是由主持人和听众通过实时互动共同完成的,"类交流"的局限被彻底打破,即时交流的语言环境已经成为"新广播"的重要特征。

(二)直播栏目的社交平台化

借助微信、应用客户端等互动工具,广播不仅创造了属于自己的实时互动语境,更创新了社交平台化的节目特征。目前,除了新闻类节目仍保持着播讲的方式以外,更多的节目通过主持人在微信或客户端开通社区来建立核心听友社群。这些核心听友不仅在节目非播出时段利用栏目社区进行交流,还在节目播出时积极参与直播,提供路况报料、参与话题讨论或节目游戏。一些交通类的早晚高峰节目,在主持人的引导下,受众借助手机语音录制功能,以音频参与节目,打造出类似于有声版"微信朋友圈"社交平台的节目形态。

(三)节目生产的"交互屏"化

随着广播直播节目制作的"交互生产"化,广播媒体已经由单线传播——单一的调频直播"声音流",进化到"声音流"和"交互屏"声屏复合传播的新样态。就目前的发展情况,"交互屏"有这样几种形态,一是手机屏,二是导航屏,三是智能后视镜。广播节目通过手机客户端或直播平台,可以实现视频直播,听众可以发送弹幕或留言互动,手机兼具了"视频直播屏"和"交互屏"的功能。导航屏的功能开发前景十分广阔。以中央电台为例,中央电台近年来一直致力于汽车前装市场的开拓,2018年1月,"中国广播"音频客户端与东软集团联手,搭载"东软萌驾云平台",成为萌驾车联网的合作伙伴。通过合作,"中国广播"整合进车联网平台,而东软旗下的萌驾车联网已覆盖一汽、吉利、奇瑞、广汽、长安、宝骏、北汽、江淮等众多知名汽车厂商。而智能后视镜的开发,同样也起到了与广播相融合的"交互屏"的功能。2017年7月上线的福建省广播影视集团"广电车盒子"项目被称为"电台车友专属云后视镜",以北斗/GPS双模块导航系统,实时更新道路信息数据,驾驶者可以通过"你好!小七"语音唤醒,调动各项车载实用性功能。智能后视镜和广播的结合,又为广播与用户之间增加了一个新的交互选择方式。

(四)节目和受众互动的"双线交互"

随着广播等大众传媒与新媒体的深度融合,广播、电视等传统的线性传播媒介呈现出平台化的发展趋势,一方面音视频节目产品在互联网平台上的展示与点播,弥补了传统线性媒体节目稍纵即逝的缺陷;另一方面,车载等多种生活场景的伴随传播,直播"声音流"的魅力依旧不减。而实时互动的交互平台呈现了广播平台化发展的另一个侧面。在播出形态上,广播节目由录播到直播,又发展为直播与录播相结合的螺旋式上升路径,在直播节目中插播精心制作的音频

"插件"，或把一档直播节目精简为几段短音频，都是较好地把直播播出与互联网平台投放结合起来的兼融方式。同时，随着节目进程与互动的融合，节目与听友互动的交互方式也呈现出多种形态，形成了"双线交互"的新特征。比如：交通类节目为了追求车载收听的现场感，可能会更多地调动听友实时报料路况、参与话题讨论，表现为节目播出和听友互动"双线融合"的特点。音乐类节目等为了营造更好的情感体验氛围，虽然在节目中一般不选读听友反馈信息，但这并不意味着这些类别的节目就不需要听友的反馈，只不过是把互动更多地放置于后台，而不直接体现到节目里面，表现出节目进程和互动"双线分离"的特点。而随着智能导航技术的不断发展和成熟，听众对场景接受要求进一步提升，部分节目"先网后台"（先在互联网平台投放，然后再输出到调频播出）的投播策略，使节目和互动"双线分离"的形态成为一种新的趋势。互动更多地用作节目选题的参考，并成为节目搜集听众收听状态数据、把握听众规模与喜好口味的渠道，为实现更加精准的节目传播服务。

三、广播由互动向交互型融合媒体迈进

大众传媒与受众互动方式的演变是由技术进步推动的交互功能的进阶。广播在媒体融合大潮中，引领了传统媒体向交互型融合媒体的进步。

首先，"新广播"融合了调频播出与新媒体平台的交互功能，实现了"全时互动"。广播最早的通信互动是"延时"的，热线电话和短信的引入，让广播实现了"实时互动"，而与新媒体的融合，特别是客户端平台或栏目社区的建设，打破了互动的时间限制，让广播的交互功能进入"全时态"的新境界。

其次，融合了新媒体平台的"新广播"，也很好地实现了将听友转化为用户的功能。听友通过新媒体平台注册加入社群之后，有了融入社群的归属感，如果后续能够得到更好的用户体验，就可能成为广播节目产品的优质用户。比如北京人民广播电台城市广播（FM107.3）的《教育面对面》节目，是一档为中高考考生及家长提供全面咨询服务的栏目，建有十余个听众微信群，与"听听FM"客户端和官方微博组成传播矩阵，节目组还请专家实时解答问题，实现了节目和受众的全时化互动，不断把新媒体"粉丝"导流到节目中，取得了很好的收听市场规模，"累计为上百万的北京考生即上百万个家庭展开直播咨询服务"。虽然考生完成中高考之后不一定还能坚持收听这一节目，但却是忠诚度极高的阶段性用户。

再次，由场景导入的智能化媒体应用同样开启了"新广播"的交互传播新方式。比如：广播与车联网平台智能导航系统的结合，使得驾车收听有了全新的体验；广播与智能家居服务系统的融合，用户可以通过语音助手唤醒广播的换台或预设点播功能，实现自动播放、倍速播放等，甚至可以设想未来的付费"听

阅读"订阅以及自动笔记功能。据悉，除了融入车联网平台，"中国广播"客户端还布局了智能家居应用，与小米科技、阿里巴巴等合作，为小米音箱（小爱同学）、天猫音箱（天猫精灵）提供全国广播电台直播、精品点播等音频生活场景应用服务。① 江苏广播电视总台音乐广播总监大卫说："音乐广播要把陪伴型广播转化为'无感广播'——可听、可看、可感、可交互，并把听众变为用户，形成价值转换，把广播变成交易平台。"② 此外，用户数据库以及音频数据库的建设，都将为交互型融合媒体的"新广播"提供新功能的强大支撑。

四、结语

随着媒体融合的快速推进，大众传播已经进入了交互传播的新时代。一方面，交互技术的进步推动着交互方式的便捷化和多样化；另一方面，大众传媒与受众互动的全方位、全时化展开，也标志着社会民主观念的进步，大众传媒将发展成为一个更加开放的言论平台。但无论互动方式怎样千变万化，大众传媒引导社会主流价值的责任不容改变。

当真正的互动传播已经达成的时候，我们的传播者还能否继续把握引导的主动地位？这一问题凸显了大众传媒在新的传播环境下履行社会职责的难度。因此，在广播向交互型融合媒体进阶的同时，从业人员素质以及对"新广播"的驾驭能力的提升，已经成为当前最为迫切需要应对的问题。

（作者系浙江传媒学院新闻与传播学院教授）

---

① 李向荣：《大枢纽云平台客户端——中央人民广播电台的探索之路》，《传媒评论》2018 年第 2 期。
② 李淼：《五大总监告诉你："广播+音乐"唱响强音有高招》，《中国新闻出版广电报》2018 年 1 月 31 日。

二 等 奖

改革开放 40 年广播的创新发展

涂有权

1978 年 12 月召开的党的十一届三中全会揭开了中国改革开放的序幕。改革开放就是要解放和发展社会生产力，提高综合国力，进一步解放人民思想，建设有中国特色的社会主义。党的十九大报告指出："我们党团结带领人民进行改革开放新的伟大革命，破除阻碍国家和民族发展的一切思想和体制障碍，开辟了中国特色社会主义道路，使中国大踏步赶上时代。"改革开放以来，各行各业以开拓创新的精神革故鼎新、奋发进取，广播业也迎来了突飞猛进的发展，取得了辉煌的成绩，创造了今天广播大发展、大繁荣的局面。

一、解放思想，创新求变，广播迎来发展的"春天"

《江苏省志·广播电视志》一书对江苏人民广播电台（以下简称"江苏台"）的历史做了较为详尽的介绍，[①]纵览改革开放以来江苏台新闻节目的演变进程可以略窥 40 年来广播发展的大致轨迹。

1978 年，江苏台提出"精办政治节目，增加知识节目，丰富文艺节目"的方针，新闻节目致力于增加信息量，提高时效，改变"假、大、空、长"的文风，并改变内容依赖报纸的情况，增加自采稿件。1981 年后，江苏台把工作重点逐步转移到以宣传为中心的轨道上来，确立了新闻节目的主干地位，并以新闻改革带动整个节目的全面改革。1981 年 6 月 1 日，创办《江苏快讯》节目，每晚20：30 用 5 分钟时间广播 10 条左右江苏省当天新闻，当晚重播时，插入新到消息，如当年全国游泳锦标赛于某日 21：00 在南京结束，当晚 21：55 的该节目播出这条消息。1982 年 9 月 1 日，党的十二大在北京开幕，中央电视台转播实况后一小时，该节目即播发三条各地群众反映的消息。《江苏快讯》的快、短、新、活，对长期以来新闻报道的缓慢、冗长是个突破。1982 年 10 月，时任广播电视部部长吴冷西在华东七省市广播电台第二次新闻节目交流会上赞扬《江苏

[①] 《江苏省志·广播电视志》，江苏古籍出版社 2000 年版。文中相关内容参阅此书，不另标注。

快讯》改革是广播新闻的方向,广播新闻都应该是快讯。

1982年,江苏台加派人力,增加了新闻节目的时间和次数。当年3月,江苏台实行与江苏省广播事业局、台分开的新体制,成为宣传事业实体,内部机构也相应进行调整,编辑部设新闻一组、新闻二组、理论组、农村组、文教组、通联组、工商组、外语组和驻外记者站。至1983年秋,江苏台每天播出新闻14次,合计120分钟,其中大部分是当天的新闻,自采稿占80%以上。1987年,每天自办新闻节目播出量占全台各类节目制作量的17.47%。新闻资讯的大量供应,在江苏台推出类型化新闻广播之时有了更加突出的体现。2007年1月6日,江苏新闻广播诞生,成为全国第一家省级类型化新闻广播频率,采用"碎片化"方式传播资讯,每个整点、半点滚动直播,这一方式后来也成了国内研究广播现象的主要对象。①"传递资讯、传扬正气、传承文明",江苏新闻广播通过大型新闻行动唱响新闻宣传主旋律,开创了广播新闻报道的"江苏模式",如《时代先锋》《华西村的青春之歌》《改革再出发》《"一带一路"江苏风》《治国理政江苏实践》《创造者》等,影响深远,社会反响热烈。

改革开放也给广播专题节目发展注入了新的活力。江苏台《理论与实践》节目结合新时期的诸多理论问题,开展大众化的宣传,使理论广播焕发生机,为兄弟台所瞩目;《农村节目》针对"文革"期间遭受到严重破坏的情况,从内容到文风,进行了一系列拨乱反正与改革创新,使节目重新贴近农民,贴近新时期的农村实际,并借助社会力量,开门办广播,重视分析形势、研究问题,开展专题讨论,讲求"说"的艺术,社会影响广泛。

二、广播播出形式的变化带来一系列深层次的变革

1986年珠江经济广播横空出世,引领了中国广播的改革热潮。珠江经济台的开播,打破了传统节目模式,推出融大众型、信息型、服务型、娱乐性为一体的全新节目,开创了主持人直播、听众热线参与、大板块结合、全天滚动播出等全新的广播模式——"珠江模式","珠江模式"已是广播改革的代名词。② 从录播到直播,是广播播出形式的一次革命性飞跃,促进了广播传受双方关系的进化,带来了广播内容的全新变革。

在"直播热"兴起的开端,一些广播播音员"看见直播话筒就浑身发抖、大汗淋漓、手脚冰冷、无话可说,满脑子空白甚至嚎啕大哭直到休克";也有敢于吃螃蟹者,一到话筒跟前,就如江水滔滔兴奋得有说不完的话,直播室成了

---

① 《江苏新闻广播迎十周岁 打造有深度有态度有温度媒体》,中国新闻网,2017年1月7日,http://www.js.chinanews.com/news/2017/0107/167059.html

② 覃继红、刘浩三、吕晓虹:《珠江经济台开播始末》,《中国广播》2012年第4期。

"家庭客厅"。直播将直播室与新闻现场无缝隙连接起来,一根电话线、一部手机就解决了现场信号传输问题,户外直播、现场报道就这样逐渐进入人们的耳际。1992年南京炼油厂大火,记者就在现场近距离通过手机进行新闻报道。

  直播的兴起,彻底改变了广播与听众的关系,听众从直播中获得了及时的信息,有了参与直播互动的机会与冲动。访谈节目也开始流行起来,老百姓被请进了直播室,众多嘉宾学者更是一出广播直播室就成了名人,媒体造星大概肇始于此。1987年1月,江苏台创办《文艺天地》节目,融新闻性、知识性、娱乐性、欣赏性于一体,将过去"我播你听"播音模式变为主持人"一对一谈心"的播音方法,主持人与嘉宾站在不同的角度(包括听众的角度)热烈交流,内容涉及电影、电视、音乐乃至文艺圈的各类轶事,给广播文艺注入新的活力,后来干脆推出了一档新的节目《文化三剑客》,受欢迎程度出乎意料。广播脱口秀也得以植根成长,成就了越来越多著名主持人,他们成为听众心目中的明星,所到之处,受追捧程度不亚于影视界明星。南京大学社会学研究所曾经做过一个调查,如南京广播主持人大鹏当时在当地的知名度高达63%。[①]

  随着广播播出形式的改变,听众的反馈方式也在同步改变。从听众来信到电台的收听测量,广播更加关注传播效果。近几年来,专业市场调查机构将收听率调查方式从日记卡升级到虚拟测量仪,数据越来越精确,也越来越及时,为广播改进节目、提升服务增添了依据,广播变得更加透明、与时俱进。现在,广播从业者很容易获知当下受众对内容的需求,更便于生产适销对路、满足受众口味的产品。借助互联网技术,还有广播机构将受众的反馈直接引入对主持人的业绩考核中来,在某种程度上体现了对市场的尊重、对用户的尊重。但物极必反,如果只是以市场为导向,往往会产生新的弊端,"三俗"问题就是其中之一。用户需要什么,广播生产什么,不能理解为要丧失主流媒体的导向性与公信力。用户反馈是双刃剑,需要辩证看待,否则会得不偿失。在用户反馈面前,广播从业者一定要保持定力与判断力。准确地说,需要弘扬中华优秀传统文化,传播社会主义核心价值观,彰显正能量。守牢阵地,这才是广播可持续发展的根本。

  因为反馈日益迅捷,广播节目内容更新频率加快,与社会发展及受众生活的联系更加紧密。在快节奏的生活面前,尤其是在新技术带来人们生活方式日新月异的情境下,广播内容的创新步入制度化、常态化的阶段,广播频率的定位也在不断变化。新的时代背景下,广播的供给侧尤其是内容侧结构性改革正在潜移默化地进行,频率资源的供给与整合也在自发自觉推进,强调资源配置优化及协同意识、生态理念和共享发展,正在为广播应对市场需求,促成自身持续、健康

---

  ① 江苏交广网编著:《有爱相伴的路上:交广网DJ私房》,江苏文艺出版社2012年版。

发展探索可能性路径。①

三、应市场需求而起的系列频率广播壮大了广播事业蓬勃发展的阵地

从单一的人民台到矩阵式的系列频率广播，广播在不断寻找机会，扩大覆盖面，提升专业性，增强贴近性，推进市场化。20世纪90年代初，"南京经济广播设立不久，很快广播就进入了一个'分频'时代，经济广播、体育广播、音乐广播等专业频率如雨后春笋般涌现"。② 这些系列广播丰富了广播的内容供给，成就了广播的专业性，影响了特定的人群，促进了广播事业的繁荣。社会影响力和经济实力堪称占据整个广播半边天的交通广播的兴起，更是具有里程碑意义。

1991年9月30日，上海人民广播电台交通信息广播开播。到现在，全国交通广播已经增长至124家（2016年数据），在全国各地的媒体影响力也日益凸显，几乎都成了当地广播频率中的"龙头老大"。③

广播履行社会责任的能力日益增强。随着国家改革开放的推进和广播电视事业的发展，江苏各级广播、电视台的宣传改革，无不以新闻改革开路。新闻内容渐趋丰富，形式愈见活泼，特别注重贴近实际、贴近群众，增加新闻报道深度、广度，在注重正面报道的同时，也注意发挥新闻舆论监督作用，成为维护社会稳定的减压阀、推动社会进步的助推器。"喉舌"与"耳目"功能聚集一身，让广播的发展有了更加坚实可靠的基础。《政风热线》《行风热线》《党风政风热线》等节目，一根电话线、一根网线联通了政府职能部门与基层百姓，架设了民意沟通桥梁，使得社会治理更透明，政府工作更高效。重庆广电集团打造的《阳光重庆》是一个专业化、复合型的民生服务平台，建立了民意民诉指挥监控中心，通过对民生大数据进行系统分析，形成民情分析报告，为当地党委、政府和各有关部门制定政策、实施民生项目提供决策参考。④ "办好《阳光重庆》'一台一线一网'，坚决查处损害群众利益的人和事"甚至写进了重庆市人民政府工作报告，可见一档好的广播节目对于社会治理的重大作用。一些监督类节目、帮忙类节目，直面问题，主动寻求解决方案，受到广大受众的欢迎。近年来，江苏新闻广播推出的"兰菌净不是疫苗""拯救骆马湖""有毒的塑胶跑道"等舆论监督类报道，在大幅提升广播公信力的同时，也促进了社会治理的完善，为和谐社会建设做出了贡献。

---

① 涂有权：《供给侧结构性改革促进广播繁荣发展》，《声屏世界》2016年第4期。
② 倪宁宁：《南京"空战"》，《现代快报》2011年1月23日A4版。
③ 石磊：《"融耀25年"首届全国交通广播综合影响力发布会》，微信公众号"上海交通广播"2016年10月26日文章。
④ 高霞：《以微小切口构建广播全新复合业务平台——以重庆之声〈阳光重庆〉节目为例》，《中国广播》2017年第1期。

应急广播也获得了快速发展。应急广播对于国家来说，是社会治理能力的新内容；对于广播行业来说，是大众传媒职能外的新功能。党中央、国务院高度重视应急广播工作。在近年来的重大自然灾害中，中央人民广播电台和各地方广播电台积极探索，做了许多有益尝试，彰显出应急广播的巨大作用。交通广播以其影响力盛、大语言量直播、节目设置灵活、反应迅速、联系广泛等特点在应急广播体系建设中大展身手，最充分地发挥了广播优势，"平时知道你是谁，战时方知应该找谁"。各地应急广播也多与交通广播"合体"，形成"平战结合"的呈现状态，有效服务于国家治理体系和治理能力现代化。

四、广播传播方式的创新发展让"新广播"破茧化蝶

从声音的唯一传播方式到多媒体的传播方式，广播在渐行渐远的同时又在逐渐回归，至少在理念上如此。特别是在媒体融合深入推进的当下，广播做回自我，重塑声音价值，夯实核心竞争力，坚定战略定力，成为共识。

声音、文字、图片、视频，看似大而全的立体化、全通道式传播，让广播在应对移动互联网冲击时，充分彰显了其作为移动媒体、伴随媒体、低成本媒体的特性与优势，迅速走上了媒体融合发展的快速路。在传播方式进化的初期，一些广播机构采取了增设视频的方式，在广播播出过程中，同步通过网站进行视频直播，有些广播电视台甚至借助名牌广播节目的影响力，将广播直播的视频信号接入到电视频道，"广播可视化"成为一时热门话题；随后在移动互联网大行其道时，又有一些广播机构开始在直播室架设互联网直播摄像头，取代了电视化的重型直播设备，在互联网上引发用户围观，为广播的推广和营销带来了一定的新鲜感。但广播节目架构、类型、内容设置相对固定，且缺乏肢体动作，单一语言表达，难以丰富直播荧屏，广播"可视化"创新，在新鲜感过后又进入一轮新的创新真空。

江苏台打造可听、可看、可读、可感、可交互、可交易的"新广播"，其"大蓝鲸"客户端以及超千万粉丝构成的"两微一网"矩阵，正在与传统的江苏广播融为一体，合而为一，构成了新的平台。运用新技术、聚合新内容和拓展新渠道，让广播在广覆盖中增强影响。图文视频丰富和增强了声音的魅力，声音元素在传播过程中的独特价值被更加重视，声音之美也被充分展示，声音的想象空间被充分挖掘，声音的表现力被强化。[①] 广播的传播力、公信力、表现力、互动力、营销力极大增强，已经与传统意义上的广播形态截然不同。在广播融合发展的进程中，江苏台探索出了一条具有移动特点、社交特色的发展道路，受到业界

---

① 黄信：《移动互联条件下传统广播的深度融合》，《中国广播》2017年第4期。

瞩目。

与其说是传播方式发生了飞跃式变革，不如说是广播的形态发生了变革，广播已不只是简单的传播机构，而是融传播与服务为一体的综合运营商，围绕用户的衣食住行，充分释放自身价值，构筑广播持续发展的战略纵深。

五、广播产业拓展大大延展了广播发展的外延

交通广播借势蒸蒸日上的汽车产业快速拓展，与专业机构合作，发力汽车后市场，取得很好的社会效益与经济效益。2001年开播的江苏交通广播网，从一面世便是产业化运作的"土著"，带着强烈的产业基因，几经修正完善，在2006年前后形成了"通过最汽车、最广播的资源整合，做最具竞争力的汽车服务运营商"的产业发展战略，为业界打开了产业拓展的思路。交通广播面向司乘人员这一新生代专业高端人群，次第开发专业化的汽车服务节目，从新车导购、车险常识、自驾旅游，到汽车维修知识、车载用品推介、二手车评估等，交通广播抢占了汽车人群车载场景的大部分时间。在此基础上，交通广播又基于广播权威性及节目生命力，全面出击线下汽车后服务领域，新车销售—汽车保险—汽车用品—有车生活—汽车美容、维修—二手车交易，形成几近封闭的产业链。市场与投资机构青睐于这种媒体延伸的产业群概念，广播发展与产业拓展相得益彰，高效使用媒体资源，又反哺媒体本身，带来双向互补增长，使得社会化合作纷至沓来，其中不乏行业领军机构，双方联手在汽车后服务领域跑马圈地，以图产业收益。

这种广播产业拓展思路迥异于此前媒体拓展产业的路径，没有囿于媒体"内容为王"的成见，不在内容及其上下游业务上打转，如纸媒的图文设计、排版、印刷、发行等，或者广播一直在做的录音、音像出版、节目销售等，而是推崇"影响力为王"，嫁接其他行业，变现主流媒体的影响力与号召力，非常"自然"地将交通（汽车）媒体与汽车行业有效结合了起来，依靠媒体的力量掘进汽车后市场，让竞争者措手不及。[①] 如北京、湖南、广东等地电台都在这一领域进行了实践探索，丰富了广播产业的内涵。尽管在这过程中有得有失，有经验有教训，但从业者一直在实践中校正方向，在特定的时代场景中创造广播产业拓展的新课题。如今，上海东方广播中心依托于广播节目和微信公众号以及"阿基米德FM"，面向高净值人群，推出以平行进口车为切入点的"有腔调广播购物"项目，2016年销售额6000万元左右，还拓展汽车金融保险、高端旅游线路等汽车后市场项目；河南广播电视台交通广播借助媒体公信力、政府行业资源调动能

---

① 涂有权：《江苏交广产业延伸的启示》，《中国广播影视》2009年6月下半月刊。

力、商家聚合能力，打造交广车生活服务平台，专业服务车友；辽宁广播电视台交通广播与社会机构共建新媒体车友服务平台；江苏台交通广播在传统自驾游、车用品领域之外，又开辟了体育娱乐项目……交通广播一直走在广播产业拓展的前列，为广播的持续发展贡献着可贵的智慧与经验。

（作者单位：江苏省广播电视总台）

秉承改革精神 构建"广播+"媒体新业态

李 静

深圳广播电影电视集团（下称深圳广电集团）始终坚持"在改革中求发展、在创新中谋壮大"的思路，倾心服务听众、深耕节目内容、扩大传播外延、大力开拓市场，在全国广播界形成品牌影响力。目前，其旗下的四套广播频率（以下统称深圳广播），覆盖包括深圳在内的珠三角、港澳地区以及东南亚部分地区，深圳广播的收听市场份额在本地市场占据压倒性优势地位，综合影响力稳居全国广播第一方阵前列。

深圳广播的发展之路，就是秉承特区精神，不断开拓创新，以改革创新为核心驱动力，以节目质量和生产流程再造为核心竞争力，以媒体融合为核心着力点，形成具有融媒体特质的广播运营和管理模式。

深圳广播成立32年来，改革创新、与时俱进，一直是其事业发展的动力源。在此基础上，深圳广播不断突破传统模式，激发生产力，在新媒体环境下，进行了一系列改革实践。具体来说，包括以下四个方面。

一、确立方向、规范制度、再造流程、练好内功，把差异化特征强化为具有品牌效应的个性标签

在新的媒体环境下，平台的外延只是手段，广播发展的核心还是节目质量，也就是"内容为王"。没有高质量的品牌节目，融媒体工作也就成了无源之水。所以，深圳广播面对移动互联时代进行改革的第一个着力点就是练好内功。

在这个思路指导下，深圳广播的新闻频率和交通频率通过实行主持人中心制，健全节目生产机制、薪酬分配机制，激发主持人的创造力和积极性。新闻频率收听市场份额三年翻了一番，市场创收增加50%；交通频率牢牢保持深圳收听市场和创收市场的龙头地位。

深圳广播新闻频率在"新闻立台"的思路下，坚持"立足本土、内容为王"，重塑了新闻生产流程。新概念下的新闻编辑部具备极强的应对突发新闻、民生重大事件的快速反应能力和对舆论监督及重大主题报道的策划能力。包括建立人员的快速反应机制和融媒体线上集采编、"两微一端"直播、客户端分发为一体的新闻报道模式,通过将新闻广播编辑部打造成新闻的"参谋部"和"前方指挥部",逐步打造出"有深度、有态度、有温度"的新闻广播。

深圳广播交通频率立足于服务深圳市民的快乐交通生活,特别重视节目的品牌化建设和节目创优。根据用户的收听爱好,交通频率适度加大精品录播节目的播出比例,使其在激烈的竞争中牢牢保持优势地位。

《新闻早班车》节目创收一年过亿,创造了深圳广播单个节目年经营额纪录。

深圳广播音乐频率在内部管理上实行团队制片人制,每个团队包含主持人、记者、导播、活动策划师、新媒体和市场经营等各个工种,形成一条相对完整的广播产业链,内部彼此之间也形成竞争。2015年至今,音乐频率收听市场节节上升,线下活动活跃,在深圳地区的音乐、演艺、文化市场上具有重要地位。频率融媒体工作的积极性很高,年轻团队、时尚媒体人的标签在本地非常突出。

二、注重节目质量,打造活动品牌

在32年的发展历程中,深圳广播始终注重节目质量,不断从受众的角度进行节目的运作和改革。在与时俱进的不断变革中,深圳广播拥有了宝贵的核心资产,就是一大批社会美誉度高的品牌节目、明星主持人和经典活动。

深圳广播新闻频率的《民心桥》是全国最早的广播行风监督类节目之一,《898早新闻》《读家新闻》《铿锵麦克风》也独具口碑;音乐频率打造了《一路飞扬》《民歌味道》《快乐反斗星》等风格突出的品牌节目;交通频率早晚交通高峰时段的《深圳早班车》和《伴你同行》吸粉能力强。这些节目都以内容为依托,在"两微一端"形成了以用户思维为主导的节目新样态。

与此同时,深圳广播各频率在竞争中都形成了自己的经典线下活动品牌。新闻频率的"幸福的红雨伞传递公益活动"、音乐频率的"鹏城歌飞扬"和"经典诗文朗诵会活动"、交通频率的"自驾游活动",都成为持续运作多年、社会和市场效益双丰收的经典品牌。

在融媒体时代,这些核心资源都已经具备打造品牌 IP 的巨大价值。深圳广播要着手的改革就是以机制为抓手,将品牌 IP 的个人和整体价值开发出来。同时,引入大数据等模式,打造更多品牌。

三、推进融媒体不断发展,努力打造广播新业态

深圳广播的融媒体之路始于十年前,一直在摸索中前行,虽有曲折但始终坚定。曲折之处在于,深圳广播虽很早意识到融媒体的重要性并进入实践,做了具有影响力的相关探索,但受限于传统媒体的机制和人力、物力,融媒体工作距离十年前就提出的"变听众为用户"的目标仍然差之甚远。坚定之处在于,深圳

广播始终坚定信心地推动融媒体工作。

首先,深圳广播各频率设立新媒体事业部或新媒体专员,在机构设置和人员配置上做出保障,同时加强新媒体工作的策划能力。融媒体工作不应该是传统广播在新媒体平台上的简单呈现,它应该是重组、创新和专门策划的针对互联网和手机用户的新节目,这就需要机制、人员上的全面保障。

其次,深圳广播以品牌节目为龙头,打开融媒体工作新局面。新闻频率的《民心桥》节目最早推出视频产品,其微信公众号也建立专门团队运营,《读家新闻》推出网络版节目,《铿锵麦克风》每周五采用虚拟现实技术(VR)直播,交通频率《就是爱吃货》与"映客"合作,全程进行真人秀直播。

再次,确立广播+互联网的工作机制,让融媒体工作成为习惯。截至目前,深圳广播的节目全部实现了在"两微一端"的呈现和运作,线下活动也都建立了新媒体直播、互动、推广等受众可以全程参与的工作模式。传统广播的记者和编辑都自觉养成了让融媒体工作成为日常工作必需组成部分的习惯。

最后,推出"壹深圳"广播专版,做本土化音频"垂直服务入口",走符合广播特色的融合之路。已推出的"壹深圳"客户端项目功能包括:高品质和稳定的节目直播及回听、直播互动(聊天室、弹幕、打赏、线下活动策划组织等)、音视频上传下载、精品节目用户订阅、听众画像和大数据分析支持等。"壹深圳"客户端作为深圳广播声音产品的重要外延支撑,以节目和主持人资源为基础,以适合多平台分发的音频产品为主线,以精准画像和大数据为技术平台,着力打造具备用户思维的"深圳声音"。

广播媒体发展离不开技术的支持,新媒体环境下,更是需要技术平台的变革和升级。通过广播技术升级,不断完善广播融媒体生产平台,即在一个平台内实现多信源采集、多媒体编辑和多平台分发,从而实现广播的战略转型发展。深圳广播通过逐步升级,正在形成全媒体技术应用平台。这个平台主要包括两个方面,一个是建设中的深圳广播融媒体制作播出中心,另一个就是"壹深圳"客户端。其中,融音视频节目制作播出、多平台采集分发功能为一体的深圳广播融媒体制作播出中心建成后,将为深圳广播的融媒体发展提供坚实的硬件保障。

四、创新节目内容、形式和手段,整合优势平台资源

主持人中心制、采编流程再造、团队制片人等内部管理的变革措施,让深圳广播的节目在横纵两个方向的竞争中始终保持活力。深圳广播的交通、音乐、新闻三大频率在深圳收听市场的优势不断扩大。2017年,深圳广播的整体市场份额达到62.14%,在竞争激烈的本地收听市场攀上新的高峰。

32年来,深圳广播创收的两个基础平台就是高质量的节目和活跃的线下活动。以高质量的节目打造深圳广播的口碑,使深圳广播常年拥有稳定而实力雄厚

的客户群。持续开展线下活动，一方面让广播提升影响力，另一方面也让客户对广播的传播效果有了直观、深刻的体验，同时也对更多潜在客户形成示范效应。

近年来，在新媒体环境下，深圳广播也对经营创收活动进行了变革。线下活动更注重用户体验，增加客户的黏合度。如线下活动中大量运用融媒体手段，改变以往基本依靠电话连线报道或广播直播的模式，视频和"两微一端"同步直播、微信招募、扫码互动、红包游戏等方法被广泛运用。

2018年是贯彻党的十九大精神的开局之年，又时值改革开放40周年，新思想引领新时代，新使命开启新征程。身处改革开放前沿地区的深圳广播以进一步深化改革为己任，牢记使命，坚定信心，在做好党的喉舌的同时，在内容创新、形式创新、手段创新等方面进行大胆探索。

（一）内容创新是媒体创新的根本所在

正如习近平总书记所说，要打造形态多样、手段先进、具有竞争力的新型主流媒体，内容创新、形式创新、手段创新都很重要，但内容创新是根本。在内容创新方面，深圳广播未来的思路主要有以下几个方面。

首先，集中优势资源，打造品牌主持人IP。传统广播节目的特色及优势可以称为"个体户制"，采、编、播合一的模式造就了广播主持人专业素质较高的特点。但在移动互联时代，将节目转化为产品的过程中，这个特色就在某种程度上成了短板。因此，2018年，深圳广播改革的一项重要工作就是集中优势兵力，联合深圳广电集团媒体运营中心，打造品牌主持人IP，使之具备高质量的市场价值和可复制效应。

2018年，深圳广播各频率将集中频率优势资源，以团队运作（策划、节目制作、分发、营销）的方式，打造四至五个品牌主持人IP。媒体运营中心在运营推广上深度介入，使首批推出的主持人从一开始就具备市场价值和产品营销的功能。同时，在此类IP的运营上推出主持人及其团队的激励机制，在用人、利润分配等核心问题上向IP团队倾斜。这样具有龙头效应IP的推出和运作将是广播内容和产业创新的重要举措。

其次，在节目编排、内容选择、线下活动等方面，树立以受众为核心的观念，以大数据和精准调查为依据对受众进行精准画像，做到内容服务、产品设计垂直化。新媒体时代，受众对广播内容产品的消费呈现出碎片化的特点。因此，广播要对不同时段受众进行精确画像，进而开发出适当的内容产品，改变以往先有想法再有受众调查、闭门造车的节目设置流程。

最后，广播节目要更加突出类型化，广播主持人要更加专家化。在融媒体环境下，广播节目的内容生产已经进入深耕专业领域时代。垂直化服务受众，要求广播节目产品的核心由综合性、整体性的频率下移到节目和主持人本身，主持人是整个产品的核心。在未来的改革中,深圳广播将进一步全力打造专家型主持人、类型化节目和精细化服务,从而使深圳广播节目形成一个个垂直的类型化产品。

(二)形式创新是媒体创新的动力源泉

在新媒体环境中,广播不再是传统的节目制作和播出者,而是优质音频产品的提供方。在这种背景下,广播音频产品必将呈现出多种形态,以便为受众(用户)提供更加多元化的服务。因此,传统广播形式的创新非常重要。

以产品的理念进行节目流程再造和节目板块设计。未来在智能汽车时代,调频广播会面临严峻的挑战,以客户端形态为基础的音频社区可能是车主集聚的方向;为优质产品付费的时代已经到来,制作精品节目,并在车联网终端实现定制化服务,是传统广播转型发展的新路径;将来广播的内容是新闻、音乐、体育等细分的节目产品,可能打破一小时一个板块的传统节目设置方式,突破传统广播时间轴的线性播出局限性;推进广播节目产品化的同时,联合车联网行业,进行跨行业经营,寻找广播下一个可持续发展的路径。

实现内容资源、用户资源和广告资源在云平台上的汇聚。音频内容不仅仅是专业生产内容(PGC),还可以吸纳用户原创内容(UGC),并在此基础上进行专业用户生产内容(PUGC),进而把内容进行升级。与此同时,可以与客户建立更密切的联系,实现跨越地域的用户积累。打破广播原来的地域化色彩,以云平台为依托,突破本地制作、本地收听的态势,迈向更开阔的市场。

(三)手段创新是媒体创新的关键保障

在手段创新方面,主要包括技术支撑和平台延伸。深圳广播以建设中的广播融媒体发展中心为核心,建立广播采、编融媒体内容生产中心。

根据规划,建成后的深圳广播融媒体发展中心除了支持传统的广播节目制作播出外,也将支持视频内容制作。更为重要的是,它搭建了融媒体工作平台。在这个平台上,广播的采、编、播流程将得到重新梳理和改造。主持人、记者、编辑、导播等各个环节,将在新的节目制作流程中分工协作,完成融媒体环境下的节目制作和分发的流程。在这个平台上,音频、图片、文字、视频等元素都将得到综合应用。同时,深圳广电集团已经完成电视融媒体平台的初步搭建工作,广播融媒体发展中心将和集团电视融媒体平台连接沟通,使融媒体资源利用最大化。

2018年,我国迎来改革开放40周年,习近平总书记在谈到这场伟大变革时说:"历史,总是在一些特殊年份给人们以汲取智慧、继续前行的力量。"这样一个具有特殊意义的年份,也赋予了深圳广播汲取智慧、继续前行的巨大动力。身处改革开放前沿的深圳广播自觉以深化改革、再创辉煌为己任,把广播作为战略产业进行综合经营，力求突破传统广播的局限性，在内容、渠道拓展、平台经营等各个环节协同发展，推动广播内容产品化，努力实现"受众在哪里，广播在哪里"的目标。

（作者系深圳广播电影电视集团党组成员、副总编辑）

变革中的广播理念与实践

曾少华　陆敏华

1978年，党的十一届三中全会引领的中国改革开放之路，是党决定当代中国命运的关键抉择，在最关键的时刻，党带领全民族走上了光明、正确之路。

2015年，习近平在参加十二届全国人大三次会议上海代表团审议时再次强调："惟改革者进，惟创新者强，惟改革创新者胜。"中国广播业在改革开放40年进程中，解放思想，与时俱进，不断求新求变，汲取智慧，一路前行。

一、技术先行，广播系列改革数年磨剑

广东地处中国改革开放前沿。从1979年到1986年年底珠江经济台开播的六年多时间里，广东广播人一步一个脚印地进行广播改革探索，取得了不少极为宝贵的经验，这些经验为中国广播"珠江模式"改革的诞生打下坚实的基础。

1980年12月，广东人民广播电台（以下简称广东电台）调频立体声台——广东电台第三台正式开播，它是国内第一个拥有完整的现代化录音、制作、增音和发射设备的立体声广播电台。中国广播第一部交响乐、第一部立体声广播剧《渔夫和金鱼的故事》和第一首轻音乐《海滩漫步》正式播出。广东电台技术革新对加速我国调频广播和调频立体声广播的发展起到积极推动作用，广播声音传播质的变革正式启动。由此，广东电台新闻和节目理念的更新随之而来，《大众生活》《大众科学》《文学广播杂志》《与你同乐》等一批"大众牌"节目深受欢迎。1981年，广东电台率先试办主持人节目《大众信箱》，并取得极大成功，李一萍与原中央人民广播电台徐曼被称为"北徐南李"，主持人的出现是广播变革的一大突破，是遵从广播规律办广播的一项成果。1985年农历大年初一，广东电台大胆创新，试办听众新春热线电话特别节目，这是内地电台第一次把听众热线电话作为广播节目的重要形式，也是听众和主持人双向交流的热线电话内容第一次在广播节目中播出，反响强烈。

改革开放给广播带来勃勃生机与活力。广东电台在20世纪80年代初为拉近与听众的距离，举办各种社会活动，与社会脉搏一起跳动。1980年，广东电台

在广东全省 14 个城市评选十个模范家庭；1981 年，广东电台举办广州市有史以来最盛大的集体婚礼；1983 年春节，广东电台组织广州市孤儿团圆过大年活动；1984 年，广东电台组织广东省优秀生产专业户（时称"万元户"）评选；1985 年，广东电台举办广州市首届"羊城之星青春美"评选活动，这也是改革开放后国内首次举行的选秀评选活动。

乘中国改革开放的春风，广东电台的广播人勇于探索，自我求变。经数年孕育，终于铸成珠江经济台的横空出世，诞生了一种新的广播模式。

二、形式飞跃，广播"珠江模式"横空出世

社会转型孕育改革创新。"珠江模式"诞生的 1986 年前后，正是改革开放取得初步成效的时期，十一届三中全会产生的能量和影响正一步步释放，百业待兴。而这一切反映在媒体的透视镜中，则呈现出一派迫切要求在媒介内容上紧跟瞬息万变的改革大潮，在形式上更加活泼灵动，在形态上急于打破旧格局并赋予新意的改革创新。

1986 年，广东电台决定学习境外先进的广播模式，开办一个全新的电台。筹备组给时任中共中央顾问委员会副主任王震写信，恳请他题写台名。王震非常重视，认为创办第一个经济电台应当由党内"经济专家"、时任中共中央顾问委员会主任陈云题写台名。他写信转请陈云题词，于是陈云亲笔题写"珠江经济广播电台"的台名。

同年 12 月 15 日，珠江经济台正式开播，拉开了中国广播改革的序幕，引领了中国广播的变革热潮。珠江经济台从理念到实践中总结出来的"节目主持人""大板块节目""听众热线电话参与""全天滚动播出"等成果与经验被称为"珠江模式"，"珠江模式"已是广播改革的代名词。"珠江模式"对广播电台的体制、对系列频率的建设、对广播发展总体方向进行了全新的探索，并成为此后波澜壮阔的中国广播改革的发端。

原广播电视部部长吴冷西高度评价珠江经济台"解放思想，不断求新，寓宣传于服务之中，寓教育于娱乐之中，把广播办得生动活泼，丰富多彩"。珠江经济台开播当月，广州商店的收音机脱销，电台热线电话被打爆，户外活动 7 万人参与，每天听众来信堆满编辑部办公室走廊过道……珠江经济台开播一周年时公开在社会上投票评选"我最喜爱的节目主持人"，10 天内有 34 万听众来信投票，太多的来信导致当地邮局业务几乎瘫痪。同年，寄给珠江经济台的来信超过了 100 万封。珠江经济台一年接待的广播同行考察约 100 多批（次），国外记者参观采访 20 多批（次），广播媒体的影响力和轰动效应一时达到巅峰状态。1988 年，珠江经济台的成功创办被评为"广东改革开放 10 年 10 件大事"之一。

"按听众生活规律设计节目，听众是广播主人"是珠江经济台的办台理念与

宗旨。珠江经济台用实践创造了中国广播史上的多个第一：第一个让听众进入直播室参与节目直播，第一个将直播室搬到户外，第一个在公众场所开办固定直播室，第一个直播报道外国元首访问，第一个以海陆空多点立体直播的方式举办广州大型户外活动……

广播电视媒体与节目要以受众为先，适其需要，合其口味，为其服务，与其交流，这是40年来传统媒体生存与发展的基本要素与初心。

改革开放初期，广东电台开风气之先，在开办了珠江经济台之后，获得了改革带来的社会效益和经济效益双丰收。1989年，广东电台又开办了新闻广播，1990年开办了音乐广播，1992年后陆续开办了英语广播、交通广播、股市广播等。当时全国电台也发展了起来，像北京人民广播电台、湖北人民广播电台、上海人民广播电台等都进行了大改革。在20世纪80年代中期，这种细化受众的做法是一个大胆的尝试，真正落实了人民广播为人民的办台理念。从其划分中，可以看出根据受众的社会角色进行分类，明确了听众的受教育程度、职业特性、消费水平，判断受众的物质条件、文化条件及心理条件，迈出了"窄播"化的第一步。

1992年10月，上海东方广播电台应运而生。上海东方广播电台尤其需要肯定的做法是引入了竞争机制，触动了体制方面的某些问题，使广播改革在广度和深度上都有了不同程度的开拓。被人们称之为"东广模式"。这些都是广播第二次裂变和腾飞的表现。经济发展加速浴火重生。广播变革坚持在信息传递和形象推广上借助区位合作渠道，以达到有效整合存量资源和创新发展增量资源的大目标，在媒介上开创了多区域共同发展的合作平台。20世纪90年代，广东电台抓住机遇，因势利导，借势发挥，在跨地域融合方面做了很多工作。如1991年与香港的广播电台联办《粤港经贸专线》；1998年与上海、香港广播电台联办节目《三江联播》，实现了三地同步直播；1999年12月，为迎接新千年，与香港电台共同发起"全球华语电台大联播"活动；2002年8月与北京、香港广播电台等主办"全球华语歌曲排行榜颁奖典礼"活动；2003年9月与香港、上海电台联合举办"CEPA：开启内地香港经济合作新局面——粤沪港高层经济论坛"活动；2004年8月与香港新城电台合作创办节目《粤港股市快讯》《粤港财经纵横》，两地同步直播等。

三、融合创新，"广播＋"新模式破茧化蝶

21世纪初广播的新一轮变革，以全国各地频率专业化探索和建设为标志，广播的核心受众群由乡村转向城市，受众由固定收听转向移动收听，由收听调幅广播转向收听调频广播甚至数字音频广播，受众的收听习惯也由以往的"固定收听"转向"移动中的清晰收听"。

2000年后，广东电台以"珠江模式"的核心创造力为动力，提出了广播跨越式发展的新目标。广东电台迅速成长为拥有九个广播频率、一家多媒体网络电台、两个数字付费频道、两家报纸的综合广播，是全国规模大、效益好的省级广播电台之一，连续六年占据全广东收听市场70%以上的市场份额。

2008年，全国首个多媒体实时互动平台——"珠江网络电台"在珠江经济台诞生，实现从单纯的内容提供商向市场化运作转型，同时为广播的新媒体发展开辟了新路径；2010年广州亚运会期间，广东电台又在广播和网络的跨媒体互动平台上开设了"广州亚运会直播室"，得到一致认可；2012年，广东电台整合资源，结合广播、网站、移动通信等多平台建设"珠江网络传媒"，加快推进传统媒体与网络媒体的融合。

在中国的广播史上，没有一项技术能够像互联网技术那样，在短短几年时间里深刻地影响着广播的传媒格局。2014年，广东电台首次提出"广播+"战略，强调以广播为主体，对广播的内容、渠道、平台、经营、管理等进行深度融合实践，初步形成了广播传媒新的发展生态。广东电台的目标是要打造"处处听得到的广播，常常看得见的广播，时时有温度的广播，人人谋创新的广播"。

（一）处处听得到的广播

广东电台开辟了新媒体矩阵。其中广东广播在线、官方微博微信群、"粤听"客户端、电商平台、网络直播平台等，统一由珠江网络传媒统筹。2017年9月，具有地区特色的移动音频平台"粤听"正式上线。"粤听"客户端是广东电台继"正直播""触电新闻"后研发推出的又一运营级融媒应用，被列为2017年广东广电融媒体发展重点项目。"粤听"根据用户的需求进行分类，突出岭南情怀，致力于打造全球最大粤语原创音频移动电台，经过半年时间的市场运作，已经得到资本市场的青睐。

（二）常常看得见的广播

除常规广播节目外，广东电台还根据节目和活动的需要，将广播的主题报道传播空间大大拓展，形成"线下活动+视频制作+新媒体传播"的格局，让听众成为观众、用户。2018年广东电台《音乐先锋榜明星日》30天倒计时活动，在各主办电台及官方新媒体平台上得到广大粉丝的踊跃响应和支持，"《音乐先锋榜明星日》三十载荣耀盛典"通过QQ音乐、新浪视频、"触电新闻"、荔枝网、好娱乐网等进行了音视频直播，并在广东卫视及珠江电视频道播出。据不完全统计，该活动相关话题点击量已超五亿人次，微信公众号和微博话题增长率超过139%。

（三）时时有温度的广播

"大爱有声"是广东电台的大型公益行动品牌，几年来共举办400多场公益活动,并通过全媒体立体传播。《大爱有声》被原国家新闻出版广电总局评为2015年全国十个广播创新、创优节目之一。

此外,广东电台《民声热线》已成为当地政府和行业部门倾听百姓呼声、解决实际问题、接受舆论监督的重要渠道和平台。这是一档监督政风、行风的民生类节目,在"倾听民意、解决民困"的路上,一直坚守党媒原则,遵守新闻规律,坚持创新发展。节目自2005年11月15日开播至今,已举办直播上线节目620期、非上线节目2400多期,共计时长超过3600多小时,接听群众电话(手机短信、邮件)近六万个(条)。先后有60个省直厅局和11家大型国有企业的相关负责人员上线《民声热线》节目,围绕群众最关心的上学难、看病贵、环境污染、征地拆迁、社会治安、劳动保障等问题展开沟通、对话。

再如"全球微粤曲大赛",连续两届网上关注度非常高,吸引了全球众多粤曲爱好者报名参加。

(四)人人谋创新的广播

广东电台以"广播+"为指导,全员全媒体化的管理思路,促使广播系统内每一个人不断加快创新步伐。2014年,珠江网络传媒创新性地在全国广播发起并制作完成"广播双十一"电商购物新模式,坚持至今。珠江经济台衍生了"呼啦商城"、广播电商常态节目《呼啦朋友圈》及"珠江大闸蟹节""6·8广播电商日"等新产品,延伸至线下实体门店"珠江PLUS"。2015年年初,珠江经济台进行广播+众筹的尝试,在中国广播界首次实现节目众筹,《风云再汇》节目用13天时间成功众筹88万元制作费。此外,"黎婉仪工作室""尹铮铮工作室"等主持人工作室拥有了多项自主权,成为广东电台改革创新的试点,成为广播节目生产、项目运营、媒体融合、市场化运营的创新平台。2017年,广东电台把工作室孵化成市场产品,成立了广州珠江财讯传媒有限公司,这也是广东电台第一家主持人工作室孵化的市场产品,从而实现了从主持人到工作室再到公司的裂变。

四、角色更新,广播服务转型大有可为

经济的发展、社会的进步,改变着人民生活方式,也改变着广播。顺应时代变化,将现代企业化的经营管理理念与新技术为我所用,必能为广播赢得新的发展机遇。

广播电台依托自身的内容制作能力和内容品牌,发展与内容相关的线下产业链已成为重要发展方向。例如,以交通广播为平台的交通产业链,以音乐广播为平台搭建文艺演出及服务产业链,以经济广播为平台搭建投资培训、理财咨询等相关产业,以生活服务类广播为平台发展日常商业零售、家电维修等相关产业等。

2015年，珠江经济台从媒体融合入手，用三年的时间打造了经营服务的"新珠江模式"，初步发展成为一个集广播电视节目制作与播出、互联网平台与移动客户端集成、教育培训与电商、线下实体店等混合产业的综合体。其目标就是以"珠江经济台"为品牌，实现融媒体的新业态。

　　2018年，珠江经济台更将产业服务全面转型升级，在中国广播界首次提出"人人都是店小二"的服务新口号，从总监到员工正式以"珠江店小二"的新形象示人，重新打造传播与服务的理念。基于目前广播传统广告出现滑坡的趋向，今年珠江经济台主动把广告经营从百分之百依靠广告向"广告+多产业及服务经营"方向转变，实现创收转型的重担主要落在相对独立的三个实体身上，三者又各有侧重。"南方中心"主攻线下活动经营和电商、实体经营，"珠江财讯"偏重于投资者教育和企业服务，"南广培训"则致力于青少年教育培训和文艺团体经营。

　　40年改革开放，开天辟地。40年广播发展，换了人间。2014年广东广播电视整合，广东广播电视台挂牌成立。中国广播把媒体的优势转化成进一步发展的动力和底气，砥砺前行，一路高歌。

（作者单位：广东广播电视台）

央广《新闻和报纸摘要》节目 40 年之流变

诸雄潮　郑宇飞

《新闻和报纸摘要》是原中央人民广播电台（现为中央广播电视总台央广）每天 6:30 播出的一档新闻播报类节目，其主要内容是播送昨夜今晨国内外要闻和国内各大报刊的言论。该节目最早为 1950 年 4 月 10 日开办的《首都报纸摘要》，1955 年 7 月更名为《新闻和报纸摘要》（以下简称《报摘》），其在全国新闻界享有崇高的威望和巨大的号召力，仅在北京、上海、深圳三地统计，受众就有 800 多万。

从 20 世纪 50 年代到 70 年代，按照当时中央的要求，《报摘》肩负着传达国家政策方针、进行宣传教育的任务。广播以声音符号代替文字符号，让中央的精神以更为简单易懂的方式传遍全国。2018 年是改革开放 40 周年，《报摘》在改革开放的浪潮中毅然坚守，陪伴国人在改革开放的征途上走过 40 个年头，在时代的巨变中，《报摘》节目也在不断变化，传递更新、更强的声音。

一、节目 40 年之流变

40 年来，国内新闻行业随着观念的革新和技术的创新发生了较大变化，《报摘》紧跟行业的整体步伐，做出了自己的改变。总体来看，《报摘》在过去的 40 年中大致可分为摘发报纸时期、自采新闻时期、录音节目时期以及同期声时期。

（一）摘发报纸时期

20 世纪 80 年代，适逢改革开放初期，中国的政治、经济体制发生了比较大的变化，时代的进步冲破了人们的思想禁锢，人们有了足够的条件和素质接受更多信息。

这一时期，报纸新闻在《报摘》节目中占有很大篇幅，随着对报纸选择范围的不断扩展，《报摘》的新闻来源得到了飞跃式扩充。从创办之初仅播报《人民日报》《解放军报》《光明日报》《中国青年报》《大公报》和《工人日报》等数家报纸的内容，到 1985 年供稿报纸已经达到了 90 余家。

其工作模式相对比较固定，由部门主任或审稿人主持整个节目，节目编辑数人，上班时间一般都在每天的 24 点后，由一两位同志先做好与晚间《全国各地人民广播电台联播》节目组的交接班，然后联系各报社，了解他们的版面内容并整理记录下来。凌晨 3 点半早间编辑全部到岗。此时，编辑会把整理好的各报头条、新华社主要报道内容提交给编前会，值班主任传达相关指示精神和注意事项后，编辑们开始编辑稿件。当时整个《报摘》的业务氛围非常浓，常常几个编辑在一起，把各自收集到的报纸新闻进行删减修改，相互比较、探讨，做出最优选择，这样的工作氛围也奠定了其日后发展的基础。不过当时很少有自己的作品拿出来探讨的，毕竟稿件几乎都是摘自其他报纸，自采的新闻稿件不多。①

当时每天的《报摘》都会有三至五条单发的报纸新闻和四至六条报纸版面介绍，具体情况要看当天要闻的多少以及自采新闻的重要性而定。那时的稿件篇幅普遍在几百字左右，也会有相对较长的、达到千字以上的"大稿"。

表 1 是 1981 年 2 月 17 日《报摘》节目的稿件播放目录及每条新闻稿件的字数。②

表 1　1981 年 2 月 17 日《报摘》节目的稿件目录

序号	新闻标题	稿件字数
1	黑龙江省国营农场重视粮食生产	470
2	云南省贫困地区社员生活改善	400
3	宁夏农村实行联产计酬责任制	350
4	《人民日报》社论：现有企业要抓好生产	420
5	宁波市改组工业取得良好效果	390
6	太原钢铁公司调整内部基建项目	450
7	张劲夫同志做青年思想工作	530
8	浙江省红旗汽车修配厂对青工进行思想教育	350
9	人民解放军猛虎二连在国防施工中立新功	520
10	全国少数民族教育工作会议开幕	230
11	西哈努克复信乔森潘表示欢迎民柬代表团	70
12	柬埔寨伪军哀叹处境艰难	280
13	马歇尔说他将不参加苏共 26 大	130
14	苏联掠夺阿富汗铀矿等资源	220
15	苏克格勃讹诈美国一助理武官未得逞	280

---

① 诸雄潮：《人民广播 70 年广播和祖国共同前进》，《中国广播》2011 年第 1 期。
② 李向明：《新闻写作常识》，广播出版社 1982 年版，第 89 - 90 页。

不难看出，当时《报摘》的稿件多是选择其他报纸内容进行汇总摘编，同时呈现出符合当时新闻规律的编排特色：国内外新闻兼备，各省、市重要新闻皆有关注，内容多、篇幅短。

（二）自采新闻时期

20世纪90年代，《报摘》的新闻来源逐渐从单纯摘抄报纸走向自采新闻为主时代。之前，央广的新闻中心已经把记者采访部和编辑部合并在一起组成了经济部，实施采、编合一的操作流程。但一段时间过后，有些问题开始显露，主要是编辑和记者的工作不能合理分配，写稿积极性大于编稿积极性。经历这次波折后，采、编合一的经济部被拆分，成立了新闻采访部和地方新闻部。地方新闻部负责编辑记者站的来稿和各地电台及群众自发来稿，供稿的对象是主要编排《报摘》和《全国新闻联播》节目的新闻部。这个时期的新闻节目，稿件来源主要是新闻采访部和时政部自采，地方记者站的稿件用得也相当多，可以称之为自采新闻为主时期。

正是由于这个原因，当时的部分新闻稿件的文风也展示出比较鲜明的特色，一些稿件极富作者自己的风格。例如，一些作者文风犀利，直指事件要害；而另一些作者语言较为华丽婉约，在遣词造句上颇下功夫，都给受众留下了深刻印象。

此外，90年代人们生活节奏加快，长篇大论的新闻往往让听众失去兴趣，在最短时间获取更多信息成为听众的普遍诉求。为此，《报摘》也做出了明显改变。比较明显的有两点：其一是稿件继续精编。很多稿件精简到200-300字，甚至变成十几个或二十几个字的简讯。报刊版面介绍的字数也从每篇200-300字，压缩到几十字或一百多字。对于每天必须播发的时政新闻、重要会议新闻、政令法规新闻等指令性内容，在坚持权威性、保持信息完整无误的同时，对每条稿件都要"精抠细编"。其二是每条"简讯"前面的"中央台消息"等台头、电头在90年代全部取消，让信息"开门见山"。[①]

（三）录音节目时期

在稿件来源日益丰富的同时，广播新闻的声音形式也更为多元化，2000年之后可谓录音节目时期。早在1995年，广播节目就开始注重录音报道，2000年以后，一次节目里很可能会出现七八条录音报道，口播和录音交叉使用。

例如，2007年1月21日的《报摘》节目中，就有部分新闻稿件采取了录音和口播相结合的形式。表2为当日节目中采取口播和录音结合形式的稿件播放目录。

---

① 刘园丁、王晓晖、蔡万麟：《广播和祖国共同前进〈报摘〉〈联播〉90年代至今的故事》，《中国广播》2011年第1期。

表2 2007年1月21日央广《报摘》节目部分稿件目录

序号	新闻标题	时字长数+录音
1	隆冬时节,各地为贫困大学生、外出农民工和灾区群众送温暖	30+3′16″
4	陕西秦岭终南山公路隧道正式通车	70+1′20″
5	今年铁路旅客发送量将突破13亿人次大关	70+1′19″
6	山西在全国率先实行学校安全管理日志制度	60+1′07″
7	甘肃"两免一补"使两万七千名辍学儿童重返校园	70+1′25″
17	吉林省人代会07年首次实行走会制,经费减少50万元	50+1′07″
18	宁夏退耕还林470万亩,粮食产量不降反增	70+1′36″
19	西藏驻军科学训练新兵	60+1′24″
20	武汉市"农民工素质进城计划",整体提升农民工素质	60+58″
21	福州全面启动多层次社会保障性住房建设	110+50″
22	杭州个人合作建房拿地失败	70+1′21″

当期节目共有30条新闻,如表2所述,共有11条采取了录音方式进行播报。录音报道将现场声音带给听众,让汇总性质的新闻节目更具有真实性,营造出了一种现场感。另一明显标志就是,90年代的两会报道,集纳代表委员发言的综合报道多是文字,由播音员直接播报;而2000年之后,同样的内容都是代表委员在大会或是小组会上发言的录音集纳,这也加强了节目的可听性。

此外,21世纪正值中国网络迅速发展之际,网络逐渐成为受众获取信息的重要渠道,《报摘》将节目音频按日期发布至互联网,扩大了广播新闻节目的传播范围,也让来不及早上收听节目的受众可以随时收听。[①] 这是用户理念的初步形成阶段,当然节目也开始注重以不同的形式来吸引受众,出现了节目开始曲、间隔曲、专题配乐等。

(四) 直播+同期声时期

2010年至今,《报摘》借着音频技术及互联网技术的东风,进入了直播+同期声时期。

首先,2008年11月1日《报摘》正式恢复直播,且随时插播重要信息,节目编排、流程运作等方面的革命性变革,实现了报道的独家性、不可复制性,大大提高了《报摘》的时效。

其次,充分发挥广播优势,突出声音特点。在《报摘》中,这一优势得到凸显,特别是领导讲话的同期声,起到了鼓舞人心、提升士气的作用,为整个央

---

① 刘园丁、王晓晖、蔡万麟:《广播和祖国共同前进〈报摘〉〈联播〉90年代至今的故事》,《中国广播》2011年第1期。

广赢得了声誉。例如2016年7月22日的《习近平在宁夏银川主持召开东西部扶贫协作座谈会并发表重要讲话》，这则报道就坚守"同期声原则"，大量采用了总书记在座谈会上的讲话原声，铿锵有力，增强了感染力，让群众深刻领会到了中央对推动这一工作的坚强决心。又如2017年3月22日《报摘》的《推动政府系统党风廉政建设向纵深发展》，有李克强在国务院第五次廉政工作会议上谈"保障廉洁执法"的音响："你检查一遍，他检查一遍，检查十几遍谁受得了？"总理拉家常式的语言一下子拉近了和听众之间的距离。这些案例都充分证明了同期声在《报摘》里愈加成为一种不可替代的符号。

最后，坚持政治导向，兼顾编排灵活。《报摘》在加强权威性、政治性的同时，强调新闻性、服务性并举，尽量保持时政新闻、单发新闻、简讯、报刊版面介绍、国际新闻等小栏目的完整性。当遇到重大事件或议题时，也会灵活处理，缩减或取消固定板块，深度解读重大事件或议题。

二、节目未来之展望

在这40年风雨中，《报摘》亦在不断成长，既跟随于祖国强大的步伐，也跟随于听众精神文明的不断提高。有了改革开放40年的积淀，《报摘》也必将在新时代焕发新光彩。未来机遇和挑战并存，《报摘》要获得长久的生命力，还要在新闻来源、声音编辑、传播渠道等方面继续坚守和创新。

（一）选稿来源丰富化

《报摘》是昨夜今晨国内外新闻的"精华汇总"，但是由于广播的线性传播特点，导致了节目容量的有限性。因此，如何让有限的节目时间承载更丰富的信息，成为提升节目品质的首要突破口。

其一，在信息来源上，要充分调动全媒体优势。

2016年，《报摘》改单纯"报纸摘要"为"全媒体扫描"，改变被动依赖报纸供稿的局面，将内容来源由平面媒体扩展到"两微一端一门户"，由行业媒体扩展到综合类媒体，由信息荟萃扩展到观点集纳，盘活了媒体资源，这也是《报摘》融合新媒体的有益尝试。2018年3月"中央三台"合并以后，央广的平台优势得以彰显，其信息的融通将会更为便利。

其二，稿件除信息性外还要兼备观点性，做到信息和评论并重。2015年央广推出"央广评论"和"央广时评"。2016年《报摘》敏锐把握党情民意，推出了一系列评论，有关于党和国家大政方针的《管党治党十六讲》，关注社会热点问题的《化解戾气需要多管齐下》，以及必须立刻澄清谬误、明辨是非的《中国人民不信邪、不怕鬼》《将法律之剑高悬于"港独"分子之顶》《阐明法律红线 遏制"港独"势力》等。近年来，传播平台迅速扩充，传播主体日益多元，意味着表达的多元、思想观念的多元，这给传统舆论场带来了极大的冲击，更需要主流媒体的权威栏目及时传递观点、引导舆论。

（二）声音符号多元化

广播是声音的媒介，声音是线性传播，但并非"一元"传播。广播新闻一直以来以速度快、接收门槛低、伴随性强等特点，拥有自己的话语优势。面对新媒体的冲击，广播新闻的突围必须强化自身的核心竞争力，即声音传播的竞争力。

经过多年的沉淀和不断改革，《报摘》在声音符号的编辑上逐渐走向多元化，无论是现场同期声的有力运用，还是对品牌主持人的打造，都取得了一定成就。当今，广播节目乃至整个广播行业要想立于不败之地，将声音符号的多元化继续下去成为必要之举。总体来说，要做到语言和非语言符号兼容、客观理性和情感贴近并举。

所谓语言和非语言符号兼容，就是指在打造精品的语言性内容的同时，要兼顾一些非语言因素，例如节目中配乐、自然音响等，要还原节目氛围，让节目更加饱满真实。[1] 而客观理性和情感贴近并举则意味着在保证所播发新闻的权威性、真实性的同时，要合理利用声音符号贴近受众的心灵，例如播放领导人讲话音响，播放群众说话、活动的音响，等等。

（三）播发平台矩阵化

《报摘》最为核心的功能之一就是精华新闻汇总，当前受众碎片化的接受习惯更加凸显了这一功能的重要性。随着互联网技术的不断发展，很多新媒体平台也逐步开拓了新闻汇总这项功能。比如《人民日报》微信公众号在每天早晨的6点左右会推送《来了！新闻早班车》，总结前一天发生的新闻，包括"要闻""社会""政策"和"生活提示"等版块，同时配发相关语音。同样的传播方式还有"央视新闻"微信公众号，其每天早上6点左右的固定推送《早啊！新闻来了》，7点左右固定推送《嗨！七点出发》等，在新闻汇总这一新业务上，新媒体的功能和优势正在逐渐显现。作为传统广播音频节目，《报摘》也应进一步打造属于自己的新媒体平台，逐步扩大自己的传播领域及影响范围。据观察，《报摘》的官方微博号"央广新闻和报纸摘要"在2014年5月22日就停止运营了，但是账号已经积累了近13万的粉丝，这样"放弃"未免有些可惜。在受众接收习惯差异明显、选择逐渐增多的今天，《报摘》这样的品牌节目也应该开疆拓土，丰富自己的传播平台，形成传播矩阵。当然，内容、形式可以根据平台的不同进行调整，尤其是新媒体平台，更要结合新媒体的趣味性等因素，多利用 H5 游戏、短视频等多媒体手段改造节目形式，吸引受众。

---

[1] 孟伟、梅琼林：《论广播非语言符号系统的传播价值》，《中国广播电视学刊》2011年第12期。

三、结语

改革开放 40 年来,《报摘》的创新和进步,是节目自身与时俱进的成果,同时也反映了我国广播节目在不断适应传播方式的变化,满足更为丰富的受众需求。当今,国内外舆论环境更为复杂,国内主流媒体肩负着更为重大的舆论引导责任,提升传播力、引导力、影响力和公信力显得尤为迫切。这就要求主流媒体不但要紧跟时代,在节目内容和形式上不断创新,更要勿忘初心,继续打磨名牌节目、经典栏目,让其在新时代焕发出更多光彩。

(作者分别为:中央广播电视总台央广对港澳节目中心副主任;中国传媒大学新闻学院硕士研究生)

以40年为镜，分析广电媒体管理体制和用人机制的演变与创新

王丽 杨冰

媒体作为创新性行业，人才是其核心生产要素。广电媒体长期占领媒体人才高地，在核心人才队伍方面具有优势。近年来，随着新媒体的迅猛发展，媒体人才争夺战愈演愈烈。广电媒体遭遇广告下滑的经营压力，同时又面临核心人才流失的发展困境。目前，核心人才流失已成为广电媒体的重大挑战之一，也是亟待解决的行业发展难题。

人力资源作为广电媒体最核心的生产要素，只有从行业发展演变和管理体制改革的视角，才能厘清人才流动的外部环境和内在动因，从而提出广电媒体创新用人机制的解决之道。

一、改革开放后广电媒体的发展演变

我国广电媒体是党的喉舌，从诞生之初就是重要的舆论工具。改革开放后，随着社会主义市场经济的逐步建立，广电媒体演变经历了三个主要发展阶段。

（一）广电媒体快速发展阶段

1983年3月，第十一次全国广播电视工作会议召开，这次会议制定了"四级办广播、四级办电视、四级混合覆盖"政策，调动了各级政府兴办广播电视的积极性，大大解放了广播电视生产力，推动了广播电视快速发展。

随着广播电视的快速发展，广电媒体超过报刊等其他媒体，成为人口覆盖率最广的大众媒体，也是影响力最大的主流媒体。

（二）广电媒体产业经营阶段

1992年6月，中共中央、国务院发布《关于加快发展第三产业的决定》，把信息产业列入第三产业，借此，广电媒体跨出了从单纯宣传事业到产业经营的第一步。

2000年，中国加入世界贸易组织后，我国广电媒体加快了产业经营步伐，相继成立了14个广电集团，产业经营向集约化、专业化、规模化方向发展。随后，我国陆续出台了促进产业经营的相关政策。

2003年12月，国务院办公厅发布《关于印发文化体制改革试点中支持文化产业发展和经营性文化事业单位转制为企业两个规定的通知》；2004年2月，国家广播电影电视总局（现国家广播电视总局）发布《关于促进广播影视产业发展的意见》以及《中外合资、合作广播电视节目制作经营企业管理暂行规定》等。

在政策推动下，卫星频道全国落地和节目制播分离实施，广电媒体在影视剧、综艺节目等内容方面快速发展，在广告经营、电视购物、有线网络等产业经营方面突飞猛进。同时，广电行业投资主体逐步多元化，外资和民营资本开始涉足广电媒体的内容制作、广告经营以及电视购物等产业经营，形成多元、统一、开放的广电媒体产业市场。

（三）建设新型主流媒体阶段

随着互联网特别是移动互联网的迅速普及，广电媒体面临新媒体的巨大冲击。2014年8月，习近平总书记就推动媒体融合发展做出重要指示，中央全面深化改革领导小组会议讨论通过《关于推动传统媒体和新兴媒体融合发展的指导意见》。自此，广电媒体进入建设新型主流媒体阶段。

2017年，中央宣传部门召开的"推进媒体深度融合工作座谈会"提出要坚定不移推进传统媒体和新兴媒体深度融合，尽快从相"加"阶段迈向相"融"阶段，实现融为一体、合而为一，不断提高新闻舆论传播力、引导力、影响力、公信力，重点建设融媒体中心——"中央厨房"，优先打造移动新媒体平台和产品，加强全媒人才培养。

对广电媒体而言，建设新型主流媒体既是确保媒体传播力、引导力、影响力、公信力的政治任务，也是适应互联网媒体环境的生存需要。

二、改革开放后广电媒体的管理体制变革

广电媒体是党的喉舌和舆论宣传阵地，以事业单位体制进行管理。改革开放后，随着广电媒体的发展演变和文化体制改革推进，广电媒体体制变革大体也经历了三个主要阶段。

（一）"事业单位事业化管理"阶段

改革开放初期，广播电视实行高度集中统一的管理体制。在"国家所有、政府主办、管办结合"的指导原则下，各级广电行政主管部门既承担监管广电的职能，又承担"办"广电的职能，对广电媒体参照政府机关管理模式。

随着行政管理体制和文化体制改革，国家逐步推进政事分开和管办分离改革，广电媒体作为公益事业单位，逐步向"事业体制、事业化管理"转变，经费实行全额拨款，广电媒体的机构、人事、财务等均按照事业单位进行管理。

（二）"事业单位企业化管理"阶段

随着改革开放推进，广电媒体开始涉足广告经营，推动了行业从事业型向事业和产业结合型的转变。与此同时，广电媒体开始探索"事业单位企业化管理"的模式。

1992年6月，中共中央国务院发布《关于加快发展第三产业的决定》，广电媒体开始加快"事业单位企业化管理"的步伐。

在"事业单位企业化管理"模式下，广电媒体引进企业化管理机制，极大地调动了干部职工的积极性，促进了广电事业和产业的快速发展。

（三）"制播分离与集团化运作"阶段

1999年，中国第一家广播电视集团——无锡广播电视集团成立；2000年12月，中国第一家省级广播电视集团——湖南广播影视集团成立，成为我国广电体制创新与集团化运作的先行者。

2006年初，中共中央、国务院发布《关于深化文化体制改革的若干意见》，国家广播电影电视总局随后提出探索制播分离改革，除新闻类、社会访谈类节目外，文艺、体育、科技类节目等可逐步实行制播分离。

2009年9月，随着国家《文化产业振兴规划》的出台，上海广播电视台举行揭牌仪式，上海文化广播影视集团有限公司成为国内首家完成制播分离、集团化运作的广电媒体。

因在制播分离改革中存在着导向把关不严、管理不到位等现象，2011年国家开始对广电媒体制播分离进行严格把关和规范管理，强调广电媒体作为党的重要新闻媒体和宣传思想文化阵地，必须坚持事业体制，坚持喉舌和公益性质。

三、广电媒体用人机制的演变与创新

用人机制是指组织关于人力资源配置的相关制度安排。广电媒体作为兼具宣传事业属性和文化产业属性的事业单位，随着事业单位改革和广电行业发展演变，其用人机制演变可划分为以下几个主要阶段。

（一）参照行政机关单位，实行干部人事管理机制

改革开放初期，国家对事业单位和机关实行一体化管理和统一的干部人事管理机制。该阶段广电媒体用人机制的主要特点为：广电媒体与国家机关实行一体化的人事制度，单位工作人员与国家的任用关系属于公职关系。

（二）事业单位人事改革，建立全员聘用的用人机制

随着社会主义市场经济的逐步建立，特别是随着事业单位人事制度改革的推进，广电媒体逐步实现从一体化的用人机制向全员聘用的机制转变。

1992年，党的十四大明确提出，按照机关、企业和事业单位的特点，建立分类管理的人事制度。

1995年，原国家人事部和中央机构编制委员会办公室召开会议，把聘用制作为事业单位的一项基本用人制度。随后，广电媒体逐步推行聘用制。以湖南广播电视台为例，他们建立全新的用人机制，从台长到普通员工均实行聘用制，在原湖南卫视上星之前就开始大力推行制片人制，为一大批年轻人脱颖而出创造了条件，也催生了以《快乐大本营》《玫瑰之约》等为代表的中国综艺品牌节目。

2000年，中央组织部、国家人事部下发《关于加快推进事业单位人事制度改革的意见》，明确提出全面推行聘用制度和岗位管理制度。2003年，中央组织部、中央宣传部、人事部、国家广播电影电视总局联合印发了《关于深化广播影视事业单位人事制度改革的实施意见》，提出在广播影视事业单位全面推行聘用制度，建立岗位管理制度。

2008年，随着新的《中华人民共和国劳动合同法》的实施，广电媒体基本完成全员聘用制改革，员工按用工性质可以分为事业聘用（在编）、事业单位自主聘用（台聘）以及下属企业聘用（企聘）等多种形式。

通过建立全员聘用的用人机制，广电媒体破除用人终身制，引入竞争机制，实行岗位管理，激发了员工活力，引进了优秀人才，极大地促进了广电媒体快速发展。

（三）依据集团化和制播分离改革，建立企业化用人机制

1999年，国务院办公厅转发人力资源和社会保障部、财政部《关于调整机关事业单位工作人员基本工资标准和增加机关事业单位离休人员离休费三个实施方案的通知》，广电部分产业性质和集团化发展方向得以确定，拉开了广电媒体探索企业化用人机制的序幕。2000年，我国加入世界贸易组织后，广电媒体加快产业经营步伐，逐步建立了企业化用人机制。

2006年年初，国家广播电影电视总局《关于印发〈国家广电总局广播影视改革工作实施方案〉的通知》中提出了探索制播分离改革。

随着制播分离改革的推进，广电媒体加快了建立企业化用人机制。以上海广播电视台上海文化广播影视集团有限公司为例。2009年10月，上海广播电视台的制播分离改革方案获得批准，上海文广新闻传媒集团更名为上海广播电视台，并出资成立台属、台控、台管的集团公司——上海东方传媒集团有限公司。上海广播电视台东方卫视频道推行独立制片人管理机制，直接推动了东方卫视频道品牌综艺节目的爆发和在全国排名的提升。

在企业化用人机制下，广电媒体实行更加市场化的用人机制，建立以合同管理为核心、以岗位管理为基础的市场化用人机制，以适应深化媒体融合和加快产业化发展的趋势。

（四）探索员工创业机制，建立"合作型"用人机制

随着互联网特别是移动互联网的普及，网络新媒体蓬勃发展，广电媒体的传

播地位受到严重冲击。2015年，广电媒体广告首次出现行业性下滑，广电媒体开始面临生存发展压力，核心人才开始流失。在离开广电媒体的核心人才中，既有优秀采、编、播人员和制片人等基层骨干人才，也有部门主任、频率／频道总监等中层经营管理人才，甚至还有少数高层人才。

广电媒体人才流失既有外部因素，更有内部因素。外部因素是新媒体及商业媒体公司的快速崛起，内部因素是广电媒体的用人机制难以适应媒体行业的发展变化。

广电媒体作为创新性行业，人力资源是其核心生产要素。在面临新媒体冲击和发展转型的时代背景下，广电媒体如不能解决好核心人才流失问题，将面临"人才流失，阵地失守"的困境，因此，"人才空心化"将是广电媒体生存发展的"最大危机"，也是亟待解决的发展瓶颈。而根据文化体制改革和媒体融合发展的要求，广电媒体探索员工创业机制，建立"合作型"用人机制，将是应对"人才空心化"的有效举措。

员工创业机制是重构组织和员工的合作关系，即从传统"聘用关系"转型为"事业合作关系"，这既是适应互联网时代组织形态的"自组织化"新发展趋势的要求，也是顺应国家大力倡导的"大众创业、万众创新"新发展战略的必然趋势，更是适应广电媒体深度融合和发展转型的新发展模式的关键。

在行业实践方面，2014年，上海广播电视台东方卫视频道的独立制片人制度，可看作是广电媒体探索员工创业机制的发端，随后部分广电媒体开始探索以工作室、项目制以及项目公司制等多种形式的员工创业机制。

在员工事业发展平台方面，广电媒体对核心人才队伍要进行充分放权，并承担相应风险，激发其创新、创业动力。以上海广播电视台东方卫视频道的独立制片人制度为例，独立制片人被授予包括创意自主权、团队组建权、项目竞标权、经费支配权、收益分享权、资源使用权等六大权限，并约定承担相应的风险。

利益分享机制方面，广电媒体首先要承认人力资本在价值创造中的作用，其次要建立核心人力资本参与收益分享的激励机制。在广电媒体传统薪酬激励体系中，主要以基本工资和绩效工资为主，基本工资是岗位基本保障，以固定方式发放，而绩效工资则根据考核即期兑现。这种基于工资体系的激励机制与人力资本创造的价值脱节，难以吸引和留住核心人才，这就需要建立与人力资本价值挂钩的长期激励机制。根据行业实践，广电媒体对核心人才可探索长期激励机制。

（作者分别为：华中师范大学新闻与传播学院教授；上海娱华文化传媒有限公司创始人兼总经理）

中国广播广告市场回顾与发展

方 乐

改革开放 40 年,中国广播事业取得了巨大进步,中国广播广告发展也收获了丰硕成果。我们有必要对 40 年来广播广告市场进行回顾,复盘广播广告的历史进程,并在新时代要求下,定位广播广告的未来发展。

一、改革开放以来中国广播广告发展整体回顾

(一)广播广告的繁荣

广播天生具有经营价值,广告则是广播商业化变现最主要的方式之一。1920 年,美国建立了世界上第一座广播电台,不到十年时间,美国无线电广播广告市场已经突破了千万美元。在中国,20 世纪 20 年代末至 30 年代初,民营广播电台大量涌现,期间也形成了国内广播广告业第一个相对繁荣时期。

广播广告的再次繁荣是在中国改革开放以后。改革开放是决定当代中国命运的关键抉择,也深刻改变了中国广播的发展方向,对广播广告的影响深远。广播广告经营重新站上历史舞台,亦成为广播发展的关键动力。

(二)改革开放以来广播广告发展的三个阶段

1979 年,上海人民广播电台恢复电台广告组,当年 3 月 5 日播出了"春蕾药性发乳"广告,这是改革开放后国内第一条正式载入史册的广播广告,从而拉开了中国广播广告发展大幕。1980 年 1 月 1 日,中央人民广播电台播出了建台以来第一条商业广告,更是产生了深远影响。

在不同的历史节点回顾中国广播广告的发展脉络,会有不同的维度和划分结果。一般将广播广告发展和中国广播改革进程关联,从 20 世纪 80 年代"珠江模式"到 90 年代"东广现象",再到 21 世纪初频率专业化和广电集团化改革,这一系列节点改革推动了广播广告的发展。同时,从市场增长的角度对广播广告进行阶段划分,也梳理出广播广告自有的波动周期和走势。

如今,站在改革开放 40 年的时间节点再度回首,广播广告的路径轨迹更加清晰。我们从广播经济价值发展的视角来梳理,将中国广播广告历史进程总结为

三个阶段。

第一个阶段：改革开放伊始至 2000 年前后

这个时期，是广播广告业务重新恢复和广播经济价值重新归位的阶段。经历了 20 世纪 80 年代的改革调整，进入 90 年代，广播频率专业化改革进一步深入，广播不断满足听众固定场所的收听需求，在政策和市场的共同推动下，经营价值不断释放。这一阶段，广播广告的经济地位得到再确认，广播广告市场真正打开，广告播放量飞速增长，经营意识逐步成熟，经营机制基本成形。

第二个阶段：21 世纪初至 2012 年前后

这个时期，是广播经济价值不断放大、巩固提升的阶段。进入 21 世纪，伴随着私家车的快速增长，广播移动传播的优势开始凸显，以各地交通频率的兴起为标志，广播广告发展进入了新阶段。与此同时，当时的国家广播电影电视总局把 2003 年确定为"广播发展年"，全面推进广播发展改革系统工程。这一阶段，广播广告景象繁荣，经营模式巩固夯实，市场盘子突破了百亿元规模。

第三个阶段：2012 年党的十八大以来至今

这个时期，广播经济价值进入深度调整，媒体蓄积能量转型发展。十八大以来，社会发生深刻变革，供给侧结构性改革推动产业提质增效，意识形态作为党的一项极端重要的工作，对广播在内的主流媒体提出了新的要求。与此同时，2012 年前后，第一批互联网音频平台相继面世，广播市场格局发生了实质性变化。这一阶段，广播广告市场出现波动，融媒体变革开始重塑广播的经营面貌，广播广告进入新的发展时期。

2017 年 10 月，党的十九大胜利召开，宣布中国特色社会主义进入新时代，广播事业和广播广告工作也迎来新气象，开启了新征程。

上述三个阶段，既符合广播媒体整体走势，也反映出广播广告的变化实质和推动因素，是对广播广告自身路径的重新定位。

（三）广播广告市场走势

广播广告市场是基于广播收听市场而形成的。1980 年我国广播人口覆盖率为 53%，2017 年全国广播综合人口覆盖率达到 98.7%。结合第三方调研机构的估算，中国广播人口规模在五亿至七亿人，广播的日均听众规模应该超过二亿五千万人。这一庞大的收听市场，是中国广播广告市场的底层根基。

笔者根据公开资料，尽可能完整梳理改革开放以来中国广播广告市场的发展走势（20 世纪 80 年代数据不完整，我们梳理了 1990 年至 2017 年每一年广播广告的市场盘子规模）。对于广播广告统计数据，有工商部门和广电部门的，口径不完全一致，而在不同阶段，业内专家学者的引用数据也有出入，所以我们主要从趋势来解读。

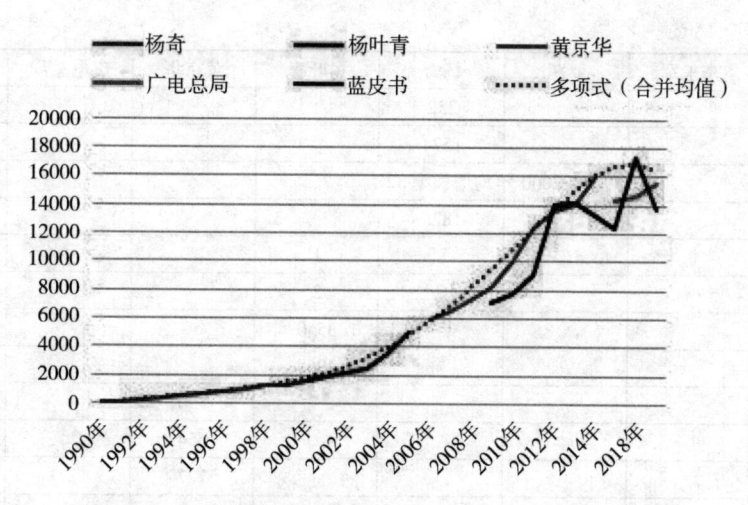

图1 1990—2017年中国广播广告走势（单位：百万元）

可以看出，整体而言，广播广告呈现出持续增长的局面，广播广告市场规模从20世纪80年代初的一两千万元，增长到2017年的150亿元左右。笔者估算了三个阶段全国广播广告年均增长率：改革开放至2000年左右，年均增长率超过30%；2001年至2012年，年均增长率在20%左右；2013年至今，市场出现波动，年均增幅乐观估算为3%左右。

同时我们注意到，从合并计算的曲线走势来看，广播广告增长呈现出经济学中具有广泛周期意义的S型曲线，这往往是一个产业部门在周期内成熟放缓的信号。

表1 中国广播广告年度市场规模盘点（1983、1987、1990—2017）

单位：百万元

年份	李玉军	罗萍	杨奇	杨叶青	黄京华	广电总局	蓝皮书
*1983年	18.07						
*1988年		64.0					
1990年			86.4				
			1				
1992年			3				
			4				
1994年			7				
			8				
1997年			10				
			7				

续表

年份	李玉军	罗萍	杨奇	杨叶青	黄京华	广电总局	蓝皮书
1999 年			252				
2000 年			1574				
			1983—2000 年均增长率 32				
			1828				
2002 年				1			
				2			
2004 年				3550			
				4968			
					590		
2007 年					654		
					727		
2009 年					815		
					9960		7
				2001—2012 年			9095
2012 年				233			1410
				13620	均增长率		—
					3		
				1299			13
2014 年							**14378
				2013—2017			72
				483			13668
2016 年					15556	年均增长率	—

*20 世纪 80 年代的数据,截稿时只搜集到 1983 年和 1987 年的数据,可以据此推算 80 年代的年均增长率,平均超过 25%。

**为笔者推算,根据国家广播电视总局对外公布的 2015 年全国广播电视广告收入和广播在该口径下的一般占比而得出。

需要指出的是,广播广告大幅增长的同时,其在整个广告市场的占比却逐步下滑。1983 年,广播广告占比 7.7%,甚至高于电视广告 6.9% 的份额;2017 年,广播广告收入占总体市场的比例已不到 3%,而电视广告的份额还保持近两成的份额。从 40 年长跑来看,广播广告没有跑赢中国广告市场大盘,广告大盘不断注入新的增量,进一步稀释广播的份额。随着广告主营销选择日益增多,广播广告面临更多的市场考验。

二、改革开放 40 年中国广播广告几个维度的变化

(一) 广播广告产品形态的变化发展

改革开放至今,广播广告基本形态一直保持稳定,但广播广告形式日益丰富

多彩。

广播广告的基本形态是无线电信号传输音频，或长或短，或录播或直播，分布在全天时段或在固定节目中播出。广播传输技术客观上给广告形态可塑性设置了上限。同时，围绕听觉传播和语言、音响、音乐三元素，广播广告制作和创意的基本理念很早就形成了。

在此基础上，广播广告产品体系发展日趋科学、合理，一些产品形式在实践成功后就基本固定下来。查阅北京人民广播电台交通广播 1996 年的广告刊例，常规点位、套播、报时、台标、企业直录播、栏目合办、有奖收听等基本形式当时就已经确定，20 多年间都没有大的调整。近年来，为了迎合市场需求，诸如软性植入、主持人口播、广告短音频等新的广告形式逐渐被广泛应用。

此外，地面活动、听众互动这样的营销手段，也显现出鲜明的时代烙印。地面活动在广播开始发挥经济功能以来就已经存在，而听众的互动反馈，则经历了信件、电话、短信到"两微一端"的变化。随着市场经济的发展，这些广播广告基本形态之外的营销手段，在丰富性和科学性方面都不断提升。从早年字正腔圆地念广告词，到如今满汉全席般的广告听觉盛宴，从早年读听众来信，到如今利用互联网和听众实时线上线下互动，广播广告已经从基本形态中蜕变，成为人们生活中听觉景观的重要组成部分。广播广告形态，或者进一步说音频广告形态，直到互联网时代，才迎来实质性改变。模拟信号转为数字信号，打破了线性传播和单一听觉的局限，音频广告形态进入多元时代。

（二）广播广告传播两端的变化发展

广告主和听众，是广播广告传播的两端，也是推动广播广告进步蜕变的关键。

从量化指标来看，广播的收听市场和广告市场一直在增长。从质化分析来看，一方面，广播听众结构和收听行为都发生了转变。如从固定收听向移动收听转变，从老年群体、学生群体等特定群体向多类型、全人群转变，从模糊听众到类型化听众、精准听众转变等。这些变化让广播受众的经济价值得到持续增长。另一方面，广告主的结构和投放决策也发生了改变。广告主类型分层更加多元，从单纯投放到混合投放，从世界品牌到地域性小微企业，从企业、社会组织到政府机构，等等。广告主对于广播广告的认知也从一开始简单打广告，发展到现在强调品牌建设和销售转化，进而酝酿出与广播媒体招标、对赌、分成等更多类型的合作方式。

广播广告本身成了社会发展的回声印记，从早年的日化、家电、餐饮等几个门类行业，到现在交通、通信、金融、地产家居、互联网服务等几十个门类，广播在服务品牌、见证企业成长的同时，更深刻反映了百姓生活的变化和社会经济的进步。可以说，广播广告体现着我国市场经济的丰富内容，展示着时代的发展活力,传递着改革开放的未来预期。

(三)广播广告运营机制的发展变化

刚开始,广播媒体广告经营都是通过媒体自营推动的。进入20世纪90年代,一些广播媒体开始探索频率和行业代理制。北京人民广播电台交通广播找到了一条适合自身的发展路径,结束自营,实行行业代理。这种经验很快推广到北京台全台范围,并沿用至今。又如中央人民广播电台,其主体结构历经了中央电台广告部、各频率广告部、华夏之声广告公司和中央电台广告经营中心及央广广告公司几个阶段,其代理和自营也相得益彰。

如今,广告代理机制已经成为中国广播广告经营体系的重要部分,涵盖了包段代理、频率代理、行业代理、独家代理、多家代理、混合代理等多种形式。

一些经营规模较大的省市级广播媒体,在自营之外,广告代理的经营份额往往超过一半以上。

广播广告代理制,是市场发展到一定阶段社会分工的结果。广播内容生产和内容经营逐渐分离,更专业的代理公司介入广播广告的销售、策划、制作等流程中。同时,广告代理公司自身也在不断分化。2002年前后,七福、远传等台资广播广告公司进入大陆,进一步推动国内广播广告代理格局的转变。这期间,一些公司逐渐实现了从本地域到跨地域的经营,从广告销售单一经营到媒体采购、内容生产、广告主策略服务等全流程经营。广告公司成为广播广告的重要推手,广播媒体和广告公司的博弈合作也在不断演进。

但是,鉴于有限的市场规模,广播广告经营的社会分工还有待进一步深化,市场竞争激烈但不充分,资源整合步伐缓慢,资本推动依然乏力。新形势下,广播广告运作机制面临调整,广播代理公司需要转型。

(四)广播广告监管的变化发展

广播广告的监督管理也伴随广告市场的发展不断完善成熟。1979年11月,中央宣传部发出了《关于报刊、广播、电视台刊登和播放外国商品广告的通知》,大众媒介的广告经营获得合法身份。到1983年第十一次全国广播电视工作会议召开之际,广告作为电子传媒机构收入来源的意识,已经开始进入行业的管理思维和运作之中。

广告监管方面,1995年2月1日,《中华人民共和国广告法》正式实施,2015年9月1日,新一版《中华人民共和国广告法》开始施行。广告管理日益严格,媒体责任日益重大。

媒体监管方面,2003年9月15日,国家广播电影电视总局颁布《广播电视广告播放管理暂行办法》,是广电总局第一次以总局令的形式对广播电视广告进行全面规范。这一暂行办法被2010年1月1日正式实施的《广播电视广告播出管理办法》（61号令）所替代，针对广播广告的相关要求也更为细化，更具针对性。

同时，广播广告的监听技术不断更新，政府部门和社会机构对媒体的广告监督效率显著提升。

总体来看，广播广告监督管理不断完善，广告监管改进了广播媒体的广告经营管理工作，改善了广播广告经营策略和商业思路，也改变着广播广告的市场格局。

（五）广播广告测量的发展变化

在市场经济下，任何产品都需要可测量。拉开广播改革序幕的"珠江模式"，也是从广东人民广播电台几名青年记者对广州一些街道市民收听倾向做调查开始的。20世纪90年代，在中央电视台的推动下，电视收视率调查工作逐步完善，电视调查也启发了广播收听率测量的开展。

北京人民广播电台在90年代末曾与美兰德公司合作，开展北京收听市场年度截面式调查。2002年，央视市场研究股份有限公司（CTR）开发出针对广播电台的广告监播服务。2004年，北京人民广播电台开始使用央视索福瑞（CSM）提供的连续式日记卡收听率调查数据。广播广告的测量评估体系由此进一步完善。

如今，国内主要的广播电台都有了自己相对完备的收听率数据。随着技术的发展，国内几家收听率调查公司又推出了车载设备采集、便携设备采集和虚拟测量采集等方法，推动广播测量技术和广告评估理念步入新台阶，并逐步形成数据驱动广播广告经营模式。广播测量一定程度上改变了广播广告的经营面貌，并体现出清晰的进化脉络。

总的来看，广播广告经营日趋专业化，广播广告既是中国广播事业的重要支撑，也是中国广告事业的重要组成部分。事实上，广播广告的历史，其丰富性和复杂性远不止于上述几个层面。在40年的探索中，广播取得了许多宝贵经验和创新成果。更重要的是，培养出了一批批经营人才。最终，是人的因素在推动广播广告的持续发展。

三、新时代中国广播广告的发展定位

（一）改革开放推动广播广告经济价值增长

广播广告的发展，在根本上是广播经济价值的提升。改革开放40年来，中国的经济总量扩大了225倍，人均GDP从155美元提升到8800美元。而广播的价格，也从上海人民广播电台当初1个字3分钱，到现在一线城市主要广播频率15秒广告最高刊例价格突破1万元（平均1个字167元）。总的来说，广播经济价值取得巨大增长，而背后是改革开放大趋势的推动和广播自身抓住历史机遇共同作用的结果。

改革开放，解放思想，解放生产力，推动媒体市场化作业，广告市场由此成熟壮大。在这一大趋势下，包括广播在内的各类媒体也必然将广告经营作为一项核心工作来开展。

中国进入新时代，广播也要加快融入扩大改革开放的趋势中，抓住党和国家赋予广播的历史使命和融媒体发展提供的历史机遇，努力改革、调整广播的经营结构，不断拓展广播的经济价值。

（二）把握社会主要矛盾变化，定位广播广告方向

新时代中国社会的主要矛盾已经转化为人民日益增长的美好生活需要和不平衡、不充分的发展之间的矛盾。而广告传播的矛盾，实质上就是人民日益增长的美好生活信息需求和不平衡、不充分的企事业体传播供给之间的矛盾。

人民群众的信息需求没有得到充分满足，自然就对媒体的依赖度下降，进而导致广告传播弱化、钝化；企事业体传播的不平衡，就会有广告信息的沉积冗余，进而导致信息沉没；企事业体传播的不充分，就会有信息到达的不充分，进而影响广告效果。

对人民群众美好生活的信息需求的理解，一方面是数量上的，即是全媒体和全场景的信息集合；另一方面是类别上的，即是对衣、食、住、行、用的全面信息需求的集合。这就要求广播媒体要具备构筑融媒体、多场景的信息传播能力，要加强受众研究，明白听众用户到底需要什么样的信息、需要什么样的广告。在一定条件下，我们应该从听众的信息需求来反向推导广告传播，进而为企业的广告宣传提供引导。

对于企事业体传播供给不平衡、不充分的问题，则需要加强对于企事业体的研究，改革广告产品供给侧，精细化广告操作。筑起调节信息洪流的大坝，让广告冗余得到有效遏制；把水煮沸烧开，让不充分的广告宣传充分表达。

透过新时代社会主要矛盾分析，我们可以清晰定位广告发展方向，包括广播媒体在内的广告传播，就是要以更有效手段触达更多的受众，为服务他们对于美好生活的向往而进行传播和引导。

（三）改革只有进行时，广播广告要谋求新的比较优势

通过上述分析可以看出，广播广告在改革开放40年中取得了长足进步，但面对改革，广播广告仍然需要积极转型，谋求新的发展。在媒体融合趋势下，在"你就是我，我就是你"的进程中，传统广播的特征进一步模糊和淡化，而市场对于声音需求的加速膨胀，又使得广播的声音价值被锐化和凸显。

因此，广播广告经营，要进一步解放思想，打开思路。具体而言，就是要准确找到新业态中广播的比较优势。第一，广播作为主流媒体，权威发布和内容生

产的价值水涨船高，广播还是要牢牢占据音频内容生产的制高点，内容变现还是广播广告经营的重要方面。第二，在资本和技术的推动下，更具性价比优势的广告发布平台和工具不断涌现，如楼宇广告、程序化购买广告等，这必然给广播广告带来冲击。因此，广播经营不能只将重点聚焦于广告发布，而要回归广播自身的资源整合。第三，广播的地域性、伴随性、移动性还存在比较优势，广播经营要考虑跨地域的同业合作以及跨媒体的异业合作，将这种优势进一步扩大。

站在新起点，广播广告经营要进一步挖掘广播机构和音频传播在社会生产生活中的作用。提高政治站位，深入整合当地政府、社会资源；改造广告工艺流程，融入"新零售"变革，满足广告主线下体验和销售转化的需求；主动迎接变化，勇于加入音频大市场的竞争，在车联网、智能音箱、知识付费等领域展开布局。

可以推测，跟随改革开放的步伐，未来广播的经营内容还将不断扩充，想象空间巨大。因此，要积极拥抱传媒业态的变革，开门办台，开门经营，努力构建广播共赢新生态。

（作者系北京人民广播电台广告经营中心副主任）

改革开放以来中国广播创新发展轨迹探析

——基于对多家电台改革实践的综合考察

王春美

中国改革开放的历史，蕴含着大众传媒激活、变革、融合转型的发展史。1978年以来，中国社会从经济基础到上层建筑都发生了重大变化。广播媒体置身社会发展的浪潮，经过频率专业化、类型化改革，应对电视发展、互联网冲击，转型升级与互联网媒体融合，正走在创新发展、打造新型主流媒体的关键阶段。回顾过去，从以节目为核心的单项改革到探索整套节目的合理布局，从系列台的创建到频率专业化的纵深推进，再到融合时代的市场再细分，各家电台在实践过程中不断以市场需求为导向，充分配置内外资源，探索合理的运行机制。改革开放40年间，中国广播的内容生产、信息传播、组织运营以及管理模式均发生了巨大的变化，这些变化是对经济社会发展形势和传媒竞争环境的适应，也是对音频传播特性的挖掘和发挥。

一、从"报纸翻版"到"自己走路"：以节目为核心的单项改革

"文革"十年，除少量外事新闻和庆祝活动新闻外，广播电台几乎完全被取消了新闻采访权。[①]地方电台自办的节目很少，几乎全部转播中央人民广播电台（简称中央电台）的节目，而中央电台的节目多数情况下全文照播"两报一刊"（《人民日报》《解放军报》和《红旗》杂志）上的报道和文章。广播变成了报纸的有声版，"早上报摘，晚上摘报"是对当时电台形象的真实写照。

改革开放以后，中国的社会形势发生了巨大变化，置身商品经济复苏大潮，大众媒体亟待回到信息传播的正常轨道上来。1980年10月，第十次全国广播工作会议提出了广播电视要"坚持自己走路"的方针，要求广播电视要着重解决在宣传上"自己走路"的问题，广播媒体随后开启了以新闻为突破口的宣传改革。

---

① 赵玉明：《中国广播电视通史》，中国传媒大学出版社2006年版，第292页。

各家电台开始大规模调整节目，增加从消费者、市场角度出发的经济新闻、文化体育新闻和社会新闻。广东、北京等地电台改变过去地方新闻基本上靠剪报的状况，增加自采新闻的比例。北京人民广播电台成立了有史以来的第一个新闻部，采访队伍逐步壮大，到80年代初已达30多人，广东人民广播电台自采新闻稿件逐步增加到地方新闻的七成左右，中央电台自己采写的新闻稿件占到播出稿比例的50%以上。广播新闻的总量得到扩大，时效性有了提高，具有鲜明风格的广播评论得以回归，音乐与音响在广播新闻中的作用受到重视。在强化新闻和新闻性专题的同时，各家电台相继增加了文艺节目的比重，转播和播出了大量的文化活动，并相继成立文艺部，从音乐、文学、电影、美术、舞蹈等各个领域广泛取材，丰富音乐、戏曲、广播剧节目。此外，顺应人民生活和国民生产的需要，不断增设生活服务类节目，开办不同内容的教育性节目。以北京、广东等地电台为代表，沿着"面向基层、面向群众、面向生活"的思路，对广播节目从内容到形式做出大幅改革，推出了《听众之声》《生活顾问》《大众科学》《农村天地》《小说连播》《新闻之窗》等节目。地方电台节目逐步实现了由转播为主到自办为主，恢复和创办了一批较为贴合实际的广播节目，中央电台也在1985年提出"精办节目、提高质量"的改革设想。

这些改革在不同的节目、不同的范围取得了一定成效，但这一时期的广播改革只是有限的、局部的改革，仅限于节目层面。整体来看，电台的改革意识还没有完全契合社会发展的内在需要，"广播的总体结构、节目形式，还没有彻底改变50年代从苏联搬来的旧体例、旧模式。大多数节目是这个台播了那个台播，内容雷同，编播呆板，各台没有自己的特色，与听众的收听要求相差太远"。[1]及时拓宽对广播功能的认识，全面发挥广播优势为发展生产力服务，成为摆在电台面前的一个艰巨课题。

二、由"微观改革"到"总体效益"：探索整套节目的合理布局

1986年前后，中国报业出现了以数量增加为中心的第一次办报热潮，电视的影响也在逐步扩大，在竞争中提高广播的影响力和竞争力成为迫切之需。

1986年12月15日珠江经济台开播，1987年1月1日中央人民广播电台经过全面调整后的节目出台，这两件事标志着我国广播电视节目的改革进入了一个新的更高的阶段，即由单项改革进入整体改革。[2]

"在社会主义商品经济正在推动着中国历史车轮前进的今天，游离于为商品

---

[1] 白玲：《广播的跨域　广东广播插图史》，暨南大学出版社2012年版，第104页。
[2] 白谦诚：《广播电视节目十年改革的回顾与前瞻》，《中国广播电视学刊》1989年第2期。

经济服务的大众传播媒介是肯定没有出路的"。① 在最早实行对外开放政策的广东地区，广播率先感受到了冲击。改革开放不久，珠江三角洲地区相当多的听众特别是城乡青少年被香港地区的广播所吸引。香港的广播"同广东电台当时刻板单调的节目形式、不考虑听众需要的编排、远离群众生活的内容和居高临下的口吻，形成了强烈的对照"。广东电台对这种现象进行反思，得出"广播应当讲究总体效益，力求形成总体形象"的结论。② 从1985年起，广东电台开始着手以"频率"为单位的总体节目改革，于1986年12月推出了珠江经济台，该频率以服务经济建设为主旨，以中、低文化层次的听众和经济界广大生产者、经营者和消费者为主要对象，推出大板块节目，改变"录播"方式，启用主持人，开通热线电话，改变了30多年来国内电台一直沿用的节目结构和传播形式，开创了广播传播形态和话语语态的一次大变革。

1987年1月1日，中央电台经过一年酝酿和准备，按照"加强新闻、精办专题、搞活文艺、扩大服务"的思路，架构起以新闻为骨干，以文艺和专题为两翼，以服务型节目为补充的节目内容组合体系，特别是创办了融新闻性、知识性、服务性于一体的《午间半小时》和《今晚八点半》两档节目，采取了节目主持人的形式。《午间半小时》涉猎的内容都是广大听众普遍关心的热点问题、敏感问题，时代感强，雅俗共赏；《今晚八点半》节目以听众点播的内容为主，涉及音乐、曲艺、电影剪辑、人文知识等多方面内容，在广播界风靡一时。中央电台的节目改革在广播界影响很大，四川、浙江、吉林、河南、黑龙江等电台随后也对节目的总体布局做了较大幅度的调整。

中央电台和珠江经济台的改革，代表着当时广播节目改革的一股潮流，即从对单个节目的调整过渡到对整套节目的策划。各家电台在不断地探索中逐渐认识到广播除了具有宣传功能以外，还具有沟通信息的功能，包括扩大信息源、增大节目信息量、重视受众信息反馈、加强信息的双向流动等，成为当时新闻节目改革的主攻方向之一。③

三、从"局部调整"到"整体布局"：广播系列频率的创建

（一）时代背景：竞争与生存的激烈对撞

20世纪80年代末，广播的生存环境发生了显著改变。电视的迅速普及，直接冲击了广播收听市场。

据原商业部和中央广播事业局统计，1975年底我国各地电视机仅有46.3万

---

① 余统浩：《珠江经济广播电台的诞生和一年来的实践》，《中国广播电视学刊》1998年第1期。
② 余统浩：《珠江经济广播电台的诞生和一年来的实践》，《中国广播电视学刊》1998年第1期。
③ 白谦诚：《广播电视节目十年改革的回顾与前瞻》，《中国广播电视学刊》1989年第2期。

台，到1991年年底全国电视机已达两亿台。全国省级电视台全部开播，各直辖市、地市级电视台也纷纷成立。在北京，1983—1988年短短五年，电视就超过了广播的覆盖人口。看电视，成了人们生活中不可缺少的内容，甚至养成了习惯，电视的发展削弱了广播的地位，许多广播人才转投电视。与此同时，广播事业发展的内生需求激烈爆发，随着内设机构和人员数量的不断增多，办台成本陡然上升，各家电台都面临人、财、物等多个方面的缺口，江苏等地甚至出现了广播电台靠借贷过日子的现象。在天津，电台每年的事业经费不足日常开支经费的五分之一，还要承受事业发展、节目录制中心建设的沉重压力。在北京，当时北京市财政局每年拨款电台仅200万元，只能勉强维持人力支出，1991年起北京电台入不敷出，开始举债，到1992年共负债170万元。[①] 外有电视竞争，内有发展后劲不足，广播面临严峻的生存危机。

（二）经济广播的发酵和系列广播频率的创办

在珠江经济台的带动下，全国掀起了兴办经济广播的热潮。从1988年到1991年，短短几年时间全国已经有了14家经济广播台。[②] 经济广播不但通过播送广告取得收入，还开展咨询服务、信息经营、实业开发等活动，许多台的经费基本自给，从而为电台走自我发展道路探索出了一条路径。比珠江经济台晚几年出现的各地经济广播不仅在宣传业务方面进行了改革，而且对人事制度、分配制度、财务制度、行政后勤工作也进行了相应的改革。"经济台的创建是适应市场经济的发展应运而生的，而它的诞生，又为广播宣传如何服务市场经济，作为第三产业的广播传播媒体本身如何走向市场经济提供了宝贵经验。其他分台借鉴经济台的经验，从办节目到经营管理，都步入了一个新的天地"。[③] 在成立经济台的基础上，一些拥有多个频率资源的地方电台，办起了不同定位的专业广播，形成了"系列电台"。

早在1985年广东人民广播电台就设立改革目标，计划经过五年或者更多一点时间逐步将六个台（即六套节目）办成多层次、多功能的系列台，满足不同类型的听众的多方面需要，使听众在同一时间里可以选择收听不同内容的广播。在这一理念带动下，天津人民广播电台从1987年3月起对广播节目进行宏观的、整体的改革，按照系列布局的原则，到1993年共设有新闻、经济、文艺、教育

[①] 北京人民广播电台：《大音京华　纪念北京人民广播电台建台60周年》，中国广播电视出版社2009年版，第58页。

[②] 何光：《拓宽广播改革的思路　在〈全国经济广播电台研讨会〉上的总结发言（摘要）》，《中国广播电视学刊》1991年第5期。

[③] 宋银章：《蓬勃发展中的天津广播电视　适应市场经济发展　走一市多台的广播改革之路》，《中国广播电视学刊》1993年第8期。

四个中波台和音乐、文艺两个调频台。① 上海于1987年6月推出了一局五台三中心的新体制，初步实现了系列台的构想，到1993年上海人民广播电台先后成立了新闻综合、文艺、音乐、市场经济、交通信息、外语教学、英语、浦江之声等八个系列频率。其他具备条件的少数省、市纷起效仿，开始酝酿开办系列广播。相比广东、天津、上海，北京人民广播电台的系列广播筹建工作起步较晚，但行动迅速，自1993年起相继创办了新闻、音乐、儿童、交通广播，1994年又开办了文艺、教育广播，"用不到两年的时间一口气"完成了系列广播布局，形成七套播出频率七个专业台的播出格局。1995年，广东人民广播电台建成含珠江经济、音乐广播、卫星广播、文艺广播以及羊城交通广播、教育广播和股市广播在内的系列广播格局。

此时，我国的广播电台大都是大而全或小而全的办台结构，系统内部重复劳动现象严重，面对广播发展的低谷，必须加强对自身资源的开发和利用。系列广播频率的创建使得广播播出面貌焕然一新，广播节目越来越丰富，形式越来越生动，在多地引发强烈的社会反响。体制的初步转换，频率资源的优化，广播规模的初步形成，为电台实现经济增长方式的转变和创造规模效益创造了条件。②

四、从地方到全国：专业化改革的纵深推进

系列广播初创仅仅是在整体上完成专业化的布局，根据广播的不同社会功能，将各类节目按频率大体进行了分类，频率总体突出了服务功能，但是无论从频率定位还是节目设置来说还没有完成精准细分。世纪之交，广播媒体的专业化改革在全国范围内向纵深推进，表现在专业化改革在地理范围和改革深度上的双向拓展。

（一）既有系列广播频率定位的调整和完善

率先完成系列广播频率布局的电台不断针对广播运行中出现的问题进行调整。一是将频率间的差异定位进一步区分，明确各自的目标定位，如1999年北京人民广播电台提出"红绿灯"原则，严格界定各专业广播的所属领地，2001年又提出"绿地理论"，协调各专业频率主打内容和协调内容的比例关系。二是根据社会发展的需要，适时调整频率定位，如江苏人民广播电台在原有新闻综合、经济、文艺等系列广播频率的基础上，开设健康频率和旅游频率，北京人民广播电台先后把儿童广播合并到教育广播，把教育广播转型为首都生活广播，撤

---

① 宋银章：《蓬勃发展中的天津广播电视　适应市场经济发展　走一市多台的广播改革之路》，《中国广播电视学刊》1993年第8期。

② 吕浩才：《在加快"两个转变"中谋求发展》，《中国广播电视学刊》1996年第12期。

销生活广播，建立体育广播，持续优化频率资源配置。

（二）国家电台"破冰"："频率专业化、管理频率化"改革推出

一直以来，国家电台肩负着传递国家大政方针、引导舆论的重大责任，对节目采取谨慎改革的态度。

2002年，作为国家电台的中央电台改革开始"破冰"，开启了专业化大幕。中央电台实施"频率专业化、管理频率化"为核心的改革，完成了原有节目的重新定位，陆续推出了九套专业化频率。紧随其后，中国国际广播电台也陆续推出了轻松调频、劲曲调频和环球资讯广播三套专业广播。2003年1月，全国广播影视工作会议将当年定为"广播发展年"，要求加快广播频率专业化、节目对象化步伐，省级以上电台要按照频率专业化的要求，推出具有特色的专业频率品牌，同时每个频率都要打造出两个以上叫得响的特色节目品牌，力争广播收听率有一个较大提高。此次会议前后，广播频率专业化改革在全国迅速铺开，广播节目布局和节目形态发生了比较大的变化，广播的贴近性进一步得到体现，收听率不断提高，影响力逐步扩大。

（三）类型化广播频率的出现

频率专业化进一步向纵深发展，还表现为类型化广播的出现。2002年，中央电台推出的音乐之声称得上是国内第一家类型化、格式化音乐广播，它以播放流行音乐为主，音乐和主持人语言有严格的比例限制，节目以两小时为一个段落。自此之后几年时间里，国内涌现出大连音乐广播等20多个格式化音乐频率。格式化编排不仅出现在音乐类型广播频率，同时出现在新闻频率当中。2004年，中央电台第一套节目以"中国之声"呼号改版为新闻广播，采用大板块直播。

2005年开播的中国国际广播电台环球资讯广播属于全新闻广播定位，采用了格式化的编排方式，以一小时为单位，每小时又分为若干内容板块，全天即时滚动播出最新鲜的新闻资讯。国内其他一些打出全新闻广播旗号的电台也都根据自身情况对这种编排方式进行了引进，采取了半格式化的编排方法，如上海东广新闻、杭州新闻和江苏全新闻调频等。

（四）交通广播的崛起

随着道路交通经济的发展，我国汽车保有量迅速增加，各地出现开办交通广播的热潮，并"由东部沿海地区向西部地区推进，由经济发达地区向欠发达地区扩张"。[①] 据相关机构统计，1994年之前成立的交通广播频率占所有交通广播

---

① 谭天、赵敏：《中国广播亟待第三次升级转型 破解广播发展困局的思考》，《新闻记者》2012年第10期。

频率总数的 27%，1995 年至 1998 年间成立的占 33%，1999 年之后成立的占 40%，规模最小的交通频率仅 16 人，最大的达 116 人，"同城火拼、同城竞争"成为全国交通频率的总体格局。2003 年至 2006 年，交通广播的收入总额分别为 6.6 亿元、9.6 亿元、12.1 亿元、15.2 亿元。2006 年的收入总额比 2003 年增长了约 120%。① 交通广播的出现和迅速崛起标志着"中国广播从固定媒体转变为移动媒体，受众接收方式发生巨变，为广播发展打开全新思维空间"。②

五、从内容到受众：融合转型中的市场细分

距我国改革开放 30 余年后，广播媒体又迎来了新的发展时代，传播渠道借助互联网有了新的突破。这一时期，广播与互联网的融合有了阶段性积累，表现在各家电台推出了一系列互联网产品以及对各类社会网络资源的积极利用。推进媒体融合的过程中，广播行业继续进行着专业化、细分化的探索，基于受众需求的细分频率不断出现，节目与新媒体的联动增强。

早期的广播专业频率大都是以内容资源作为划分标准，如音乐频率、新闻频率、文艺频率等。随着市场竞争的不断加剧，基于受众需求的细分频率不断出现，其中最有代表性的是针对移动人群的市场细分。一些省级广播电台和城市广播在继续发展交通广播的同时，开始重点关注私家车群体的收听习惯，在内容与形式上进行了针对性的调整，私家车广播应运而生。经统计，截至 2013 年，我国省级广播电台设立私家车广播的一共有 12 家，分别为福建、河北、广东、广西、重庆、湖南、湖北、浙江、江苏、陕西、新疆、黑龙江；在省会城市中，有十家城市广播拥有私家车广播，如杭州、长沙、南昌、南京、昆明、济南等；另外，一些经济发达的重点城市，如深圳也设立了私家车广播。③ 在交通广播占据收听市场的最大份额的当下，私家车广播以一种更加细化、专业、高端的服务等获得了都市听众的信赖。

在广播类型化改革的过程中，故事广播的阵营不断壮大，到 2015 年年底全国故事广播频率已经接近 50 家。此外，以女性为传播对象的对象性广播节目不断涌现，目前中国已有近十家省市台开设了女性广播频率。还有与产业开发相结合的旅游频率也在一段时间内集中出现。2009—2015 年，北京人民广播电台研究发展中心每年都对全国 60 家省级和省会城市电台进行跟踪调查。统计显示，

---

① 谭天、赵敏：《中国广播亟待第三次升级转型　破解广播发展困局的思考》，《新闻记者》2012 年第 10 期。
② 赵多佳、许秀玲：《内容 受众 传播　广播专业化概论》，中国国际广播出版社 2008 年版，第 157 页。
③ 严文明、孙鹿童：《国内私家车广播的现状与发展》，《新闻前哨》2013 年第 9 期。

七年间 60 家电台共有 101 个频率的呼号或定位发生改变，新增频率 69 个。新开频率与定位改变频率，是各家电台对专业化布局的持续调整与完善。

2009—2015 年广播频率定位改变和新增情况

年　度	更名或改版（个）	新增频率（个）	总计
2009 年	6	13	19
2010 年	9	10	19
2011 年	6	10	16
2012 年	17	7	24
2013 年	13	7	20
2014 年	16	6	22
2015 年	20	11	31
2016 年	14	5	19
总计	101	69	170

新的频率定位注重契合互联网时代的信息接收习惯，在目标受众、平台创建、内容编排等方面都呈现出一些新的特点。如 2015 年 2 月 2 日，上海东广新闻广播全新改版，致力于"打造互联网新闻广播"，频率整体主要受众目标将由传统广播听众调整为互联网和移动用户，搭建全新的业务平台，逐步创建以东广新闻直播节目、互动为主的客户端、官方网站等，同时完善现有新媒体合作平台、官方微博、微信等，形成互联网新闻广播产品集群。

六、结语

每种媒体都有其独特的生存逻辑。改革开放 40 年来，中国广播持续推进体制机制的合理性构建，全面培育核心竞争力，逐步探索出一条顺应时代要求、符合广播实际的创新发展之路。在不断创新与改革中，我国广播完成了一次又一次升华，也在新的环境和挑战下进行着新一轮的调整和适应。在告别传统的广播事业发展模式过程中，在借鉴国外广播发展模式和不断探索中，我国广播发展具有自身的特点和规律。专业化改革尊重了广播媒介本身的规律和特点，使其从单一的"喉舌"中解放出来，展现丰富个性，凸显服务功能。从各地电台创新发展的实践轨迹来看，广播改革是有阶段性的。由于各地情况不同，电台之间有差异，阶段性改革的内容、突出的重点，也是不同的。各个阶段时间的长短，取得成效的大小，受到当地经济发展水平以及自身物质基础、人员素质、主观努力大小的影响和制约。不管哪种情况和成效大小，纵观全国多家电台改革的实践，大都由局部到全局、由点到面、由浅入深、由易到难，不断深化。广播媒体从单一走向多元的过程，是广播改革努力回归本体的过程，也是不断得到市场认可和接受的过程，广播革新和发展会顺着这一轨迹持续下去。

（作者系北京联合大学应用文理学院新闻与传播系副教授。本文系国家广播电视总局部级社科研究项目"移动互联网时代广播媒体经营策略创新"〈GD1726〉、北京联合大学人才强校优选计划项目〈BRHR20 8DS01〉、基础研究基金项目〈122139918290107121〉阶段性成果）

中国电视纪录片解说发展历程之成长期（1978—1992）

邢梦莹

距离 1978 年改革开放如今已有 40 年，在此期间，我国电视事业的发展经历了突飞猛进的变革。1958 年是我国电视事业的诞生年，从此开始了摸索与探究的道路，到改革开放时期，已积累了相关的经验与成果，为今后 40 年的电视发展奠定了基础。本文研究对象为中国电视纪录片解说，对其在改革开放 40 年间的 1978—1992 年的发展历程进行梳理与分析，从一个侧面出发，了解这段历史留给时代的艺术烙印。

对于中国电视纪录片解说的历史研究，需要建立在对中国电视纪录片历史研究的基础之上，解说之声附于每一个纪录片作品之上，不可独立视之。根据中国政治、经济、社会的发展阶段，再具体结合纪录片研究学者何苏六对中国电视纪录片发展历程的研究划分，将改革开放以后的纪录片解说具体划分为四个阶段——成长期（1978—1992）、突破期（1993—1998）、完善期（1999—2010）和多元化时期（2011—2018）。本文将从有声语言的角度，对其中之成长期（1978—1992）进行详细、具体的历史研究。

一、背景解读

（一）电视纪录片步入正轨

1976 年，持续了十年的"文化大革命"被终结，我国无论是经济还是政治都逐渐走向正轨，整个国家开始复苏。随后，"改革开放"被提出，中国人民从"文革"的阴影中走了出来，开始对未来美好生活有了憧憬。20 世纪 80 年代，每一位中国人都感受到了前所未有的人性自由，心中也对祖国的富强萌生了希望。在 1980 年 1 月中旬，邓小平同志提出"要尽快落实四个现代化建设"这一目标，为中国的发展勾勒出美丽蓝图。

刚刚经历完政治色彩浓重的时代，人们的思想也从禁锢的状态到获得思想解放的状态，人们逐渐有了话语权，开始纷纷表达自己的愿望和意见。最直接的体现就是在纪录片中开始以作者或片中某个人物说话为主要表现形式。在这种背景下，无论纪录片的样式有多么丰富，解说在纪录片中的地位始终有增无减。

20世纪80年代，大部分纪录片以政论性解说为主，究其原因，是因为政论性解说曾经是人们"消灭阶级敌人、团结教育人民"的主要途径，在新时代中成了"引导、鼓舞人民"的重要方式。改革开放，百废待兴。全国性电视传输网络在这一时期逐渐建立起来，我国电视纪录片也正式进入快速发展阶段。

纪录片在这个时期热衷于拍摄民族以及历史等宏大题材的内容，也是这一时期电视纪录片的一大特色。很多带有显著民族象征意义的文化古迹等成了最好的载体和对象。受社会思想的影响，人们的意识也开始觉醒。虽然在纪录片中还没有将个人独立作为主角进行拍摄，但已经有了个性化的具象出现。那种对民族精神象征的山河的写照，也赋予了极大的人文色彩。

随着时代的发展，人们对纪录片的"求真务实"要求越来越强烈，再加上拍摄技术的不断进步，促使我国电视纪录片朝着纪实性方向发展。纪实语言风格，对于纪录片的实质是非常吻合的。这种风格的出现，即刻被观众认可，在纪录片界也流行开来，成为后一时期主导性的潮流。

这种纪实性的语言产生并流行，还有两个国际性的因素不可忽视：一个是这一时期与日本电视机构的多次联合拍摄，他们的一些纪实思路与理念，极大地冲击了中国的电视纪录片制作者；另一个是受到这个时期来到中国的伊文思等国际纪录片人的言论的影响，为纪实美学的建立和流行做了美学理论上的铺垫。

在解说成长期之前的肇始期是一个特殊的阶段，从严格意义上讲，并没有走入正轨。因为它一方面依附于政治，另一方面依附于其他的电视节目形态。然而，在这一时期，中国的电视纪录片开始全面起步，所发生的一系列变化，成为后面几个时期的铺垫，也能找到一种逻辑勾连。

这个阶段可谓我国电视纪录片最富想象力、最有成效的阶段之一。不管是纪录片观众还是制作者，都被一系列纪录片巨著所折服、吸引、激励，将人们内心那种纯粹的爱国情怀充分激发，并在不断地探索和期盼中，以电视为媒介，构成了这一时期极其独特的人文景观。

（二）纪录片解说的觉醒

这一时期的电视纪录片人文色彩浓重，从过去声音刻板的、高调刺耳的解说向人性化转变。这种转变不是简单的技术改变，而是思想的改变，才会有解说样态的觉醒。

首先，是解说的声调明显下降，语速舒缓，节奏感强，情感把握得当。这一时期的解说在听觉感受上和前一时期差距很大，听起来非常舒适、自如。那种中音解说的回落，也是一种心态平和的表现，带给观众宁静、美好的享受。

其次，是在纪录片解说中能够将纪录片的内容做到纪实性解读，语言样态真实、自然，是一种叙述状态，达到了纪录片最本质的内涵。在以前的解说中，是不存在这种纪实性的表达方式的。而到了这个时期受到纪实性语言风格的影响，解说语言多以讲述为主，这种表达方式整体风格都是娓娓道来，和颜悦色的状态，深受观众的喜爱与追随。

最后，是解说中将观众定位为核心。此前，整个社会的核心是政治，电视的宣传以及纪录片主要功能也都是围绕政治而展开的。在解说当中，所面对的观众并非真正意义上的受众，而是宣传主体，灌输对象。电视与大众的关系是不对等的，纪录片解说也就自然呈现出高高在上、目中无人的语态，让观众有些难以接受。尤其是经历了那么压抑的时代，语言的受限，思想的禁锢，到了人文化时期，电视的主体功能有所改变，以交流传达信息纪实为中心，已不再是过去绝对的政治宣传阵地了。那么观众的地位就自然而然有了提升，达到和电视平等的关系。在一对平等的关系中进行对话，势必要进行信息的有效传播，那么对话的两端应该是"好好说话"的，否则无法将交流开展得和谐、顺利。这种变化让纪录片解说的语态趋于平和、松弛，说话时语气是舒缓的，语言创作表达是有明确对象感的，和观众的交流愉快、温暖、深情款款，把观众的诉求融入解说语态中。

在这个时期纪录片的功能变成了"鼓舞人民、引导人民"，对观众的感受是良好的，观众从解说当中体会到了自己被尊重、被重视的转变，有了前所未有的"主人翁"地位。虽然没有得到直接的话语权，但解说中的很多表达代替了观众的话语心声，是话语权的间接获得。这种解说语态带来的变化，对纪录片后期的发展延续了风格，奠定了基础。

二、经典作品案例分析：《话说长江》

这一阶段的纪录片中，带着研究的眼光去分析、比较这个时期与之前时期的解说，无论从解说风格、解说样态，还是观众对解说的感受，都进入到了一个新阶段。

解说是有声语言创作的重要组成部分，有声语言的创作对于一部纪录片的塑造，具有不可或缺的意义。如果一部纪录片缺少精彩的解说，哪怕拍的主题再精彩，再生动，都会让影片不完整，失去本身的色彩和魅力，达不到让观众彻底理解，以及完整地欣赏一部纪录片全部思想与内涵；而精彩的解说同样也会使一部纪录片在它原有水平和价值的基础上，增光添彩，最大限度地发挥纪录片的全部解读与精髓。

《话说长江》这部电视纪录片最早是在1983年8月由中央电视台播出，讲述长江沿岸地区的人文、地理情况。该片一经播出便受到了全国观众的热捧，一时间掀起了国家人文地理电视纪录片的拍摄热潮。

在《话说长江》中，人们对其极高的评价除了影片本身的主题内容之外，最重要的原因就是其解说的无比精彩。由于受本文的写作主题与篇幅的限制，主要从解说的角度对该纪录片进行详尽的分析。

从有声语言的角度观看《话说长江》，不得不说这是中国解说史上的一大成就。那种绘声绘色、娓娓道来的解说方式，一时间让观众感受到了有声语言的魅力，温暖了群众的内心。也为今后纪录片的解说确定了基调与学习的方向。

（一）作品背景

《话说长江》是系列电视纪录片，于1983年8月在中央电视台播出，它是中央电视台与日本私营的佐田企划社联合摄制的，一共25集，每集20分钟，每周播出一集。这是第一次以纪录片的形式，向观众呈现国家人文地理风貌。本章解说节选为第一回。

这部作品的总撰稿人是陈汉元，以自然人文的视角，纪实的手法拍摄长江的风貌，有自然的，也有人文的。《话说长江》让观众们体会到一种强烈的真切情感，一时间点燃了他们心中的爱国情怀。

借景抒情，叙述长江的种种风貌，自然与共的真实历史与现实，表达的是人们内心最火热的爱国情怀。因此，在这种背景之下，《话说长江》在解说创作上是下一番功夫的。既要自然，又要有所升华，而且还要不露痕迹，否则会令人反感，无法接受。这在有声语言的创作上难度是较大的，要么就平淡无奇，成了流水账的表达形式，要么就是讴歌、赞颂的爱国情怀的直接抒情，这两种极端的解说样式，都会让这部纪录片前期所有的努力毁于一旦。把握好这个度不容易，因此对解说的要求极高。

（二）风格

风格的确定能够使解说的表达找准方向，定好基调。解说的风格是离不开纪录片风格的，同时，解说词的风格也会对解说风格定位更为精准，对解说词的研究和分析，能够促使解说达到事半功倍的效果。

《话说长江》的解说词大量使用亲切的语言叙述，体现真正的"话说"，体现真正的人文色彩。在认真研究完《话说长江》的解说之后不难发现，其风格是朴实无华，真实深情的。解说中男女串词搭配自如，犹如两个老朋友在对话，更加符合朴实、真诚的语言表达风格。

恩格斯说："我们将观点隐藏在字里行间。"从《话说长江》中我们看到了笑脸、蓝天、绿树和白云，再配上生动的解说词，让观众体会不到丝毫的被强迫感。需要让观众在观看之后产生自然而然的爱国情怀，不要有任何宣传的痕迹，色彩越淡越好。遵循了这样的理念，对《话说长江》的风格也自然有所掌握，这种朴实、平凡的语言表达风格让观众感到十分亲切和自然，也是一种独特的审美体验。

（三）解说身份

《话说长江》是我国第一批主持人当中最为著名的两位朗诵艺术家陈铎和虹云为其解说。二位在解说这部纪录片时，以第二人称和第三人称交替的角色身份来解读。当以第二人称解说身份解说的时候，面对长江称之为"您"，似乎像是对长辈、智者的对话，解说带有浓厚的崇敬之情；当客观描述长江的种种特点与风貌时，以第三人称出现，在解说时表达较为细腻、准确，情感温婉而富有变化。

（四）解说语言表达样式

《话说长江》解说语言表达样式并非单一的，既有讲解型表达样式，也有议论型表达样式，还有抒写型表达样式等。在这多类型的解说语言表达样式中，有的地方是表达长江的恢宏气势，波澜壮阔的特性，那么就会是议论型表达样式，因此在这部分声音以实声为主，力度较强，吐字圆润，节奏凝重，情感高亢。这部分解说整体听起来严肃、庄重、大气。

有的部分是表达长江细腻、温情的特性，带给长江流域的人们福利与幸福生活，那么就会以抒写型表达样式为主，通常在这一部分中由于解说词以描写为主、抒情为辅，而且还会用到一系列名句，同时运用大量的排比等修辞方式。因此在这一部分中解说不仅吐字圆润，而且情感真挚。

还有的部分内容是纯粹向观众介绍长江的地理、人文、支流和历史等客观事实，所对应的解说表达样式应该为讲解型，主要任务就是讲解和说明。在这部分当中，解说应该耐心细致，多从受众的角度考虑，节奏适当，遇到了专有名词或生活中不常出现的词语时要适当减慢节奏，吐字清楚。经过耐心、热情、真诚的讲解，观众对长江的一些基本知识和情况有了基本的掌握，并萌生出对祖国大好山河的无限向往。

（五）解说词的段落位置（节选）

画面位置	解说词	解说提示
镜头在长江的轮船上随着江水快速的起伏拍摄出宏伟的画面；紧接着就是镜头在飞机上高空俯拍长江像哈达一样的画面，与之前的画面形成风格对比；随后转入青藏高原；最后镜头落脚为长江在阳光下无限延长的画面之中，为第一回《源远流长》的主题做出呼应，也为篇章的拉开做好引子。 　　镜头节奏整体适中，蕴含一种抒情、叙述的意味。 　　镜头随后进入唐古拉山，画面起初节奏明显加快；到中间往后部分镜头节奏转慢，均是俯瞰长江，向观众呈现长江的完整风貌。	（男）：您可能以为，这是大海，是汪洋吧？不，这是崇明岛外的长江！ （女）：您可能会联想到长长的飘带、洁白的哈达。是啊！多美呀，这也是长江！ （男）：如果说是三级跳远的话，那么，我们刚刚从长江入海的地方起跳，中间在三峡落了一脚，现在已经跳到世界屋脊的青藏高原了。 （女）：长江，就是从这儿起步，昂首高歌、飘逸豪放地奔向太平洋。 （男）：长江在这个世界上已经生活了千千万万个春秋，可他还是这样年轻，这样清秀！他总是像初生牛犊一样不知疲倦，永远充满着青春的活力。 （女）：长江发源于唐古拉山山脉的主峰格拉丹东雪山的西南侧。它从西到东，流淌在祖国大地的中部，稍稍偏南一点儿。 （男）：在从前的地理教科书里，说长江的长度是5000多公里。近几年来，经过我国科学工作者千辛万苦的实地勘测，获得了比较确切的数据——长江的实际长度是6380多公里。 （女）：从长度来讲，除南美洲的亚马逊河和非洲的尼罗河以外，长江就是世界上当之无愧的第三大河了。 （男）：长江的干流从青海出发，流经西藏、四川、云南、湖北、湖南、江西、安徽、江苏、上海一共十个省、市、自治区，最后注入东海。 （女）：长江的支流洋洋洒洒分布在甘肃、陕西、河南、贵州、广西和浙江。 （男）：整个长江流域的面积多达180万平方公里，占我国陆地面积的五分之一。	气势磅礴的《长江之歌》作为影片的前奏拉开了帷幕。开头抒情、柔美式的表达，男声声音清新淡雅，女声富有柔美而坚定的声音气质；开头语速舒缓悠扬，配合着长江在画面中的恢宏气势。波浪线处的女声情感的表达带有既细腻又抒情又豪迈的表达方式，充分表现出对长江的自豪之情。 　　这部分随着画面转入介绍长江的具体情况，如发源地、长度，长江干流和支流所流经的省份，流域面积等，解说语言以讲解型为主，语速较之前偏快，声音音调均为中声，听起来自然、舒适；男声和女声在节奏交替与过度中十分自然，配合默契；虽然是客观介绍讲解，但情感的饱满度和真诚度一点儿也没有省略，声音充满温情。

（六）解说的速度和节奏

根据对《话说长江》的风格、解说语言表达样式的分析，以及题目"话说"的定位，可以确定这部纪录片的解说语速是适中的，甚至有些地方的表达是偏慢的，方能把本片柔情、温暖、叙述的状态表达到位。配合整体风格的一致性，节奏主要也是和缓、平稳的，不会有太大的起落变化。

三、陈铎与虹云的"话说"式解说

在 80 年代电视观众的记忆中，对陈铎和虹云的名字并不陌生，他们杰出而富有特色的有声语言表达风格为那个时代的观众带来了共同的审美与记忆。即使是在当下商业化快速发展的时代，再次回顾陈铎和虹云的作品，不禁令人产生无限的敬佩之情，将当下的心绪立即带入对那个时代的美好向往之中。

陈铎在解说《话说长江》之前，曾参与解说过另外一部非常重要的纪录片《丝绸之路》。在《丝绸之路》中，陈铎是该剧的主要解说，由于这部剧是中日合资共同拍摄的，在将该剧拿到日本编辑时，日本震惊于中国居然还有如此精通于讲述之道的解说人员。

陈铎 1939 年出生在上海，1961 年毕业于复旦大学新闻系，是中央电视台著名节目主持人。在 1958 年，时值 20 岁的陈铎如愿以偿地成了一名电视工作者。由于个人的独特经历，使他对中国电视的创作独具个人风格与魅力，在解说表达上也会因其个人经历与学习经历的共同影响造就了不可复制的艺术表现力。

见过陈铎本人或观看过他主持节目的人都会对他产生极为深刻的印象。戴着眼镜，满头银发，清秀的面孔上总是呈现出和蔼可亲的微笑；穿着大方得体，显示出他对生活的热爱与讲究；为人谦虚和蔼，工作一丝不苟。这些特点塑造出了陈铎儒雅大方的知识分子气质，这在中国传统男性以往的印象中并不常见，也使他备受广大电视观众的热爱与尊敬。

声如其人，陈铎的个人综合素质与较高的文化修养，造就了他对电视工作总是全身心投入，并且带有一颗热情昂扬的赤子之心。研究过陈铎的解说后不难发现，他的声音里始终都不会有那种粗犷豪放的状态，即使是表达长江的壮美之景，也是带有细腻与温婉的色彩，向来都是娓娓道来，平等表达。其中印象最深的一个细节，就是陈铎对解说词中多次出现的感叹词的处理，没有一处是使用实声的处理方式，都是用极细腻感情，从内心深处酝酿、沉淀后发出来的一声叹息，轻柔、温和，又不失浓郁的感情，极具个性化表达样式。结合整体的解说风格，陈铎的解说带给观众的是听觉享受，没有压力和强迫式接受。这种独特的男声解说的话语样态，与解说创作的表达要求高度契合，在解说历史上并不多见，是宝贵的财富。

而虹云的解说特点又有不同。虹云是我国著名的播音员和主持人，1944 年出生于北京，18岁的她在北京广播学院（现中国传媒大学）播音专业毕业。毕业后在中央人民广播电台播音部和综合节目部做播音员和主持人。虹云参与配音和解说的作品众多，有《话说长江》《话说运河》《我爱祖国山河美》《伏尔加日记》《中华文明之光》《情系毛泽东》《新中国外交风云录》《将军世纪行》等众多纪录片，给观众带来了无数优秀作品，深受群众喜爱。

研究过虹云的解说特点之后，不难发现她的音色出众，洪亮通透，富有个性，听起来动听悦耳。虹云在《话说长江》中的解说与陈铎配合十分默契，尤其在对话式解说的表达中，衔接流畅自如。作为女性，虹云解说的声音不但是柔美的，而且在这当中更体现出了一种特有的坚定。在进行有声语言创作时，她的感情始终是保持饱满而热烈的状态。《话说长江》的内容丰富，感情有细腻、有高昂、有平静、有温婉等，在众多感情变化中，虹云能够准确把握，并及时做出声音创作上的调整，将长江的风情万种表现得淋漓尽致。

总而言之，陈铎和虹云的解说为《话说长江》的成功立下了汗马功劳，如果没有他们的精彩绝伦的语言创作表达，这部纪录片会显得黯淡无光，更不可能成为我国电视史上的经典之作。这种经典是不可复制的，为今后电视纪录片解说指明了方向，创立了学习的范本。他们二人的解说风格各异，但又有相似之处。

首先是"话说"。题目的"话说"点明了整部片子的核心，即所有的解说词和有声语言的创作，都要符合叙述的状态，娓娓道来，不矫揉造作。基于这样的根本，陈铎和虹云的解说完美地达到了这个要求，诠释到位。但"话说"并没有降低解说的表达美感，朴实中始终带有浓厚的艺术色彩，"话说"之余含有"朗诵式"，即使是将《话说长江》的解说单独欣赏，也完全可以成为一部优秀的朗诵艺术作品。

其次是"柔中带刚"。根据对陈铎和虹云的解说研究，可以发现二者的语言表达都是属于柔和、温情式的解说特点，但在这种"柔"中，却并不缺乏力量，柔中带刚的创作表达为《话说长江》带来了丰满的情感和表达的多样性。

再次是"张弛有度"。这种张弛有度的声音表达特点，需要具备有声语言扎实的基本功基础，即声音弹性和语言功力。他们两人对电视的特点都不陌生，尤其是虹云作为播音专业科班出身，对于有声语言的创作技巧了然于胸，甚至在仔细辨别二者解说的声音特点后，能够感受到虹云的声音样式中带有一定的播音专业特有的声音痕迹。

最后是"目中有人"。说是目中有人，实则是心中有人，这个"人"就是观众。相对于人文化时期的纪录片解说，政治化时期和观众的关系是不平等的，那是一副高高在上、目中无人的状态。而到了人文化时期，纪录片解说的变化非常大，从那种极端的状态到对观众重视和尊重的状态，表达了一种平等友好的关系。从解说的声音样态和表现方式中都是能够明显体会到的，语气的和缓，节奏的适中，音调处于中声状态等这些变化，都能给观众带来舒适的感受，加之情感的真挚、含蓄的抒发，将观众自然而然地带进了《话说长江》所要表达的真实主旨——爱国主义情怀中。这种软实力的运用是最为有效，最深入人心的。《话说长江》的成功不是偶然，精彩的解说也不是运气得来，这都是基于时代的选择，人才的培养，这也是对每一时期的纪录片解说成就的最好概括。

（作者系清华大学新闻与传播学院博士后）

在变与不变中体现时代担当

——由《新闻联播》看中国电视新闻的改革路径

冯 华

当前，随着媒介技术的快速发展，受众群体的关注度与信任度越来越成为稀缺资源，以电视媒体为代表的传统主流媒体正面临前所未有的挑战。本文试选取电视新闻这一电视媒体最具代表性的节目类型，以《新闻联播》的新闻报道为研究样本，从分析《新闻联播》"不变"的动因及表现入手，着重对《新闻联播》的形式与内容之"变"做出解读，并对我国电视新闻改革的发展趋向做出分析和研判。

一、《新闻联播》：中国电视新闻的标杆与旗帜

作为中国电视新闻的标杆与旗帜，中央电视台《新闻联播》于1978年1月1日正式开播。同年，党的十一届三中全会这一具有里程碑意义的重要会议在京召开，自此，《新闻联播》承担起了记录历史脉动的使命。从1982年9月1日起，凡重大时政消息均由《新闻联播》首先播发，标志着《新闻联播》独立的新闻发布机构地位的确立。1991年9月1日，《新闻联播》通过国际卫星频道覆盖全球，为世界范围内的受众所知悉和了解。

从先前的《新闻简报》与《电视新闻》脱胎而来，《新闻联播》是应党中央"提高宣传质量"的总体要求而创立，其新闻内容呈现的不仅仅有国情，更是关乎国运。有学者评价说，《新闻联播》内嵌于中国政治中枢神经里，是"一种国家意识形态的视觉文化的产物"，其第一位的诉求是"政治本位"。长期以来，广大电视观众更习惯性地认为，当《新闻联播》发布和评说一则消息时，通常代表着党中央对这一事件的"定调"和表态。

从栏目形态来看，《新闻联播》40年的发展历程，先后进行过五次较大幅度的改版，成为引领中国电视新闻改革的风向标。有学者评价2013年改版后的《新闻联播》，认为其新闻信息时效性不断增强、内容更加丰富、播报形式趋向多元化，"以新闻为本位"的特征日益凸显。通过对《新闻联播》历次改版进行

分析，笔者认为，一方面，《新闻联播》作为电视新闻节目的信息传递功能正在逐渐强化；另一方面，《新闻联播》传播主流意识形态的政治仪式功能仍是其立身的根本所在，这一特征体现在节目的编排模式、叙事形态、主持风格当中，并且在与电视观众的理念互动过程中不断得以强化。

二、主流电视媒体"不变"的时代使命与担当

2016年2月19日，习近平总书记到中央电视台调研。在导播间、演播室里，总书记与《新闻联播》的编播团队成员进行交流，鼓励编播人员将工作做得更好。从一定意义上说，《新闻联播》不仅仅是一档电视新闻节目，更具有在时政新闻乃至整个电视新闻领域的特殊符号意义，40年的发展历程正是充分体现了作为主流媒体"不变"的使命与担当。

（一）立足宏观视角，为治国理政提供智力资源

在我国，电视媒体是党的新闻事业的重要组成部分，处在意识形态领域的前沿，是治国理政的重要资源。对于《新闻联播》而言，立足宏观视角，坚持党性原则和正确舆论导向是它的首要"句法"。以《新闻联播》"乡村振兴"系列报道为例，党的十九大报告首次提出要实施"乡村振兴战略"，同时把"实施乡村振兴战略"作为建设社会主义现代化强国的七大战略之一写进党章，赋予突出的重要地位。这一战略是加快农业农村现代化、提升亿万农民获得感、幸福感的必然要求，为新时代农业农村改革发展指明了方向，明确了重点。在这一背景下，《新闻联播》播出了一系列重磅新闻报道。例如，《四川："农民夜校"促乡村振兴》（2018年4月1日播出），报道内容是为了办好农民夜校，四川组织了强大的师资力量，农业科技人员、学校老师、致富能手，只要讲的有用，都能上台。授课形式也是灵活多样，农民们可以在线学习。

（二）传播主流价值观，助力社会主义先进文化建设

英国文化研究的先驱雷蒙·威廉姆斯认为，电视改变了大众对现实的认识，进而改变了人与人、人与社会之间的关系，再现了一种真实的情境。电视媒体作为整个社会文化建构的重要力量之一，《新闻联播》的传播活动更具代表性和实践意义，即通过传播主流价值观，对广大观众的价值观念、思想意识发挥引导作用，从而对于整个社会的文化建构产生积极效果。例如，【学雷锋 我志愿】《王华堂夫妇：并非亲骨肉 胜似真父母》（2012年03月25日播出）这条新闻，讲述了山东省蓬莱市退伍老兵王华堂夫妇43年收留并抚养了一名"脑瘫弃儿"的事迹，观众为两位年近八旬老人的善良动容的同时，也对老人身上体现的中华民族的传统美德产生了认同。

（三）反映基层民生，发挥新闻媒体的社会服务功能

群众性原则是我党的一项根本原则。在我国，新闻事业都属于人民，新闻媒

体的最高宗旨就是全心全意为人民服务。《新闻联播》在立足宏观视角的同时，适时报道与基层民生紧密相关的新闻。例如，为保障和鼓励广大农民的种粮积极性，《新闻联播》播出了《我国将建立稻谷生产者补贴机制》（2018年04月17日播出）。新闻中提到，为了保障农民种粮的利益，2018年，国家继续在稻谷、小麦主产区实施最低收购价政策。国家继续下调稻谷最低收购价水平，同时将配套建立稻谷生产者补贴机制。再比如，2018年1月28日播出的《新闻联播》对河南省在全国率先推出大病补充医疗保险制度进行了报道。具体来说，自2017年6月起，河南省在基本医保、大病保险之后，对贫困户在内的困难群体医疗费用给予再次报销，大幅度减轻了群众的看病负担。

三、《新闻联播》之"变"：从形式到内容

近年来，《新闻联播》改版之后，其形式与内容都发生了显著变化，以实际行动回应了社会公众对中国电视新闻创新与变革的期待，也彰显着中国电视新闻媒体人的创新与智慧。

（一）深化"以人民为中心"的理念，报道角度和手法更加贴近民意

"人民对美好生活的向往，就是我们的奋斗目标。"习近平总书记提出的以人民为中心的发展思想，成为我国宣传思想文化战线的基本指针和遵循。他还对宣传思想文化工作创新提出了具体要求："受众在哪里，宣传报道的触角就要伸向哪里，宣传思想工作的着力点和落脚点就要放在哪里。"随着我国电视新闻改革的深入，《新闻联播》将"以人民为中心"的理念贯彻到实践当中，近年来推出了一批富有感情、直指人心的优秀电视新闻作品。具体来说：强化服务意识，将姿态放低，将视点下移，将话语权交给广大的普通受众，真正让新闻反映基层现实，贴近民意心声；强化时代观念，用电视镜头及时准确地捕捉新时代中国老百姓的生活变化，让人民的声音有更多传播的机会，让电视新闻报道更大程度上回应民众诉求。

2017年春节期间，《新闻联播》推出了题为《厉害了，我的国》的组合式报道，报道都是以网络流行语作为标题，报道角度和手法更加贴近普通受众。从报道对象来看，《厉害了，我的国》将选题聚焦在除夕夜坚守工作岗位、守卫祖国海防边疆的普通人身上，彰显他们的敬业与奉献精神。节目还进一步对拍摄手法进行了创新探索，第一次邀请被采访对象手拿自拍杆，拍摄自己生活的点滴与感悟。再比如，2017年五一劳动节期间，《新闻联播》推出了系列报道《晒晒我这行》，新闻素材的采集同样是来源于公众的自拍。可以说，《新闻联播》将镜头主导权交给受众这一举措，正是传达了国家级电视媒体平台与广大社会公众拉近心理距离的态度与意愿。

（二）发掘电视新闻报道的传播优势，构建更全面立体的"直播现场"

重视现场报道是《新闻联播》在电视新闻改革方面的一项重要举措。2018年除夕，《新闻联播》引入了十几路现场报道信号，对全国各地的春节景象进行实时展现，构建了更全面立体的"直播现场"。综览近年来的《新闻联播》新闻报道，我们发现，当国内重大事件发生的时候，《新闻联播》都会采用记者现场报道或者现场连线报道的方式，通过直播，将新闻信息以最快的速度传递给电视观众。此外，值得关注的是，《新闻联播》报尾阶段和开场阶段的处理手法较之以往更加灵活多样，引入实时电视信号的频次也有所增加。例如，在春节、中秋节、端午节等节假日或民俗节日里，《新闻联播》的报尾阶段都会采用展现祖国大好河山的景观镜头来增强节目的视觉效果，以此烘托节日氛围。另外，近两年除夕之夜的《新闻联播》，都改变了"片头曲+主持人口播提要"的固定模式，而是以实时画面来作为节目的开场，采用了"一连串实时景观画面配合主播解说"的开放模式。

（三）综合运用多元化传播符号，播报语态更富人情味

从传播学的角度来看，符号是"意义的各种系统，人们用信号（姿态、广告、语言、食物、物体、服装、音乐，以及其他许多够格的东西）来交流或试图交流的手段"。而传播符号分为语言符号与非语言符号，并且有高语境与低语境之分，"归属高语境文化范畴的社会个体在传递信息和表达感情方面，偏好采用间接、含蓄的方式，并且羞涩内向，不善于进行自我表现；而归属低语境文化范畴的社会个体则偏好采用直白、坦率的方式来做沟通，比较外向，热衷于进行自我展示与表现。"笔者认为，当下新的媒介环境中，若要最大限度地取得最好的传播效果，就要尽量运用低语境的传播符号。《新闻联播》努力改进主播播音语态，拉近与受众距离，让主播的播音形式和出镜样态更具时代感，让播报语言更接地气，更富有人情味。试举一例，2014年1月1日播出的《新闻联播》，结尾给广大观众留下了深刻印象，主播在画外音中说："朋友们都在说，2013就是爱你一生，2014就是爱你一世！那就让《新闻联播》和您一起传承着一生一世的爱和正能量吧！"这句富有人情味的表达引起了很大的社会反响，广大观众尤其是网民群体给予了一致好评。

（四）顺应媒体融合的发展趋势，"大小屏"优势互补相互借力

在媒体融合发展的新的时代背景下，以电视端带动移动端，以大屏拉动小屏，正在成为电视媒体发展的必然趋势。2017年11月，央视新闻客户端V7.0正式上线，首页界面风格简约，内容涵盖了热点栏目和视频，在观看流畅度和直播、分享服务方面都做了优化升级。近年来，《新闻联播》在电视新闻报道的呈现过程当中，也一直在探索与新媒体之间的相互借力。从2013年开始，《新闻联

播》的节目内容中经常出现体现互联网思维的"大数据"专题报道，这正是传统媒体与新媒体融合互联的一个体现。例如，在2018年《新闻联播》的"数据说春运"环节当中，节目用翔实的数据生动勾画了春节期间全国范围内人口的迁徙方向图，并对人们的迁移方向及动因进行了解读。可以说，这种数据化的新闻呈现方式既直观又形象，使电视新闻具有了更强的"可读性"。

四、构建认同：《新闻联播》对电视新闻改革的启示

2013年，在全国宣传思想工作会议上，习近平总书记对宣传工作提出要求："关键是要提高质量和水平，把握好时、度、效，增强吸引力和感染力，让群众爱听爱看、产生共鸣，充分发挥正面宣传鼓舞人、激励人的作用。在事关大是大非和政治原则问题上，必须增强主动性、掌握主动权、打好主动仗，帮助干部群众划清是非界限、澄清模糊认识。"2016年2月19日，习近平总书记在党的新闻舆论工作座谈会上进一步指出，团结稳定鼓劲、正面宣传为主，是党的新闻舆论工作必须遵循的基本方针。从一定意义上讲，在新的媒介环境和社会环境下，《新闻联播》所承载的构建认同的政治仪式功能更重于其信息传播功能。

所谓政治认同，是将人们凝聚在一起的重要力量，在政治生活中发挥着至关重要的作用。第二次世界大战之后，美国一些学者率先将认同理论引入到了政治领域尤其是政治心理研究领域，并进行了相关的系统化研究。在我国，有学者对社会转型期我国社会公众的政治认同现状及特征进行了分析，指出目前我国社会公众的政治认同呈现出"由情感层次到认知层次，由盲目感性到自觉理性"的特征。与此同时，也呈现出"政治组织认同弱化、政治制度认同式微、政治运作认同削弱、意识形态认同危机"等现象。基于上述，笔者认为，《新闻联播》从内容到形式一系列改革的努力与探索，对于当下中国的电视新闻改革都具有较强的启示意义。具体体现在：

首先，坚守对于"新闻性"追求的不懈努力，是新时代中国电视新闻改革的立足点。从根本上来说，作为国家级电视媒体平台最有影响力的新闻节目，《新闻联播》通过不断创新传播理念和传播思路，切实提升新闻信息生产和传播的质量，从而更好地吸引和聚合受众，引导受众自觉自愿接受节目所搭建的符号系统和语义体系，进而形成关于自身、国家和世界的美好愿景，引发认同和共鸣。具体而言，在管理理念层面，通过针对目前电视媒体组织内部的条块界限进行调整和优化重组，明确责任主体，加强配合协同；在技术创新层面，通过进一步探索媒介融合的科学路径，继续发掘已有系统和设备的潜能；在人事管理层面，通过进一步完善对于包括记者、编辑、技术人员等在内的激励机制，打造一支有思考力、创新性、有热情、愿奉献，既熟悉电视新闻传播规律，又对新媒体环境下的传播技术和传播方法有所掌握的电视新闻媒体从业队伍。

其次，以仪式感凸显主流意识形态，才能更好肩负起时代使命，实现"新闻文本"与"政治文本"的平衡。涂尔干在《宗教生活的基本形式》对仪式的意义有这样的论述："任何社会，人们都会感到，有必要定期按时地确认和强化集体意义和集体情感，唯有这种意识和情感方能使社会获得其人格性和统一性。而这种精神的重新塑造只有通过聚集、聚合、聚会等形式得以实现，由此产生了仪典。"毋庸置疑，立足于我国国情与发展实际，在电视新闻改革的道路上，以《新闻联播》为代表的电视新闻节目，肩负着承载国家意志、体现政府意图、展示社会规约、体现民生诉求等多重使命，而不能简单地将新闻专业主义设置为其改革的全部目标和方向。具体而言，中国的电视新闻节目需要花大力气，对我国社会主义现代化建设事业的新成就、新进展，以及在事业发展进程中做出贡献的优秀人物和先进经验进行宣传报道，构建弘扬社会主义核心价值观和正能量的"叙事"框架。只有通过这种日积月累的话语体系建构，才能巩固其作为不同民族、语言和文化的广大民众每日一次的"精神盛会"。

再次，形式的突破最终要回归内容的升华，既要做好正面宣传，又要增强感染力和吸引力。笔者认为，《新闻联播》在不断改革和创新过程中所做的更具"新闻性"的努力，就其本质而言是为了能够更好地服务于其"仪式性"和"宣传性"。具体到电视新闻的实践业务层面，《新闻联播》的改革是一个循序渐进的探索过程，目前已做的探索和努力（例如创新制播思维、丰富表现手法、增强画面和语言的感染力等）值得肯定和坚持，但是形式上的创新突破最终要回归内容层面的理念升华，电视媒体的技术革新也要回归到节目品质的提升上来，在语言的低语境化、编排思路的大众化、叙事方式的故事化等方面要继续探索和深挖，使电视新闻节目既能体现本土特色又能彰显国际化风范。除此之外，还要充分发挥媒体融合、互动传播的优势，构建多个平台、多种形式的立体化传播矩阵，促进优质新闻内容的有效跨屏传播，彰显我国电视新闻品牌的专业性、影响力和号召力。

（作者单位：河南广播电视台民生频道）

从类型化电台到互联网音频媒体

——"珠江模式"30载广播的变革与转型

武 鹏

一、引言

从世界上第一座广播电台发声至今,广播一直以无线电波作为传输媒介,在日常的节目生产中致力于听觉元素的传播。随着数字技术的进步和视觉传播时代的降临,传统广播已经逐渐丧失过去的技术和渠道优势,面临行业的重新洗牌。

"珠江模式"作为中国广播改革史上浓墨重彩的一笔,其改革策略和核心价值一直为人们所津津乐道。30年前诞生的"珠江模式"给广播业带来了最为深刻的一次改革,30年后传统广播只有再次进行内容和体制的革新,才能在未来竞争中保持和提升主流媒体地位。

"珠江模式"所代表的广播创新精神,放在今天的传播语境中依然有着重要的借鉴意义。本文将回顾"珠江模式"的渊源,同时梳理改革30年来媒体环境的变迁,以期探索出对建设新广播的启示。

二、"珠江模式"的内涵开掘

1986年,是珠江经济广播电台的开播之年,也是所有广播人为之怀念和记忆的历史时刻,它开启了此后30年中国广播事业崭新的篇章。

以主持人、大板块、直播化为特点的"珠江模式"犹如一面旗帜,率先打破综合台一统天下的局面,在全国迅速掀起了创办类型化电台的风潮。过去,电台主播对听众来说是神秘且遥不可及的。改革后,全国涌现出一批"觉悟高、素质高、技能高"的明星主持人,他们的名字随着新闻、谈话、音乐等不同类型的节目走入千家万户。[①] 电话的普及为听众参与节目提供了物质条件,听众热线将过去单向传播转变为双向互动,从而形成了广播收听的反馈机制。从录播到

---

① 陈彩虹:《回首广播"珠江模式"改革二十年》,《视听界》1998年第6期,第16-17页。

直播的改变，考验的不仅仅是主持人的应变能力，更带来广播节目质量的飞跃。"珠江模式"的创新举措使广播在电视媒体的挤压下获得生存空间，诞生了一大批精品节目，甚至为电视培养和输送了许多优秀媒体人才。

"珠江模式"一词在探讨中国广播改革创新的文章中从未间断过。曹璐教授认为，研究"珠江模式"的价值绝不仅限于它的外化形式，而要对其内涵进行科学的、辩证的、历史的总结。[①] 首先，"珠江模式"的诞生并非偶然，它是顺应历史和时代的产物。20世纪80年代，正值国内改革开放初见成效，也是思想大解放、大融合的黄金时期。珠江地处改革开放前沿，较早体验改革开放的思想成果，从而引发观念的变革。其次，"珠江模式"懂得科学地认识和把握传播规律。麦克卢汉曾说，收音机的域下深处饱和着部落号角和悠远鼓声那种响亮的回声。"珠江模式"使广播突破了多年来有声版文字传媒的束缚，进入广播独具的听觉信息传播运作模式，构建了有探索性价值的结构模式和创新思路。"珠江模式"最具意义的贡献，还在于它使广播真正成为糅合心灵与社会的共鸣箱。听众热线开通后，广播凭借亲切、贴近、可信赖的形象，成为人们获取信息、表达情感、宣泄压力的渠道，同时兼顾宣传工具和社会服务两种功能，并借此实现了经营方式的转型。

越深入开掘"珠江模式"越能体会其魅力所在，但随着社会环境的变化，尤其是网络媒体的兴起，改革浪潮过后所遗留的问题逐渐显现，接下来我们将探讨一个新时代的来临，广播应如何应对？

三、广播4.0时代的到来

在互联网技术的改造下，广播呈现出了全新的形态，代表着移动数字技术的"广播4.0"概念应运而生。"珠江模式"虽在调频时代赋予了广播一次新生，但并非一剂万能灵药，我们仍需用变化的眼光将它置于新的媒介环境中考量。

变化之一，是即将到来的智能化时代。"珠江模式"之后，首先我们关注到的就是媒介技术的变化。目前，广播受新媒体冲击较小，这是因为新技术并未占据渠道优势，但随着技术更加智能化，能否抢占更多场景终端决定着广播的生死存亡。苹果、谷歌等科技公司正在与多个汽车品牌合作，积极研发智能车载系统，意在攻克车内娱乐空间。喜马拉雅电台正试图接入智能冰箱、智能马桶、智能时钟等多个居家生活场景，以实现更丰富的场景覆盖。作为最为经典的场景媒体，广播通过无线电将声音传送到收音机，是我们路途或深夜最信赖的陪伴。在数字技术的改造下，广播能提供给听众的不仅是陪伴，更要向服务和社群延伸。

---

① 曹璐：《关于"珠江模式"》内涵的思考——珠江经济台成立十周年有感》，《中国广播电视学刊》1996年第1期，第61－63页。

变化之二，是用户需求的改变。没有任何一种媒介是全能的，都有优势和不足。广播的缺陷在于形式单调，只有声音没有影像，与可视化媒体越来越重视视觉冲击的体验价值相比，广播的优势恰巧就在于它所能提供的内容深度和想象空间。回顾往昔，我们慨叹"珠江模式"所创造的辉煌，也在期盼下一个令广播再次腾飞的历史时机，或许这个新的机遇就是知识经济的繁荣。与"珠江模式"所处的时代背景不同，人们开始越来越重视知识广度和实用性，也就是说广播内容生产必须更为实用和精致。专业化的在线音频生产成为目前广播业转型的一个重要趋势，其中用音频交付知识是最主要的突破方式，以"逻辑思维"为代表的专业音频生产者（PGC）逐渐崛起并占领市场，喜马拉雅的"付费频道"是目前最被看好的频道。

四、思考与启示

新的模式还在初建阶段，广播媒介属性的确认尚待时日，为了进一步深化广播媒体的融合与转型，需做好以下三件事。

（一）打造优质声音产品

在媒介竞争白热化的阶段，广播的核心竞争力是什么？如何找准广播的媒体定位？这些都是新一代广播人正要试图解决的问题。广播不仅要积极寻求新的内容传播渠道，更要发挥音响优势，在声音上寻求创新，这就是核心竞争力。[①] 广播亟待进行二次改革，内容的精致化已经到了刻不容缓的地步。2016年中央人民广播电台制作的《致我们正在消逝的文化印记》《中国声音中国年》等优秀广播节目，既是"广播里的大片儿"，也向世界描绘了"声音里的中国"，受到广泛好评。由此可见，广播想要立于不败之地，就要做出独特的、精致的、直击心灵的优质声音产品。

（二）和年轻人玩在一起

"珠江模式"把类型化电台的运作思维引入国内，一个成功的类型化电台要清楚受众是谁？需求是什么？自己的机会在哪儿？反观国内电台现状，大多数都停留在类型化电台的初级阶段，究其原因，就是不够市场化。[②] 中国传媒大学王宇教授进一步分析了当前广播用户媒介消费习惯的不同：60后、70后用户更强调实用，80后、90后用户更看重好玩。她认为只有认清这些差别才能更好地争夺新用户。[③] 目前校园广播是一片尚未开发的蓝海，建议可以尝试积极探索青年

[①] 方毅华：《打造新型广播 勿忘声音为王》，《中国广播电视学刊》2017年第2期，第6页。
[②] 《跟杨幂学做类型化电台》，http://www.sohu.com/a/195557195_738143
[③] 戴佶杉：《探寻新媒体时代广播的融合发展之路——广播创新发展高端论坛综述》，《中国广播电视学刊》2017年第2期，第131-132页。

广播与高校联动的创新路径，挖掘潜藏在高校中的广播人才，创造更多富有活力的广播内容。

（三）强化社会服务功能

电话热线为听众参与节目提供了便利，变单向传播为双向互动，此后广播不仅是宣传工具，还筑起了一座服务沟通的桥梁。全国各地的交通台就是一个很好的例证，通过与本地交警部门联合办台，为市民生活和出行提供便利，在百姓中一直享有良好的声望。但这些年很多电台机械照搬"珠江模式"，许多主持人沉浸于自己的明星光环之中，致使服务意识淡化，和听众的距离越来越远。深化广播改革的当务之急，便是重申广播的服务属性，真正做到深入社群，走入百姓，利用圈层传播增强用户粘性，方能实现经济效应和社会效应的双赢。

与十年前珠江经济台创立之初相似的是，我们又一次站在了时代的拐点，前辈广播人用他们的热爱与勇气开创了中国广播辉煌的十年。而下一个十年是重生还是没落，将由我们自己亲手来创造。

（作者系湖南师范大学新闻与传播学院讲师。本文系2015年度湖南省教育厅项目"新语境下的'新广播'转型研究"〈15C0852〉阶段性成果）

中国广电改革 40 年中的十个关键节点

郑勇华　杨　伦　李德品

一、第一条商业广告播出——广播电视面向市场经营的序幕

改革开放前，我国广播电视一直处于计划经济体制之下，运行主要依靠财政拨款和间接的政府补贴，没有明确的经营创收任务。1978 年，我国进行改革开放，中国广播电视体制机制也随之而进行了首次改革。1979 年的农历春节，上海电视台播放了首条电视商业广告，同年 11 月，中宣部发布《关于报社、广播电台、电视台刊登和播放外国商品广告的通知》，传媒播发商业广告得到认可，广电商业广告合法化。与此同时，以《人民日报》为首的七家在京全国性报社，在财政部的支持下实行的"事业单位、企业化管理"也为后来广播电视的市场化经营提供了可供借鉴的模式。虽然我国仍处于计划经济时代，但恢复商业广告播出的政策初步促进了广播电视的发展。

虽然传媒商业化经营推进了电视业的发展，但因经济改革的重点放在农村，城市中广电传媒的产业活力并未能充分释放。在经过 1982 年、1987 年、1995 年先后颁布分广告条例或广告法后，广播电视的商业广告播出得到了法律范围内的肯定，十年间广告收入翻了 30 倍之多。广播电视广告收入的持续增长，为我国广电事业发展提供了良好的经济来源补充和支撑。

二、"四级办台"——中国广电事业的蓬勃发展的开始

1983 年之前，我国广电业奉行的是"四级办广播、两级办电视"政策。改革开放后，广电产业被重新恢复活力的社会经济所推动，"四级办广播，两级办电视"政策不能适应经济社会的发展。1983 年，国家广播电视部（即现在的国家广播电视总局）组织召开第十一次全国广播电视会议，确定了"四级办广播、四级办电视、四级混合覆盖"的"四级办台"的方针，同时确立的还有我国广播电视属当地政府和上级广电部门的"双重领导"管理体制。[①] 这两项政策极

---

① 李作鹏：《中国广播电视体制的改革及其突破向度研究》，湖南大学学位论文，2016 年。

大地激发了各级政府和广电机构兴建广播电视台的能动性,全国四级办电视台数量激增,全国范围内的市、县广播电视得以较大规模地覆盖。

广电四级办结构与行政区划基本相符,形成了"国家所有、政府主办;官办结合、三位一体;四级办、分级管;公益性"的新体制特点。"四级办台"政策推动了我国广播电视事业建设的一次高潮,广电业"事业单位、企业经营管理"的雏形初显,在以宣传和信息传递为主要工作外,已经尝试以经营运作和独立财务核算作为改革突破口,广电传媒在市场化的过程中迈出历史性一步。

三、广电产业集团化——体制机制改革的开端

社会主义市场经济的确立为广电体制改革提供了思想理论基础,我国各级广电媒体逐步参与到市场竞争中。随着中国将加入世界贸易组织的新形势,努力建设具有国际影响力、传播力的新型广电传媒集团成为主要目标。1999年,我国第一家广播电视集团——无锡广播电视集团成立,第一家广电集团公司——牡丹江市广电集团有限公司成立。[1] 这给我国广电业集团化建设提供了建设性的指导意义,广播电视发展就此进入集团化时代。

广电业进入集团化发展后,厘清了部门与公司间"企业""事业"的相互关系,加强管理部门的事业性管理,把控节目制作公司的企业化程度,在市场与政府两只手共同作用下推动主流意识形态的传播。集团化的广电传媒利用整合后的媒介资源,更多地进行跨区域与跨行业的内容合作生产,加强市场机制的引入,如上海文广投集团与湖南广电集团进行合作,与各省卫视进行合作洽谈,试图打破因行政力量导致资源流动不畅的症结。[2]

四、有线电视公司上市——融资推进广电事业发展进程

自1994年东方明珠上市至2010年,广电上市经过了均衡发展的年代,进入21世纪第二个十年后,已上市与有意上市的有线电视公司数量是之前的两倍。有线电视公司上市意味着其盈利能力、成长性与运营能力均达到了行业顶级水准,通过上市进行资本和机构重组,在新媒体和三网融合条件下进行全行业的业务开发,达成本地"用户"覆盖后向跨区域全媒体信息传输平台发展。

有线电视企业通过借壳上市、资产重组上市、TPO上市等手段,进入资本市场完成网络整合与数字化改造,开发新媒体、影视制作等跨领域平台,构建以优质内容为核心的"广电+新媒体"的多元化、综合性、全媒体的信息传输终端。[3] 在2015年电视广告经营额首次大幅下降、传统电视业出现衰退迹象的情况下,湖

---

[1] 涂昌波:《新中国60年广播电视发展政策演进》,《中国广播电视学刊》2009年第10期。
[2] 易前良:《媒介管理者与传媒产业化:中国广电体制变迁的微观考察》,《现代传播》2018年第3期。
[3] 肖叶飞:《有线电视上市公司的资本运营与服务创新》,《中国有线电视》2014年第10期。

南电广传媒公司通过有线网络、传媒内容、新媒体、旅游酒店等多元化的业务覆盖，依然保持着强劲的广告与网络业务的收入。① 在互联网领域，华数传媒除本地业务外，借助新媒体优势实现业务跨地域经营，将重心放在智能电视和手机的客户端运营上，实现从传统领域向新媒体领域跨越式发展。

五、人事制度改革——人力资源进一步市场化

改革开放以来，我国广电企、事业双重体制并行，导致部门与公司之间人员关系复杂、机构臃肿，频繁出现"人不能尽其事"的局面。随着 21 世纪加入 WTO 后，来自国际传媒市场的竞争压力使各级广电媒体纷纷加强与国际接轨，人事制度改革刻不容缓。例如：安徽电视台加快推进人事体制改革，积极引进人才，加强内部人才的发现和培养，建成具有实效的人才机制，以实现人力资源管理机制创新转变；重庆广电集团 2009 年进行人力资源管理体制改革，以求通过绩效考核建立一种以员工为核心利益群体的新型人力资源体系。② 广电媒体在运营之外，纷纷将人事制度同市场机制相连接，构建动态的人事管理体制，建立社会聘任制，充分在内部挖潜，进一步精简机构，明确员工职责，提升内部竞争力。如此，更有利于激发广电业创造力与活力，占据市场竞争的主动权，大力激发节目的创作与再生产能力。

六、三网融合——传播渠道的变革

2010 年是我国"三网融合"元年，加速推动三网融合，广电传媒的渠道优势显现危机。在电视运营商拥有 IPTV 经营权、有线电视网络建设步伐加快后，移动互联网同时加快了广电产业融合转型发展。广电产业重新规划、利用"网""台"资源，充分调动能动性，创新运用内容主体、制作能力、公信力、控制力等优势，③将传统传媒向市场与用户为主体推动，建立全新的社会效益与经济效益相并行的运行机制。

三网融合为广电业带来了全新了商业模式和管理体制。利用融合后的资源与平台优势，创建广电业的自主技术平台，加强内容来源监管。同时，推进集娱乐、消费、文化、媒体等多产业性合一的电视网络运营平台，并利用三网融合积极传播主流意识形态文化，构建广电业自身特有的产业价值和使用价值。最终，广电业在三网融合形态下，达成内容、终端、产业、市场、受众多重维度融合的传播效应。

七、制播分离——节目制作市场化的起点

80 年代初，我国城市广播电台建立的城市节目交换合作网络，可看作我国

---

① 禹建强、郭超凯：《广播电视上市公司盈利模式及发展趋势分析》，《现代传播》2018 年第 3 期。
② 罗锋、王权：《2009 年中国广电改革研究述评》，《现代视听》2010 年第 1 期。
③ 李其芳：《三网融合视域下的广电体制创新》，《青年记者》2013 年第 30 期。

制播分离的雏形。① 1983年成立中国电视剧制作中心，被视为我国"实现电视体制内制播分离"的重要标志。我国制播分离的目的是要实现电视节目的商品属性：外部分离，面向社会大众，考虑手中市场的需求，增强对节目内在的理念的挖掘；内部分离，拆分制作与播出部门，进行企业制管理，自创营收，细分市场，构建品牌影响力，发挥内容和资源优势。②

2008年广电总局颁发的文件，提出先台内后社会的方法进行制播试点，意图盘活市场资本与内部体制机制的传统束缚。2009年，广电总局规定电视台购买节目比例原则不低于播出总量的30%，随后国务院推出《文化产业振兴规划》，在政策上给广电产业的市场化发展与制播分离创造了新契机；同年，上海文广新闻传媒集团的"转企改革"，使其成为全国首家完成制播分离、集团整体改革的广电机构。随后，中央电视台、北京电视台和湖南电视台等掀起了改革的浪潮。③

八、广电业三次机构改革——顺应时代发展潮流

中国广电机构在传统设置上为"阶梯式管理结构"，呈现层级分明、机构冗杂、内部机制混乱、管理成本高的特点。要摆脱此类问题，就要与国际集团管理体系接轨，形成协调统一、集中发挥优势、统筹管理等优质管理为一体的体制。④

80年代，新闻与广电部门进行了多次重组与合并，是改革开放后广电体制改革的第一次试点。2013年进行了新闻出版与广电系统的第二次改革，撤销新闻出版总署与国家广播电影电视总局，组建国家新闻出版广电总局，不仅精简了政府机构、优化了部门职能，还顺应了世界改革政府机构的潮流，推动了国内新闻与广电产业积极与国际体制接轨。2018年，不再保留国家新闻出版广电总局，组建国家广播电视总局，新闻与出版职能划归中央宣传部管理，作为改革开放后广电体制的第三次改革，宣布广播业和电视业将作为独立产业面貌出现在社会上。

九、媒体融合战略——优势互补创新发展

2014年颁布《关于推动传统媒体与新兴媒体融合发展的指导意见》，两台合并，传统广电平台向综合性全媒体广电平台转型。广电领域变革组织结构与生产管理方式，释放产业活力，鼓励股权与资本兼并重组，加快广电内部机构重组，创新管理运营体制，优化组织内机构职能，积极整合优势平台资源，结合地域特点和优势，构建多元化、融合化的节目生产流线。⑤

---

① 张莉：《"搭便车者"：广电传媒体制改革探析——基于制度分析的视角，《新闻界》2012年第15期。
② 周雪如：《我国广电制播体制改革的路径选择研究——基于比较研究的视角，浙江大学硕士学位论文，2014年。
③ 王玉琦、何梦婷：《我国广电媒体制播制度改革与政府规制》，《现代传播》2018年第3期。
④ 沈国芳：《中国广电体制改革的几个关键问题》，《艺术百家》2006年第6期。
⑤ 黄田园：《加速融合媒体转型推动广电体制机制改革创新》，《电视研究》2017年第7期。

利用云媒体、大数据等技术，积极布局"广电+"新媒体产业平台，营建媒体融合时代内容为核心的多元化、立体型、交互式的广电业生态圈，构建网络化双向对接的智能平台，形成移动终端与互联网并行的全媒体矩阵。[①] 如芒果TV，传统广电媒体积极推动主流媒体与新型媒体融合，借用新媒体平台创新运营，创造集电视台内容、渠道优势和新媒体"用户"优势的新型传播平台，积极抢占市场流量，将提高"用户"的体验作为诉求，建成具有IP资源深度整合能力的集团型广电新媒体，制造集群型广电产业链。

十、广电业供给侧改革的"四则运算"——传统媒体的现代转型

2015年，为解决国内经济疲软状态，中央提出在适度扩大总需求的同时，着力加强供给侧结构性改革，着重提高供给体系质量和效率。"四级办台"对我国广电事业发展的作用是毋庸置疑的，但是其带来的弊端就是"多而散、小而全"，大多为媒体单一配置，大量重复建设、重复制作、重复播出，内容严重同质化等问题，造成了严重的资源浪费，广电业供给侧改革迫在眉睫。

广电媒体供给侧改革要结合自身体制与优势做"四则运算"。加法，在传统体制与运营基础上，构建全媒体环境，打造内容优质化、思维创新化、平台多元共享化的优质信息传播产业；减法，做好事业与企业各属性的分与合，承担管理职能的部门划归政府管理，进行广电传媒运营的机构作为企业独立经营，在采编与信息整合上要加强对意识形态的把控，在节目制作上加强监查和管控；乘法，运用大数据、云技术等新互联网技术，打破传统广电传媒的技术发展瓶颈，移动社交终端和区块链产业将成为主阵地；除法，广电业的水平参差不齐，大小企业互相掣肘，调整广电领域的产业规模，有效整合企业资源，发挥各地优势，针对新时代用户做内容传播、功能和服务上的除法，进一步细分受众，扩大广电传媒的致效人群。

结论

改革开放初期，恢复商业广告播出并提出"四级办台"释放了初期广电业的活力，广电集团纷纷上市，经过人事、机构、制播分离的改革，在三网融合和新媒体时代走向了供给侧改革，我国广电业涅槃重生，迈入新媒体融合产业时代。尤其在新时代，新科技的迅猛发展和广泛使用，带来整个广电生态的巨变，科技创新、体制创新、服务创新之间相互交融，是催生广电行业新一轮改革创新的新生力量。

（作者分别为：贵州民族大学传媒学院副教授、华南理工大学博士研究生；贵州民族大学新闻与传播专业硕士研究生；贵州毕节广播电视台高级记者。本文系2016年度国家社科规划项目成果之一，项目编号16BXW085）

[①] 蔡骐：《媒介融合时代的电视媒体转型之路——以湖南广电的新媒体转型为例》，《现代传播》2015年第11期。

改革开放 40 年：中国广播电视产业四次大跨越

李 岚

改革开放 40 年，特别是党的十八大以来，我国经济实力、文化软实力、社会凝聚力和综合国力得到极大提升。广播电视产业发展已从 20 世纪 80 年代初的初始状态，演变成为目前在产业价值链上整体横向分布，各环节紧密链接的集约式发展态势，形成由内容生产与流通、广告销售业务、传输网络平台经营、媒体融合新兴产业四大板块链接而成的产业结构，营造出融媒体服务、智慧化传播的大生态，广播电视产业迎来繁荣发展新格局。

一、广播电视产业 40 年发展历程回溯

"从无到有"的起步阶段（1979—1992）

1978 年党的十一届三中全会以后，以经济建设为中心，坚持改革开放的基本路线为中国广播电视的产业化发展提供了政策保证和需求动因。1979 年 1 月 25 日，上海电视台成立广告业务科，成为中国媒介产业化初始的一个标志性事件，随后 28 日播出中国电视广告史上第一条商业广告——片长 1 分 30 秒的"参桂补酒"。从此，在上海点燃的传媒广告的"星星之火"迅速燃遍全国，进一步标志着中国广播电视产业发展进入起步阶段。1983 年，四级办广播、四级办电视方针带来频率频道数量的增加以及对节目供应量的相应需求。80 年代后期，广播电视产业发展开始以多种经营和多元发展为目标。

"从有到盛"的发展阶段（1993—2002）

1992 年 6 月 16 日，中共中央、国务院下发了《关于加快发展第三产业的决定》。第三产业概念的提出，使广播电视具有了事业和产业的双重属性。"事业性质、企业管理"，解放了广播电视的生产力。

90 年代初以后，随着有线电视、卫星电视、数字技术的出现，频道频率数量再次大幅增加，有线广播电视台开始大规模发展，不仅增加了广播电视种类的数量，而且以征收视听费的方式改变了广播电视媒介经费来源。随着广播电视信

息传播渠道的进一步增多，广播电视节目开始了为销售而进行的专业化、商业化生产。90年代，在广播电视广告市场趋于成熟，商业广告经营基本实现了制播分离的基础上，广播电视节目市场开始逐步形成。广播电视节目的生产制作除了广播电视台这一生产主体之外，还出现了民营电视节目制作力量作为有益补充。这一时期，广播电视产业的市场框架已经初具规模。

"从盛到新"的振兴阶段（2003—2012）

自2002年起，国家把发展文化产业列为国家经济和社会发展的战略任务。国家经济和社会发展第十一个五年规划纲要和国家十一五时期文化发展规划纲要，都明确提出发展文化产业的目标、任务、重点和政策措施。2003年1月，在全国广播电视工作会议上，国家广播电视行政管理部门第一次明确提出了"加快发展广播电视产业"的号召。2004年3月，国家广电总局颁布了《关于促进广播影视产业发展的意见》。2009年9月国务院印发的《文化产业振兴规划》从国家战略高度对广播影视产业发展做出了重大部署。一系列政策支持，为广播电视产业的发展壮大创造了良好的生态环境。

这一时期，随着卫星通讯技术的完善和数字压缩技术的突破，由卫星和地方有线电视网"星网"结合的立体广播电视传播形态初步形成，中国形成了一个巨大的广播电视媒介市场。这一时期，随着国家在准入政策方面对民营资本降低门槛，在电视剧、动画片的产业领域，民营资本投资投产的比重迅速增加，涌现出一批具有影响力与规模的民营影视企业，民营企业逐渐成为广播电视产业的重要力量。广播电视产业不断加大改革创新，广播电视产业收入大幅度上升。

"从新到高"的高质量繁荣发展阶段（2013年至今）

党的十八届三中全会确定了全面深化文化体制改革的发展战略，为广电行业发展创造了良好的宏观大环境，激发了广播影视发展的活力和潜力。2017年5月中办国办印发的《国家"十三五"时期文化发展改革规划纲要》提出"十三五"末文化产业成为国民经济支柱性产业的目标。广播影视产业是文化产业的重要组成部分，也是文化产业改革中具有领导性的产业，生产力最先进，产业最为繁荣和活跃，必将成为国民经济支柱性产业的重要支撑。党的十九大从国家战略高度对新时代推动包括广播影视在内的社会主义文化繁荣兴盛提出了新的发展理念，阐述了新的战略部署和政策、方针。经过40年的建设和发展，中国广播电视产业已具有相当的规模与基础。这40年全国广播电视总收入年均增长率超过20%，远高于国民经济的增长速度。特别是党的十八大以来，广播电视产业改革力度进一步加大，实现了快速、持久、健康的发展，整体规模、质量、实力和影响力都获得了全面的增长，2017年全国广播电视资产总额达17437.24亿元，是2002年的10.49倍。

习近平总书记在全国宣传思想工作会议讲话中强调，要推动文化产业高质量发展。全国广电系统以习近平总书记系列重要讲话精神为指引，顺应新形势、新任务、新要求，引导新供给，形成新动力、新消费和新业态，推动广播电视服务产品化、精细化、精准化，延伸产业链，提升价值链，不断提高发展质量和效益，促进广播电视产业转型升级，形成新的发展格局。

二、广播电视产业形成繁荣发展新格局

（一）产业规模稳步扩大，产业结构日趋合理

当前，广播电视产业收入持续稳步增长。2017年，全国广播电视总收入6070.21亿元，比1982年增长了685倍，以广告、有线网络、新媒体业务收入为主的广播电视实际创收收入达4841.76亿元，占总收入的80%。广播电视产业结构进一步优化。传统广电业务收入占比逐渐收缩，而基于融合业务的新兴产业快速发展，收入不断增长。广播电视节目交易活动活跃，节目销售收入保持高速增长。2017年节目销售收入523.54亿元，同比增长43.42%，占实际创收收入10.81%。全国广播电视广告收入持续保持增长，收入构成持续调整。2017年全国广播电视广告收入1651.24亿元，网络等新媒体广告成为新的收入增长点，网络媒体广告收入占广告收入总额18.57%。交互式网络电视（IPTV）、网络视听等业务快速发展，用户收视习惯发生变化，新媒体业务收入277.66亿元，占实际创收收入5.73%。

（二）内容产业转型提质，专业化程度不断提高

当前，广电节目制作机构规模持续扩大，专业化集中化趋势明显。目前，全国共有经审核合格的《广播电视节目制作经营许可证》机构14389家，同比增长40.6%。其中民营机构12925家，占近九成，广播电视节目制作机构多种所有制协调发展。越来越多的制作机构主营单一节目类型的创作生产业务，专业化程度进一步提升。北京、浙江、上海、广东、江苏五省（市）的制作机构占全国总量64%，产业集群辐射带动效应明显，区域集中化凸显。广播电视节目栏目、电视剧、动画片、纪录片等内容生产创作水平不断提升，创新、创优力度加大。

广播电视节目创新提质、类型多元。新闻、文化、公益、科技、经济类节目的制播数量不断增大，节目质量不断提升。广播电视节目制作机构坚持"小成本、大情怀、正能量"的节目自主创新方向，节目内容和表现形态呈现出原创化、模式化、全网化的制作传播特征。电视剧生产制作活跃，结构更加优化。电视剧产业进入了提质升级期，产量平稳回落。电视剧制作逐渐回归理性。题材比例进一步优化，现实题材剧目占总发行部数、集数约60%、56%。电视动画生产制作由数量规模向质量效益转变。现实题材动画片备案生产数量同比大幅提

升。动画制作企业投资生产更加理性，劣质动画片去库存、减存量，产品结构整体趋向合理。纪录片市场走向成熟，纪录片产业步入发展的快车道。央视、省级卫视和视频网站播放平台形成多方互动和协同，电视纪录片的产量、播出时长持续增加，现象级纪录片不断涌现，国产纪录片进入卫视黄金档，获得收视、口碑双赢，纪录片在国际上的传播力、影响力进一步拓展。

（三）媒体融合纵深发展，逐步形成产业模式

随着中央及广电行政部门相关重要支持性政策陆续出台发布，革新的力量正在快速渗透，广电媒体和新兴媒体正加快从相"加"迈向相"融"。广电产业伴随着媒体融合发展的深入推进，进入结构调整转型升级的关键阶段。

一是广电媒体加快内部一体化布局。当前，全媒体新闻中心、"中央厨房"已经成为许多省级广电媒体及部分先进地市、县级广播电视台融合发展的重要建设项目，实现内容一次采集、多种生成、多元传播，传播效果明显提升。

二是进一步增强智能终端的整合力，打造移动传播矩阵。广电机构普遍开通微信、微博、微视频以及客户端，"三微一端"已成为广电媒体重要的融合传播社交平台。各级广电媒体纷纷开通了频率频道、栏目、节目、主持人等多层次微博微信账号，形成集群化态势；推出了系列移动客户端，形成各具特色的移动产品体系和规模化发展态势。

三是通过平台化运营打通各种媒体、各种渠道、各种终端、各种资源之间的通道。当前，各级广播电视台正在加紧建设智能开放、弹性高效、绿色安全的广电融合媒体制播云平台。建立跨区域融合服务平台，探索跨区域资源整合和资源共享的运行方式，实现广电产业的集约化、规模化发展。

三、改革开放40年广播电视产业繁荣发展的经验和启示

当前，中国社会发展进入新时代，媒体格局、舆论生态和消费模式发生深刻变革。回顾40年广播电视产业发展进程，在政策的引领下，改革推动、市场拉动、技术驱动，深刻影响着广电产业的走向，正是在这40年的改革开放大潮中，广播电视人勇于创新、勇于变革，不断推进广播电视产业的理念、内容、技术、手段、体制机制等全方位升级，繁荣发展。

（一）坚定不移贯彻落实党和国家方针政策

从中国广播电视产业发展历程来看，产业发展一直与政策推动高度关联，这既是广播电视产业的意识形态特殊性决定的，也说明广播电视产业发展离不开系统、完善的产业政策支持，产业政策创新的走向决定着产业的发展方向，在党和国家方针、政策的正确引导和推动下，中国广播电视产业发展在不断体现出飞跃性特点的时候，浓缩了按照媒介产业发展的一般规律需要相当长的时间才能完成的历程。

（二）坚持改革创新勇于自我革新

40年来，经过"四级办广播电视""网台分离""有线无线合并""网络整合""经营性单位转企改制""集团化""制播分离""媒体融合发展"等一系列改革，中国广播电视产业从无到有，从有到盛，从盛到新，从新到高质量发展，实现创新升级、全面振兴，产业规模迅猛拓展，市场主体多元细分、有机整合，产业链不断完善。当前，中国广播电视产业进入供给侧结构性改革的攻坚时期，随着改革的推进，广电产业发展重心正在从量的积累转向质的提升，进一步满足人民群众不断变化、提升的精神文化新需求。

（三）遵循产业规律对接市场机制

自1978年以来的经济体制改革逐步结束了高度集中的计划经济体制，以市场为导向的社会主义市场经济体制逐步确立，广播电视产业是经济和社会发展的重要组成部分，只有按照产业规律运作，才能发展壮大。经过40年的培育和建设，中国广播电视市场体系已经形成，包括广播电视节目内容市场、广告市场、网络传输业务、广播电视衍生业务等在内的广播影视产品市场和服务体系。在市场经济条件下，按照"创新体制，转换机制，面向市场，增强活力"的方针，各级广电机构逐步把系统内、体制内可经营的部分剥离出来，重塑市场主体，进行产业化发展、集约化经营、企业化管理和市场化运作。广播影视产业以多种形式吸纳和运用社会资本，混合所有制的优势进一步凸显，公有制为主、多种所有制共同发展的市场格局日益巩固。

（四）技术驱动突破产业发展关键节点

40年来，从有线网络到下一代广播电视网、宽带广电，从收音机、电视机到手机、平板等智能终端，无不由技术发展而产生。科技进步，使广播电视整个产业支撑系统得到了脱胎换骨的改造、更新和升级，从节目制作、播出到传送、接收各个环节逐步构建了现代化的传播新格局。未来，广电媒体必须加速大数据、云计算、移动互联、人工智能、虚拟现实（VR）等技术普及应用，升级生产方式，提高生产能力，突破产业发展的关键节点，积极参与新兴产业开发。把握数字化、网络化、智能化融合发展的契机，加紧推动广电业务从"功能"型向"智能"型、"智慧"型转变，大力推动产业优化升级、高质量发展，努力满足用户"任何时间、任何地点、任何终端"享受广播电视服务的需求，形成良性可持续性发展的融媒体服务、智慧化传播大生态。

（作者单位：国家广播电视总局发展研究中心）

砥砺五年：我国电视剧发展纵论

戴清 邵将

党的十八大以来，在推进社会主义文化大发展、大繁荣的进程中，我国电视剧创作继续保持良好发展势头。习近平总书记在文艺工作座谈会上的讲话精神和《中共中央关于繁荣发展社会主义文艺的意见》等政策指导下，在媒介融合和"一带一路"倡议大背景下，众多优秀电视剧作品植根生活、开掘生活，深度表现历史与时代，表现出较高的原创力水平，赢得大众的普遍欢迎。五年中，电视剧播出平台与营销模式日益丰富多样，电视剧定位呈现年轻化趋势，网络剧类型推陈出新。电视剧"走出去"工程建设也取得较大成绩，推动了电视剧的国际化传播。

一、电视剧类型创作守正出新，呈现全新时代图景

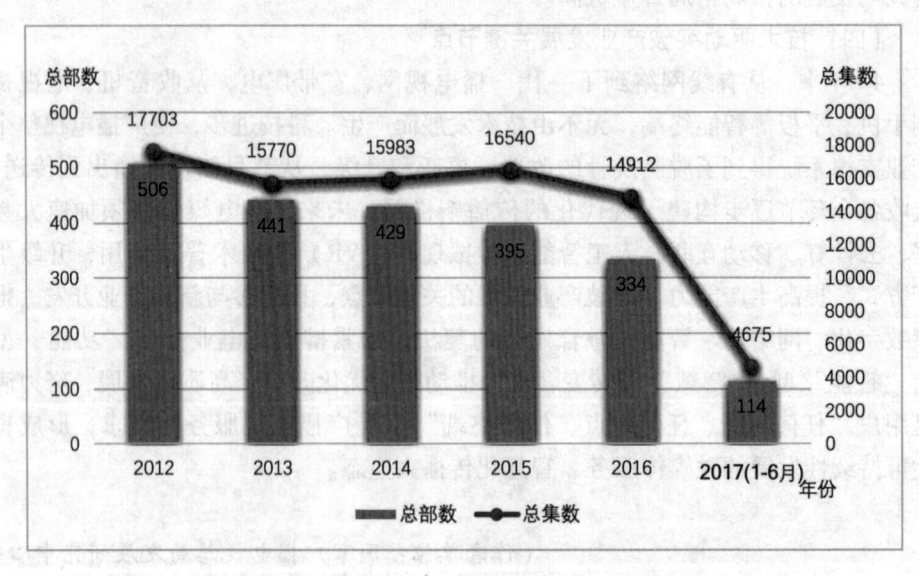

2012—2017年（1-6月）国产电视剧部数和集数统计图

数据来源：国家新闻出版广电总局网站

从上图可以看出，2012年到2017年上半年，我国电视剧生产数量呈下降趋势，但电视剧总集数总体保持平稳。在"一剧两星"等政策的宏观调控下，电视剧创作避免盲目跟风、同质化的弊端，在生产数量下降的同时仍呈现电视剧各类型多点开花的可喜景象。

（一）现实题材电视剧多向度开掘，原创力作精彩纷呈

现实题材电视剧主要指以改革、反腐、医疗、教育、法制、养老、工人农民生活、残疾人生活等为表现内容的创作。① 该类电视剧大多是扎根生活、开掘生活的原创力作，紧扣时代脉搏、表现社会热点，是这一时期电视剧创作的重要收获。2012年至2017年上半年现实题材剧出现大量佳作，创造不少收视奇迹和社会轰动效应，彰显现实主义的强大生命力与创作潜力。

表现中国社会城乡改革大潮的《浮沉》《马向阳下乡记》《温州一家人》《推拿》《生命中的好日子》《老农民》《平凡的世界》《温州两家人》《安居》《鸡毛飞上天》等接续了20世纪80年代改革题材剧的优秀传统，又以与时俱进的时代视野观照中国社会的历史与现实，生动再现30年来深度的社会转型与体制变革，传神地表现了行进在其中的改革者与普通人在思想观念上的变化及其精神情感命运的变迁。一个个植根生活，有温度、有筋骨、有力度的中国故事，是一幅幅集百姓心灵史与社会改革史于一体的生活画卷。《老农民》力求真实再现新中国成立以后几十年中国社会基层农民群体的命运情感变迁，一扫某些远离农村现实、扭曲农民形象的创作积弊，是一部高质量的农村题材剧。《平凡的世界》散发着改革开放之初陕北农村的泥土气息，人物质朴生动；作品对贫穷却不失自尊与追求的农民的塑造、对生活意义的真诚思考、对人物虽九死犹未悔的改革激情的彰显，使该剧洋溢巨大艺术魅力。2017年的《鸡毛飞上天》对以陈江河为代表的浙江义乌人敢为天下先的改革精神的生动表现，使其成为最新的现实主义力作，实现了雅俗共赏。

由于创作门槛较高，刑侦反腐剧创作一度较为寥落，近年来呈现复苏迹象，涌现一批优秀作品。《湄公河大案》《于无声处》《谜砂》《人民检察官》《小镇大法官》《人民的名义》等，以丰富的刑侦、反腐内容，传达了法制精神与社会正义，有较高叙事艺术水平，受到观众普遍欢迎。

军旅题材剧注重表现当代年轻军人的成长历程，在艺术上追求类型的融合创新，更加偏向年轻受众的审美需求。《火蓝刀锋》《我是特种兵》（系列）《热血尖兵》《青春集结号》《陆军一号》《深海利剑》等是其中比较优秀的作品。

---

① 戴清：《时代需求与现实困境——现实题材剧的口碑与收视倒挂现象探析》，《中国电视》2015年第6期。

以医生、律师职业/情感为主要内容的电视剧类型也有较大发展。《心术》《产科医生》《青年医生》《外科风云》等医疗剧和《离婚律师》《金牌律师》等律师剧涉及青年从业者爱情、婚姻等成长故事和医患关系、医疗改革、医疗律政伦理等公共焦点话题，常以一波三折、引人入胜的情节和贴近百姓生活的内容引发观众共鸣。

家庭伦理剧/都市情感剧一直是贴近百姓、深具活力的电视剧类型，《父母爱情》《情满四合院》等成就较高。《情满四合院》带有浓浓的京味儿，以行云流水般流畅自然的故事见长，以扎实深厚的表演取胜。《北京青年》《咱们结婚吧》《虎妈猫爸》《大丈夫》《欢乐颂》（1、2）《小别离》《中国式关系》等剧针对高房价对大城市人的身心捆绑、教育资源不均衡带给中国家庭的集体焦虑等都有较深入细致的表现，其强话题性、高敏感度引起大众强烈共鸣和广泛关注。都市情感剧的子类型如育儿、养老等，也以其对社会特定人群生活的敏锐反映而广受欢迎，《小儿难养》《小爸爸》《岳母的幸福生活》《老有所依》《嘿，老头》等表现了亲情的可贵与浓浓的生命意识。

（二）重大革命历史题材剧和革命历史题材剧成就斐然

2012年以来，重大革命历史题材剧依托政策激励、特殊历史节点纪念活动等优势，创作呈现繁盛态势。《我们的法兰西岁月》《聂荣臻》《毛泽东》《寻路》《历史转折中的邓小平》《彭德怀元帅》《海棠依旧》《毛泽东三兄弟》《绝命后卫师》《长征大会师》等取得较高艺术成就。《历史转折中的邓小平》全景式表现改革开放，作为"'当代人写当代史'的深刻的现实主义作品，是一部史诗般的鸿篇巨制"[①]。《海棠依旧》《彭德怀元帅》等成就突出。"《海棠依旧》依据'大事不虚'的创作原则，具备了伟人传记故事片应有的史诗品格和大气格局"[②]。《彭德怀元帅》的创作者们"怀着对历史的敬畏，按照电视剧的创作规律，以全新的视角剪裁史料，塑造人物，让彭德怀在历史的风云中穿行，真正做到了人史合一"[③]。这些作品实现了思想性与艺术性统一，人物形象鲜活生动，受到广大观众的普遍欢迎和高度评价。

革命历史题材剧也有一批优秀作品。《东方战场》《历史永远铭记》《长沙保卫战》《东北抗日联军》《北平无战事》《少帅》《战长沙》《十送红军》《林海雪原》（2017改编版）等，所体现的宏大叙事的艺术追求让革命历史题材剧创作获得史诗性品格，克服了"抗战神剧"违背历史真实、过度传奇化的创作顽疾，

[①] 吴子牛：《以感恩之心回馈时代——〈电视剧历史转折中的邓小平〉导演阐述》，《中国电视》2016年第1期。

[②] 仲呈祥：《海棠依旧香如故——观电视剧〈海棠依旧〉感言》，《人民日报》2016年4月12日。

[③] 李京盛：《〈彭德怀元帅〉的创作启示》，《人民日报》2016年6月21日。

展现了抗战历史的情怀、勇气、视野与思想深度。《东北抗日联军》《长沙保卫战》等带有鲜明纪实色彩,有厚重的历史质感。《北平无战事》以高超的叙事手法、人物丰富的精神情感世界以及影像风格的艺术自觉等赢得较好口碑。《十送红军》也以叙事结构的创新完美实现对精神意蕴的表达。

(三)谍战剧创作繁荣发展

继《潜伏》《黎明之前》等优秀谍战剧之后,2012年以来谍战剧创作继续发展、叙事技法日趋成熟,不时出现创作高峰和佳作。《悬崖》《锋刃》《独刺》《红色》《王大花的革命生涯》《伪装者》《好家伙》《父亲的身份》《解密》《麻雀》等各有千秋。谍战剧在对人性深度的表现、对谍战职业细节的挖掘以及悬念设置的叙事技巧等各方面都有着明显的精进。

在表现手法和艺术追求上,一方面通过更多融入婚恋亲情等情感戏份丰富谍战剧内容,使其带有更鲜明的情感化和家庭化特色。这在《悬崖》《锋刃》《红色》《伪装者》《父亲的身份》中都有不同程度体现,得以更好服务于谍战英雄的人性与情感表达。另一方面,偶像化趋势也是近年来谍战剧出新的一个重要策略和特色。《伪装者》《解密》《麻雀》《胭脂》等作品是其代表作。这些作品以"高颜值"的偶像演员出演谍战特工,以提高其对年轻观众的吸引力,同时加强了谍战剧的浪漫传奇色彩。

(四)历史题材剧创作呈现多样化的风格样态

五年来,历史题材剧的多类型创作异彩纷呈,艺术生态系统显著优化。不仅历史正剧的创作在多年沉寂后逐渐复苏,而且历史传奇剧也呈现亮点纷呈的喜人景象。

1. 历史剧从低谷到复苏

从2012年年底开始,历史正剧的创作逐渐回暖。历史剧创作中呈现的历史精神与历史意识的回归,是对此前"戏说剧"风行、"穿越剧"泛滥趋向的重要反拨。关注度较高的历史剧有《赵氏孤儿案》《楚汉传奇》《木府传奇》《大秦帝国之纵横》《大秦帝国之崛起》《精忠岳飞》《抗倭英雄戚继光》《于成龙》等。《大秦帝国之崛起》以厚重雄浑的魅力、质朴真切的历史质感吸引了荧屏前、网络上不同年龄层的观众,掀起一股"大秦热",在延续"大秦帝国"系列剧总体风格的同时,以创作成绩和审美追求显示了历史正剧强势回归的姿态。[①] 历史质感的成功营造是历史正剧制胜的基础,"大事不虚、小事不拘"的创作原则则是历史剧艺术真实、个性魅力及审美品格得以建立的前提。《于成龙》刻画

---

① 戴清:《历史正剧的强势回归——〈大秦帝国之崛起〉的艺术魅力分析》,http://wenyi.gmw.cn/2017-03/01/content_ 23864543. htm

了清朝廉吏于成龙为民做主、勤政廉洁的故事，借古喻今，观照社会现实，廉政主题和反腐话题极大满足了当下观众的审美期待。

2. 历史传奇剧创作繁盛

历史传奇剧相较于历史正剧来说，"于史有征"的程度更弱，近年来逐渐取代历史正剧成为创作主流，在网络平台和青少年群体中获得极高关注度和话题度。《后宫·甄嬛传》《陆贞传奇》《兰陵王》《武媚娘传奇》《琅琊榜》《芈月传》《大军师司马懿之军师联盟》（以下简称《军师联盟》）《楚乔传》等都有较高的收视率和点击量。其中，《甄嬛传》《琅琊榜》是改编自网络小说的优秀作品，无论在叙事手法、人物塑造、影音创作及表演水平等多个层面都取得较高成就。大制作《芈月传》被评为"2016年上海电视节白玉兰奖的最佳电视剧"。《军师联盟》以新的视角诠释司马懿这一历史人物，情节曲折跌宕，司马懿、杨修、曹操、荀彧、曹丕等历史人物塑造得十分鲜活。

（五）家族/年代剧不断推出力作

家族/年代剧表现大家族人物情感故事与命运变迁，21世纪前后推出过不少精品力作。近年来，家族剧向年代剧过渡，表现内容日趋青春化，传奇性、浪漫性也更强，大都涉及抗战内容或以抗战内容为重心。《红高粱》《青岛往事》《打狗棍》《勇敢的心》《民兵葛二蛋》《正者无敌》《二炮手》《女儿红》《白鹿原》《那年花开月正圆》等，或以表现家族历史、人物情感命运变迁见长，或以展示战争主题、激荡传奇为特色，或以深厚的历史感和人文深思为表征，大多取得了较高的收视率。

《白鹿原》堪称精品之作，该剧透过白、鹿两个家庭三代人之间的恩怨纠葛，展现中国农村波澜壮阔的社会变迁，不仅表现了留存在陕北黄土地上宗祠乡里生动、鲜活的人物情感史与人性真相，更揭示了一个民族、一种文化凤凰涅槃、浴火重生的过程。该剧的改编较好还原了原著的精神意蕴，成功塑造了众多人物形象，营造出极强的历史质感，为名作改编与二度创作提供了宝贵的艺术经验和示范作用。

二、媒介融合环境改变电视剧网络剧制播营销格局

（一）播出平台与营销推广模式不断出新

媒介融合是传统媒体与新媒体的融合，在电视剧制播领域首先是强势视频网站与一线卫视之间的网台联动，也是媒介艺术发展遵循"注意力经济"规律及资本逻辑的必然结果。媒介融合使强强联合、强者越强成为现实，极大改变了电视剧在网台间的合作模式。

近五年来，网络视频用户数量快速增长，已成为网民最重要的娱乐休闲载体，相应地，中国网络视频市场规模也不断扩大。从电视剧管理层面来看，"一

剧两星"政策使电视剧营销更加依赖网络播出平台的支持，间接助推了视频网站的强势崛起。从电视剧评价标准来看，收视率标准已被电视台及电视剧的全媒体影响力所取代，需要兼顾视频点击量等多种因素综合评判。近年来，网络视频点击量占据着越来越高的权重。电视剧占据网络视频服务的50%以上，是当前视频网站最主要的点击来源。优质电视剧和优质播出平台相互吸引，几大视频"航母"巨头爱奇艺、腾讯、优酷土豆占有、分割电视剧市场的格局初步奠定。

"互联网+"强化了电视剧营销的全媒体意识。近年来，电视剧整合营销基本形成了线上线下互动宣传的固定模式。从播出前、播出中到播出后，互联网在造势宣传、衍生节目制作、网上交流平台搭建等多方面都开发出多样化的营销策略。

此外，腾讯、爱奇艺等网络视频平台逐渐实现了盈利模式的脱胎换骨，摒弃了传统的依靠收视率赚取广告费的单一有限盈利方式，逐渐形成了新型的全生态盈利模式。这种模式不仅采用会员制，付费抢鲜（先）收看、跳过片头广告等方式提高盈利能力，而且能精准定位特定消费群体和根据电视剧内容同步推出同名电影、手游、小说等衍生产品，在创造惊人财富的同时也为电视剧、网络剧的播出提供了高效、多元的互动平台。改编自大IP网文的《择天记》《三生三世十里桃花》等电视剧在这方面都有着比较成功的尝试。

（二）媒介生态重塑推动电视剧定位年轻化

媒介融合生态下，网络视频平台迅猛扩张，传统卫视平台电视剧播放量却在缩小。如此一扩、一缩之间，必然促发传统电视剧创作主动调整策略，向依赖网络的年轻观众群体的审美偏好大幅倾斜。

这首先表现在多个类型电视剧的创作呈现出年轻化、偶像化的创作模式，都市情感剧、家族剧、历史传奇剧、谍战剧、军旅/军事题材剧在审美追求上向年轻观众群体倾斜，演员选择、剧情设置都带有很强的偶像化特征。《杉杉来了》《何以笙箫默》《欢乐颂》《亲爱的翻译官》《微微一笑也倾城》《放弃我 抓紧我》等作品从社会阶层分化、物欲挤压下的迷乱与反抗、爱情的执着与背叛、女性独立话语的彰显等方面深刻表现了都市人的精神脉动；其他如前文提及的谍战剧也多表现年轻特工的成长史、讲述革命励志青春的感人故事，历史传奇剧、家族剧等类型剧也多有浪漫化、偶像化特征。

其次，在电视剧改编的母本来源上IP热的现象十分突出，是电视剧创作向年轻观众审美趣味倾斜的重要表征。IP直译为"知识产权"，在此是指那些拥有巨大粉丝群的网络小说。近五年来，多部形成热播效应的电视剧如《甄嬛传》《芈月传》《琅琊榜》《大汉情缘之云中歌》《锦绣缘华丽冒险》《微微一笑很倾城》《何以笙箫默》《锦绣未央》《遇见王沥川》《花千骨》《择天记》《三生三世十里桃花》《楚乔传》等都是依托原著的"IP 东风",在青年群体中刮起声势浩大的狂欢旋风,获得极高的收视率、点击量和话题度。

再次,电视剧定位年轻化还体现在影像风格的变化,唯美的人物造型、奢华的服装道具、考究的布景造型、精美的画面制作、白亮夺目的影调特色等都成为吸引"90 后""00 后"的利器,极大满足了年轻人的审美需求和娱乐需求。《花千骨》中仙风道骨的视听效果、《欢乐颂》中青春时尚的人物造型、《胭脂》中华彩靓丽的服装道具等都彰显出这一追求和审美期待。

(三) 网络剧创作不断出新,成为类型增长的新引擎

从 2014 年"网络剧元年"开始,我国网络自制剧的创作不仅生产数量迅猛增长,而且题材范围和表现类型亦更加丰富,悬疑、探险、罪案、律政、校园、古装等类题材精彩纷呈。网络剧从最初的以选材差异避开与电视剧展开正面竞争,到现在类型题材数量超过一半的市场份额,从对电视剧的补充到日渐主流化,成为类型创作增长的新引擎。究其原因,一是大量资本注入,网络剧借助"资本魔杖"完成了从"短平快"向"高大上"的华丽转身;二是"限娱令""限古令"等政策和剧目报备制度起初并不通行于网络剧,直到《关于支持电视剧繁荣发展若干政策的通知》下发之前,网络剧的管理相对宽松;三是网络剧与网络文学同属网生内容,题材偏好的相似度极高,能够满足年轻网民的猎奇心理与审美趣味,这也是网络剧成为类型增长新动力的根本原因。

2015 年以来,网络剧由最初的碎片化、段子剧迅速发展到长篇剧集占统治地位,其鲜明的类型创新也迎来平稳发展下百花齐放的繁盛景象,主要出现了以下几类新的类型剧或新的类型因子。第一类是玄幻剧,广义上包括盗墓考古、灵异玄幻等表现内容,代表作有《蜀山战纪之剑侠传奇》《灵魂摆渡》《无心法师》《老九门》《河神》等。其中,《无心法师》制作精致、故事动人,对年轻观众有强烈吸引力;《灵魂摆渡》借阴说阳,探讨爱情、生死、人性等主题,讽刺特色鲜明。第二类是刑侦涉案剧,代表作有《暗黑者》《他来了,请闭眼》《心理罪》《白夜追凶》《无证之罪》等。刑侦涉案类题材在国家反腐大环境和受众需求的合力下呈现出复苏迹象,网络剧创作反应快速、恰逢其时。近期上线的《白夜追凶》十分接地气,悬念设计上非常精巧,受到了年轻观众的追捧。第三类是青春题材剧,代表作有《匆匆那年》《最好的我们》《春风十里不如你》等。青春题材一直是传统电视剧的宠儿,网络剧后发制人,以生动质朴的表现唤发了"80 后""90 后"群体的集体记忆和强烈共鸣。

在媒介融合业态下,电视剧的年轻化定位与网络剧的类型出新,都将推动更多生动的"中国青春故事"面世,需要力避浮光掠影的轻浅化、套路化、定型

化表达。炫富、陈腐、耽于梦想、缺乏理想等价值观层面的问题也亟待调整并纠偏，以全面提升青春故事表达的文化品位与思想格局。① 网络剧在不断加强的监管下，也须改变其话题尺度大、敏感刺激画面多、网络语言不够文明等诸多症结，使其实现良性健康发展。

三、在全球化时代加快电视剧"走出去"进程，提升中华文化软实力

近年来，我国电视剧生产总量为每年300—500部，出口总量基本维持在每年250—350部，超过一半的电视剧出口海外。除了海外华语市场，我国电视剧在非华语市场也取得不俗成绩。② 2016年，全国电视内容产品国际贸易额更是超过1.2亿美元。③ 随着世界全球化趋势的加深和国家软实力在国际竞争中地位的提升，我国也加大了文化产品"走出去"的步伐。"一带一路"倡议为推动我国电视剧"走出去"提供了前所未有的机遇，一大批走出国门的电视剧，在国际文化交流中扮演着重要角色，成为一张张提升中国国家形象、展示中国人民生活百态的"活名片"。2013年，斯瓦希里语版《媳妇的美好时代》在坦桑尼亚热播，豪萨语版《北京爱情故事》在尼日利亚引起热议；2014年，《北京青年》《老有所依》《失恋33天》作为"国礼"进入拉美地区；2015年，《甄嬛传》登陆美国主流视频平台Netflix；2016年，《琅琊榜》进入日本主流电视台引起观众强烈反响；2017年，《武媚娘传奇》《欢乐颂》《花千骨》《三生三世十里桃花》等多部国产电视剧在越南取得收视佳绩……

（一）电视剧"走出去"顶层设计更加科学、合理

我国政府在"一带一路"倡议背景下加强文化产品"走出去"的顶层设计，出台了一系列相关政策支持、引导文化产业发展，直接或间接地加速了电视剧"走出去"的进程。2014年1月，财政部印发《文化产业发展专项资金管理暂行办法》，指出要加强文化产业发展专项资金管理，提高资金使用效益，重点支持电视剧等影视内容创作生产、影视衍生品和后产品的开发营销，推动文化企业"走出去"；2017年9月，国家新闻出版广电总局等五部委联合下发《关于支持电视剧繁荣发展若干政策的通知》，明确支持优秀电视剧"走出去"，具体内容包括："积极开展影视领域国际交流与合作，加强电视剧国际合作合拍，打造'电视中国剧场'品牌，促进优秀电视剧和相关影视机构'走出去'，提升中国

---

① 戴清：《青春故事的梦想与价值》，《人民日报》2016年10月21日。
② 王珏：《中国电视剧打造"华流"黄金期》，《人民日报》2017年05月11日。
③ 马黎：《弘扬丝路精神 繁荣影视产业——在第26届BIRTV主题报告会上的讲话》，《现代电影技术》2017年第10期。

电视剧的竞争力和影响力。"① 从影视文化市场主体培育到财政资金支持，再具化到电视剧的繁荣政策，顶层设计更加系统、科学、明确、深入，有力促进了国产电视剧的出口外销和电视剧产品的竞争力。

（二）电视剧海外推广路径日趋多元化

近年来，我国积极拓展电视剧推广输出渠道，不遗余力地推动国产电视剧"走出去"，取得了积极的成效。

第一，在传统电视平台层面，不仅依托电视海外播出平台——长城平台——向北美洲、拉丁美洲和欧洲输出大量电视剧产品，而且通过与欧洲国家以及日本、韩国、缅甸等国的当地电视台合作，播放国产电视剧作品。《琅琊榜》《甄嬛传》《金太狼的幸福生活》《婚姻保卫战》等电视剧相继在欧亚国家的地方电视台播出，扩大了国产电视剧在当地的影响力。

第二，在新媒体平台层面，我国的社交平台微博、微信、QQ 都有英文版本，而且有一定数量的外国用户，一些经过剪辑的电视剧片段不断流传。中国的热播电视剧也常在国外的视频平台上传播并引起热议，如《甄嬛传》《芈月传》等电视剧成功登陆美国在线影片租赁提供商 Netflix；《武媚娘传奇》《花千骨》等电视剧进入越南主流视频网站 Zing TV；世界最大的视频网站 YouTube 和北美最大的亚洲电视剧网站 Viki.com 可同步播出中国的多部热播电视剧。

第三，在各类电视节及交易平台层面，中国广播电影电视节目交易中心、中央电视台、腾讯、爱奇艺、优酷土豆等机构通过参与戛纳国际电视节、亚广联节目展、匈牙利电视节、韩国 BCWW 电视节、非洲电视节、美国 NATPE 电视节、上海电视节等国际性电视节，积极推介我国电视剧产品，与国外电视机构建立了广泛联系，为我国电视产品"走出去"立下了汗马功劳。

第四，在"一带一路"倡议层面，《媳妇的美好时代》《杜拉拉升职记》《北京爱情故事》《金太狼的幸福生活》《医者仁心》等陆续进入非洲市场；《妈妈的花样年华》《老爸的心愿》在坦桑尼亚国家广播公司播出；电视剧《一克拉的梦想》《婆婆来了》出口欧美、亚洲和非洲 18 个国家和地区。"一带一路"倡议推动了电视剧资源的互通融合，产业发展的内在逻辑也刺激着中国电视剧的海外传播，实现产品的二次开发。

特别指出的是，领导人出访等高端交流也积极推动了电视剧作品的国际化传播与流通。2014 年 7 月，习近平主席访问拉美时向阿根廷官员赠送了有中、英、西、葡四国语言字幕的中文配音版《北京青年》《老有所依》《失恋33 天》三部

---

① 《关于支持电视剧繁荣发展若干政策的通知》，http://www.gov.cn/xinwen/2017-09/09/content_5223939.htm。

影视剧作品光盘；2017年9月，来自希腊、尼日尔、吉尔吉斯斯坦、波黑、亚美尼亚等国家的十多位部长出席第二届丝绸之路（敦煌）国际文化博览会高级别论坛，共话推动文化交流互鉴。

尽管近几年中国电视剧"走出去"取得了辉煌的成就，但仍然存在较大的文化贸易逆差，今后仍然需要采取有力措施促进电视剧作品的出口力度，以提升中国文化的国际影响力和软实力。

（作者分别为：中国传媒大学戏剧影视学院教授；中国传媒大学博士研究生。本文系2017年度国家新闻出版广电总局广播影视部级社科研究项目"媒介融合业态下电视剧网络剧原创力提升策略研究"的成果，项目编号：GD1707）

推动视听新媒体行业健康可持续发展

李园园

在以习近平同志为核心的党中央坚强领导下，我国经济社会各领域发展取得了巨大成绩，网络视听行业也走过了一段不寻常的发展历程。中国网络视频用户规模从3.72亿增加到5.65亿，增长50%；手机视频用户规模从1.3亿到5.25亿，增长3倍；在线视频市场规模从2012年的约90亿元跃升到2016年的609亿元，增长近6倍；网络视频付费用户数量从几十万人到数千万人，增长近百倍；网络剧创作播出数量从每年数百集到每年1万多集，增长近20倍；一批批弘扬主流文化、艺术精良、有内涵树正气的优秀作品接连涌现……我国网络视听节目服务业正处在一个健康、快速、有序的发展轨道上。

作为网络视听节目服务行业管理部门，国家广电总局（下称"总局"）认真贯彻落实习近平总书记系列重要讲话精神和中央关于网络文化建设的一系列政策要求，坚持走中国特色网络视听发展道路，坚定不移地在视听新媒体领域落实党管媒体原则，从主体准入、日常监管、引导扶持、行业自律等方面入手，努力推动视听新媒体行业健康、可持续发展。

一、坚持网上网下同一标准，努力完善网络视听内容科学管理体系

习近平总书记在党的新闻舆论工作座谈会上指出："要把党管媒体的原则贯彻到新媒体领域，所有从事新闻信息服务、具有媒体属性和舆论动员功能的传播平台都要纳入管理范围，所有新闻信息服务和相关业务从业人员都要实行准入管理。"[1] 近年来，总局一直把网络视听节目服务当作媒体业务来管理，核心的把握有三点：一是始终把内容管理作为媒体管理的重中之重；二是在内容管理上，对网上网下的节目实行同一尺度、同一标准；三是考虑到网络视听发展实际，针对不同的节目形态进行有针对性的管理。按照这一总体思路和原则，2012年以来，总局针对网络视听节目形态的发展变化，及时制定出台了一系列管理政策。

---

[1] 转引自尹韵公《习近平新闻舆论思想的新突破新拓展》，《紫光阁》2017年第3期。

从网络原创视听节目到网上境外影视剧，再到网络视听节目直播以及社交互动平台节目，一套涵盖不同节目业态的视听新媒体内容管理体系初步形成。主要包括以下四个方面。

（一）全面加强网络原创节目管理

近五年来，专门为互联网制作的网络原创视听节目（或称"网络自制节目"）数量越来越多，网络剧、网络电影（包括网络大电影和微电影）、网络原创专业类栏目（节目）的成长十分迅速。以网络剧为例，可谓经历了一个爆发式增长过程。2013年和2014年，全国备案播出的网络剧分别为213部和166部，2015年则比2014年增长七倍多，近两年每年生产数量都达到一万多集。

为应对网络原创节目生产播出快速增长的态势，总局对网络原创节目的管理逐步加强，主要经历了三个时间节点。一是2012年，总局出台《关于进一步加强网络剧、微电影等网络视听节目管理的通知》，要求互联网视听节目服务单位对网络原创节目进行自审自播、先审后播和播前备案，解决了节目播前审核的问题。总局指导行业协会以创新思路开展网络视听节目审核员培训，解决了"谁来审核"的问题；建立完善网络视听节目服务机构总编辑负责制，明确了总编辑为该机构节目内容管理的总负责人，明确了总编辑的主要职责、工作权限及岗位资格要求。二是在《关于进一步加强网络剧、微电影等网络视听节目管理的通知》基础上，2014年出台《补充通知》，进一步规范网络原创节目制作机构的管理，并细化了对问题节目的处理措施。三是2016年12月，针对部分网络原创节目质量良莠不齐、内容低俗现象时有发生等问题，总局出台了《关于进一步加强网络原创视听节目规划建设和管理的通知》。这一文件的核心思路是网上网下内容同一标准，管理措施主要是在前几年"事后"管理较为集中的基础上，明确了事前、事中、事后各个环节的管理要求，特别是要求重点网络剧、网络电影、网络栏目在创作规划阶段就要进行节目信息备案。可以说，总局对网络原创节目的管理政策是紧跟业界发展情况层层递进、不断加强的。目前，总局对网络视听节目的导向管理、内容审核标准、重大题材拍摄和播出要求等，都与对传统广播电视媒体的管理要求保持一致。在传统媒体不能播出的节目，在视听新媒体平台也不能播发。

（二）出台网上引进剧管理规定

与传统影视节目管理一样，引进节目管理也是网络视听节目管理的重要内容。2014年，针对网上引进剧播出存在的一些问题，总局在充分调研的基础上，制定出台了网上境外影视剧引进管理规定，确定了"总量调控、内容审查、发放许可、统一登记"的管理思路。从2015年4月1日起，未经统一登记的境外影视剧不得上网传播。近几年来，总局每年年初对各网站申报的境外剧引进计划、年中对各网站调整的引进计划逐部进行题材和内容审核,并进行总量和产地调控。新的管理措施成效明显,网上新引进播出的境外影视剧均经过了行政部门的事前审查,内容质量得以保证,产地结构更加多元。据统计,2015年,全国所有网站网上境外影视剧年引进总量为4345集;2016年,全国共引进了765部4961集专供网上播出的境外影视剧。

（三）加强网络视听节目直播服务管理

针对网络直播迅速发展,不少网络直播平台开始涉足视听节目直播服务的情况,总局于2016年9月出台了《关于加强网络视听节目直播服务管理有关问题的通知》,强化该项业务的准入管理,明确开展网络视听节目直播服务应具备的条件,并对直播备案、弹幕和主持人管理等提出要求。

（四）加强网络社交互动平台传播视听节目的管理

针对社交互动平台上传播的违规视听节目内容,2016年,总局多次组织相关网站对节目进行清理和整改。为建立和完善长效管理机制,2016年11月,总局印发《关于加强微博、微信等网络社交平台传播视听节目管理的通知》,明确开展该项业务的网络平台应当取得相应资质,并按照视听节目管理的各项要求,对传播的节目履行内容把关等各项管理责任。

二、坚持主体准入、分类施策,持续推进各类视听新媒体业态规范发展

网络视听节目根据业务形态不同可分为公网和专网两块业务。公网主要指向公众提供互联网（含移动互联网）视听节目服务活动;专网及定向传播视听节目服务,指的是"以电视机、各类手持电子设备等为接收终端,通过局域网络及利用互联网架设虚拟专网或者以互联网等信息网络为定向传输通道,向公众定向提供广播电视节目等视听节目服务活动"[①]。

近几年来,总局针对互联网（含移动互联网）视听节目服务、专网及定向传播视听节目服务这两方面业务都出台了一系列规范性文件,促进了相关业务健康、规范发展。对交互式网络电视（IPTV）、专网手机电视、互联网电视等专网及定向传播视听节目服务,实施以集成播控平台为核心的管理模式,由广电播出机构主导、主控节目内容集成播出,确保面向各类终端的内容绿色安全、可管可控,相关管理政策措施主要有以下几个方面。

（一）出台《专网及定向传播视听节目管理规定》（"6号令"）

6号令的"前身"为总局2004年出台的《互联网等信息网络传播视听节目

---

① 《专网及定向传播视听节目服务管理规定》, http://www.sapprft.gov.cn/sapprft/govpublic/10550/332971.shtml

管理办法》（广电总局令第 39 号）。近几年来，随着三网融合全面推广，IPTV、专网手机电视、互联网电视等各种视听新业务发展迅速，39 号令的内容已经不适应发展和管理的需要。为了规范 IPTV、专网手机电视、互联网电视等新业态发展，为老百姓提供更多优质节目内容，同时有效防止不良内容传播，2016 年 4 月 25 日，总局发布《专网及定向传播视听节目管理规定》，并于 6 月 1 日起施行，原 39 号令同时废止。

（二）着力推动 IPTV 业务规范发展

IPTV 是三网融合的重要业务。根据国务院三网融合相关文件，由广播电视播出机构负责 IPTV 集成播控平台的建设与管理，由电信企业负责节目传输；集成播控平台采取"统一管理、分级建设"的模式，IPTV 集成播控总平台由中央电视台负责建设和管理，分平台由中央电视台与省（区、市）电视台联合建设与运营。目前，全国 IPTV 建设取得积极进展，辽宁、广东、重庆和湖南等地的 IPTV 集成播控平台已经实现与 IPTV 传输系统的"双认证、双计费"对接。

（三）力促互联网电视行业健康有序发展

总局积极落实中央关于加强新媒体阵地管理、确保电视绿色安全的要求，制定出台互联网电视管理法规文件，加强主流媒体互联网电视集成平台建设，会同有关部门对非法电视网络接收设备重拳出击，逐步建立起以七家互联网电视集成平台和 22 家互联网电视内容服务平台为核心的智能电视产业规范发展模式。据 2017 年 7 月的统计，由中央电视台等七家互联网电视集成平台主导其内容的智能电视终端设备，市场保有量已超过一亿台，整体市场状况发生了显著改变，合法电视网络接收设备在市场上占据了绝对份额。

三、坚持正导向提品质，着力加强网络视听节目内容建设引导扶持

让主旋律和正能量主导网络视听空间，推动优秀作品层出不穷，是网络视听行业繁荣发展的重要标志。近几年来，总局一直高度重视加强网络视听节目内容建设引导，采取多种措施正导向提品质，努力推动各类精品节目创作播出。

（一）开展"中国梦"主题节目评选展播活动

从 2014 年开始，总局每年在全国范围开展"弘扬社会主义核心价值观 共筑中国梦"主题网络视听原创作品评选展播活动，并指导行业协会开展优秀原创网络视听作品推选活动，得到行业的积极响应。2016 年的"中国梦"主题优秀作品评选展播活动共征集到 648 部作品，72 部优秀作品脱颖而出，在短短两个月时间里，展播总播放量达 8.39 亿。2017 年评选出的优秀作品主旋律强劲、正能量饱满，具有鲜明的网络特色，从多个视角生动诠释了弘扬社会主义核心价值观、共筑中华民族伟大复兴中国梦的大主题，无论从优秀作品数量还是整体质量上，与上年相比都有明显进步。在政府部门、行业协会和业界广大机构的共同努

力下，网络视听节目的整体内容品质不断攀升，越来越多传播主流价值、制作精良、受到网民广泛欢迎的精品力作涌现出来。

（二）组织重大主题网络视听专项宣传

2017年以来，总局积极组织开展迎接党的十九大网络视听宣传工作，召开重点视听节目网站迎接十九大网络原创视听节目创作播出座谈会，组织打造一批迎接十九大的重点网络原创视听节目。各视听节目网站推出一批重点原创节目。其中，有讲述习近平总书记亲民爱民故事、展现十八大以来我国各方面建设成就的微纪录片，有展现中华优秀传统文化和我国大美河山的纪录片、动画片，还有展现各行各业中国人追求中国梦故事的纪录片、综艺栏目，从形式到内容都很丰富。全国各视听节目网站积极转播电台、电视台播出的迎接十九大相关节目，购买播出总局推出的迎十九大重点电视剧等，并在首页设立迎接十九大专区，为迎接党的十九大胜利召开营造了良好舆论环境。

（三）组织开展专项资金扶持和节目评议

总局设立了网络视听节目内容建设专项扶持资金，对网络视听领域的优秀原创节目、重大宣传项目、传播创新产品、重点推广项目等进行扶持，大力引导传播正能量、弘扬主旋律的优秀作品的创作生产和传播；指导行业协会对热播网络原创节目进行评议，为节目创作播出提供权威参考；注重发挥行业协会、专家学者的作用，开展积极的网络文艺批评，引领网络视听节目的价值导向和审美导向，等等。通过多种手段，扶持网络视听优秀节目创作生产和传播，推动网络视听节目内容品质不断迈上新台阶。

四、坚持引导与管理并重，不断增强网络视听从业机构责任感、使命感

总局一直积极推动网络视听从业机构进一步增强社会责任意识，围绕满足人民精神文化需求，生产传播更多的优秀网络视听节目，通过这一新兴平台更好地弘扬主旋律、传播正能量，让广大人民群众共享网络视听繁荣发展成果。

（一）加强对持证机构的指导和引导

总局一直鼓励、引导和支持有资质的从业机构生产制作思想性、艺术性、观赏性有机统一，适合网络传播的网络剧和网络电影（微电影）等网络视听节目。要求网络视听节目服务机构作为播出平台，按照"谁办网谁负责"的原则，对网络原创视听节目严格实行"先审后播"管理制度。重申网络视听节目服务机构节目总编辑负责制，明确网络视听节目服务机构总编辑的职责、要求。要求网络视听节目审核员必须经过行业协会组织的统一培训和考试才能上岗。

（二）强化网络视听节目服务日常监管

一方面，要求各级广播影视行政部门落实属地管理原则，对辖区内的网络视听节目服务机构加强监管，督促、检查各持证机构落实主管部门的各项管理规定。另一方面，要求广大网络视听节目服务机构按照"谁经营谁负责"的原则，切实强化责任意识，依法依规开展各项业务，规范节目审核播出秩序，建立完善安全播出管理制度。同时，总局不断加强对热播网络剧、网络电影和网络栏目的抽查，近几年责令下线或重编的节目达数百部（集）。

（三）推进行业自律自教，加强从业人员培训交流

总局指导中国网络视听节目服务协会积极开展行业自律活动，引导会员单位传播健康有益的视听节目，营造文明、健康的网络环境。持续举办网络视听节目审核员培训班，组织重点商业视听网站内容主管和主创人员培训、交流，从2012年至今，行业协会累计开展网络视听节目审核员培训62期，共培训7418名审核员。办好一年一度的中国网络视听大会，将其打造成我国网络视听领域最高规格、最有号召力的年度盛会，通过系列活动引领行业健康发展，增进业界深入交流，为推动网络视听健康、有序发展做出贡献。

（作者单位：国家广播电视总局网络司）

聚焦美好生活　勇攀创作高峰

——十八大以来国产电视动画发展综述

王亚奇

党的十八大以来,国家新闻出版广电总局(下称"总局")深入贯彻习近平总书记系列重要讲话精神,始终坚持以人民为中心的工作导向,紧紧抓住创作生产优秀作品这一中心环节,大力推动国产电视动画发展,着力提高讲好中国故事的能力,广泛推动优秀作品传播,积极促进国内外交流,形成政府扶持引导、行业齐心协力、社会广泛参与的良好氛围,涌现一大批弘扬时代主题、具有鲜明中国风格、社会评价与市场反响俱佳、深受青少年观众喜爱的优秀动画作品,呈现出进一步转型升级、繁荣发展的良好局面。

一、"中国梦"主题动画创作硕果累累

五年来,总局积极组织实施"中国梦"主题动画创作工程,围绕党和国家重大主题、重大活动、重要节点,组织创作动画精品,唱响主旋律,传播正能量,引导少年儿童树立正确的历史观、民族观、国家观、文化观,培育远大理想和对美好生活的追求。总局连续组织创作了三个动画"三部曲":2014年推出"爱国三部曲"《戚继光》《英雄冯子材》《翻开这一页》,2015年推出"抗战三部曲"《地道战》《鸡毛信》《渊子崖保卫战》,2016年推出"纪念建党95周年和长征胜利80周年三部曲"《犟驴小红军》《最可爱的人》《翻开这一页(二)》。2017年,总局又组织创作了"迎十九大"动画片《梦娃》《翻开这一页(三)》。总局组织上述优秀作品在全国动画专业频道、少儿频道和上星综合频道展播,受到未成年人、家长和老师的热烈欢迎。《翻开这一页(二)》于2016年6月播出后,全国网平均收视率为0.42%,市场份额为2.48%,排名居同时段所有频道第五位、省级卫视第一位。

中国梦也是少年儿童的梦,总局积极引导动画机构制作反映少年儿童现实生活和所思所想的优秀动画作品,用少年儿童身边的故事讲述他们的中国梦。通过总局的政策引导和扶持鼓励,近年来各制作机构创作了《星星梦之梦想篇》《新

大头儿子和小头爸爸》《加油吧！三二班》《成长不烦恼》《棉花糖和云朵妈妈》等一大批展现少年儿童快乐成长、美好向往和理想抱负的优秀动画作品。《星星梦之梦想篇》讲述了50个关于梦想的故事，用生动活泼的动画形象告诉少年儿童要敢于梦想、坚持梦想、为实现梦想不懈奋斗的道理。《新大头儿子和小头爸爸》用发生在孩子们身边的故事，展现新时代少年儿童的欢乐生活和多彩梦想。《加油吧！三二班》选取小学生视角和鲜活有趣的故事，教会孩子们仪表之礼、仪式之礼、言谈之礼、待人之礼、行走之礼、观赏之礼、游览之礼、餐饮之礼等八种礼仪。通过观看这些来自身边的故事作品，少年儿童从小将自己的学习生活融入追寻中国梦的时代潮流中，在人生的黄金阶段树立远大理想和正确目标，一点一滴构筑自己的小小中国梦。

实现中国梦，离不开文化自觉和文化自信。总局积极倡导各级广播电视机构制作播出弘扬中华优秀传统文化的动画片，用优秀传统文化的强大感染力吸引感召少年儿童增加民族情感。近年来，各动画制作机构创作了《小济公》《黄道婆》《孟子学堂》《京剧猫》《飞跃五千年》《黄帝史诗》《粉墨宝贝》等聚焦中华民族悠久历史和博大精深传统文化的优秀动画作品，深受少年儿童欢迎。2017年，总局贯彻落实《关于实施中华优秀传统文化传承发展工程的意见》，启动实施了中国经典民间动漫故事创作工程，配套专项资金，组织专业力量，在电视动画、动画电影、动漫出版物、网络动漫等领域大力扶持中国经典民间故事题材的动漫创作。在电视动画方面启动了《大禹治水》《愚公移山》两部反映中国人民吃苦耐劳、勤勉奉公、勇于斗争、坚韧不拔精神的精品项目，用动画这一生动的艺术语言，弘扬中国精神，讲好中国故事。

二、社会主义核心价值观动画创作深入人心

"社会主义核心价值观是当代中国精神的集中体现，是凝聚中国力量的思想道德基础。"[①] 总局积极引导并组织动画创作弘扬社会主义核心价值观，用深刻的情节和动人的形象向青少年潜移默化地传播当代主流价值观，使之春风化雨、深入人心。近五年来，各动画制作机构制作了《郑义门》《守法小公民》《成长不烦恼》等一批有筋骨、有道德、有温度的优秀作品，成风化人、凝聚力量，帮助广大青少年"扣好人生第一粒扣子"。[②] 2017年，由总局扶持创作的重点作品《梦娃》，在创意、形象、艺术上实现明显突破，达到了近年来动画创作的一

[①] 习近平：《在中国文联十大、中国作协九大开幕式上的讲话》，http://news.xinhuanet.com/politics/2016-11/30/c_1120025319.htm
[②] 田进：《打造精品力作 勇攀动漫高峰——在第十三届中国国际动漫节动漫高峰论坛上的讲话》，《广电时评》2017年第9期。

个高峰,一经推出就受到广泛欢迎。该片将中国梦和社会主义核心价值观的理念转化为孝亲、正气、责任、自律等一个个小故事,让活灵活现的"梦娃"陪伴片中的小主人公共同经历这些生活中的故事,在潜移默化中理解故事背后的意义,让中国梦和社会主义核心价值观在小观众、小朋友心中生根、发芽。

2015年4月,总局联合教育部全国动画专业教育指导委员会、中国传媒大学等单位,启动了"第一届社会主义核心价值观动画短片创作扶持活动",引导扶持高校动画专业师生在毕业设计等创作中聚焦社会主义核心价值观。全国22个省(区、市)66所高校动画专业师生踊跃参与。活动中涌现出的作品短小精悍、艺术性强,展现真善美、充满正能量。如以展示亲情孝道、感恩之心为主题的《父与女》,以反映爱国主义、敬业奉献为主题的《回家过年》,以表达平等和谐、诚信友爱为主题的《码头》,以中国传统水墨画风格展现人与自然和谐相处的《梅花三弄》等,得到了国内外评审专家和业内人士的高度认可。[①] 总局组织优秀作品在多家动画专业频道和新媒体上广泛传播,充分发挥优秀动画作品的示范教育作用,将其潜移默化、润物无声地融入青少年日常生活。2017年4月,总局在中国(杭州)国际动漫节上又启动"第二届社会主义核心价值观动画短片创作扶持活动",号召高校动画专业师生和社会专业动画制作机构大力开展社会主义核心价值观动画创作,推出优秀作品,深化核心价值观对青少年的引领和感召。目前此项活动正在如火如荼地进行。

三、国产动画创作水平和品牌影响显著提升

五年来,中国动画发展步伐稳健、成绩显著,创作水准和品牌影响力都有显著提升。总体而言,国产动画从规模数量增长为主转变为质量效益的提升,原创精品不断涌现。这体现了中国动画产业发展的客观规律,也符合世界动画产业发展的潮流和趋势。[②] 我国良性的动画产业格局正在形成。

在动画创作上瞄准国际顶尖水准。近年来,总局积极组织国内外一流动画专家,对重点作品创意、剧本、故事、艺术呈现等环节反复打磨,精益求精,确保思想性、艺术性、观赏性俱佳。在《地道战》《渊子崖保卫战》《最可爱的人》《骞驴小红军》等作品创作过程中,总局组织动画主创人员深入沂蒙革命老区、晋察冀根据地、长征沿途实地采风调研,以"80后""90后"为主的创作人员对党史、国史有了更直观的认识和更深入的了解,催生出鲜活的人物和饱满的故事情节。在重点作品创作中,总局加强工作调度,及时跟进指导,集合行业权威

---

① 田进:《打造精品力作 勇攀动漫高峰——在第十三届中国国际动漫节动漫高峰论坛上的讲话》,《广电时评》2017年第9期。
② 田进:《动画片要讲好中国故事 弘扬中国精神》,《广电时评》2016年第3期。

专家和创作人才，每部作品均多次论证脚本，从主题开掘、人物设定、剧情设计等多个层面指导、把关。这些作品得到业内专家和广大观众的普遍认可，也受到少年儿童的广泛欢迎，成为行业标杆和示范，带动了国内动画创作水准的提高。

高度重视动画人才培养。总局分别于2015年和2017年成功组织两届动画专业创作人员培训班，集合中国动画行业精干力量，赴美国迪士尼和加州长滩州立大学，感受美国一流动画公司的产业格局，学习剧本创作的"好莱坞模式"，提升国产动画"讲故事"的本领。培训成果显著，孵化出《豆小鸭》《半斤八两》等优秀国际合作作品；《犟驴小红军》《翻开这一页（二）》通过与迪士尼专家思想碰撞，借鉴"好莱坞模式"改写了剧本，播出后反响良好；《大禹治水》《愚公移山》也通过交流吸收了新想法，开阔了国际视野，对其开展精良制作多有裨益。

积极鼓励中外合拍中国主题的动画片。近年来，以中国经典的"石狮子"为主要形象的《半斤八两》和以国宝大熊猫为主角的《熊猫和小鼹鼠》等多个中外合作项目，采用中国形象，融合国际先进的表现形式和技术手段，生动讲述中国故事，传播中华文化，受到国内外广大少年儿童喜爱。

坚持不懈为国产动画产业转型升级营造良好市场环境。总局积极推动召开国际性动漫节展，利用主场促进我国动漫从业人员更好、更快地提高创作水平。中国（杭州）国际动漫节作为中国最大的动漫节展，国际影响力不断提升。近年来，每届都有80多个国家、2000多家国内外机构、5000余名客商展商和专业人士参会，有力推动了中国动画品牌走出去。我国动画从业者也与国际动画先进机构、专业人才广泛深入交流，在互通、借鉴中看到差距、短板，明确努力方向，取长补短，开拓创新，为早日在国际市场打响中国动画品牌储备力量。

四、电视动画片播出严守积极、健康标准

坚持正确导向是国产动画繁荣发展的基石，总局始终要求动画制作播出机构牢牢坚持正确的政治方向、价值导向和审美取向，严格把关，为少年儿童提供健康向上、充满阳光的动画作品，营造风清气正的收视环境。

近年来，总局下发一系列规范性文件，要求加强属地管理，对国产动画片坚持正确导向、避免暴力恐怖、把握健康格调、避免崇洋西化、加强审查把关等提出明确要求。总局要求国产动画要主动传播正确的世界观、人生观、价值观，弘扬真善美，传递正能量，通过正面情节示范，倡导社会公德、家庭美德，传承和发展中国传统文化，引导未成年人形成正确的道德认知和行为规范。还在细节上对国产动画提出严格要求，如不能出现过多打斗情节与血腥场面，妥善把握玄幻题材，不宜过度改编经典文学作品、神话传说、历史人物和历史事件等，确保未成年人接受积极向上的正面引导。

总局积极听取观众意见，密切关注动画作品播出后的社会反响，对问题作品加以综合分析和把控。如近期社会公众对某动画片反复播出的批评声音不断，总局在对该片进行审看后，多方听取专家意见，对其播出进行整体压缩，并责令相关单位针对问题进行整改。

　　党的十九大胜利召开，为中国动画进一步繁荣发展提供了思想遵循和行动指引。新时代中国电视动画发展将以习近平文艺思想为引领，紧紧围绕青少年日益增长的美好生活需要，聚焦中华民族伟大复兴的中国梦，深入挖掘中国优秀传统文化、革命文化和社会主义先进文化，奋力进取，开拓创新，矢志提升思想内涵、价值引领、艺术水准，增强讲好中国故事的能力，创做出更多为青少年所喜闻乐见、弘扬主流价值观、彰显中国特色、打造中国品牌的优秀作品。

（作者单位：国家广播电视总局宣传司）

近五年中国纪录片的创新与发展

张国涛 孟雪

2012年,被业界与学界称为"纪录片品牌元年"[1],只因当年"现象级"纪录片《舌尖上的中国》的火爆播出。可以说,在这一年,中国纪录片跃上新起点。[2] 一直到2017年,纪录片的发展可圈可点,取得了不小的成就。这些年,纪录片不仅实现了数量上的大突破,在纪录片的质量、平台、题材、观念、产业等各个方面也都取得长足进步。这不仅得益于纪录片人的不懈努力,也归功于政策、频道、资金等方面对纪录片的倾斜与投入。

一、空前力度的政策支持

2010年9月,国家广播电影电视总局出台《关于加快纪录片产业发展的若干意见》(后统称为"意见"),提出大力繁荣创作发展、鼓励上星频道播放纪录片、将优秀国产纪录片推向院线等,为当时处于疲态的纪录片行业注入了一针"强心剂"。"意见"仅下发一年,央视纪录频道就在政策支持下应运而生,为纪录片的制作、播出提供了广阔的平台。

2013年,国家新闻出版广电总局在《关于做好2014年电视上星综合频道节目编排和备案工作的通知》(即"加强版限娱令",后统称为"通知")中规定,自2014年起各个卫视频道每天必须播出至少30分钟的国产纪录片。这为纪录片创造了每年平均6000小时的播出需求。如果说2010年的"意见"与2013年的"通知"是对纪录片行业的明确政策支持,2015年"一剧两星"的落实则间接地为纪录片发展提供了更大的舞台,原本在黄金时段9:20播出的第三集电视剧时间由于不能播出娱乐、综艺节目,使得其成为纪录片、纪实节目的播映空间。一时间,《本草纲目》《人间世》《急诊室故事》等纪录片节目获得了较高的关注度和良好的口碑。

---

[1] 张同道、胡智锋等:《2012中国纪录片发展研究报告》,《现代传播》2013年第4期。
[2] 张同道、胡智锋等:《2012中国纪录片发展研究报告》,《现代传播》2013年第4期。

除此之外，自 2010 年起，原国家广播电影电视总局设立"国产纪录片及创作人才扶持项目发展专项资金"，每年都评出多部年度国产纪录片，并对纪录片项目和创作人才进行资金奖励。从 2010 年至今，我国政策从频道开设、项目扶持、后期奖励等多个方面对纪录片行业进行支持与资助，为纪录片的发展提供了广阔的空间，政策提供的便利成为纪录片在这五年创新与发展的坚实基础。

二、四位一体的播出平台

2011 年 1 月 1 日，央视纪录频道开播。半年后的 7 月 1 日，北京高清纪实频道也正式亮相。两个新开播的纪录片频道与此前分别在 2002 年、2008 年开办的上海纪实频道、湖南金鹰纪实频道形成纪录片制作与播放的四大"专业排头兵"，而且在 2014 年、2015 年的两年时间内，上海、北京、湖南三家地方纪录片频道纷纷上星，标志着我国纪录片播出平台的高端化。除了四家上星纪录片频道，中央电视台科教频道、中国教育电视台 3 频道、各省级卫视也开设了纪录片栏目，这些纪录片频道与栏目的开设向市场释放出了需求信号，拉动了纪录片的生产。与此同时，一些基地与公司纷纷成立，直接参与纪录片项目的投资与制作，如央视纪录创作基地、央视纪录国际传媒有限公司、北京国际纪实影像创意产业基地、真实传媒有限公司等。

央视纪录片频道还进行了联合制作与委托制作的尝试。在联合制作方面，其在 2013 年成立了中国纪录片制作联盟和中国纪录片播出联盟，与地方台、各个纪录片制作机构进行合作，推动优秀纪录片的共享和传播，对纪录片的行业资源进行了有效整合。在委托制作方面，央视纪录片频道陆续推出了"活力中国"和"传奇中国"招标项目，通过投入资金来带动纪录片的生产。如此一来，纪录片平台不仅成为纪录片的播出平台，还为纪录片的创作提供了投资平台，实现了对纪录片生产和投资的双驱动。

近两年，值得我们注意的是互联网也为纪录片的播出拓宽了平台。凤凰视频、腾讯视频、爱奇艺、优酷以及 AcFun（A 站）、bilibili（B 站）的纪录片频道为许多各式各样的优秀纪录片提供了舞台。原本较为"精英""冷门"的纪录片因为互联网而变得亲民、大众。

至此，上星频道、省级卫视、地面频道和网络平台形成了纪录片四位一体的传播平台。更多的平台意味着对纪录片更多的需求，而强烈的关注和话题热议也刺激了不同题材纪录片的百花齐放。

三、精彩纷呈的优秀作品

从 2012 年至今，我国涌现出了许多优秀的国产纪录片，由于题材、播放平台和资方的不同，形成了长短不一、风格各异、题材多样的纪录片景观。

在国际、国内都反响热烈的纪录片《舌尖上的中国》《超级工程》《航拍中国》《第三极》等，不仅有较高的关注度和话题度，还获得了国际的认可。重大题材纪录片是我国的传统优势项目，《习仲勋》《将改革进行到底》《法治中国》《大国外交》《巡视利剑》《强军》《辉煌中国》《不忘初心 继续前进》以及配合"一带一路"的《河西走廊》《神秘的西夏》《天河》等体现出纪录片的较高水准。纪录片《我在故宫修文物》《我的诗篇》等，其文化的意蕴、精巧的细节通过网络发酵，引起了较大的反响。泛纪实类节目《客从何处来》《跟着贝尔去冒险》等也很好地将"纪实"与"娱乐""节目"元素相结合，为纪录片行业开拓出新领域。纪录片外篇《芈月传奇》《东方看女医》《我们的歌手》《〈跨界喜剧王〉创作纪实》等将纪录片与电视剧、电视节目巧妙联姻，使得二者相互呼应，对有限的影视内容资源进行了有效的整合利用。①

在院线纪录片中，《我就是我》《旋风九日》《喜马拉雅天梯》《舌尖上的新年》《我在故宫修文物》等与院线电影相比虽未获得过亿的票房收入，却为纪录片赢得了良好的口碑，为今后进院线的纪录片打下了良好的基础。

网络纪录片《你所不知道的中国》《了不起的匠人》等反映了网络播出平台不同的视角和侧重。"一条""二更"等平台推出的纪实短视频则更适应互联网的节奏，这些"小而美""短而精"的文化纪录短片反映着历史、现实等不同的主题。

四、观念多元的创作景观

与近五年作品的精彩纷呈相对应的是作品背后制作者与制作团队的匠心独运。纪录片创作者们从不同的侧重点出发，形成了形态各异、观念多元的优秀作品，丰富了纪录片的"大花园"。

说起我国优秀的主流纪录片，就不得不提《大国崛起》《复兴之路》《中国故事》，其总导演、制片人正是我国纪录片主流大片的代表人物任学安。以任学安为总编导的主创团队善于把握宏大的历史、国际题材，在传达价值观与故事内核的同时还能获得观众的认可和喜爱，十分难能可贵。

近年来文献纪录片佳作频出，以《习仲勋》《将改革进行到底》《东方主战场》《长征》《长征纪事》等为代表。《东方主战场》的导演闫东是制作文献类纪录片的代表人物，其制作团队在如何把党和国家的政治话语转化为大众传媒传播的、百姓乐于接受的叙事影像方面有自己独特的技巧。五年来，其创作的《大鲁艺》《科学发展铸辉煌》《国脉》《延安延安》等纪录片客观、多元、平实

---

① 何苏六、韩飞：《2016年中国纪录片产业发展透视》，《电视研究》2017年第3期。

地反映着重大事件，作品兼具思想性、艺术性和观赏性。

在金融类纪录片方面，《公司的力量》《货币》《华尔街》《资本市场》给人留下了深刻的印象。其中，后三者的总导演李成才是我国金融类纪录片的代表人物，其带领的团队不仅能将艰深的金融知识用通俗易懂的影像传达给观众，还能在梳理事件发展的过程中输出多方声音，保证纪录片的公正与客观。

在历史人文题材方面，《故宫》《敦煌》《下南洋》《百年南京》等纪录片播出后引起较为强烈的反响，导演周兵带领的团队是当前历史人文题材纪录片创作的主要引领者。2014年，周兵指导的《百年南京》以南京为切入点，通过空间带动时间，展现了南京一百年来重要的人与事。

民族历史题材的《复活的军团》《圆明园》《玄奘之路》《大明宫》《神秘的西夏》等纪录片，生动鲜活地再现了民族历史事件，总导演金铁木是民族历史题材纪录片方面的领军人物。金铁木团队擅长通过剧情再现、搬演的形式回顾历史、讲述故事，增强了纪录片的审美特性。

与电视剧、电影较少反映社会现实不同，现实题材纪录片《归途列车》《高三16班》《二十二》《人间世》《生门》等表现了当前社会各个角落正在发生着的真人真事。

近几年纪录片在其他方面的尝试也收效显著。文化类纪录片《我在故宫修文物》《宋之韵》《传家》《本草中国》《我从汉朝来》等获得更广泛的年轻观众的喜爱；商业化纪录片《舌尖上的中国》《我就是我》等，或获得不错的收益，或收获良好的口碑；反映人类与自然的纪录片《喜马拉雅天梯》《第三极》等让观众通过影像感受到大自然的无穷魅力；技术突破的《航拍中国》以空中视角俯瞰中国，在播出后得到观众和网友的赞誉。

五、多点突破的产业发展

就产业化而言，纪录片从投入、制作、宣推到售价上虽然还没有形成统一的标准和流程，但近五年也是在向趋于完善的方向发展。目前，纪录片的产业化主要体现在体量的规模化、制作团队的专业化和国际合作更频繁等方面。

纪录片的产业化首先体现在其体量的规模化上。纪录片每年的时长、资金投入虽然无法与电视剧、动画等相比，但近五年来也取得量上的巨大突破，集数、栏目数初具规模。2012年，纪录片播出总量超过59800小时，首播节目量约17500小时；同时，这一年纪录片生产的投资规模超过13亿，市场收入刚超过15亿元。① 2016年，纪录片播出总量已达77600小时，首播节目量为24600小

---

① 张同道、胡智锋等：《2012中国纪录片发展研究报告》，《现代传播》2013年第4期。

时；纪录片年生产总投入达34.7亿元，年度产值已超过52亿元，投入与产值相较2012年分别增长了62.5%和71.1%。①

在制作团队方面，除了前面提到的各类题材的代表团队，近些年，纪录片制作团队更多以公司的形态出现。通过市场杠杆，实现了纪录片的自由交易，不仅让制作团队优胜劣汰，督促其更加专业，也让纪录片制作的流程、标准更加明晰。这些专业的纪录片公司以三多堂、雷禾、良友文化传媒、雷禾传媒、上造影视等为代表。

国际化是我国纪录片行业"自身硬"和"走出去"的必经之路。可喜的是，我国的纪录片制作团队越来越和国际接轨，通过"联合摄制""投入资金、共同制作""共同投资、共同制作"等方式，增添了许多"中国内容、国际表达"的优秀纪录片作品。② 纪录片人在合作中学习国际上的先进技术、制作理念和制作流程，为我国纪录片行业制作的标准化、产业化、机制化做好功课。通过国际合作诞生的纪录片有《中国艺术》《番茄的胜利》《熊猫》等。

六、结语

不难看出，通过五年时间的发展，我国纪录片行业取得了可喜的成绩，无论是在纪录片的政策、平台、作品，还是创作观念、产业化方面，都有了较大发展。但不可否认，纪录片行业还存在着行业标准不够规范、纪录片题材同质化、制作机制松散以及商业价值变现难等问题。解决这些问题还需要纪录片从业者共同努力。

纪录片是可以传达价值观和意识形态的影视样态，对国家的发展、内外宣传都十分重要。对外，纪录片制作者要学会用世界话语讲好中国故事，让更多优秀的国产纪录片走出国门；对内，纪录片作品需要在做精、做细方面下功夫，不断完善自身的生产、制作机制，积极利用政策优势，开拓发展"纪录片"，在这五年的良好势头下开启新征程。

（作者分别为：中国传媒大学研究员、《现代传播》编辑部主任；中国传媒大学传媒艺术与文化研究中心博士研究生。本文系国家社科基金艺术学项目"媒介融合时代视听内容生产研究"的研究成果，项目编号：16BC045）

---

① 张同道等：《2016年中国纪录片发展研究报告》，《现代传播》2017年第4期。
② 张国涛：《中国纪录片产业发展模式与生态系统考察——兼论央视纪录频道的产业化实践》，《现代传播》2014年第6期。

广播电视公益广告宣传开创新局面

于进宝

广播电视公益广告专注传播公益思想、公益价值，具有生动形象、短小精悍、传播快捷、冲击力和影响力强等特点，一直深受人民群众欢迎，在广告宣传乃至整个新闻舆论工作中都具有重要地位，在宣传党的路线方针政策、普及大众科学知识、传播当代主流价值、弘扬优秀传统文化、传递社会正能量等方面，发挥着不可替代的作用。[①] 五年来，国家新闻出版广电总局（下称"总局"）部署全国各级广播电视播出机构深入学习贯彻习近平总书记系列重要讲话精神，特别是在文艺工作座谈会、党的新闻舆论工作座谈会上的重要讲话精神，认真履行新闻舆论工作职责使命，大力践行广播电视媒体社会责任，创作生产并广泛传播了一大批有思想、有温度、有品质的原创广播电视公益广告作品，唱响主旋律，讴歌真善美，传播正能量，为全面建成小康社会、实现中华民族伟大复兴的中国梦提供了强大精神力量。

一、紧密配合党和国家重大活动和重要时间节点开展重大主题宣传

广播电视是党和人民的喉舌，是重要的宣传思想阵地。做好广播电视公益广告宣传，必须牢牢把握正确导向，始终坚持党性原则，始终坚持马克思主义新闻观、文艺观，始终坚持团结稳定鼓劲、正面宣传为主，始终坚持围绕中心、服务大局，紧密配合党和国家重大活动、重要时间节点，周密部署、细致安排、扎实开展重大主题宣传。[②]

五年来，总局把公益广告制播纳入广播电视总体宣传，紧紧围绕学习宣传贯彻党的十八大和十八届三中、四中、五中、六中全会精神，紧紧围绕学习宣传贯彻习近平总书记系列重要讲话精神，加快落实"四个全面"战略布局，实现"两个一百年"奋斗目标和中华民族伟大复兴的中国梦，整合各方力量，创作生

---

① 田进：《在2016年广播电视公益广告创作培训班上的讲话》，《广电时评》2016年第15期。
② 田进：《在2016年广播电视公益广告创作培训班上的讲话》，《广电时评》2016年第15期。

产了一系列导向正确、主题鲜明、品质上乘的重点主题广播电视公益广告,着力宣传党的路线、方针、政策,传播社会主义核心价值观,弘扬中华优秀传统文化,记录人民伟大实践,深受社会各界的喜爱和欢迎。其中,《中国梦我的梦》《你就是中国》《梦想照亮故乡》《身份篇》《诚信篇》《创业篇》《敬业篇》《环保篇》等"中国梦"主题公益广告的创作宣传一直延续至今,其创作数量之多、作品质量之高、播出时间之长、影响效果之大之深远,都是历史性的。2015年和2016年,为配合纪念中国人民抗日战争暨世界反法西斯战争胜利70周年、纪念红军长征胜利80周年的重大主题宣传,推出《三条将军路》《忠义老兵》《长城谣》《勿忘国耻》《记住》《金色鱼钩》《在路上》等重点公益广告,播出后都取得很好效果,壮大了主流舆论。在大力宣传社会主义核心价值观、弘扬中华优秀传统文化方面,利用中国传统节日中秋节、重阳节、春节等重要时间节点,推出《中国年让世界相连》《国学篇》《民俗篇》《名字篇》《筷子篇》《回家篇》《父亲的旅程》《门》等多支优秀公益广告,在世界文化激荡中弘扬和坚守了源远流长、博大精深的中华文化立场和精神命脉,起到了传递文明、成风化人、凝心聚力的积极作用,受到社会各界广泛好评。2017年,围绕宣传、贯彻党的十九大精神,总局组织全国广播电视播出机构精心创作的《美哉中华》《年轻党员的朋友圈》《我一定在哪里见过你》《不忘初心 继续前行》《古丽的中国梦》等一批重点作品,大力宣传党和国家事业取得的历史性成就,展示人民群众的梦想与幸福、实践与收获,唱响了时代的最强音,引发了人们的思想共鸣。

在党和国家的重要工作、重大活动和重大主题宣传中,这些优秀的广播电视公益广告从不同的角度,讲好中国故事,弘扬中国精神,凝聚中国力量,彰显中国之美,充分展现了正确思想的力量和美好的道德情感,带给人们以价值引导、精神引领和审美启迪,激发全国各族人民朝气蓬勃迈向未来。

二、广播电视公益广告制播数量持续增加、优秀精品不断涌现

五年来,各类题材、各种类型的广播电视公益广告的制作和播出数量保持快速增长。总局指导各地各单位围绕中国梦、社会主义核心价值观、讲文明树新风、关爱留守儿童、孝敬老人、文明诚信、消防安全、安全用电等人民群众关心、关注的问题,以及生态保护、膳食营养、医疗健康、邻里关系、反对家庭暴力等社会发展进程中的热点焦点问题,每年策划创作的广播电视公益广告均超过数万条,播出次数和时长也以百万或千万计。[①] 2013年,全国各级电台、电视台共制作公益广告3万余条,播出总时长超过600万分钟;2014年制作量4万余

[①] 田进:《在2016年广播电视公益广告创作培训班上的讲话》,《广电时评》2016年第15期。

条,播出总时长近千万分钟;2015年制作量6.3万余条,播出总时长近1600万分钟。2016年制作量则达到15万余条,播出总时长超过3000万分钟。

在确保广播电视公益广告制播数量增长的同时,总局把创作生产优秀作品作为繁荣广播电视公益广告发展的中心环节,大力扭转口号式、标语式、说教式、图解式等简单做法,引导大家将作品主题与艺术手法相结合、作品内容与表现形式相结合,从每一个细小环节着手,潜心创作、精益求精,策划创作了《我是谁》《中国共产党在路上》《关爱老人之打包篇》《门》《爱的表达式》《塔吊女工》《筷子篇》等一大批主旋律响亮、正能量强劲,又深具创意、品质至上的精品广播电视公益广告,具有极强的吸引力和感染力,为广大公众所喜爱。比如,《我是谁》以60秒钟的镜头语言展现了我党密切联系群众、全心全意为人民服务的根本宗旨,传递出"我是中国共产党,我一直就在你身边"的主题,播出后立即引发社会各界转载、评论和点赞,被认为是"我党第一支电视公益广告"。总局扶持的《中国共产党在路上》聚焦"坚持中国共产党领导"主题,充分运用电视技术手段和电视媒体优势,节奏紧凑、画面精美、语言简洁、层次分明地向广大观众展示我国改革开放以来各行业、各领域的发展变化,得到广泛认可。[①] 中央电视台制作的《关爱老人之打包篇》聚焦"孝敬父母"主题,讲述身边人的真实故事,引起广泛共鸣,还获得了第60届戛纳国际创意节影视类铜狮奖,这也是我国广播电视公益广告首次在这个奖项中获奖;《门》则是选取我们日常生活每天接触到的门,通过表现进门尊亲、串门睦邻、入门传承、过门连理、认门望乡等,以小见大,于平常中见深远,十分贴切,生动感人。[②] 有评论说,这些优秀作品从生活中取材,用生动的故事、感人的形象传递主流思想、主流价值,润物无声、潜移默化地影响人、作用人,带给人们温暖、信心和希望。

三、推动广播电视公益广告走出去取得良好效果

广播电视公益广告与新闻作品、影视节目一样,承载着一个国家的形象和文化价值,同时又因其纯粹的公益属性、公益价值,更容易被国际社会广泛认可和接受,也容易在传播过程中激发不同种族、不同国别、不同宗教、不同地域的人们的心理共鸣,从而有效地拉近中国与世界的距离,搭建中国人民与世界民众心灵沟通的桥梁。毋庸置疑,广播电视公益广告是推动世界认识中国、了解中国的有效途径和重要窗口。

五年来,总局指导中国国际广播电台举办环球公益广告创意大赛,围绕中华民族优秀文化传统特色主题进行创意,吸引了德国、西班牙、俄罗斯等十几个国

---

① 田进:《在2016年广播电视公益广告创作培训班上的讲话》,《广电时评》2016年第15期。
② 田进:《在2016年广播电视公益广告创作培训班上的讲话》,《广电时评》2016年第15期。

家和地区的民众参与。总局同时推动广西人民广播电台在柬埔寨国家电视台每周播出的《中国剧场》栏目前,固定播出《美丽中国》等公益宣传片。推动内蒙古电台电视台在落地俄罗斯、蒙古国的频率频道中,每天滚动播出宣传"中国梦"的主题公益广告。特别是2016年春节期间,总局协调法国华人电视台将《中国字中国年》《中国年让世界相连》等电视公益广告翻译成法语在当地持续播出两周,每天播出六次,受到当地民众广泛欢迎。同时,总局还支持推动《关爱老人之打包篇》《感谢不平凡的自己》等优秀广播电视公益广告积极参加国际广告节展,并分别获得了相关奖项,展示了我国广播电视公益广告的艺术品质,提升了我国公益广告在国际上的影响力。

这些精心选择的广播电视公益广告,特别是宣传中国梦、弘扬社会主义核心价值观、传播中国优秀传统文化的公益广告作品走出国门,向世界讲述中国故事、阐发中国精神、展现中国风貌,受到当地民众的极大关注。有些国家的民众反映,通过这些广播电视公益广告,他们能够感受到中国字、中国节日等传统文化的浓厚魅力,也能直观地了解到中国改革发展的积极成就。

四、广播电视公益广告长效发展机制不断健全

广播电视公益广告要不断增加数量、提高质量、持续发展,必须要有健全的长效机制做保障。五年来,总局从加大资金投入、完善管理制度、引导各方参与等方面入手,营造有利于广播电视公益广告繁荣发展的良好政策氛围和环境,对推进广播电视公益广告宣传工作产生了积极推动作用。

首先,发展管理政策不断完善。总局在进一步执行《关于加强制作和播放广播电视公益广告工作的通知》《关于开展广播电视公益广告集中制作展播活动的通知》等文件的基础上,致力于从资金保障、创作标准、播出渠道、共享平台等方面,不断完善广播电视公益广告发展和管理的政策保障。比如,2014年,总局制定《广播电视公益广告扶持项目评审办法(试行)》,对广播电视公益广告专项扶持评审工作的评审原则、项目设置、评审标准、评审程序等做出规定,为系统内外积极参与广播电视公益广告创作宣传提供指导。2016年,总局联合工商总局、网信办、工信部等部门共同出台《公益广告促进和管理暂行办法》,首次以部门令的形式,对公益广告的定义、内容标准、作品冠名、刊播要求、效果测评等做出明确规定,成为当前包括广播电视公益广告在内的公益广告创作宣传的重要依据。各级播出机构也在不断建立健全公益广告制作、播出内部管理制度,形成了奖罚分明的良好运行机制。有的播出机构制定"管理办法""发展规划""奖惩办法""工作条例"等规章制度,明文规定公益广告宣传与负责人业绩挂钩;有的播出机构建立考核机制,通过选题会、制播会、点评会等形式,评估公益广告创作和宣传效果。这些措施,都有力地促进了优秀公益广告的创作与

播出。①

其次，资金扶持力度不断加大。2014年，总局开始每年在全国范围内组织开展一次优秀广播电视公益广告作品和优秀传播机构的评审，从创作和播出这两个环节，大力扶持优秀的原创公益广告作品，扶持致力于公益广告创作宣传的优秀个人和机构。几年来，共有458件作品和206家机构获得总局5100多万元的专项资金扶持。全国也有近20家省级新闻出版广电行政部门设立了专项资金扶持广播电视公益广告创作传播，目前每年的扶持总金额超过了2000万元，相关投入还在进一步增加。此外，自2016年开始，总局还积极协调相关部委拨付专项资金，用于扶持本行业题材的优秀广播电视公益广告作品。一些播出机构也做了很多尝试，专门从广告创收中拿出一定数额的资金，用于本台优秀公益广告的创作生产或者购买播出。这些投入保障了广播电视公益广告创作生产和购买播出的资金来源。

再次，创作播出机制不断健全。在创作方面，许多播出机构高度重视人才队伍建设，积极推进公益广告创作专业化，专门成立"创意策划工作室""创意包装中心""专职创意创作团队"等专职部门，由专职团队负责广播电视公益广告策划制作工作。还有一些台采取定制化的方法，向创意创作能力强的社会机构定制精品公益广告。与此同时，这五年来除广播电视播出机构外，系统内的管理部门、网络公司、台属公司，系统外的制作公司、广告公司、高等院校、社会工作室、社会个人，以及其他行业主管部门和相关机构，也都开始积极参与到广播电视公益广告创作中来。与以往相比，广播电视公益广告的创作正在从广电播出机构独挑大梁向社会各界广泛参与积极转变。在播出方面，公益广告创新宣传的制度化设计进一步健全。总局和各省级新闻出版广电行政部门制定优秀公益广告推荐播出制度，建立全国和省级广播电视公益广告作品库，定期收集优秀作品组织播出机构下载播出，努力扩大优秀公益广告传播。有的播出机构设立公益广告专栏，固定时段固定播出，形成品牌影响。有的播出机构考虑受众收听收视分众化的特点，在新闻、影视剧、纪录片、综艺、动画、少儿等不同频道中或者不同节目前后，科学编排不同主题、不同内容、不同形式的公益广告，以提升传播效果。同时，各地积极适应传统媒体与新媒体融合发展的新要求，在强化自有频率频道、数字电视、移动电视等传统渠道传播的基础上，探索利用户外大屏、楼宇终端、高速路牌等其他经营性渠道，以及互联网、手机、微信、微博、客户端等新平台，开展全方位、多渠道的立体传播，营造广播电视公益广告"时时有、处处在、常相伴"的浓厚宣传氛围。

---

① 田进：《在2016年广播电视公益广告创作培训班上的讲话》，《广电时评》2016年第15期。

| 二等奖 |

当前,我国经济社会发展进入新时代。新形势、新任务对广播电视公益广告工作提出了新要求。我们一定要深入学习贯彻党的十九大精神,坚持以习近平新时代中国特色社会主义思想为指导,继承和发扬过去几年在实践中形成的有效做法和经验,不断创新广播电视公益广告宣传的理念、方法和手段,努力推动广播电视公益广告宣传工作再上新台阶,创作传播更多讲品位、讲格调、讲责任的优秀广播电视公益广告作品,为人民提供更好的精神指引和更强大的精神力量。

(作者单位:国家广播电视总局传媒机构管理司)

广播电视新闻舆论监督节目
发展历程及现实意义

——以《焦点访谈》《公仆走进直播间》为例

闫丽琴

2018年是改革开放40周年，我国经过了具有划时代意义的巨大跨越。和社会变革一样，广播电视的变化与发展也经历了一个萌芽、成熟、创新的过程。而伴随着我国广播电视新闻事业的发展，新闻舆论监督节目也取得了较大成绩，从最初的禁忌到小心翼翼，再到今日的锋芒犀利；从最初的星星点点到今天的遍地开花，一直在不间断地进行着全新的探索和努力。

一、广播电视新闻舆论监督节目的起源

20世纪50年代，中国广播新闻工作者遵循一条"广播不宜开展批评和自我批评"的经验。理由是电波可以超越国界，缺乏保密性，容易被敌人利用；声音传播瞬息即逝、过耳不留，会造成断章取义、效果不佳。[1] 因此，广播中极少有批评报道。1958年新中国电视开播后，也照此惯例，同样长期没有批评性报道。1978年，也就是改革开放开始这一年，电视媒体开始探索突破这一框框，电视新闻舆论监督报道开始在荧屏上出现。中央电视台于1979年9月8日播出的《王府井大街的停车场》，是新中国出现最早、影响较大的电视批评报道，是中央电视台对"广播电视不宜开展批评报道"禁区的一个突破，是电视新闻舆论监督报道这棵幼苗终于破土而出的标志。[2] 自此以后，社会焦点问题被广播电视新闻媒体普遍关注，中央人民广播电台、中央电视台以及各地省级电台和电视台都开辟了以新闻舆论监督报道为主的节目和专栏，如中央电视台的《焦点访谈》、中央人民广播电台的《新闻纵横》、上海电视台的《新闻透视》、江苏电视

---

[1] 施天权：《电视批评性报道断想》，《新闻大学》1986年第12期。

[2] 王强华、王荣泰、徐华西编著：《新闻舆论监督理论与实践》，复旦大学出版社2007年版，第31页。

台的《大写真》、天津新闻广播的《公仆走进直播间》等。

中央电视台于 1994 年 4 月 1 日开播的《焦点访谈》以"时事追踪报道、新闻背景分析、社会热点透视、大众话题评说"为栏目主旨,推出了一大批针砭时弊、惩恶扬善的报道,受到广大人民群众的欢迎和好评,也得到党和国家领导人的充分肯定。这是改革开放以来新闻舆论监督节目的标志性栏目。《焦点访谈》的前身是《观察思考》,开播于 1988 年 8 月,一直播出到 1994 年 3 月底。作为当时中央电视台唯一的深度报道评论栏目,《观察思考》在业内外都获得了较好的口碑,但由于栏目偏专题化,一周才播一次,时效性不强。[①] 于是创立推出日播新栏目《焦点访谈》。《焦点访谈》的出现,并不是一个孤立的事件,它是我国改革开放发展到一定阶段的必然产物。1992 年,邓小平在南方谈话中提出要解放思想,改革开放的胆子要大一点。[②] 1994 年 1 月 24 日,江泽民在全国宣传思想工作会议上指出:"党报、党刊、国家通讯社和电台、电视台都要积极宣传党的主张,在正确引导舆论中发挥主干作用。我们强调正确引导舆论,同强调从事舆论宣传的部门和单位要创造性地工作是统一的。"[③]

天津新闻广播《公仆走进直播间》是天津市政府办公厅和新闻广播合办的节目,是全国开办较早的集政府服务与媒体监督为一体的热线节目之一。[④] 该节目的前身为《周三办公热线》,创办于 1994 年 2 月 3 日。为进一步发挥节目功能,强化其作为政府与群众沟通桥梁的作用,节目于 2009 年进行扩充改版。改版节目强化"政府服务、舆论监督、权威发布、百姓建言"等功能。2001 年,在由中国记协主办的第二届中国新闻名专栏奖评选中,该栏目与《焦点访谈》《实话实说》等栏目一起荣获中国新闻名专栏奖。

二、广播电视新闻舆论监督节目的发展变化

(一)节目形式及样态的发展变化

《焦点访谈》和《公仆走进直播间》节目前身有一个共同的特点,即每周播出一次。《观察思考》在央视一套每周日晚 8 点播出,每期节目 20 分钟;《焦点访谈》则每天 19 点 38 分在央视一套播出,每期节目 13 分钟。《周三办公热线》是每周三播出一次,2009 年改版后每周一至周五早晨 8 点半到 9 点半播出。

《焦点访谈》在节目样态上采用了演播室主持和现场采访相结合的结构方

---

① 央视《焦点访谈》栏目组编:《〈焦点访谈〉里的焦点》,中国工人出版社 2018 年版,第 2 - 4 页。
② 见张爱茹:《邓小平南方谈话实录》,《党史纵横》2002 年第 1 期。
③ 江泽民:《在全国宣传思想工作会议上的讲话(节选)》,http://cpc.people.com.cn/GB/64184/64186/66695/4494822.html
④ 张颖:《浅析微博时代传统媒体发展之路》,《新闻传播》2012 年第 4 期。

式。栏目开办之初，从选题到制作都是摸着石头过河，节目内容在实践中探索拿捏、逐步定位。2013年1月1日，《焦点访谈》开播19年来首次进行改版播出。新版节目时长增至17分钟，每期节目不再拘泥于一个焦点，可关注两个或是多个热点话题，节目更加贴近民生、贴近新闻、贴近热点。《公仆走进直播间》节目也由从前单一的政策宣读讲解变为以回应百姓关切、解决合理诉求为主的集政府服务与媒体监督为一体的热线节目。节目样态的转化，切实满足了听众对于节目的参与感，成为政府与百姓沟通的平台。

（二）主持人角色定位的发展变化

关于主持人，《焦点访谈》一开始就有一个目标：培养出各具特色的我国第一代电视评论员。栏目始终提倡主持人的个性化表达，注重用主持人的人格魅力来塑造媒体形象。[①] 曾任该栏目主持人的白岩松、敬一丹、水均益等，他们的专业背景不同，各有专长，主持风格各异。白岩松看待问题深刻独到，有很强烈的表达欲，现场发挥常妙语连珠，主持时的激情和锐气深刻感染着电视机前的观众；敬一丹播音专业毕业，有多年的播音实践，女性角色使得她在主持时有一种有别于其他主持人的从容、冷静、大气和自如，亲和力较强；水均益是学外语出身，做过多年的新华社记者，有报道国际问题的优势。[②] 2013年改版后的《焦点访谈》新增了主持人，且主持人是全程站立播报，并强化了主持人"有深度、有锐度"的评论功能。

《公仆走进直播间》在节目定位和节目样态调整之后，主持人也面临角色的改变。在早期《周三办公热线》节目中，主持人只需要向听众介绍嘉宾并简单串联节目即可，关于政策的宣讲和解读主要由领导嘉宾来做。改版为《公仆走进直播间》后，主持人成为节目进程的操控者。主持人实际上已经从简单的串联深入到节目的采编、策划。

（三）监督内容所占播出总量比例的发展变化

以《焦点访谈》为例，伴随着改革开放步伐的加快和民主法治进程的推进，节目开播的前几年，无论是美誉度、收视率还是监督内容所占播出总量的比例都达到了空前的辉煌，曾有三位国务院总理莅临《焦点访谈》，节目一度被誉为"焦青天"。高峰过后就是低谷，进入21世纪，《焦点访谈》节目的收视率开始下滑，敬一丹做客第二届传媒领袖大讲堂时坦言："已经有越来越多的人说我很久没看《焦点访谈》了。"节目收视率下滑的原因有很多，但根本原因之一就是监督内容所占播出总量比例下降。该节目编导曾对1994年4月1日《焦点访谈》

[①] 刘新敏：《试析电视新闻评论节目的宣传优势》，《新闻实践》2010年第1期。
[②] 《焦点访谈案例分析》，https://m.doc.docsou.com/b938d45f455f6d36a074680a3-4.html

开播到 2011 年 3 月 31 日总共 17 年的播出节目进行了统计，归纳出如下表格（原书表格中 2002—2005 年及 2009 年的百分比数字有误，笔者在本文中做了修正）。

《焦点访谈》播出节目统计①
（1994 年 4 月 1 日至 2011 年 3 月 31 日）

年份	播出总量	国际	正面	中性	硬监督	软监督	其他	监督类节目占播出总量比例
1994	274	42	68	47	76	41		42.7%
1995	344	30	81	96	99	38		39.83%
1996	348	28	73	102	112	33		41.67%
1997	339	20	84	102	90	43		39.23%
1998	344	19	40	125	130	30		46.51%
1999	345	21	29	123	101	11	60	32.46%
2000	359	22	30	142	123	39	3	45.13%
2001	361	11	44	110	90	35	71	34.63%
2002	357	14	205	79	39	20		16.53%
2003	368	20	152	91	102	3		28.53%
2004	358	11	156	48	143			39.94%
2005	356	5	169	104	77	1		21.91%
2006	350	1	153	85	111			31.71%
2007	362	2	203	104	53			14.64%
2008	331	7	217	79	28			8.46%
2009	350	7	170	121	52			14.86%
2010	362	4	172	103	83			22.93%
2011	88		57	7	24			27.27%

　　从表格中可以清晰地看出舆论监督类节目在《焦点访谈》播出总量中的变化。最高的年份是 1998 年，舆论监督内容所占的比例是 46.51%；2002 年舆论监督的内容所占的比例是 16.53%；最低的是 2008 年，为 8.46%。舆论监督的内容为什么减少了呢？敬一丹说："舆论监督类的节目几乎无一不遭遇说情。说情已经从熟人老乡出面发展为组织出面。……有的节目就在这种环境里夭折了。"②

---

　　① 余伟利：《构建和谐社会视域下的中国新闻舆论监督研究》，中国大百科全书出版社 2013 年版，第 75、105 页。
　　② 敬一丹：《三任总理与〈焦点访谈〉》，http://www.people.com.cn/GB/14677/22114/32760/32766/2421283.html

（四）喉舌作用的发展变化

广播电视新闻媒体是党和政府的喉舌，传达宣传党的路线方针，动员和组织人民为实践党的主张而奋斗。那么，媒体的人民喉舌作用又通过什么方式体现出来呢？主要是通过新闻舆论监督。朱镕基同志 1998 年曾到央视，为《焦点访谈》节目题词："舆论监督，群众喉舌，政府镜鉴，改革尖兵。"党和政府的喉舌与人民喉舌是一致的，应该反映广大人民群众要求纠正党和政府工作中问题的声音。

以《公仆走进直播间》为例，每期会有一个委办局领导走进直播间，对本部门负责的问题、现实情况、未来打算和所涉及的政策、法规向听众做一个基本解释和介绍，这时候的节目体现了党的喉舌作用。随着改革开放的深入和人民群众行使民主权利积极性的提高，百姓参政议政的愿望越来越强烈。节目于 2009 年进行了扩充改版，依然邀请政府有关部门负责人走进直播间，但节目重点不再是宣读讲解政策，而是现场办公解决市民反映的问题。比如，2016 年 6 月 29 日，南开区副区长马云亮带队做客《公仆走进直播间》节目时，受理了 42 件听众反映的问题。其中，听众于先生打来热线反映：南丰路西湖道交口的万和酒水批发超市占道经营、违章搭建达五年之久。节目播出次日一大早，南开区万兴街道办事处组织 20 个部门的 200 多名工作人员，对该点位进行彻底治理，违章建筑门脸外的架子被拆除。① 通过节目，听众反映的问题及时、快速地得到了解决，充分体现了媒体作为人民喉舌的作用。

三、新闻舆论监督节目所遇到的问题

（一）新闻舆论监督存在"两难"问题

"两难"问题：一个是监督难，另一个是采访难。

监督难。新闻舆论监督本质上是人民群众通过新闻媒体对权利的监督，国家权利通过党的组织、行政部门和领导干部得以实施。所以，新闻舆论监督在其形态上主要表现为来自群众的、自下而上的对各级领导干部的监督。由于新闻舆论监督会揭短亮丑，一些领导干部可能会丢掉官帽，甚至受到法律的制裁，上级领导还可能受牵连。这种"牵一发而动全身"的特点，使得舆论监督较之其他监督就更加增添了难度。

采访难。舆论监督节目基本上是批评性报道，采访时自然不招人待见。一些行业和部门以文件形式规定：任何人未经上级许可，不得接受电视台记者的采访。以此行政命令方式干预采访。② 记者采访遇袭、遭捕事件时有发生。

---

① 资料由《公仆走进直播间》节目组提供。
② 郭丽丽：《行政执法舆论监督研究》，上海师范大学硕士学位论文，2015 年。

（二）舆论监督遭遇说情风

《焦点访谈》原制片人余利伟在《构建和谐社会视域下的中国新闻舆论监督研究》一书中提到了说情风的严重。"从栏目开播开始，栏目就未间断地有各地各级领导通过各种途径，为部门的个体利益、行业的本位利益和地方的局部利益来说情。而且这样的说情风屡禁不止，甚至有不少说情人是带着各级机关的公文来的，带着对《焦点访谈》的行政命令来的。这样的说情已经成为《焦点访谈》运行的最大障碍，严重伤害着栏目的发展，伤害着记者的工作积极性。"①

四、广播电视新闻舆论监督在新环境下的未来之路

（一）优化传媒结构，推动不同媒体间的协同合作

互联网的繁荣、手机的广泛使用、自媒体的快速发展，使得舆论监督的主体广泛而多元，也使得舆论监督呈现出与传统媒体时代完全不同的景象。一方面，网络、自媒体这种具有突破性意义的新媒介出现，推动了传媒结构的调整，将舆论监督带到了一个新阶段。另一方面，因为网络监督的公信力不足、专业性不够，容易出现非理性声音，偏离事实真相。目前有一种新的监督样式：传统媒体和网络媒体互动，以网络等新媒体介入—非强势传统媒体跟进—强势主流传统媒体最后进入的方式，使得新闻舆论监督出现与以往完全不同的发展态势。它将网络自媒体发起的监督由"小打小闹"深化为全民参与，通过主流传统媒体渗透到更多的高层权威人群中，更有助于问题的快速、顺利解决。② 这种传媒结构的优化协同合作将会极大地促进新闻舆论监督的发展。

（二）创新广播电视媒体与政府部门之间的协同合作

媒体并非政府职能部门，尽管可以进行舆论监督的工作，但终究无法直接解决相关问题，只能通过对相关政府职能部门施加舆论压力来促成。可见，政府职能需要依靠媒体舆论监督，从而改善工作方法并提高质量。基于这样的互动关系，媒体和党政机关应紧密配合，进而建立行之有效的协同合作机制，从而确保快速、有效地解决问题。而良性的媒体与党政机关的互动与合作机制，应该包含以下两个层次。首先，建立科学、合理的媒体与相关政府部门之间的合作制度，借此机制，媒体能够以政府为依托，更有效地开展舆论监督工作。其次，赋予媒体与党政职能部门之间良性互动机制以新的动能，促进有关政府部门及时向上级汇报，积极解决问题。

---

① 余伟利：《构建和谐社会视域下的中国新闻舆论监督研究》，中国大百科全书出版社2013年版，第75、105页。
② 范以锦、刘熠：《立体式监督场彰显舆论监督强大力量》，《新闻与写作》2009年第2期。

(三）建立健全法律机制，坚持依法开展新闻舆论监督

新闻舆论监督是一种影响力、震撼力都非常巨大的报道形式，开展得好能发挥很大的正面效应，开展不好会产生不小的负面影响，因而更应依法进行。目前，我国还没有《新闻法》，媒体目前是按照现有的规定和程序发挥舆论监督作用。新闻传播的法律规范主要包括两个方面：一个是对新闻出版的自由权利的保护，另一个是对滥用新闻出版自由权利的限制。但是，对于法治而言，仅有这种禁止性的、义务性的规范是远远不够的，从长远着眼还是应尽快实现新闻立法。

五、结语

通过对央视《焦点访谈》和天津新闻广播《公仆走进直播间》开播以来的发展历程进行梳理，可以发现，新闻传媒系统始终与社会系统进行着双向能量交换，表现为双方互为需求、互为支持。随着政府信息越来越公开，新闻媒体和舆论监督将发挥越来越重要的作用。在自媒体风起云涌的今天，我们期待更多的媒体人将为今天、未来的新闻舆论监督赋予更多新的意义。

(作者单位：天津广播电视台新闻广播)

改革开放 40 年中国纪录片的转型

孙蕾蕾

塔可夫斯基在《雕刻时光》一书中曾将导演工作的本质定义为雕刻时光。如同一位雕刻家面对一块大理石，内心中成品的形象栩栩如生，他一片一片地凿除不属于它的部分——电影创作者，也是如此：从庞大、坚实的生活事件所组成的"大块时光"中，将他不需要的部分切除、抛弃，只留下成品的组成元素，确保影像完整性元素。[①] 同样，作为电影艺术类型之一的纪录片也是时间的艺术。纪录片是人类情感的时间印记，它最具魅力之处就在于记录的真实性以及在时间流动中展示出的事物的未知性。纪录片既是一种跨越国家、种族和意识形态的传播媒介，也是一种能够在不同文明之间进行对话的跨文化文本。

一、从寻根文化、民族相册向纪实美学的返归

20 世纪至 21 世纪初的中国社会先后发生了两次巨大变化，即从农业社会到工业社会，从工业社会到信息社会（或称后工业社会），著名人类学家费孝通先生将此称为中国社会的"三级两跳"。1978 年 12 月党的十一届三中全会之后，我国实行改革开放，中国从阶级斗争、计划经济的桎梏中解放出来，全面转向经济社会建设。随着市场经济与城市化的推进，农村出现了大量剩余劳动力，他们开始向城市迁移、定居，中国成为世界上城镇人口增长率最快的国家之一。在中国从农耕文明向工业文明、信息文明的现代化转型中，在中国城乡之间出现的规模庞大的人口迁徙潮，加速改变着中国传统的社会结构和社会关系。短短 40 年间，普通中国人的生活方式、道德伦理、情感认知、审美经验在全球一体化、多元文化交织互感中都在经历着前所未有的转化与重塑。东方与西方，传统与现代，城市与乡村，农民与市民，各种新生观念与美学经验在文化领域不断涌现、碰撞、融合，又在不断变化的矛盾运动中完成新旧更替。

[①] [苏] 安德烈·塔可夫斯基：《雕刻时光》，陈丽贵、李泳泉译，人民文学出版社 2003 年版，第 64 页。

1958年5月1日19时整，新中国的第一束电视信号从北京上空发出，自此中国建立了属于自己的电视事业，从建设初期的筚路蓝缕，到改革开放的号角吹响，一代代的电视工作者们用青春年华和奉献精神，记录下了国家的每一次重大历史转折和普通中国人生活变化的点点滴滴。1978年改革开放，中国的电视纪录片也开始了真正的变革。

中国电视纪录片最早发轫于宣传色彩浓厚的新闻纪录片。1979年，中央电视台与日本NHK合拍的纪录片《丝绸之路》开启了一种新的纪录片创作理念与话语体系。这标志着中国电视纪录片摆脱了阶级斗争、革命话语和政治说教，开始作为一种纪录真实影像、传播文化的影像媒介出现在公众视野中，并由此开启了纪录片由宣传工具向大众传播媒介的转型。之后，央视创作的一系列经典文化地理纪录片《话说长江》（1983）、《话说运河》《望长城》（1991），则将这种以精英意识为主导、以民族精神为内核的寻根文化在电视媒体领域推向了高潮。

在经历了十年浩劫之后，整个民族的创造激情已从阶级斗争转向了文化寻根与精神还乡，知识分子开始将批判与反思的视角投向了蕴藏在深厚民族历史之下的山川河流，试图探寻整个民族的民族精神与历史文化的脉络与变迁。创作者将创作的热情与思考的锐度融入祖国的人文景观中，借助纪录片载体紧密地与国家、民族的命运联系到一起，这一时期的人文纪录片洋溢着浓郁的民族精神与家国情怀，在当时创造了中国电视史上的多个收视奇迹，引起了强烈的社会反响，并在全国范围形成了一种新的电视文化景观。至此，中国纪录片完成了第一次转型，即从政治意识形态工具向以精英文化的传播媒介的转型。

随着90年代邓小平南巡，掀开了深化改革开放与市场经济的帷幕，中国的城市化进入全面推进阶段。这一时期的社会变迁也直接影响了电视纪录片的美学走向——80年代精英文化的黄金时代逐渐式微，被以娱乐消费为特征的大众文化取而代之。1993年，上海电视台创办《纪录片编辑室》，这也是中国纪录片最早的纪录片栏目，同一年中央电视台《东方时空》开播，以《纪录片编辑室》和《东方时空》子栏目《生活空间》为代表的电视纪录片掀起了纪实美学的新高潮，强烈的纪实性、平民化视角、浓厚的人文关怀开始成为90年代纪录片的创作风潮。

纪实潮流植根于纪录片创作者对个人命运与情感的关注，使得纪录片由过去的历史传奇、地理景观架构起的宏大的国家叙事，转向了对人本身的关注与同情。这次转型的精神本质是人本主义精神的回归。至此，中国电视纪录片完成了从国家话语向个人叙事的转型。这种以关注人的尊严和价值为核心的纪实美学思潮标志着中国电视纪录片在回归本体的道路上日趋成熟。何苏六认为，"我们可以从这近半个世纪的历程中，勾勒出一条诞生于非常时期的中国电视纪录片一步步回归本体、回归本性、艰难行进的轨迹"。① 至此，中国的电视纪录片完成了向民族精神、国家相册的转变，并继续经历了向纪实美学与人本主义回归的二次飞跃。

二、十八大以来社会主义文艺观的理论创新

文化是一个国家的生命、一个民族的灵魂，也是照亮一个民族前进的灯塔，文化更是传承民族文化、延续民族精神的火种。一个国家、一个民族的强盛，是以文化兴盛为支撑的，中华民族伟大复兴需要以中华文化发展繁荣为条件。党的十八大以来，以习近平同志为核心的党中央高度重视社会主义文化建设，提出要加快建设社会主义文化强国，提高国家文化软实力，坚定文化自信。十八大以来习近平同志对繁荣社会主义文艺事业多次发表过重要讲话，集中体现在2014年文艺工作座谈会上的讲话（2014年10月15日），在中国文联十大、中国作协九大开幕式上的讲话（2016年11月30日）以及在中国共产党第十九次全国代表大会上的报告（2017年10月18日）等文件中，逐步形成了一套完整的新时代中国特色社会主义文化建设方略——习近平文艺观。

习近平文艺观是一种以人民为主体、服务于人民的文艺价值观，最核心的理念就是"以人民为中心"。习总书记明确提出，"社会主义文艺，本质上讲，就是人民的文艺"②。所谓以人民为中心，就是"要把满足人民精神文化需求作为文艺和文艺工作的出发点和落脚点，把人民作为文艺表现的主体，把人民作为文艺审美的鉴赏家和评判者，把为人民服务作为文艺工作者的天职"③。十九大报告指出，必须坚持以人民为中心的创作导向，在深入生活、扎根人民中进行无愧于时代的文艺创造。

三、习近平文艺观对纪录片创作理念与风格的影响

乡土社会是中国社会的根，中国文化的主体是乡土文化，随着转型期城市化加速，乡土文化开始受到城市文化的冲击，城乡文化之间不断生成的碰撞与融合，为新时代的文艺创作提供了多样性与生命力。这一时期涌现出的现实主义题材作品按照内容大体可分为以下几类。

1. 关注社会重大变革、国家现代化建设成就的现实主义题材作品，如《铁

---

① 何苏六：《中国电视纪录片史论绪论》，中国传媒大学出版社2005年版，第13页。
② 《习近平谈治国理政》第2卷，外文出版社2017年版，第314页。
③ 习近平：《在文艺工作座谈会上的讲话》，人民出版社2015年版，第127页。

西区》《辉煌中国》《大国崛起》。

2. 关注特定阶层生存境遇和普通人生活、情感的现实主义题材作品，如《英和白》《幼儿园》《我的诗篇》。

3. 关于中国传统文化及乡土文化的现实主义题材作品，如《故宫》《颐和园》《再说长江》《新丝绸之路》《舌尖上的中国》。

（一）中国电视纪录片现实主义发展脉络与时代变革的贴近性

改革开放40年，中国电视纪录片始终在前沿记录见证着历史的转折与时代变迁的脉络，始终与国家重大决策、中国梦、民族的进步保持着高度的一致并与之建立了一种同呼吸共命运、心跳般贴近的紧密关系。电视纪录片在记录社会变迁与国家历史进程方面，拥有一种得天独厚的制度资源和媒介优势，它是反映时代进程、展现中国人奋斗风貌的一种最直观、最具影响力的大众媒体。

党的十八大以来，在包括小说、电影、纪录片在内的文化领域掀起了一股生动鲜活的现实主义创作热潮，一大批反映社会变迁、关注现实生活与普通人奋斗历程的现实主义力作纷纷涌现，现实主义、改革精神成了新时代纪录片的价值引领和精神坐标。比如《我的诗篇》就反映了普通城市打工者对诗歌和生活的热爱，表现了他们坚韧向上的精神品格，以真实挚诚的情感直击人心。

（二）新时代中国文化背景下的中国电视纪录片第三次转型：从大众娱乐到现实主义

改革开放40年来，中国纪录片倡导现实主义的呼声日趋强烈。大众渴望能够从荧屏上看到更多当下生活中正在发生的普通人的故事和情感。这种来自受众的对纪录片审美标准和价值的外在要求的变化，与纪录片本体在经济转型背景下内在的发展逻辑恰好相合一致，正是这种内在与外在需求的相合一致，直接促成了中国电视纪录片从大众娱乐向现实主义的审美范式转变。进入21世纪后，新时代的中国电视纪录片得以完成第三次转型。纪实美学、现实主义、人文精神的复兴与彰显，是新的美学转向的标志。

短短40年，中国纪录片的美学思潮与价值引导都发生了重大的转向与变化，呈现出逐渐向本体回归的变迁轨迹，逐渐回归到以人的日常生活为美学本体，从国家话语、强势输出逐渐转向了以纪实美学为风格、以人文精神为灵魂的个人叙事，并且体现出向现实主义强势回归的趋势。

处于伟大的时代变革，中国电视纪录片也完成了一次次重大转折——2010年10月，广电总局出台《关于加快纪录片产业发展的若干意见》，为中国纪录片发展提供了纲领性文件和政策保障；2011年1月1日，首个国家级专业纪录片频道——中央电视台纪录频道诞生，中央电视台科教频道、上海纪实频道、北京纪实高清频道、天津科教频道等专业电视纪录片频道也在这一年开播。中国纪录片开始在市场化的进程中跃跃欲试。

对于广大电视纪录片创作者来说，记录中国人实现中国梦的奋斗故事，弘扬社会主义核心价值观和中国精神，用富有时代气息的中国精神凝聚中国力量，是必须坚守的价值立场与媒体责任。

四、启示：现实主义复兴浪潮中人文精神的彰显

在互联网浪潮、数字化革命的席卷之下，当今世界正处于多级格局相互博弈的全球化网络中，国际形势复杂多变，随着中国的现代化转型与国家崛起，中国的对外交流与国际传播也进入一个新时代。当下，纪录片已经成为重塑中国国家形象、提升国家文化软实力的重要工具，承载着向世界输出中国文化与中国价值观的时代使命。借助纪录片这一全球通行的文化人类学媒体，发出中国声音、讲好中国故事，牢牢掌握国际话语权，使中国文化与中国价值能够参与到全球多元文明对话中，将是一个新的挑战。从早期中日合拍《丝绸之路》到《舌尖上的中国》在海外传播大获成功，中国也从开放初期的小心翼翼转向了更为笃信、执着的文化自信。正在发生的活的新时代影像里，一个改革开放的中国正扑面而来。

中国电视纪录片新时代的第三次转型带给我们最宝贵的启示在于，在纪实美学与现实主义兴起过程中彰显出浓厚的人文主义精神，而人文主义精神正是透过关注一个个具体的人，凸显了人的价值与尊严。习近平总书记在2018年的新年贺词中提出，"千千万万普通人最伟大，同时让我感到幸福都是奋斗出来的。"国家形象与国家精神是透过一个个鲜活、坚忍的个人所构筑起来的，一个个普通的劳动者，正是新时代中国形象和中国精神的凝聚，也是构建中国国家形象的最本源、最朴素、最动人的力量，让他们发出属于自己的声音，是新时代讲好中国故事、构建中国国家形象的关键。

当今世界处于多元文化交织共生、碰撞交融的格局中，并且还在不断地发展、演变之中，而中华优秀传统文化在世界格局中具有独特的文化价值与精神品格。文化有其演变与发展的属性与逻辑，由于文化具有传承性和延续性，任何一种文化都无法与它所扎根的历史、文明脉络所割裂。新时代中国特色的社会主义文化正是由于深深扎根于中华传统文化与爱国主义、革命精神的深厚土壤之中，具有以中国精神为内核的强大内生力以及以改革创新精神为驱动的外延力，才会焕发出勃勃生命力。

改革开放40年，中国纪录片也走过了激情跌宕、波澜壮阔的40年，纪录片鲜活的生命力与真正的纪录片精神正是来自于对社会时代性展现的广度，以及对

人类心灵、精神世界挖掘的深度。作为世界上最大的社会主义国家，中国几千年文明的独特性与中国特色社会主义实践的巨大成功，在世界范围内都是不可复制、无法替代的，这也正是中国文化、中国经验、中国道路的文化引领力。中国，这个古老的东方大国正在改革开放的历史机遇中迅速崛起，焕发勃勃生机；中国纪录片，也正站在新时代的浪头，即将开始崭新的征程。

（作者单位：中央广播电视总台央视科教频道）

中国电视手语主持发展 40 年

袁 伟

电视手语主持是以手语为传播手段，以听障群体为服务对象的一种特殊的传播活动。当前，我国有 2700 多万听障人士，电视手语主持在帮助他们了解国家政策、获取知识信息、进行情感娱乐和积极参与社会活动等方面发挥了重要作用。作为与有声语言播音主持相对应的一种独特的主持形态，与有声播音主持一样，手语主持是一种重要的播音主持艺术类型，也是播音主持理论体系和学科体系重要的组成部分。

自 1978 年首个电视手语节目录制播放至今，电视手语主持节目已有 40 年的历史。在这 40 年间，电视手语主持取得了巨大发展，手语主持人队伍日益壮大，手语主持模式更加成熟丰富，手语主持节目类型发展迅速，手语主持语言规范化程度不断提高，手语主持传播力、手语主持教育都得到了加强。目前，可以认为，我国具有中国特色社会主义的手语主持体系初步建立。

从 40 年的发展历程来看，本文将我国电视手语主持发展分为三个阶段，即萌芽阶段（1978—1988）、发展阶段（1989—2011）和成型阶段（2012 年至今）。下面将对每一阶段发展特征进行详细阐述，并就未来电视手语主持发展提出建议性思考。

一、电视手语主持的萌芽期（1978—1988）

1978 至 1988 年是我国电视手语主持发展的萌芽时期。在这 10 年时间里，电视手语主持节目从无到有，并取得了一定程度的发展。但是，这一阶段我国的电视手语主持还只是刚刚起步。

（一）电视手语主持萌芽期的标志性发展

在电视手语主持发展史上，有两档手语主持节目是不可越过的：一个是 1978 年播出的《学一点手语》；另一个是 1984 年播出的《聋人手语节目》。这两档节目的手语主持是萌芽时期电视手语主持发展的标志。

1978 年，《学一点手语》在上海电视台二台播出，它是一档电视小品，主要是以推广手语为目的。此节目是手语推广性节目,不是严格意义上真正的手语主持性节目,但是,它包含了手语主持的一些基本形态,即主持人通过电视这一大众媒体,运用手语这一传播手段,完成了基本的传播活动。因此,我们将《学一点手语》中主持人的创作活动定义为电视手语主持发展的开端,也可以叫作电视手语主持发展的史前阶段。

另一档在此时期具有标志性的电视手语主持节目是在广东电视台开播的《聋人手语节目》,该节目于1984年10月30日首播。它的开播标志着我国电视手语主持的真正开端。20世纪80年代初,大陆刚刚改革开放不久,跟港澳台及国外相比,我国电视手语主持还基本处于空白。由于受香港等地电视手语节目的影响,作为改革开放的前沿地区,广东开办了我国大陆地区第一档真正意义上的手语主持节目《聋人手语节目》。该节目是一档电视专题节目,包括社会纵横、法制教育、旅游天地等板块,主要选择与聋人相关故事作为节目播出素材;主持人由广州地区特殊学校手语教师担任,潘险峰、文丹丹、卢婉玲和王凤萍均担任过该节目的手语主持人;播出频率为每周两次;主持样态主要为录播;主持的语言主要使用的是《聋哑人通用手语图》打法;主持方式为简单的对图翻译,一般缺少主持人自己的二次创作。

(二)电视手语主持萌芽时期的基本特征

在萌芽时期,大陆地区的电视手语主持尚处于起步阶段,手语主持各基本形态刚刚出现。如新闻这一重要的电视手语主持类型尚未出现;手语主持人皆为听力健全人,尚未出现聋人等其他主持人形态;手语主持主要为单一翻译形态,手语使用也较为刻板。这些状况实际上与当时残疾人事业发展的大背景息息相关。改革开放初期,我国对残疾人事业的重视程度,特别是对残疾人文化活动的重视程度远不及现在。1987年4月,《残疾人工作宣传提纲》明确提出,凡是健全人需要的物质生活和精神生活,残疾人同样需要,我国要大力推进社会主义精神文明建设,这为我国电视手语主持的发展提供了一定政策条件。1988年,中国残疾人团体联合会正式成立,这在我国残疾人事业发展史上具有里程碑意义,为今后残疾人事业发展和电视手语主持发展提供了可靠的保障。中国残联首届全国代表大会,特别强调要利用电视等公共宣传媒介对残疾人和残疾人事业加大宣传。借助这些政策的东风,残疾人事业的宣传渠道和社会影响在日益扩大,我国电视手语主持事业也在萌芽中发展,并取得了一定成绩。

二、电视手语主持的发展期(1989—2011)

1989年至2011年,随着改革开放深入推进,我国残疾人的精神文明建设被提上了日程,电视手语主持进入了快速发展期。1996年,中国残疾人事业"九五"计划纲要配套实施方案明确提出，中等以上城市电视台要普遍开办配有手语的专栏节目，县级以上广播电台普遍开播残疾人专题节目。① 2008年7月1日起施行的《中华人民共和国残疾人保障法》第四十三条提出，开办电视手语节目，开办残疾人专题广播栏目，推进电视栏目、影视作品加配字幕、解说。② 这在我国电视手语主持发展史上具有重要意义，也为我国电视手语主持发展提供了坚实的法律保证。在这一时期，我国电视手语主持节目数量迅速增长，节目类型不断增加，出现了诸如新闻、服务、娱乐等类型的电视手语主持节目；手语主持人由萌芽时期完全由听人担当，演变为听人、聋人及虚拟主持人多种形态共存的状况；手语主持语言由纯粹的手势汉语转变为自然手语和手势汉语并重；手语主持模式更加丰富，摆脱了上个时期单纯的对节目内容进行翻译，转变为翻译和主持兼备。

（一）电视手语主持节目的发展

这一时期，电视手语主持节目的快速发展主要表现为手语主持节目数量的增加和手语主持类型的丰富。

在电视手语主持节目数量方面，《中国残疾人事业发展统计公报》显示，到2000年年底，已开辟省级电视手语栏目35个（含部分省会市）；地市级开辟电视专栏273个。除西藏特批同意外，尚有海南、湖北、青海三省未开播电视手语新闻；由于条件尚未具备，部分省会城市及多数中等以上城市电视台未能开播手语新闻栏目。③ 经过10余年的发展，截至2011年年底，全国共开辟省级电视手语新闻栏目28个；共开辟地市级电视手语新闻栏目168个。④ 10年来，电视手语栏目数量有了很大提高，但是，还是存在一定不平衡现象。比如，上海有两档市级电视手语主持节目，而湖南、西藏、新疆等省尚未开设省级电视手语主持节目。

在电视手语主持节目类型方面，这一时期手语主持节目类型实现了大的突破。1989年5月7日，北京电视台《新闻手语》的开播，标志着我国当前最重要的手语主持类型新闻手语主持诞生。此后，专题类、访谈类、娱乐类、晚会类等电视手语主持节目相继开播。1994年，我国第一档专题类手语节目，天津电视台《我们同行》开播，该节目旨在展现以残疾人为代表的群体自强不息的奋斗精神，弘扬社会爱心助残风尚，鼓舞残疾人回归主流社会、平等参与社会生

---

① 中国残联：《中国残疾人事业"九五"计划纲要执行情况统计分析报告》，2001年。
② 全国人大常委会：《中华人民共和国残疾人保障法》，2008年。
③ 中国残联：《2011年中国残疾人事业发展统计公报》，2012年。
④ 中国残联：《中国残疾人事业"九五"计划纲要执行情况统计分析报告》，2001年。

活。2000年,上海电视台新闻综合频道娱乐类节目《时事传真》开播,该节目最初以15分钟手语集锦的形式呈现,到2010年转变为每天半小时的手语直播,体现了以听障受众为中心的节目制作意识的转变;2005年,中国残疾人艺术团的聋人主持人姜馨田担任了春节联欢晚会中《千手观音》的主持工作,这是我国电视手语主持晚会类节目的开端。此外,在我国台湾地区,1995年11月,我国第一档手语谈话节目《听听看》在台湾公视开播。从2009年起,《听听看》除涉及听障群体外,还包含了对其他各障别障碍者的探讨与交流,节目内容变得更加丰富。

(二) 电视手语主持模式及形态的发展

电视手语主持模式是指主持人在电视中运用手语进行信息传播的创作行为,根据手语主持人对节目的把控力和参与程度,电视手语主持模式可以分为主导型、参与型和配合型三种。[①] 在电视手语主持发展期,这三类主持模式都已出现,但主导型、参与型所占比例较低,配合型手语主持是这一时期最主要的主持方式。上海电视台《时事传真》、常州电视台《常州日报》是主导型主持的代表性节目,这类主持的典型特征是以聋人作为主持人,主持人在整个传播活动中占有主导地位,控制着整个主持活动的进程。黑龙江电视台《点击七日》、贵州电视台《手语新闻》的主持是参与型主持的代表性节目,这类主持一般包括两类状况:一类是手语主持人独立出镜,主持语速、节奏处于独立状态,但主持内容及语言形式要完全受限于文字稿,所使用语言主要是采用手势汉语逐字翻译,语言独立性较弱;另一类是手语主持人与口语主持人搭配出镜,手语主持的语速、节奏独立性较弱。但是,手语主持内容和语言形式表达则相对独立,主持人更多是从新闻内容出发,运用手势汉语和自然手语相结合的方式予以相对独立表达。作为这一时期最主要的主持类型配合型主持,一般是手语主持人和口语主持人共同出镜,主持人无论是在主持内容、语言表达、节奏、语速、轻重、停顿连接等多个方面都是受制于口语主持人,处于完全附属地位。

在此期间,电视手语主持形态也发生了一定变化。在电视手语主持发展初期,节目大多以录播为主,如台湾公视的《听听看》、浙江卫视的《爱心浙江》等。随着手语主持节目的不断发展,新闻手语主持节目为保证新闻的时效性,大都是以直播的形式进行,如北京电视台的《新闻手语》、上海电视台转型后的《时事传真》等。

(三) 电视手语主持人队伍的发展

随着电视手语主持节目数量的增多,我国电视手语主持队伍也在不断扩大。

---

① 袁伟:《手语主持研究》,《语言文字应用》2014年第3期。

截至2011年，我国电视手语主持人类型比第一个时期更加丰富，出现了三种不同类型的主持，即听人手语主持人、聋人手语主持人及虚拟手语主持人。其中，听人手语主持人出现最早，多数由聋校手语教师兼任，在三种手语主持人中占比最高。聋人手语主持人出现要追溯到2005年，常州电视台《常州日报》开播，聋人郭莺担任手语主持人，这是我国电视手语主持史上首次由聋人担任主持人。也正因为聋人主持人的加入，我国的手语主持模式开始由配合型手语主持向主导型手语主持转变。2007年，手语主持人类型进一步增加，虚拟手语主持人出现，北京卫视《新闻手语》节目在全国第一次启用数字模拟机器人担任手语主持人。但由于我国手语合成技术发展还不成熟，尤其是在手语主持韵律技术处理方面研究不足，虚拟手语主持信息传递有可能导致听障人士信息理解错误或理解不完整，虚拟主持并未广泛和长期存在，北京卫视的虚拟手语主持也于2010年停播。随着手语主持研究的深入，特别是手语合成技术的进一步发展，虚拟手语主持仍将会迎来新的突破。

三、电视手语主持的成型期（2012年至今）

2012年至今是我国电视手语主持发展的黄金时期，尤其是在党的十八大以后，在前两个时期发展的基础上，电视手语主持进入了成型期，手语主持各种形态已基本形成，手语主持地位得到确立，手语主持传播力大增，手语主持的教育等各方面发展都实现了突破。

（一）电视手语主持地位得到确立

党中央、国务院历来高度重视电视手语主持工作，《中华人民共和国残疾人保障法》、中国残疾人事业"九五""十五"等系列规划纲要都明确提出要开办电视手语节目，极大促进了电视手语主持的发展。党的十八大以来，以习近平同志为核心的党中央坚持以人民为中心的发展思想，对残疾人格外关心、格外关注，明确提出"全面建成小康社会，残疾人一个也不能少"。2015年1月，中共中央办公厅、国务院办公厅印发的《关于加快构建现代公共文化服务体系的意见》提出，鼓励和支持有条件的电视台增加手语节目。党的十九大描绘了决胜全面建成小康社会、开启全面建设社会主义现代化国家新征程的宏伟蓝图，对推动新时代残疾人事业发展，对新时代电视手语节目及主持发展提出了新要求。2015年10月，中国残联、教育部、国家语委、国家新闻出版广电总局联合制定的《国家手语和盲文规范化行动计划（2015~2020年）》，明确提出要加强手语主持研究与推广；2017年国家语言文字工作委员会工作要点，指出要加强手语主持研究与推广；2018年国家语文工作委员会工作要点，不仅提出要加强手语主持研究和人才培养，还强调要建设手语主持语料库。这些文件不仅提出要推动电视手语节目发展，更是从国家战略的高度明确把手语主持工作作为未来的发展重点，手语主持地位得到了有效确立。可以相信，我国的手语主持工作将会迎来一个新的发展机遇期。

(二) 电视手语主持传播力增强

传播力，是指传播主体充分利用各种手段，实现有效传播的能力。[①] 而电视手语主持的传播力即是指电视手语主持人借助手语节目实现有效传播的能力。衡量电视手语主持传播力的标准不仅取决于传播的广度，也取决于传播的精度和效果。与前两个时期相比，这个时期，电视手语主持传播力在传播广度和精度方面都取得了跨跃式发展。

传播广度上，点、面两方面都实现了大的突破。从点上来看，2011年年底，中央电视台新闻频道《共同关注》首次使用配备手语主持，实现了国家台电视手语主持零的突破；2018年9月14日，央视《新闻联播》历史性配备手语主持人播报中国残疾人联合会第七次全国代表大会新闻。《共同关注》《新闻联播》等配备手语主持大大提升了电视手语主持的传播广度和传播效果。从面上来看，根据《中国残疾人事业发展统计公报》，截至2017年年底，全国共有省级残疾人电视手语栏目31个；地市级残疾人电视手语栏目254个，[②] 手语栏目数量有了很大提升。此外，我国很多县级电视台，如浙江富阳、江苏栖霞等也开设了电视手语主持节目。全国范围已经形成中央、省、市、县四级电视手语主持节目体系，对于电视手语主持传播力的提升有巨大推动作用。

传播效果上，除上一时期涌现的新闻类、专题类、晚会类及娱乐类手语主持之外，我国电视手语主持节目又出现了社教类和服务类等新的类型，2012年，成都市金牛有线电视台开播的《欢行手语》，就是一档公益性社教节目。2016年，青海广播电视台经济生活频道开播了我国第一档生活服务类手语主持节目《1时间生活》，内容涵盖衣食住行、理财健康、文化娱乐和消费等领域。这些新节目类型，有效满足了聋人受众全方位的收视需求，大大提升了手语主持传播效果。

此外，2018年7月1日，《国家通用手语常用词表》由国家语言文字工作委员会规范标准审定委员会审定，作为语言文字规范正式实施。国家通用手语是手语中的普通话，其在电视手语主持中全面实施，会极大扩大电视手语主持的传播范围。

[①] 多丽娅：《新闻媒体如何加强传播力？》，《新闻论坛》2013年第4期。
[②] 中国残联：《2017年中国残疾人事业发展统计公报》，2018年。

(三) 电视手语主持教育发展

有声语言播音主持教育已有 50 多年历史，目前已形成了从本科到硕士、博士、博士后培养的完整教育体系，全国有超过 200 所高校招收播音主持本科专业，整个播音主持教育体系非常成熟。作为播音主持体系的重要组成部分，手语主持教育发展还有很大差距。在前两个时期，我国手语主持教育一直处于空白状态。党的十八大以后，手语主持教育才有了一定突破。2013 年 7 月，教育部、国家语委联合建立了我国第一个手语主持专业硕士研究生培养点，开创手语主持教育的先河。该硕士点招生设置在戏剧影视学科下，由江苏师范大学与南京特殊教育师范学院联合招生，截至目前，共培养手语主持专业研究生 12 人。

《国家通用手语常用词表》发布后，我国电视手语主持人培训取得突破。2017 年，中国残疾人联合会、教育部、国家语言文字工作委员会、国家新闻出版广电总局联合举办"全国电视台手语主持人国家通用手语培训班"，这是全国首次组织国家级的手语主持人培训，有效推动了手语主持教育发展。本次培训将两种手语主持和有声语言播音主持有效融合，不仅培训了手语主持人的国家通用手语，还加授了有声语言播音主持课程。重庆等地方手语主持人才培训在《国家通用手语常用词表》颁布实施后也开始组织实施，国家、省（区、市）专项手语主持人培训工作对推动手语主持教育发展发挥了很大作用。

四、关于电视手语主持发展的思考

进入新时代，我国社会主要矛盾已经转化为人民日益增长的美好生活需要和不平衡、不充分发展之间的矛盾。思考未来电视手语主持发展必须牢牢把握我国新的社会主要矛盾这条主线。当前广大听障人士正在由对物质生活的追求转向对精神文化的追求。在今后和未来时期，满足听障人士的精神生活需要将是我国残疾人事业发展的重点。电视手语主持作为听障人士精神文化追求的重要载体，还存在着发展不平衡、不充分的现象。电视手语主持节目类型仍以新闻类为主，其他节目类型虽已出现，但发展水平较低，数量较少，无法满足聋人受众丰富文化生活的需要，多类型、高质量手语主持节目，专门为聋人受众服务的频道亟待发展。电视手语主持人队伍仍主要由聋校教师兼任手语主持人，尚未形成一支独立的主持人队伍，手语主持人仍多以听人为主，聋人或者是虚拟主持人占比太少，主持人队伍需要进一步多元化；手语主持多层次教育需要不断突破，本科生培养以及博士、博士后等人才培养尚有很大发展空间；播音主持理论研究多关注有声播音主持研究，鲜有将目光聚焦于手语主持研究，无论是手语主持理论体系建设，还是手语主持语料库研究，手语主持合成与人工智能等方面都还有很大研究空间。

总之,电视手语主持事业作为残疾人事业发展重要组成部分,需要全社会的关注和支持,更需要更多听障人士、媒体人、研究者的参与,共同推动我国这项残疾人文化事业的发展。

(作者系教育部语言文字应用研究所副研究员。本文系国家语委"十三五"科研规划2017年度重点项目〈项目编号:ZDI135-41〉和2015年江苏省社科基金项目〈项目编号:15YYB001〉的研究成果)

三等奖

中国广播在改革开放40年中的几个重要变化

谢明辉

与社会变革一样，广播的变化与创新经历了一个萌芽、发展、成熟的过程。改革开放40年，中国广播媒介为适应改革开放的传播环境，一直在不间断地进行着全新的探索，努力实现更方便、更快捷、更有效的广播传播，以达到在激烈的媒体竞争环境中优化广播传播效果的目的。

一、广播改革发展的根本理念："广播要自己走路"

20世纪七八十年代，中国广播界不仅在报道内容、方式与观念上进行了拨乱反正，而且对广播传播规律也进行了不间断的探索。最为突出的一个表现是：依据媒介本质，努力摆脱其他媒介的影响，走自己的路。

1980年广播界有识之士重新明确提出广播要"自己走路"的重要方针，强调广播要冲破多年来文字传播的束缚，尽快摆脱报纸"有声版"的局面。1983年第十一次全国广播电视工作会议提出，广播电视要"扬独家之优势，汇天下之精华"，并强调"以新闻改革为突破口，推动整个广播电视的改革"。[①] 这个方针是对广播要"自己走路"方针的发展，强调广播要发挥传播迅速、及时、广泛、通俗易懂、感染力强的优势，利用多功能、大容量的优势，把国内、国际、地方台的报道以及群众来稿的精华汇集于广播的服务之中，"扬独家之优势，汇天下之精华"，反映了广播界对广播潜能开发规律认识的深化，为80年代初期及中期的广播新闻改革奠定了良好的理性认识的基础，对广播新闻实践起到了积极的促进作用。

在这一重要方针的引领下，广播改革成为中国新闻改革大潮中一股强有力的巨浪，新闻业务领域变革明显。首先是广播新闻报道数量增多，改变了过去主要靠通讯社、报社稿件编发新闻的局面。自采新闻逐渐增加，突出时效性，突出新

---

① 吴冷西：《立志改革，发挥优势，努力开创广播电视新局面》（第十一次全国广播电视工作会议上的报告），1983年3月11日至4月10日，https://zhidao.baidu.com/question/394353467435853605.html。

闻价值,扩大了报道面,简短且形式多样成为新闻报道的重要原则,出现了对社会热点、难点的报道,音响报道、连续报道增多,广播评论开始恢复。其次,主持人节目出现。1981年元旦,中央人民广播电台开办了由徐曼主持的对台湾广播的《空中之友》节目。这是中国广播电视史上第一个主持人节目。节目播出后在台湾引起很大反响,深受台湾同胞欢迎。随后的1981年4月,广东人民广播电台推出了由李一萍和李东主持的《大众信箱》节目。这个阶段被称为主持人节目发展的"徐李阶段","北徐南李"成为主持人节目崛起的重要标志和显著特点。第三,中国国际广播电台陆续开办外语节目,并开始与国外电台合作,向国外传送自己的外语节目。

二、广播改革的第一波浪潮:"珠江模式"的出现与逐步推广

20世纪80年代随着电视的逐渐普及,中国广播业第一次受到严峻挑战。电视夺走了大批听众,相当数量的广播广告客户转向电视,特别是毗邻港澳的广东广播所受到的冲击更为强烈。面对这种尖锐、严峻的局面,广东广播界提出了"振兴广播、办活广播"的口号。1986年12月15日,一个崭新的广播频率——珠江经济台出现在珠江三角洲上空,扭转了珠江三角洲的电波传播格局。珠江经济台在节目运行中突出节目主持人角色、大板块构架、全时段直播,加强与听众的互动交流,创造了社会效益与经济效益的双赢局面,被业界誉为"珠江模式"。

中国传媒大学电视与新闻学院传播系主任邓炘炘教授对于"珠江模式"的价值与意义做过这样的总结:广播业内最重要的制度或机制改革,是在原有的行政和地域限定的广播体系框架内引入了营利性经营机制。这一改革的观念萌芽是在1983年的中央37号文件中提出的,其最初付诸实践的创新尝试是1986年的广东珠江经济台的运行。珠江经济台这一"事业单位企业化经营"的运行模式,解决了在政府减少或取消财政支持的情况下,电台自我生存的可持续运行的财源问题。[①]

珠江经济台拉开了建立专业、系列频率的广播改革序幕,特别是引发了全国办经济广播的热潮。随后经各地其他专业(系列)广播频率的移植和发挥,"珠江模式"得到推广。国家广电总局把2003年定为"广播发展年",要求全国广播行业把增加广播收听率、影响力和创收力作为同等重要的任务,并规定了广播年收入增幅20%的具体指标,这实质上是对已经存在了若干年的"珠江模式"的有力肯定。

---

① 邓炘炘:《没带地图的旅行——感思中国广播改革30年》,《中国广播》2008年第12期。

三、广播改革的第二波浪潮：20世纪八九十年代各具特色的广播创新

1986年珠江经济台成立，同时遍及大江南北的"广播热"开始升温。中央人民广播电台和具备一定实力的省（直辖市）及市一级广播电台先后推出以振兴广播为目标、并各具特色的广播改革思路。

中央人民广播电台以开发频率资源、优化节目质量作为改革的战略目标，进一步优化了黄金时段的节目设置。1987年1月1日，在中午黄金时段推出新闻杂志型板块节目《午间半小时》，晚上黄金时段推出文艺类综合板块节目《今晚八点半》。1994年10月1日在每天早7点和晚7点又推出了《新闻纵横》节目。

1992年邓小平南巡讲话加速了中国改革开放的进程，也为加大广播改革力度提供了良好的舆论背景和社会环境。1992年10月，上海广播界出现了以竞争促进广播改革、一市两台的竞争格局，组合了一个崭新的电台——上海东方广播电台。东方台以国际化大都市电台的定位，提出"让世人瞩目，与世界节奏接轨"的口号。以整个世界作为上海改革开放的背景坐标，努力加大信息量；以服务争取市场，将服务意识渗透到整体节目构架和每档节目之中；在节目中引进听众感受机制，吸纳听众参与，反映民主呼声；精办热线节目，推行"直播节目录制化，录播节目直播化"，力争使节目主持人成为节目的中心和灵魂。在力争良好的社会效益基础上，东方台优化经营管理机制。成立的头三年，每年以1000多万元的经济效益递增。历史悠久的上海人民广播电台推出了以"新闻立台、启动广播改革"的思路，突出990新闻广播的主体地位，向"信息密集、追求深度"的层次上拓展。强调广播新闻的精品意识，在优化节目内涵上下功夫，出现了《市民与社会》等一批深受市民和当地政府称赞的新闻专题类、新闻述评类节目，以新闻为主导，实现了广播社会效益与经济效益的同步增长。1995年，仅《990早新闻》节目就创收达3000万元。[1]

北京人民广播电台推出了"以建立专业化系列台为龙头的全方位改革"思路。1990年北京电台建立了第一个专业广播频率——北京经济广播，到1994年年底，相继创建了新闻广播、教育广播、交通广播、儿童广播、文艺广播、音乐广播等七个专业频率，实现了广播频率资源的初步优化。在此基础上，北京电台进行了以建立专业化系列台为龙头的全方位改革，建立和完善了运行机制、用人机制、竞争机制、奖励机制和约束体制，形成了对内对外竞争态势。竞争的结果使专业广播特色越加鲜明，特别是新闻广播、音乐广播节目质量明显提高，成为

---

[1] 曹璐：《新闻广播研究》，北京广播学院出版社1996年版，第14-27页。

首都最受欢迎的广播频率。

四、"风景这边独好"的交通广播

自1991年上海人民广播电台首创交通广播以来,交通广播一直是中国广播中的亮丽一族,其领跑者为北京交通广播。北京电台交通广播自1993年12月18日开播以来,坚持"一切为了听众"的理念,不断改进节目。在北京流动人群中拥有84.7%的高收听率,受众称它是"出门离不开的伴侣",目前已成为全国收听率最高、经济效益最好的城市广播频率之一。其2001年创收7800万元,2002年超过一亿元,2006年突破两亿元,2008年超过三亿,2014年达到4.969亿元,逼近五亿元大关,同比增长9.29%。① 单个频率、30名职工能创造如此成绩,在中国广播史上是空前的。

交通广播引领整个中国广播市场发展,是与交通工具的日益发达和私家车的广泛普及密切相关的。中国是世界上最大的汽车生产国和最大的新车消费市场,近年来私家车保有量大幅攀升,城市交通拥堵状况日益加剧。广播移动性和伴随性的媒介特性使得驾驶和乘坐机动车的"流动听众"群不断壮大,他们收听广播的频率更密、时间更长、忠诚度更高,这部分听众对路况信息和新闻资讯有较多的需求。因此,打造特色节目显得尤为重要,例如北京交通广播的《一路畅通》《欢乐正前方》等品牌节目深受听众欢迎。

广播的专业化、窄播化是广播改革进程中的一个发展目标。广播专业化包含功能的专业化(即用专业化的内容为特定的受众服务)和受众的专业化(即为特定受众提供专业化的广播内容)。交通广播可谓这二者兼而有之,既用特定内容锁定特定受众,又从特定受众需求出发设计特定内容,这是交通广播具有鲜明个性和强大生命活力的重要原因之一。交通广播的受众定位和内容定位都非常明确,就是针对自己的核心受众群(开车人、坐车人和其他交通参与者)来坚定不移地打好"交通牌",围绕交通做文章;同时不断拓展发展空间、丰富节目内容、扩充服务范围,从而形成了专业化节目与目标化受众之间的良性循环。同时,借助外力,开门办台,实现资源共享,拓展广播发展的外部空间。

五、2003年:"广播发展年"

改革开放以来,中国广播业从"珠江模式"崛起,并一直保持上升、发展和扩张的势头。国家广电总局确定2003年为"广播发展年",要求各地广播电台要以频率专业化为主要改革目标,带动广播全方位的发展。

所谓类型化广播改革,实际上就是营销学上的"市场细分"。在竞争激烈的

---

① 邓炘炘:《在偏隅与平静的遮盖下》,《中国广播》2015年第2期。

市场上，广播电台如果没有自己特定的对象群，没有自己独特的市场定位，没有自己个性化的节目，是很难赢得受众青睐的。

专业化指的是内容专业化和对象专业化，寻求两者的最佳契合点是广播频率专业化发展的方向。专业化、类型化频率应该有专业化的操作、专业化的人员、专业化的运行来支撑。这一链条的前端是专业化意识和目的强烈且明确的专业教育。推进频率专业化是广播发展到一定阶段的必然。改革开放以后，广播的社会功能由过去的指导性和指令性运转变成了适应型和服务型的运转，这样的运作模式需要更多地了解和认可目标听众对服务的需求，并相应地改变原有的工作和运行方式。与此同时，这也是广播受到其他传媒的挤压，迫切需要重新寻找新出路的结果。深化广播体制的改革需要通过频率专业化（类型化）为主攻点，带动广播节目的多元创新、资源整合、受众市场细分、广播科技升级，以及广播机构管理、宣传运转和用人机制等一系列的改变。①

2003"广播发展年"以频率专业化为主要目标，带动了广播全方位的改革。中央电台调整了八个频率布局，对八个频率进行重新定位，先后推出特色各异的中国之声、经济之声、音乐之声、都市之声、中华之声、神州之声、华夏之声和民族之声等。这一年全国出现了第一家旅游专业频率、第一家经典音乐频率、第一家戏曲专业频率、第一家农村广播专业频率。② 在2003年10月（北京）广播发展论坛上，时任国家广电总局副局长的胡占凡曾对此有过总结：2003年我国广播频率专业化改革力度加大，速度加快，新增和改造的广播专业化频率大大增加。专业化频率类别包括新闻、新闻综合、财经、经济、交通、音乐、文艺、生活、健康、体育、戏剧、城市、国际、农村、老年少年、滨海等16个种类。

六、新闻广播改革的风向标：中国之声

新闻报道是广播的核心服务内容，摸索新闻广播的服务模式和框架一直是中国广播业关注的中心问题。中央电台中国之声在2004年元旦定位为新闻综合频率，以中国之声的呼号面对广大听众，全天播出22个多小时，以定位准确、信息海量、分析厚重和发布权威展示了其在节目形态、传受互动、开发新闻资源及低成本运作等方面成功的做法。这是中央电台频率专业化改革中的重要一步，从此中国之声成为实实在在的中国广播第一品牌，为国内广播走专业化道路，特别是为正在推行改革的各地电台如何办好新闻综合频率提供了成功的经验。自2008年7月以后，中国之声实行全天24小时不间断播出，新闻信息密集度大大

---

① 邓炘炘：《类型化新闻广播模式与传播策略》，《中国广播》2009年第3期。
② 分别指2003年1月1日开播的浙江旅游之声、2003年1月8日开播的上海东方广播电台经典音乐频率、2003年11月26日开播的浙江绍兴戏曲频率和2003年3月开播的陕西农村广播专业频率。

提高。7：00的名牌节目《新闻纵横》由一小时扩展为两小时，分别以"追""问"为主题，关注焦点事件，服务公众生活，追踪最新新闻，与6：30的《新闻和报纸摘要》和9：00更新版的《新闻和报纸摘要》组合成早间黄金收听板块。16：30至18：30晚高峰，资讯密集、信息贴近、解读通俗，突出"新闻汇总"与"观点解读"，并与18：30的《全国新闻联播》形成晚高峰精品板块。19：00至24：00节目重排，强化新闻性，关注全球时事，提供全新收听体验，强化全天候新闻概念。

中国之声利用所处的权威地位和品牌优势，建立了部委发言人合作机制及相对稳定的特约观察员、评论员团队，在重点新闻节目中实行"特约评论员"点评机制，加强了对新闻的深度解读与权威评论，逐步显示出其创新的合理性和贴近性，提升了广播新闻的即时性、新鲜性和影响力。

作为广播新闻改革的风向标，中国之声在以下几方面的实践充分证明了广播新闻传播具有极大的可为空间。一是广播可以建立快速反应的新闻播报整体运作，实行台网互动的"正在进行时"报道模式；二是广播媒体可以打破部门壁垒，建立专门的新闻指挥中心，统筹策划指挥，形成内部新闻生产流水链条；三是"板块＋轮盘"的广播新闻节目编排能够很好地突出简洁、迅捷、实时直播的风格；四是具有广播传播优势的直播连线可以充分利用台内外、国内外的广泛新闻资源，直通新闻现场，使新闻品质得到明显提升。[①]

经过10余年的打磨和完善，中国之声新闻播报从内容到形式的改革已经逐步走入稳定，形成了规范，在相当程度上贴近国外发达国家的广播传播理念和框架。

七、融媒时代广播创新与发展的新理念："广播＋"

移动互联时代，信息传播在传播模式、传播格局和传播观念上发生了重大变化。在数字技术和网络技术的驱动下，人际传播模式与大众传播模式交相汇流而成融合传播的模式，各类媒体互补和交融的传播格局体现出不拘手段、不拘形式的趋势，带来了广播在传播渠道、收听平台、服务对象、经营管理等各方面的巨大改变，深刻影响着广播的传媒格局。

2014年，广东人民广播电台首次提出"广播＋"概念，明确要以"广播＋"思路来做"互联网＋"，强调以广播作为主体来主动融合，全方位拓展广播资源、渠道、平台以及商业运营模式等的发展空间，革新广播发展模式，促进传统广播在融媒时代的升级。作为传统广播媒介融合发展的新理念，"广播＋"包含

[①] 邓炘炘：《中国广播的年度轮廓：2009年的变化、发展和艰难》，《新闻与写作》2010年第12期。

着两个原则：一是充分利用传统广播的优势来实现"+"，二是不能简单停留在横向平面上的"+"，而是传统广播与网络新媒体在广度和深度产生化学反应的"融"。①

"广播+"的概念既是对传统广播的发展思路、模式、格局的重新定位与突破，也是应对网络新媒体挑战的一种改革发展思路，更是主动抓住网络新媒体发展机遇的一种实践探索。2014至2015年，广东广播在融媒实践中的"广播+电商""广播+众筹""广播+新媒体平台"等多个案例均具有首创性，其实践成果和成功经验对于中国广播改革与持续发展具有启示意义。

国家把媒体融合提升到了文化战略的高度，习近平总书记强调："推动传统媒体和新兴媒体融合发展，要遵循新闻传播规律和新兴媒体发展规律，强化互联网思维，坚持传统媒体和新兴媒体优势互补、一体发展，坚持以先进技术为支撑、内容建设为根本，推动传统媒体和新兴媒体在内容、渠道、平台、经营、管理等方面的深度融合。"李克强总理在全国两会工作报告中明确提出，制定"互联网+"行动计划，推动移动互联网、云计算、大数据、物联网等与现代制造业结合，促进信息技术与传统产业的生态融合，引导互联网企业拓展国际市场。我国各级广播电台秉持"广播+"理念，运用大数据、云计算等技术实践着融媒时代广播的多种创新可能。

（一）"广播+内容"，即在坚持传统优势内容的同时，朝着精准、个性与智能方向发展

媒体融合是一个"聚合—分化—聚合"的过程。

第一个"聚合"，指内容的采集必须是多媒体数字化采集，并储存在共用数据库中；"分化"，指各种媒体从数据库中取用素材，加工并发布到用户习惯接受的平台；第二个"聚合"，指媒体通过分化发布聚合用户的注意力，从而赚取更多的广告收入。② 因此，融合的新闻媒体必须改变过去的工作流程以适应媒体融合和媒体生态的变化，创建一个反映融合新闻生产需求的、更加灵活的新闻生产流程。这种与时俱进的新闻生产流程，在信息内容上，应该由单一内容转变为集成内容；在生产流程上，应该由一次性生产转变为多次性生产；在传播渠道上，应该由单一媒介转变为融合媒介；在服务受众上，应该由单一服务转变为整合服务和配套服务。③

在网络新媒体环境下，广播在继续保持传统内容优势的同时，充分运用大数

---

① 曾少华：《"广播+"：广播在互联网时代的融媒战略》，《中国广播电视学刊》2015年第10期。
② 邓建国：《媒介融合：受众注意力分化的解决之道》，《新闻记者》2010年第9期。
③ 邵鹏：《媒介融合语境下的新闻生产》，浙江工商大学出版社2013年版，第17页。

据技术，精准把握用户群体和个体行为模式，开发分众化的特色内容，满足不同小群体的个性化需求。例如，陕西广播电视台音乐广播与国内外大专院校和专业研究机构联手，通过大数据挖掘，对播出歌曲进行全信息分析取样，分析测算歌曲的点击热度、评论热度、热播时间等，建立适应本地收听趋势和收听市场的节目模式，最终形成节目终端的有效传播。针对移动互联网用户对生活类应用如教育阅读、健康医疗、金融理财等的依赖度提升明显，上海东方广播中心交通广播推出了《消费直通车》等一系列服务类节目，提高节目对于移动人群的实用性和服务性。随着车联网、手机应用程序（App）等移动智能终端成为广播重要的搭载系统，广播受众的注意力更趋碎片化，这对广播内容的时效性、浓缩性、直白性及趣味性提出了更高的要求。广播节目要做到随进随出，提升信息价值含量。

面对网络新媒体的不断冲击，广播必须秉承"内容为王"理念，坚持优势内容，更新表达模式，从而提高受众的忠诚度，实现广播自身的优化升级。

（二）"广播+平台渠道"，即以全媒体传播促进传统广播与网络新媒体的平台融合

媒体融合的显著特点是全媒体和互动性。所谓"全媒体"，是在具备文字、图形、图像、动画、声音和视频等各种媒体表现手段基础上进行不同媒介形态（纸媒、电视媒体、广播媒体、网络媒体、手机媒体等）之间的融合，产生质变后形成的一种新的传播形态。全媒体通过提供多种方式和多种层次的传播形态来满足受众的细分需求，使得受众获得更及时、更多角度、更多听觉和视觉满足的媒体体验。[①] 对于内容的传播，不只是有多媒体的信息呈现形式，更重要的是集合了各类媒体的传播渠道和传播终端，信息的采制与传播同时在这些媒体上一体化运行。"全媒体战略"的精髓在于以渠道和终端为手段，实现传播内容的影响力与传播效益的增长。

目前，广播与网络新媒体的平台渠道融合主要包含了以下三种形式：第一，传统广播自建新媒体，打造自有网络新媒体传播矩阵。第二，传统广播入驻他方媒体，拓展传播渠道。近年来，蜻蜓FM、喜马拉雅FM等网络电台集合平台相继崛起，为传统广播的新媒体融合提供了途径。同时，新闻客户端也成为传统广播媒介融合的重要途径。除此之外，与社交媒体的融合更增强了传统广播媒体的互动性。

传统广播通过与网络新媒体合作，实施全媒体运作。跨媒体经营可以弥补自身不足，有效地拓展信息传播渠道，可以实现资源共享、优势互补，形成立体

---

① 罗鑫：《什么叫"全媒体"》，《中国记者》2010年第3期。

化、发散性的信息传播形态，使传播效能最大化，从而增强传统广播媒体的竞争力。

（三）"广播+新媒体传播方式"，即确立以用户为中心的思维与互动交流方式

媒体融合带来了受众的选择性关注与认知在新传播形态中的放大。随着网络技术在大众传媒中的广泛使用，受众已经不再仅仅是传统意义上的"信息接受者"，他们在信息传播中呈现出主动性、个性化等特点，成为信息的用户。与此同时，由于数字与网络技术的应用，也使大众传播模式发生了变化，信息传播方式由点对面的单一线性传播发展为点对点的复合式传播，用户的多元和个性化需求更加难以得到满足。在此情景下，要适应用户的分众趋势，广播必须开始重视并分析细化用户群的个性特征及心理需求，综合利用各种媒介手段和传输渠道，为用户提供更能满足个性化需要的订制化资讯与内容服务。江苏广播电视总台广播传媒中心开发了针对传统媒体与网络媒体实时互动的演播室播控系统，可以预先设置节目话题和群体回复，以用户生产内容（UGC）形式实现台网互动，激活传统电台的节目内容。同时，它还有"交通路况实时播报"和"微啵LIVE"两个子系统，记者可以将第一时间、第一现场的内容通过文字、图片、语音、视频进行全媒体报道，用户也可以在第一时间对事件进行评论，他们的留言通过内容交互系统传递到直播间供主播采集，形成了一整套完整的全媒体运用场景。

移动互联技术的发展使广播突破了过去单向传播、不易保存等局限性，向"可听、可视、可读"发展，互动性增强，传播范围更广。2015年4月3日，中央电台文艺之声"海阳工作室"与百度"实时搜索"共同推出广播全媒体产品《围观海阳》，该节目以视听方式进行实时视频直播，并融入弹幕等互联网元素，使广播挣脱了听觉的束缚，实现了从听到看的自我迭代。

信息资源开发是信息传播活动以及传播媒介产业发展的核心内容，对信息资源的开发利用直接关系到媒介的产品竞争力。这当中，用户资源是最为重要的资源之一。在互联网参与式文化风靡的今天，广播的媒体融合改革发展路径必须坚持以用户为中心，重视用户的需求和体验，对用户资源进行合理配置、高效运用，加强与用户的互动交流，鼓励用户参与到广播节目当中，进而产生对广播节目乃至整个电台频率的持续关注和互动的动力。

"广播+"的理念，为传统广播在融媒时代的创新发展找到了一条可供借鉴的突围之路，催生出崭新的广播传媒生态格局。

（作者系宁夏大学新闻传播学院教授）

试论媒体融合的发展"轨迹"

王 君

目前，国内的媒体融合整体上已进入深度融合阶段，各家媒体的融合发展进程、思想理念、探索研究精彩纷呈，亮点频出，但在实践和理论层面仍然有不少问题需要攻坚克难，进行突破。因此，进一步梳理媒体融合发展改革的轨迹，分析未来的发展方向，就显得很有必要。

一、媒体融合推进的时代背景和发展状况

认真分析、宏观概括媒体融合的时代背景和发展状况，有利于搞清楚媒体融合发展的根本原因，有利于认知媒体发展和前进的方向，有利于在推进媒体融合发展进程中找到攻坚克难的思路和方法。

我们不妨追溯一下媒体的本源。媒体是指传播信息的媒介，它是指人借助用来传递信息与获取信息的工具、渠道、载体、中介物或技术手段。我们可以把媒体看作是实现信息从信息源传递到受众的一切技术手段。现在人们把媒体人为地分为传统媒体和新媒体，是因为媒体形态的多样性造成的，传统媒体和新媒体只是基于某一历史时期而言，新媒体必将因为时代的发展和进步成为传统媒体或者"旧"媒体。

可以这样理解，当传递信息和获取信息的工具、渠道、载体和中介物形成一个完整的链条，在技术手段的支持下新的传播渠道彻底打通的时候，一种新的媒体形态就诞生了，并随着时间的推移对整个传播生态产生化学反应。而这其中所涉及的元素（工具、渠道、载体和中介物）的改变都源于技术的进步。

（一）技术迭代带来的改变

1. 来自信息源——传媒界的变化

新技术的不断涌现和日益发展，改变了新闻内容的生产方式，提高了生产效率，对整个新闻生产业务链进行着不断重构，也深刻改变着传播生态。2016年被传媒业界称为是"智媒元年"，人工智能对于传媒业的全方位渗透使传媒业正在

发生从宏观格局到微观业务链的深刻变革。[①] 如果说，我们把 H5 产品、机器人写稿、无人机直播、可穿戴设备等定义为浅层的技术和应用的话，那么，云计算、大数据和人工智能等就是看不见、摸不着但又深刻地改变着传播业态，能够带给用户全新体验的深层次技术革命。

2. 来自传统意义的受众——用户的变化

由于新技术的不断涌现和日益发展，智能手机、可穿戴设备等成了受众接收信息的终端。现在已经无法把信息的发布者和接收者简单地区分开来，受众有了更多发表自己意见、看法和观点的形式和方法，甚至有时还可以成为意见领袖来引领和左右舆论。技术的进步不仅可以影响媒体，也可以影响受众，使处于信息传播两端的机构或个人都在发生着改变。

3. 来自渠道——网络环境的变化

随着有线网络铺设范围越来越广泛、速度越来越快以及通信资费的降低，无线网络应用范围越来越广泛，人们在生产和生活中应用互联网变为一种常态。这种网络环境的变化，最直接的作用就是大大丰富了手机作为一种通信工具的内涵和外延，成了具有信息收发、娱乐、消费等多种功能于一体的高科技产品。

单就广播来说，过去受众只能通过收音机来收听广播节目，接受信息也只是单向的；现如今随着互联网发展、物联网初显端倪，广播通过 PC 端、手机端等多种形态实现了广播节目的在线直播和点播功能，广播线性传播的本质特性发生了根本的改变。同时，广播通过文字、图片和视频等实现了在多媒体形态的多样态呈现；并通过微信、微博和广播客户端等实现了传受双方的近乎零距离的互动交流。

（二）受众变化带来传播生态的改变

科学技术的不断发展，催生新的媒体形态不断涌现，使传播生态的规模和内涵得到不断扩展，一个更为严峻的现实问题产生了：人们获取信息的方式和渠道变得更加多元，受众的自主权和选择权被无限地放大，以"传者为中心"的媒体市场被以"受众为中心"的用户市场所取代。人们对传统媒体的需求在降低，获取信息的方式越来越自由、越来越自主。因此，传统媒体如果还是通过单一渠道提供新闻，已经不足以提升自己的影响力和增强对用户的黏性。多种媒体形态混合、交叉形成的新时期的传播生态已经说明，用过去广播、电视、报纸和杂志等几种媒体形态就可以覆盖或满足绝大多数受众和用户的时代已经一去不复返了。

[①] 喻国明、侯伟鹏、程雪梅：《个性化新闻推送对新闻业务链的重塑》，《新闻记者》2017 年第 3 期。

影响力降低、广告收入下滑，导致生存困难，让传统媒体感到忧虑；而最可怕的还是，传统媒体话语权在丢失，阵地被蚕食。2015年12月25日，习近平总书记在视察解放军报社时指出，读者在哪里，受众在哪里，宣传报道的触角就要伸向哪里，宣传思想工作的着力点和落脚点就要放在哪里。推进媒体融合发展，正是传统媒体与时俱进，适应当今形势的发展变化而做出的必然选择。

（三）媒体融合是服从国家战略要求的必然发展

我国媒体融合发展遵循的路径是自上而下与自下而上相结合，自外而内与自内而外相结合，主要通过增量创新的方式，上马新项目来积累经验，逐步推进。①

2014年8月，习近平就推动媒体融合发展做出重要指示，中央全面深化改革领导小组审议通过了《关于推动传统媒体和新兴媒体融合发展的指导意见》，媒体融合发展上升为国家战略；2016年2月，习近平在党的新闻舆论工作座谈会上发表重要讲话，提出"融合发展关键在融为一体、合而为一"。

与国家网络安全、信息安全相关的法律、法规和有助于推进媒体融合工作的规章制度不断完善和发展，是维系和保障媒体融合不断深化的基础。如2016年7月发布的《国家信息化发展战略纲要》指出，要以网络空间法治化为重点，发挥立法的引领和推动作用，加强执法能力建设，提高全社会自觉守法意识，营造良好的信息化法治环境。

二、媒体融合发展的方向和目标

媒体融合是正在进行时，它对传播形态的变革发挥着前所未有的、颠覆性的作用，更是互联网出现后对世界所产生的巨大影响的一个生动缩影。推进媒体融合无法进行量化考核，但方向和目标却很清晰；推进媒体融合，意味着优化内容生产、创新媒体形态、重构供需关系、改变影响力模式。

任何一个受众汇集的地方都是媒体人的宣传阵地，占领宣传的阵地不是简单地宣示在此领域的存在，不是从无到有、门类齐全就行了，而是要有影响力，要实现有效的占领。传统媒体要增强在每一种新的传播形态（网站、移动客户端、微信和微博等）中的传播力和影响力，彼此之间借力发展，尤其是已经有一定知名度和影响力的传统媒体，要积极走向媒体融合的高级阶段——"相融"。

（一）从单一到多元：体量之变化

1. 主题表现形态从"单一"到"多元"

仅就同一档广播节目来考量。西藏人民广播电台2017年6月推出融媒体节

---

① 孟威：《加速实现从"相加"到"相融"的转变》，人民网，http://theory.people.com.cn/n1/2016/0401/c40531-28243105.html。

目《藏家小康路》，实现了从 20 分钟的广播节目拓展到文字、图片、音视频等多种表现形态，两微一端和互联网站等多种媒体形态不同维度地进行全方位的关注和报道，围绕广播节目展开的同一主题内容的融媒体报道产生了单一广播节目所不能达到的宣传效果，这种效果的显现不是其中任何一种媒体形态单独能做到的，而且产生最大影响力的不是传统媒体本身而是媒体融合后的网络新媒体。

2. 技术平台的功能从"单一"到"多元"

原来单一服务于一种媒体形态的技术平台要扩展到服务于多种媒体形态的技术平台，融媒体技术平台的服务和业务范围更加宽泛。2016 年 2 月，国家新闻出版广电总局发布的广播电台和电视台《融合媒体平台建设技术白皮书》最能体现融合媒体平台建设思路。第一，新的技术基础架构，以云计算、大数据和宽带互联网技术为基础。加快电台、电视台、制作公司采用云计算和大数据等技术改造生产流程，实现媒体生产的集约化、数字化和智能化。第二，新的业务流程思想。平台的业务建设与部署能力是弹性的，业务模块间呈松散耦合关系，业务接口可对外开放，业务流程可动态构建，并具备一体化的运维支撑、数据分析与共享的特征。①

3. 对媒体人的要求从"单一"到"多元"

推进融媒体发展对从业人员的业务技能和综合素质提出了更高的要求。首先需要媒体从业人员树立融媒体思维，从节目的策划、生产和制作到节目播出以及效果的监测，都要有全域的融媒体思维；之后，在实施过程中，还需要具有融媒体运作的业务技能，包括多方面的知识储备、操作技能和理论素养。复合型人才是推进媒体融合工作至关重要的因素，能写稿子还要掌握信息元素的画面语言呈现，不仅要有深厚的"文科"功底，还要对技术平台非常熟悉且能够灵活运用。

（二）从宣传到服务：理念之革新

以"传者为中心"向以"用户为中心"的转变，需要我们不断增强服务意识，从用户角度出发，利用大数据等新技术实现对用户需求的精准分析，进而从信息服务供给侧出发主动求变，实现精准服务和有效引导，不断增强用户的黏性。

1. 运用大数据等新技术，精准定位用户的信息需求

如果把营销学里提倡的精准营销的观点引入传媒领域，可以确立这样一个命题：实现精准的个性化受众需求服务的前提条件，就是精准的个性化传播需求分

---

① 李远东：《电视台融合媒体平台建设技术白皮书随想》，中国电影电视技术学会城市电视台技术分会官网，http://www.ttacc.net/a/news/2016/0225/40116.html。

238

析。要实现这一目标，必须依靠以"大数据"为代表的新技术。[①]基于新技术发展起来的新媒体与传统媒体相比，优势之一就是对传播效果的实时动态监控，网站的点击情况、受众的分布情况等都可以通过技术平台实时了解到，客户端文章的阅读次数以及微信稿件的阅读量等更是直观地呈现在终端上。但这些还只是表象数据，如果要对受众需求和传播效果进行科学的分析和关联，为我们制作的节目和产品提供更深层次的科学依据和效果预测，就需要以大数据等为代表的新技术支撑和运算推理。另外，引导用户需求和满足用户需求也同等重要，这体现了媒体自身的职能使命、社会责任以及媒体的风格和品位。

2. 从用户角度出发，不断改进报道方式和呈现方式

传播信息要取得好的效果，耳目一新的视角、丰富灵活的呈现形式、生动鲜活的语言和图文音视频等全媒体表现形式，恐怕大家都会想到。但问题的关键是，在多种媒体终端并存共生的当下，传播内容呈现方式需要特别讲究，从"如何推送""推送什么"到"呈现什么""怎么呈现"，再到不同媒体形态之间就同一主题或事件报道的相互配合、协调联动等，都需要从用户角度出发来思考和谋划，以求获得最佳的传播效果。业界已经越来越明确这样一个共识，信息内容的长篇大论时代已经过渡到了碎片化时代（这既包括文字、音频也包括视频）。而且利用网络新媒体平台增强交互也是一种好的办法，互动交流、有奖问答和摇一摇抽奖等丰富多彩的交互方式都值得尝试。

3. 从用户角度出发，不断丰富信息服务的内涵和外延

从新闻宣传到新闻信息服务，再到全方位的信息服务，体现了媒体在信息传播中角色的转变和重新定位，这是当今时代用户对媒体的要求，只有转变角色，才能为媒体的生存和发展拓展更加广阔的空间。用户需求的多样性，使得单一新闻信息传播已经不足以吸引更多的用户和增强媒体对用户的黏性。随着新兴媒体技术平台的功能扩展和不断升级，传统媒体在完成新闻信息传播服务的基础上，可以扩展到更多的服务领域和范围。近年来，传统媒体在此方面进行了多种有益探索和实践，取得了不错的成绩。作为传统媒体，要不断追加服务的品类，"所有的信息、所有的新闻、所有的推送背后都要加带着服务才有黏性"，[②] 才能满足受众多样化的需求。

（三）从"相加"到"相融"：本质之区别

目前，各家传统媒体都在通过不断地升级和改造，来实现和新媒体之间的互

[①] 王君：《借大数据实现对受众需求的精准分析》，《中国广播》2016 年第 5 期。
[②] 胡正荣：《媒体融合下的工资：稿件刊发后先发一半，剩下按阅读数考核》，中广互联，http://www.sarft.net/a/174186.aspx。

通和互动，不断扩展媒体自身的融合传播矩阵规模，"融为一体，合而为一"，形成一个有机的整体。一旦受众有限的注意力和关注度被媒体的任意传播终端所抓取，那么，融合传播矩阵内的其他终端就会因互通和互动而产生虹吸效应，以其他不同形式呈现相关信息推送到受众的面前。

传统媒体与新媒体形成一个有机整体，产生规模效应，实现"1+1〉2"的效果。融合应包括多个方面，"在内容、渠道、平台、经营、管理等方面深度融合"①，或者说实现"媒介融合、网络融合、业务融合、产业融合等不同层面、不同阶段的融合"。② 从"相加"到"相融"大致要经过三个步骤，这三个步骤是有时间先后的。内容方面的融合可以优先做起来，紧接着是管理层面的融合，因为没有管理层面的融合，融合是不可能持续长久的，穿上新鞋走老路肯定行不通，再者是技术平台的融合，因为有了技术平台的保证可以大大提高融合的工作效率和水平。

内容：建立和完善适应媒体融合发展的内容生产体系。传统媒体的内容生产体系较为简单，按照固定的、线性的内容生产模式就能完成从内容策划到制作播出（或印刷）的全部流程。但是，在全媒体时代，因为多种媒体形态要协同发力、一体运作，就出现了"时间的先后""报道的主次""内容的多少"和"形式的不同"等多种因素需要统筹考虑，做到各种媒体形态根据各自特点来展其所长，内容既要相关联又要有所区别，满足用户在多元条件下获取信息的需要，形成立体化、矩阵传播的裂变效应。在这里面如何做到"忙而有序""多而不乱"和"逻辑清晰"，是媒体需要从用户角度出发、重点关注和解决的一个普遍存在的问题。

管理：建立和完善适应媒体融合发展的体制机制。适应媒体融合发展要求，对媒体从业者业务范围和工作效率的考核进行重新定义。为了适应媒体融合发展要求，内容生产流程已经发生了改变，那么，原有的机构设置也要进行相应的调整和改革。现在，传统媒体单位垂直管理模式正在被悄然打破，取而代之的是扁平化的组织管理模式。扁平化使管理者和领导层能够直接与用户沟通，用户也可以参与到组织工作当中来。"中央厨房"的运作方式就是一个很好的例证。

技术：建立和完善适应媒体融合发展的技术系统。2014年，中央全面深化改革领导小组第四次会议审议通过了《关于推动传统媒体和新兴媒体融合发展的指导意见》。《意见》指出，推动媒体融合发展，要将技术建设和内容建设摆

---

① 刘奇葆：《加快推动传统媒体和新兴媒体融合发展》，人民网，http://theory.people.com.cn/n/2014/0423/c40531-24930488.html。

② 梅宁华、支庭荣主编：《中国媒体融合发展报告（2016）》，社会科学文献出版社·皮书出版分社2017年版，第3、60页。

在同等重要的位置。那么，如何建立和完善适应媒体融合发展的技术系统呢？这一点在上面"技术平台的功能从'单一'到'多元'"已有部分涉及。相信各家技术系统或平台建成后，都会有自己的特点。技术系统归根到底是要为内容建设、科学管理和智能分析等服务的，是为了提高生产力。因此，需要把握两个原则，第一要切实为我所用，第二要智能高效。

三、结语

综上所述，搞清楚了媒体融合的发展"轨迹"，我们就可以知晓和洞悉媒体融合这一伟大工程的演进和发展变化过程，从而为我们开展相关工作指明方向。天下难事必作于易，天下大事必作于细。

（作者单位：中央广播电视总台央广办公室）

财经广播的发展与节目定位

葛文婕

财经广播的发展其实是伴随着宏观经济的发展变革而发展演变的，可以说是近30年来国家经济形象的符号和载体，反映着国家经济形象的变迁。笔者认为，未来只有把财经广播的发展置于国家经济发展的大视野中，才能赢得生存机遇。

一、国家经济视野中的财经广播

财经广播的发展有赖于国家经济层面的改革和发展，是国家经济形象的一个侧影。20世纪80年代以来，通过改革开放，中国人逐渐积累了大量的财富，人均消费、人均住房面积都有了很大的提高和改善，股市、债市、期货等金融市场也逐步发展起来，成为经济的晴雨表。2016年，虽然股市不景气，沪深两市全年成交额同比下降50%，但仍达到127.8万亿元，而我国2016年国内生产总值也才74.4万亿元。2016年以来，随着人口的老龄化和生育率的下降，房产作为投资首选的时代已经过去，证券类资产、保险、信托等的投资价值和配置需求进一步凸显。财经广播的发展和机遇，正反映了这30多年来宏观经济的成就和变迁。

（一）财经广播的发展史

财经广播的前身是经济广播，从内涵上来讲，经济广播所涵盖的范围更加广泛。1986年12月15日，珠江经济台开播，呼号为：珠江，珠江，珠江通四海，经济第一台。这代表着中国内地第一家专业经济频率的开播。珠江经济台每逢整点播出经济信息、半点播出新闻，其余的大版块时间则按需进行编排。

从内容创新来看，20世纪80年代末正是国家推进改革开放的爆发期，各地经济发展取得了丰硕成果，以广州、深圳等为中心的珠江流域14个市、县的市场经济发展表现最为活跃，由此产生了政治经济学中所说的"珠江模式"。无独有偶的是，在广播界，珠江经济台凭借开放的观念和靠近港澳地区的地理优势，也在全国率先实现了形态上的创新。珠江经济台将原本属于宏观经济或时政要闻中的经济信息区分出来，包括市场信息、科技信息、金融信息、物价信息、海外商情、供销行情、综合信息等，以全天整点五分钟资讯的方式滚动播报，成为既新潮又实用的广播新闻形态。

珠江经济台一炮打响，全国各地电台纷纷前往学习。当时的国家广播电影电视部召开专门研讨会，总结经验。珠江经济台的主要意义在于，实现了直播、热线电话互动，创造了让主持人代表节目形象等之前从未有过的广播形态，并且也收获了听众的极大好评。这可以说是电视兴起后广播复兴的第一个春天。

紧随其后，北京也开始筹备建立专门的经济频率。1990年8月6日清晨，北京经济广播开始试播出，呼号为：北京人民广播电台经济台。北京经济广播几乎复制了珠江经济台的模式。

经过两年的实践后，在专业化办台思路的影响下，北京人民广播电台各频率的受众定位逐渐清晰。这时，经济广播在传播中的缺陷也表现出来，经济节目比新闻资讯、音乐节目的创新似乎更困难一些，因为深入浅出、准确客观的经济解读对节目人员来说无疑是一大挑战。后来，经济广播加入股市、汇市等财经元素后，吸引了部分专业的投资者收听，却又面临此类目标听众绝对数量较小的现实情况。总之，受制于各方面因素，北京经济广播播出后，一直处于不温不火的状况。

2005年后，经济广播先后更名为北京城市管理广播、北京城市服务管理广播，成为北京市政府各职能部门发布信息、解读相关政策、为市民排忧解难的一个平台，民生和服务取向越来越明显，经济广播的呼号从此不复存在，最后定名为北京城市广播。目前北京人民广播电台在新闻广播和城市广播中仍保留一些财经节目，如：新闻广播的《财富新动力》、城市广播的《楼市好声音》《财富大搜索》等。

珠江经济台和北京经济广播的问世是第一波经济广播的探索，一南一北，具有显著的地域特色。

中央人民广播电台经济之声的前身是1951年开播的中央人民广播电台第二套节目。2002年开始对外统一呼号：经济之声。2003年12月1日，经济之声改版，开始采用一种操作性更强的节目设置思路，以尽可能地体现广播信息传递快捷、收听方便的优势。同时，内容上撤销了与财经无关的栏目，真正体现了财经频率的特点。

经济之声的日常节目围绕国内外经济现象和股市等内容展开，《天下公司》《交易实况》等节目采取大量连线评论的方式，引入经济学者、官方认证证券从业人员的观点充实节目内容。频率重视重大时间节点的特别节目的制作，包括年度春运特别报道、"3·15维权行动""大国时代：中国经济报告会""活力唐山——改革开放30年唐山宣传周"等。在频率风格上，利用杨澜、濮存昕等名人录制声音形象，统一频率包装。总体来说，经济之声作为国家级经济广播，体现的经济形象是一位客观、理性、在宏观引导方面发挥作用的讲述者。当前中国发生的经济热点、主流的评价和观点，都有所体现。

2003年7月，经当时的国家广播电影电视总局批准，上海电视台财经频道和上海东方广播电台财经频率改版为第一财经，隶属上海文广集团。"第一财经"整合了双方的经营性资产，同时实现了广播与电视在人力资源、信息资源和品牌资源上的共享。凭借自身的内容资源优势，2004年第一财经又创办了《第一财经日报》，2008年创办《第一财经周刊》，成为名副其实的财经传媒集团。2015年，电商和互联网金融巨头阿里巴巴向上海第一财经传媒有限公司投入超过10亿元投资，进行战略合作。第一财经广播在第一财经这棵大树下可以说是具备天然的发展优势，目前主要有财经资讯、金融证券、经济生活服务等三大类节目，全天播出16个小时。

第一财经广播借助其他渠道和内容资源优势，积极涉足财经数据产品提供以及财经公关服务领域；开展跨地域（与其他广播电台）、跨行业（商界和媒体的战略合作）的经营，从而成为财经资讯和财经服务的提供商。

第一财经广播目前已成为财经媒体的代表，具备参与财经媒体产业市场竞争的所有条件，同时作为有着政府背景的财经平台，足以体现政府监管下证券市场发展的现状。作为国家经济形象的一个符号和坐标，第一财经广播可以说是目前财经广播的典范。

（二）财经广播的内容反映国家经济发展的方向和政策导向

财经广播涉及的范围非常广泛。宏观领域，从宏观经济运行状况到财政政策、货币政策、产业政策影响；微观领域，从行业发展、企业发展战略到财务报表分析、股权结构分析、估值分析；技术分析领域，包括均线理论、成交量理论、k线理论、趋势理论、上百种技术指标理论等，还有期货和期权的跨市场交易的影响。目前财经广播的节目形式包括以下几种。

1. 资讯报道

财经资讯是财经广播的切入点，从最早问世的财经广播开始，就捕捉到这一要素的重要意义。目前的股市、债市及各种金融活动中，信息面的影响是至关重要的，尤其是对一些小道消息的辟谣。资讯报道围绕国家政策、实体经济的发展、金融活动本身的波动展开，既体现当前的经济特点，有助于把握真实的市场动态、辅助决策，也对听众的投资活动起到参谋的作用。

2. 对经济现象、政策、产业形势的解读

早期的财经节目中很少有专家连线或访谈，这一方面是由于市场本身不够成熟，成熟理性的投资者较少，专业机构更少；另一方面也有财经广播受众面窄、专家解读缺乏受众基础等原因。

目前的财经节目普遍选择的评论员队伍中，最重要的组成部分是券商行业分析师，这类人群的从业人数多，素质相对较高，且本身有参与媒体的热情。其他的构成包括银行经济学家、保险业理财顾问等。

3. 股市交易实况及解读

广播的线性播出与股市的交易实况播报，从形式上来说是匹配的。经济之声就采用这种形式，每天实时播报，并引入专家评论，可以很直观地表现每一天的股市发展情况，是股市长期发展的记录者。

4. 公司和企业家访谈

相比前几类节目形态，公司和企业家访谈的正面意义、宣传意义更强，但时效性稍微弱一些，主要是呈现当前经济中发展较好、成为焦点的公司或个人（企业家）情况介绍，以公司发展或个人经历为切入点，反映经济环境。在嘉宾资源丰富的前提下，财经人物高端访谈是一个很好的切入点，对于反映行业变迁、中国经济现状能够产生有价值的内容。

5. 创业投资

创业和投资类广播节目，是在国家鼓励创业、社会呈现创业热潮的经济背景下，对公司和企业家访谈节目的进一步延伸。实际上，创投界很多人也在自媒体节目中进行品牌推广和宣传。广播创投节目可以用客观的立场、权威的声音来展现创投形势及发现市场中的问题。

6. 财经读书

以经济之声《那些年》为代表。经历了一天的交易实况以及经济信息播报，晚间财经节目的形式以思考为主，讲述财经、创业的历史和故事等。财经从表面上来看是操作形式的，但实际上也是当前市民精神生活的表现。电视财经频道拍摄播出的很多纪录片，往往从人性角度挖掘社会文化现象，值得广播节目学习。

二、商业财经音频节目和财经广播的区别

投资、理财的需求促进了受众的成熟，也推动商业财经媒体的发展，媒体的产业化和市场化反过来促进不少人选择了财经媒体作为创业项目。其中有一些比较典型的类型。

（一）音频平台中的财经内容

这是大部分自媒体模仿财经广播节目的形式，内容的差异性不大，但其中一些有互联网特性、更富创新特点的内容，值得借鉴。典型的有"喜马拉雅FM"的理财商业频道。另外一个典型是"凤凰FM"，其依托凤凰传媒的优势内容资源，财经内容和新闻、谈话等并列成为最受关注的内容。音频平台的不少财经内容是杂志或图书的音频化，将原本文字呈现的现象或评论用音频的形式表现出

来。例如：财经作家吴晓波的很多作品就转化为音频产品形式，实现了再次传播。

（二）付费节目和内容

付费的财经节目包括在付费平台上播出的节目以及在免费平台上的付费节目。付费节目以系列课程为主要特点，满足人们迫切接受财经教育的需求，主要包括两大类：一类是课程和讲座，另一类是对财经图书的解读。

付费节目的内容质量并不一定高于财经广播，但它们确实是简练或精致化了的内容。20分钟左右的课程解决一个特定的问题，这是它存在的基础。

但是，付费节目有很大一部分是无法在公众平台上播出的。一个原因是嘉宾的资质不一定能满足公众平台播出的要求，有的甚至会由于不可靠的指导给购买者带来理财风险；另一个原因是，付费节目面对的是付费用户，属于商业行为，经常站在某一特定立场上分析、评价一个投资项目或产品，也与财经媒体本身的媒体属性不吻合。

（三）独立财经媒体品牌

通过财经媒体创业，可以说是一条创业的捷径。借助媒体平台，更容易接触到创投界的明星投资人，获得其他项目的创业经验，也更容易获得名气和社会认可，更快实现资源的聚合。在当前的机制中，财经广播节目很难实现这一点。独立财经媒体产品往往是一体多用的，一次采访往往会通过音视频、图文渠道全部呈现、立体播出，甚至作为版权出售。这也正说明了传统广播仍有很多值得培养和挖掘的渠道资源。总之，经营性财经音频平台和节目也是在适应当前经济背景下形成的，并得以在某一个垂直领域中蓬勃发展。不过，它们本身是一种顺势而成的文化产业和经济现象，很难说可以代表当前国家的经济形象。而在国家经济视野中的财经广播，无论是频率形象还是节目定位，甚至包括一些特定节目的选题策划，都是当前经济形势的一个符号和象征。财经广播既不应当妄自菲薄，也需要顺势而为，深入产业之中，在国家经济发展的视野当中，寻找频率和节目定位。

三、国家经济视野中财经广播的发展方向

财经广播经过多年的发展，已经积累了不少节目制作经验。目前的金融和产业发展特征以及商业财经音频发展，对财经广播的发展仍有很多启发。

（一）打造专业品牌形象

经济的繁荣促成了财经广播的繁荣，但是股市、汇市经常面临的投机风险也让财经节目饱受挫折。

现在，很多广播财经节目选择了都市生活或泛财经内容作为节目定位。泛财经的好处在于能够吸引多数听众的关心，投资、理财、消费都可以算在其中，但

实际上由于缺乏好的归类和有针对性的对话，泛财经节目很可能做成一档不痛不痒的泛文化节目，从而丧失财经节目的特色。

广播栏目曾经以编辑为内容制作核心，主持人是播音员的角色；之后的大板块节目改革后，广播节目主持人成为节目的主导。未来，财经节目的主持人、编辑、记者的重要性都会进一步提高，打造专业团队对于财经节目的发展来说十分重要，这需要长时间培养。另外，专家角色也十分重要，可以说，培养评论员队伍的过程，也是节目对业界的影响力不断提高的过程，更是节目自身发展升级的过程。

（二）重视渠道拓展

现实中，财经广播的节目制作人员在后期岗位中往往走向广告经营和管理，在财经节目中积累的节目制作经验对于广告客户的获取、运营有很大的帮助，这打通了传统广播的线上线下。在新媒体发展的今天，好的财经广播节目可以更多地利用其他平台和渠道。在我国进入经济新常态的历史背景下，考虑人口的老龄化和生育率的下降，房产作为投资首选的时代逐渐走下坡路，证券类资产的投资价值和配置需求再次凸显，广播专业化促使专业人才涌入，财经广播进入新的成长期。很多券商、保险公司、银行客户端都在开辟媒体业务，利用这些平台，可以扩大广播节目的播出渠道，从而提升在年轻受众中的影响力。通过不断地拓展渠道，可以搭建理财培训、理财咨询和社交平台，发挥专业媒体更大的影响力。

（三）从新闻挖掘者到服务提供者的思维转化

从国家理念上讲，政府在经济发展中的地位已经发生了变化，从主导者转化为监管和服务的一方。广播媒体也应当逐渐改变工作思路，尤其是财经节目，资讯的选择不应再是标新立异的猎奇，而应是在"新"的基础上寻找贴近性、启发性的信息，呈现出更接近于"案例"的解读或者深度报道。

另一方面，财经广播节目所提供的内容，在资讯之外的信息，要具备指导性、服务性。换句话说，财经广播中的发言者一定是权威的、代表国家主流价值形态的专家，财经广播关注的话题，也是能够满足大多数市民理财需求的，不管是股票、银行理财还是地产、保险、信托。听众关注的是对自己财富和生活的影响，这是都市广播做财经节目的前提和基础。不过，由于投资总是伴随风险，财经广播节目应当重视财商教育版块，避免直接给听众以具体的操作指点，而以教授投资理念为主要方向。

总之，财经广播未来的发展方向依然光明，更多的发展思路和方案有待从经济发展中进一步寻找和挖掘。

（作者单位：北京人民广播电台节目制作中心）

从《小喇叭》节目看儿童广播的媒体融合

李晓冰

原中央人民广播电台（以下简称央广）的《小喇叭》节目，开播于1956年9月4日，是国内最有影响力的、针对学龄前儿童的广播节目。作为当时最为先进的传播方式，《小喇叭》节目受到了孩子们的喜爱，也受到了全社会的极大关注。这个专门为四至六岁孩子打造的节目，陪伴了几代人的童年时光，成为央广的一张特殊名片。

改革开放以来，《小喇叭》节目依然保持着原有的特色，始终坚持童贞、童趣、天真、纯洁的特点，坚持正面教育的方针，坚持为幼儿服务的原则，以讲故事为主的节目形式、精益求精的工作态度，形成了特有的活泼、亲切、自然的风格，产生了较强的社会效应。

一、不断融合新技术

曾经，《小喇叭》是儿童广播的代名词。20世纪60年代，孩子们会围坐在收音机前集体收听《小喇叭》节目，孙敬修爷爷、曹灿叔叔、康瑛阿姨是当时孩子们的偶像。改革开放后，《小喇叭》重新奏响"哒嘀哒、哒嘀达"的熟悉声音，以崭新的面貌，将小听众们重新拉回收音机旁。

《小喇叭》之所以能够让孩子们百听不厌，是因为它一直能带给孩子们新奇的感受。无论是在内容上还是在形式上，节目都有着强烈的创新意识。《小喇叭》每一次新技术的使用，都焕然一新，成为小听众喜欢的媒体。

（一）变速录音，创造"小叮当"木偶主持人形象

《小喇叭》初创时期，便因为贴近儿童、贴近生活，深受孩子们喜爱。20世纪60年代，为了使节目更加生动、更具互动性，《小喇叭》设立了《小叮当信箱》，专门负责在节目中回应小听众的来信。木偶主持人"小叮当"也应运而生。

"鸡蛋皮小帽白光光，桔子皮做我的红衣裳，绿辣椒做我的灯笼裤，蚕豆皮鞋咔咔响。你要问我是哪一个，我是小木偶，名字就叫小叮当。"只要听到这首

脍炙人口的栏目曲，听众就知道小叮当来了。对于孩子而言，小叮当的吸引力来源于神秘感，而让孩子们觉得最神秘的，并不是小叮当到底是什么样子，而是木偶人小叮当的声音究竟是如何发出的。

其实，小叮当的声音，是技术改造、"变速录音"的成果。使用变速录音技术为主持人"换声"，在当时的条件下并不容易。一是为了制造"失真"状态，必须改变磁带运转速度，要在录音机上加装改变录音速度的轴套。二是为了适应变速需要，扮演木偶的主持人（康瑛老师）必须刻意改变播音语速和语态。三是参与节目的另一位主持人（邮递员叔叔）在对播时不能受小叮当变速录音的影响，需要保持自然播音状态。《小喇叭》节目组成功地创造出了节目"人偶对话"形式。

（二）电话录音，开创小听众直接参与节目的先河

改革开放后，随着人们生活水平的提高，电话走进了寻常百姓的家庭，成为具有现代化特征的标志之一。为了增强孩子们的电话体验，也为了增加节目的互动性，《小喇叭》开通了《小喇叭》录音电话版块，让小听众通过电话直接与《小喇叭》主持人交流。有的通话内容经过剪辑，甚至还能在节目中播出。这一形式对于过去一直用写信方式参与节目的孩子们来说，无疑是一次新鲜体验，更是一次超越。电话成为《小喇叭》与小听众互动的桥梁后，《小喇叭》与听众之间的距离拉近了，孩子们感到更亲切、更自然、更快乐。

（三）音频工作站，让故事变成可听的"卡通"和"大片"

21世纪初，一款能够在个人电脑上进行音频加工的软件在行业中出现，《小喇叭》有幸成为这一音频工作站的最早体验者和受益者。

与传统广播录音设备相比，使用音频工作站编辑音频更加便捷，声音质量也更加清晰。可以说，这是音频技术的一次飞跃。音频工作站的使用，让《小喇叭》节目的各个环节变得丰富动听，特别是《小喇叭》的音响效果，更是有了突破性发展。配乐加音效不再是精品的标准，而成了节目的常态。精制的故事融入广播剧的元素，营造出生动的环境，让孩子们如身临其境，有了"看电影"的感受。

纵观《小喇叭》的发展历程，每一步都走在了时代的前列，都是新技术、新思维的实践者。

二、媒体融合是儿童广播的必由之路

电子技术和新兴媒体日新月异的发展，改变了人们的生活和认知习惯，给传统媒体带来了巨大压力。这主要基于三点：第一，新的传播手段，扩宽了信息流通的渠道；第二，接收终端的改变，让人们得以更加方便、快捷地获得信息；第三，碎片化的传播，便于人们随时随地了解信息。在儿童音频领域，新媒体产品

已逐渐占领市场的半壁江山，赢得了年轻父母的认同。《小喇叭》作为传统广播节目，必须面对现实，做出抉择。

科学技术的发展，带来了传播工具的巨大变革。新的通信传输工具，使人们在信息的接收上更方便、更实用。微博、微信、手机客户端等乘着移动互联大势迅速崛起，打破了传统媒体的优势格局，如同当年电报代替了信鸽、半导体代替了电子管、CD光盘代替了盒式磁带、数字技术代替了模拟技术一样。而技术革命的成果必然推动社会发展和人类进步。因此，我们必须承认，当今时代，仅仅将收音机视为传播和接收信息的工具，已经不再适于现代快节奏的生活方式。

基于这样的形势，《小喇叭》失去了往日优势，节目听众被限定在极小的范围，举步维艰，面临重重困难。此时，选择更具时代感和科技含量高的传播方式，成为《小喇叭》节目最紧迫的任务、最崭新的使命。

新媒体不仅是人们沟通交流的工具，也是人们发布和传播信息的渠道。各大社交平台上"风起云涌"的儿童故事和自媒体电台渐渐成为家长的哄睡神器。而这一突如其来的、遍地开花的态势，极大地挤压了《小喇叭》节目的生存空间。

然而，从另一个角度来看，海量的、以儿童故事为主体的音频产品的涌现，恰恰说明了当前儿童市场仍有着广阔的发展空间。《小喇叭》作为儿童故事的生产基地，面对如此庞大的市场需求，应当依托品牌优势进行深度的媒体融合。以新的制作理念、新的运营方式，融合音频、视频、游戏、图文等多种传播方式，实行多平台投放，以此开启《小喇叭》的新时代。

在很多人的眼里，《小喇叭》是童年时期的美好记忆。因为，在那个时代，电视没有普及，也没有互联网，孩子们能够接触到的时尚媒体就数广播了。因此，声情并茂的《小喇叭》成了孩子们的最爱。但是，对于现在的年轻人来说，听过《小喇叭》的寥寥无几，可以说他们是伴随着电视成长起来的一代。事实上，20世纪90年代至21世纪初，广播也曾经历过被电视冲击的低谷时期。有声有色的电视少儿节目，将只闻其声不见其人的《小喇叭》挤压到了几近"消失"的地步。直到近十年来，汽车进入家庭，车载收音机将广播重新推送到人们耳边。随后，儿童广播也在各方努力下，艰难地找到了自己位置，《小喇叭》才又重回人们的视线。然而，随着时代的发展，《小喇叭》又遇到了新媒体的挑战。

《小喇叭》是制造儿童声音产品的先驱，是儿童广播节目的开创者。通过几十年的努力，才打造出一个深受广大听众信任的、公益的、绿色的、正能量的《小喇叭》品牌。正因如此，移动互联时代《小喇叭》也有着天然的优势。

三、儿童广播媒体融合的优势与劣势

好奇心是孩子的天性，任何新生事物都会让孩子们感到新奇，并愿意探索和

实践。因此，手机、平板电脑、电子游戏机等产品成了孩子们的掌中宝，听网络故事、看小视频、打游戏成了孩子们平时最主要的娱乐活动。尽管新媒体给孩子们带来了丰富的信息，使他们更早地接触到各种知识，但网瘾、手机综合征等问题也令家长烦恼。有了手机，孩子们却失去了生活中的真实交往；有了网络游戏，孩子们却失去了正常的户外运动；孩子的知识量虽然大大增加，但生活能力、社交能力却大大下降。新科技让人喜忧参半。

（一）充足的市场空间

由于新媒体的传播更简单、接收更方便，尤其是手机、电脑可以通过互联网下载播放软件，少年儿童能够随时随地收听收看音视频，因此受到了他们的喜爱。比如，原中央电视台主持人王凯团队开发的"凯叔讲故事"音频内容就得到了社会的认可，并成为新媒体中的儿童音频品牌。"凯叔讲故事"的成功引起了很多人的效仿，打开"蜻蜓.fm"或"喜玛拉雅FM"音频平台，能发现近千种给儿童讲故事的自媒体电台。这一现象的出现，证明社会对儿童有声产品的需求是非常大的，儿童音频产品有着很大的发展空间。

但是，在海量的儿童自媒体平台中，能真正讲好故事、传播正能量、让孩子们从中受益的并不多见，这些平台只是自娱自乐的场地。因此，以《小喇叭》为代表的专业儿童音频有无限的发展潜力。

（二）竞争中的品牌效应

当前，许多新媒体平台的儿童声音产品还停留在读绘本、讲成语故事等较为简单的制作水平上。一些电台和电视台少儿节目主持人也开办了自媒体儿童节目，其制作的音频节目质量具备一定水准，但在整个儿童市场上显得凤毛麟角。传统广播主持人的自媒体运作在版权签署、录音制作、包装推广、更新上线等方面功力略显不足，但凭借个人和栏目的知名度，拥有很多粉丝。这充分说明，公信力和品牌效应胜过现有市场节目的包装和推广。假设传统媒体的知名栏目能建立专业团队，融合媒体优势，规范运营，笔者相信，借助品牌效应，传统栏目会在新媒体儿童音频平台中开辟出新的绿洲。

（三）传统媒体与新媒体各具优势

对家长而言，无论是传统媒体还是新媒体，只要是公益的、对孩子有教育意义的就是他们需要的，现在许多家长面临选择困境。一方面，儿童广播虽然可以让家长依赖，产品数量和种类却十分有限；另一方面，音频平台产品尽管数量巨大，但优质产品稀缺。在这样的现状下，儿童广播应当利用专业优势，生产高质量的声音产品，并积极开展媒体融合，不断为市场注入活力，从而满足儿童家长需求。与此同时，新媒体平台必须加强规范管理，驱除不健康的声音产品，培养优质儿童音频平台，为社会提供正能量，为孩子们多生产绿色的精神食粮。

四、儿童广播媒体融合的目标与方向

随着传播技术的日新月异，依靠线性广播传播的《小喇叭》节目由于传输手段老旧、播出平台落后，被众多年轻家长列入"怀旧"行列。尽管仍有许多忠实听众眷恋着《小喇叭》，但《小喇叭》的受众人数已无可避免地落后于某些音频平台上的自媒体。

因此，积极开展深度的媒体融合，让《小喇叭》回归时代，是《小喇叭》以及中国儿童广播行业不可推卸的历史使命。

（一）发挥品牌效应

"听"是传统广播唯一的信息接收形式，而《小喇叭》正是通过"听"打造了独特的儿童品牌。当前，新媒体为孩子们打开了多种信息的接收渠道，使"听"不再是广播的独有特征。因此，仅仅以"听"为特色进行市场竞争，单纯地把《小喇叭》推送到新媒体平台，并不是真正意义上的媒体融合。

融媒体《小喇叭》要紧紧依托多年形成的品牌，以广播节目为根本立足点，在保持原有特色的基础上，派生多样态的《小喇叭》产品。例如：《小喇叭》节目中讲故事环节，多数情况下是把一篇完整的故事以讲述的方式，并通过戏剧化、游戏化、视频化等方式呈现给小听众。《小喇叭》应当充分利用"两微一端"，从单一的传统广播媒体向多元化、立体化的融媒体转变。《小喇叭》生产的内容，不仅要包括更加经典、更具艺术价值的音频产品，还要包含孩子们喜欢的、具有正能量的游戏产品、微视频产品甚至玩具产品等。

（二）建立专业团队

当今社会，个人的力量是渺小的。只有形成团队，精诚合作，发挥每个人的专长，才能创造辉煌的业绩。新媒体兴起之初，虽然存在依靠个人力量建立"网络电台"的奇迹，但在激烈的市场化竞争影响下，仅靠个人勇武和个人智慧，已远远不能立足。众多的个人电台、微博、微信多是自娱自乐，其所发挥的社会教育作用甚微。而那些能够被公众认可并产生影响力的音频产品，几乎全都出自专业团队。

基于此，《小喇叭》最需要的是一支具有专业水准的多功能团队。一是要能够创作出拥有独立版权的作品，规范市场运营；二是要能够开展精细的策划、制作、包装、推广，为孩子们生产具有多种元素的优质儿童文化产品；三是要能够进行后续产品的开发，打造具有市场竞争力的、深受孩子们喜爱的衍生品，创造儿童品牌。

（三）继承优秀传统

过去，《小喇叭》是传统广播的品牌节目，移动互联时代，《小喇叭》也一定能够成为新的儿童品牌。因为，《小喇叭》不仅具备先进的制作、精湛的内容

编排，还有广播人执着的精神和顽强的毅力。

任何品牌，都不是依靠虚假包装和不实推介"喊"出来的。真正的品牌需要倾注心血，而《小喇叭》则是几代少儿广播工作者用心血凝结而成的。他们爱岗敬业、无私奉献，无怨无悔地为儿童服务，值得后辈继承和学习。

五、结语

《小喇叭》是以故事为主的儿童节目，因此，媒体融合要坚持《小喇叭》讲故事的本质，通过把故事变成产品、变成游戏、变成玩具，多渠道、多平台、多样态呈现在小朋友面前，以此获得小朋友的信任，让他们成为《小喇叭》的忠实粉丝，并从《小喇叭》中得到快乐，受到教益。

此外，《小喇叭》还是党和国家教育儿童、培养儿童道德品质的重要窗口。所以，《小喇叭》要承担起宣传教育的责任，脱下"长衫"换上"时装"，以新的姿态，进入孩子们的视野，成为他们不可或缺的朋友。

（作者单位：中央广播电视总台央广新闻节目中心）

现场直播在路上

——改革开放 40 年我国广播新闻现场直播的发展

成文胜　齐茗馨

1997 年，中国新闻奖从第八届开始为广播设立了"现场直播奖"。该奖项的设立，可以说标志着作为广播新闻后起之秀的现场直播已经成为"广播优化自身本质功能的重型武器"[①]。

如今，这种最能体现广播新闻报道优势和特色的直播报道形式，越来越多地为我国广播新闻工作者所采用，它已不再是中央及地方大台的专利，一些市、县广播电台也越来越注重运用现场直播这个重型武器，成为广播媒体"第一时间、第一现场"向受众传播新闻信息的一道亮丽的风景线。

本文力图梳理改革开放以来我国广播新闻现场直播发展的轨迹，分析其发展特征，探讨未来的发展方向。

一、广播新闻从现场报道到现场直播的理念转变

在实务操作中，对现场直播曾有过认识模糊、称谓混乱的时期。早些时候，一般把直播报道称为"实况广播""现场实况广播"和"现场实况转播"等，其实那时候的媒介技术并不能实现广播新闻的同步直播。后来，有叫"现场直播报道""连线报道"和"新闻同步报道"的，这时候更多的应该是单一现场的报道。

这些不同叫法的出现，反映了人们对直播与转播、现场报道与现场直播等概念存在混淆的问题。而对称谓的不断修正是广播新闻现场直播不断摸索、逐渐成熟的实践过程，体现了广播人新闻报道理念的不断变化，也正是在这个过程中逐渐廓清了现场直播的内涵和外延。

历史上，作为广播"自己走路"迈出的重要一步，哥伦比亚广播公司记者

---

① 时任国家广电总局副局长胡占凡在为集纳有湖北人民广播电台 30 场新闻现场直播文稿的《直播荆楚》一书作序时称，广播新闻直播"是广播优化自身本质功能而在近些年才兴盛起来的重型武器"。

爱德华·默罗（Edward Murrow）最早创造了现场报道这一形式。这种省去了中间录播环节的广播新闻报道形式，以其最快的传播速度、极具现场感的独特优势，在广播新闻报道中占据了重要的一席之地。

但现场报道只是对新闻事件进行一次单篇连线、单点呈现的一事一报，在媒介技术发展的支撑下，勃兴于20世纪90年代后期的现场直播实现了对重大的新闻事件进行全方位、多角度的报道，它融合了包括现场报道在内的多种新闻报道形式，对现场报道在题材选择、直播主体、节目形式等诸多方面实现了超越和延展。

现场直播和现场报道虽都冠以"现场"两个字，都是发自新闻现场的报道，都是直播形态（当然现场报道还有录播形态的），但它们之间的不同也是很明显的。

一是在报道内容上：现场直播的报道对象必须是重大新闻，一般来说是可预知的；而现场报道则未必。

二是在报道结构上：现场直播一定是要对重大新闻进行全程、全面的报道，或多角度、多方面、多层次的报道，不再局限于新闻事件的某一个点，"除了新闻实况之外还有现场报道、背景介绍、专家述评乃至与该事件有关的来自异地的新闻报道和新闻插播等诸多内容"，[1]是一个复杂的系统工程；而现场报道相对来说比较短小，一般只报道一个点、一个局部，仅仅就某一新闻事件做简单的报道或点评。

三是在报道形式上：现场直播都是集体行动、团队作战，记者在前方一线采访，嘉宾在后方直播室解读，主持人主要担当串联、解说、引导的任务，记者在直播中可以担当报道者、解说者、主持人等多个角色；而现场报道只是记者个人的行动，主要承担现场解说。

四是在报道现场上：现场报道的新闻现场只能有一个，基本上就是在一个地点的一篇报道，地点是相对固定的；而新闻现场直播则是正处于发展变化中的"现在时"的新闻事件，随着事件的发展变化，现场也会不断转换，呈现多现场在线的状况。

区别于现场报道归属于广播消息，广播电视业界逐渐明确了现场直播为独立体裁形式。在新闻评奖时对现场直播做出了这样的"技术标准"界定：现场直播是广播电视利用电子信号把新闻现场的声音或图像直接发送并同步播出的节目形式。它在传播新闻事件发展变化的同时，把记者的现场报道、播音员或主持人的现场描述或背景介绍同步传输，集新闻报道、知识分享、事态分析于一体，参

---

[1] 申启武：《改革开放30年广播新闻节目形态的演变与发展》，《现代传播》2008年第2期。

评节目必须是以新闻现场为直播主体,来自新闻现场的直播信号长度不得少于整个节目长度的1/2,所用录音、录像资料不能超过总长度的1/3。① 纪念会、报告会、文艺演出的直播节目及以演播室谈话为主的直播节目,不属此项的评选范围。

二、我国广播新闻现场直播的发展轨迹

如果从1949年开国大典的实况转播算起,我国广播新闻现场直播的发展已经走过70年的历程。

一路走来,尤其是改革开放的这40年,这条发展之路始终贯穿着"自己走路"的主线,在逐渐回归广播媒介本真的同时,也成就了一段不断探索、创新、修正、完善的历史。

(一)早期的实况转播

早在1949年10月1日,当时的北平新华广播电台就实况转播了中华人民共和国开国大典。这堪称是我国广播界的第一次现场直播。

此后,在相当长的一段时间里,我们经常以实况转播方式报道国家重大时政活动和精彩文艺演出及体育比赛。但那时候的重大时政、文体直播大都是现场加解说的"现场转播",实则是实况播出,在技术上并没有实现同步直播。

20世纪80年代初,原广播电视部一位领导提出,"转播"一词用在这里不合适。因为它不是别人播了,我们转出去。于是从那以后,广播界逐步把实况转播叫作新闻现场直播。②

(二)改革试水的直播报道

1980年10月召开的第十次全国广播工作会议明确提出,广播宣传工作要坚持自己走路。1983年3月召开的第十一次全国广播电视工作会议,被称作是广播电视界的"十一届三中全会",会上提出广播电视要"扬独家之优势,汇天下之精华",这可以说是"自己走路"方针的补充和发展。

正是在这样的政策背景和新的媒介生态环境下,1986年12月15日,广东人民广播电台开播珠江经济台。珠江经济台率先推出"大版块+主持人+直播"的节目形式,这一全新的广播传播模式被称为"珠江模式"。

之后,1992年10月,上海东方广播电台正式开播。它继珠江经济台之后,在中国最早开启全天候24小时直播的运行模式,成功地把热线点播、热线谈话、

---

① 曹仁义:《新闻类广播作品如何创优(六):新闻现场直播创优》,《中国广播电视学刊》2005年第6期。
② 曹仁义:《新闻类广播作品如何创优(六):新闻现场直播创优》,《中国广播电视学刊》2005年第6期。

热线专访、热线咨询等形式运用到节目之中，被学术界称为"东广现象"。

从录播到直播，将直播室与新闻现场无缝隙连接起来，一根电话线、一部手机就解决了现场信号传输问题，户外直播、现场报道就这样逐渐进入人们的耳际。①

随着通信技术的发展，在传播技术的支撑下，一线记者纷纷拿起电话在现场近距离进行新闻报道，一些电台，特别是学习"珠江模式"而先后成立的各地经济广播，开始了真正意义上的新闻现场直播的尝试。如：1991年7月21日，广东珠江经济台、湖北楚天经济广播、南京经济广播、浙江经济广播、安徽人民广播电台等联合直播了抗洪救灾特别节目《长江珠江一线牵 水患无情人有情》，节目长达三个多小时，主持人串联+异地多点现场报道，受到了广大听众的热切关注和热情支持。可惜的是，当时的中国新闻奖尚没有设置现场直播奖项，此次节目在第二届中国新闻奖评奖中获得的是新闻性节目编排二等奖。

（三）专业化发展的现场直播

1997年香港回归，从6月30日到7月1日，当时的中央人民广播电台进行了多场新闻现场直播。其中，《百年长梦今宵圆》长达七小时，节目淋漓尽致地发挥了广播的声音特长。连线北京、香港及内地六省市和海外多地，有新闻现场实况、记者连线报道，也有历史音响回放；直播间里有主持人串联介绍背景，也有专家评述、嘉宾访谈。"这是中央人民广播电台，也是中国广播史上罕见的大规模、长时间、横跨多区域、技术传输复杂、多兵种运作的宏大作品。"②

央广的香港回归现场直播显示，这个时期的现场直播在采制上趋于专业化操作，成为媒体主导的报道式直播。作为整个节目的核心，新闻现场的实况处于主体地位，而新闻专题、嘉宾访谈、多点连线现场报道等节目形态，作为节目的构成元素，在主持人的牵引和串联之下融入整体的节目之中，体现出较为成熟的现场直播节目形态。

广播电视业界"97香港回归"现场直播的巨大成功，最终促成在第八届中国新闻奖的评选中首次设立现场直播奖。由中央人民广播电台、中国国际广播电台采制的现场直播——97年香港回归大型现场直播节目《百年长梦今宵圆》和《英语普通话广州话香港回归现场特别报道》获得特别奖。

（四）常态化播出的新闻直播类节目

2003年被国家广电总局定为"广播发展年"后，我国广播新闻改革取得了阶段性的成果。2004年央广成功推出新闻综合频率"中国之声"，2005年1月4

---

① 涂有权：《改革开放40年广播的创新发展》，《中国广播》2018年第3期。
② 李汉如、成红珍：《论广播新闻现场直播及其特性》，《新闻前哨》2006年第7期。

日,中国之声在原来的午间《第一报告》和《新闻直播间》初步探索的基础上,开播《直播中国》节目,将现场直播这一传播方式带入日常播出的固定栏目之中。

从"珠江模式"开始,直播虽然已经成了广播媒体非常流行的播出方式,并越来越为广大听众所认同和接受。但是,长期以来,只有当一些重大的社会事件,如伊拉克战争、"非典"疫情发生时,广播电台才尝试着以特别节目的形式通过现场直播将这样的新闻事件迅速、及时地传递给广大听众。换句话说就是,广播新闻现场直播只是偶尔为之。

来自中国新闻奖的获奖数据很能说明问题。在现场直播奖项设立的头三年,除了像香港回归、中华人民共和国成立50周年这样的重大事件的现场直播获得特别奖外,获得二等奖的《邀请美国总统做嘉宾》和获得一等奖的《大墙内的声音》都是直播间直播栏目里所采制的一期节目,某种程度上并不是典型意义上的新闻现场直播,大多数奖项都空缺,这至少说明新闻现场直播在广播业界尚未常态化。

《直播中国》实现了广播新闻节目直播形态从偶尔的特别报道到常设直播栏目的跨越。这个节目的播出时间固定在每周一到五的中午12点,节目主持人与各地记者进行电话连线,记者口头播报自己在新闻现场的所见、所闻、所感,以这种直播的方式向听众传递各地刚刚发生、正在发展的新闻。秉承着"第一时间、第一现场"的传播理念,节目的报道范围不再局限于一些重大的活动和重要的会议,而是拓展到社会生活的方方面面。至此,广播新闻现场直播开始成为常态化的节目种类。

可以说,《直播中国》是广播新闻现场直播报道常态化的一次有益尝试,只是因为多数题材缺少重大新闻事件所拥有的现场实况内容,因而与严格意义上的现场直播还有一定的差距。但是这个节目以实操中经常化的事件即时切入新闻栏目,实现经常化新闻事件的直播等,成为这一阶段直播常态化的基本特征。

三、我国广播新闻现场直播变化发展的基本特点

回首我国广播新闻现场直播之路,特别是改革开放以来各台在这方面的实践,可以发现,在日臻成熟的传播技术的支撑下,直播的手段越来越丰富,方式越来越多样,其形式和内涵都发生了重大变化。

(一) 由单一事件性直播向主题综合性直播转变

改革开放以来,我国广播新闻现场直播在内容上逐步实现了由单一事件性直播向主题综合性直播转变,也就是说不再仅仅是一事一报的现场连线报道,大多数现场直播已经是同一主题在多点连线,"多现场、多主持、多时空的纵横捭阖中集合成新闻事件、背景、人物、人文等内涵丰富的综合体"。从节目的具体表

现上出现这样一些变化。

1. 从室内直播走到室外直播

广播新闻现场直播的一个最基本形式,就是将台内的直播间和前方新闻现场信号连通,以直播间为直播主体进行现场直播,这样的现场直播方式很方便,运作成本也低。

所以,最初前方新闻现场的信号就是记者的移动手机信号,由记者进行现场连线报道。如央广2003年9月播出的《我国首例机器人异地遥控操作手术》(获得2003年度中国广播电视新闻奖一等奖)就是这样。在这场现场直播中,节目主持人和嘉宾坐在直播间里,他们在一小时的直播过程中为广大听众介绍手术的进展、医用机器人发展的状况等,并随时回答听众和网友的提问。由于整个手术是由两台计算机指挥远在600千米以外的机器人做的,所以新闻现场分别设在北京、沈阳两个城市的两家医院,通过记者电话连线,进行现场报道。

由于缺少新闻现场的音频信号,听不到现场的背景声音,现场感不强,也有的专家认为《我国首例机器人异地遥控操作手术》不能算严格意义上的"现场直播"。所以,类似在主要的新闻现场通过记者电话连线来报道的现在已经不多见了。目前更常见的操作方式是在新闻现场设置专门的直播音频信号,再加上记者的现场报道,甚至是直接在新闻现场设置分直播间,与设在台里的主直播间配合,共同完成对新闻事件的现场直播。

如央广中国之声播出的现场直播《嫦娥探月——"嫦娥二号"卫星发射特别报道(卫星入轨段)》(获得第21届中国新闻奖三等奖),在央广台内设立总直播席,又分别在国家天文台、西昌卫星发射中心、北京飞控中心设立了分直播席,同时启动直播,多地配合互动。由于前方现场设有直播室,可以全覆盖收录和采用各种现场信号,如发射阶段成功后的掌声、现场指令声、火箭发射升空的响声,甚至太阳翻版展开延时的现场屏声静气的等待音响,都给听众营造了身临其境的感觉。同时,在一个小时的直播中,还充分利用驻地方记者站的优势,通过电话连线,四个直播席与天南海北布点的记者进行无障碍对话,报道了青岛、新疆、海南等检测站检测情况,以及上海世博园、北京火车站等地群众观看和庆祝活动情况,在电波中实现了时空的瞬间挪移。

既然是新闻现场报道,那就应该到新闻现场去,所以近年来许多电台进行现场直播时,几乎无一例外地把直播间移出电台,甚至开出直播车,直接在新闻现场搭建临时直播间,主持人和记者都在现场,更便于直播报道的顺畅进行,现场感明显增强。这种现场直播方式显然已经成为目前比较常见的一种操作模式。

2. 从单点直播到多点直播

2009年,央广有史以来最大规模、最大影响、最具震撼效果的一次国庆大典直播——《首都各界庆祝中华人民共和国成立60周年大会现场直播》（获得第20届中国新闻奖特等奖），它的直播台搭建在当年直播开国大典的原址上。这场直播是一个单点的现场直播，就是固定在一个直播点上，由主持人进行现场解说报道，也没有记者的现场多点连线报道。早先我们的现场直播多为此种形式，这是技术条件使然，也有题材上的特殊性。

如今，各家电台基本上都不再采取这种单点的现场直播形式了，代之以多点直播和多地记者的现场报道。如央广播出的"青藏铁路通车运营"现场直播——《穿越青藏高原》（获得第17届中国新闻奖一等奖）。2006年7月1日，青藏铁路通车庆祝大会会场分设在格尔木与拉萨两地，两地分别开出首趟列车。为生动反映以庆祝大会为核心的所有内容，央广专门设置了四个直播间，分别是北京总直播间以及格尔木主会场典礼现场、拉萨分会场典礼现场和拉萨始发的首趟列车直播间。

北京人民广播电台新闻频率《冰雪五环、聚焦冬奥——2022年冬奥会举办城市揭晓》现场直播，安排了八路记者在与冬奥会关系密切的不同地点——申办冬奥会现场的吉隆坡、北京鸟巢、世贸天阶广场、北京延庆、首都体育馆、水立方、北京体育馆、河北张家口，在申奥成功之后第一时间与直播现场连线，真实、全面地传递了各方在申办冬奥会成功之后的兴奋与期盼。

3. 从固定直播到移动直播

从固定的现场直播到移动进行式的现场直播，不仅取决于直播的题材——新闻事件本身具有移动的特点，更要有较强的技术支撑，甚至有的电台把直播间设在直播车上，或是设在其他移动交通工具上，利用移动通信工具，移动现场直播，追踪新闻事件。

如《京沪高速铁路通车运营暨天津西站建成启用》现场直播，天津地方电台派出记者登上从北京南站始发、终点为上海虹桥车站的首趟京沪高铁列车（G1），主持人与济南、南京、上海三地交通广播记者及首列开行列车上的特派记者进行连线，和听众一起见证高铁开通这一重要时刻，其移动性体现在记者的现场连线报道上，在行进的列车上记者不断与直播间多次连线报道，移动直播成为整场直播中的一个环节。

当年北京人民广播电台播出的《雅典奥运火炬激情传递》则应该是一次真正意义的移动直播。新闻现场在雅典奥运火炬点火仪式结束后，就变成移动的。为了适应这种移动新闻现场的需要，北京电台除了有设在北京人民大会堂东门广场的固定位置的主直播台，还动用了两台直播车，跟随火炬传递，全程移动直播了长达八个多小时的雅典奥运火炬在北京的传递盛况。

央广在"青藏铁路通车运营"现场直播时采用海事卫星直播设备，在列车上设置移动直播间,为中国广播史上首创,也使这次直播在传播时效上超越同行。在行进的列车上,主持人或介绍沿途车外风光,或采访乘务人员与乘客,听众始终有身临其境之感。技术上的突破极大地拓展了广播现场直播的空间,让新闻始终处于"进行时态",这也成为此次直播最大的亮点。

4. 从近地直播到天地一体直播

短距离、近距离的现场直播,媒体工作者可以开出直播车,在移动信号所达范围内,在地面全程跟踪移动直播,而像载人航天飞行、青藏铁路通车等题材的现场直播,那只有借助天上的力量,来进行长距离、远距离或不确定地点的直播了。

央广《再探苍穹——"神舟六号"飞船载人航天飞行》大型直播节目(获得第16届中国新闻奖一等奖)就开创了中国广播史上空中直播新模式。在2005年"神舟六号"返回段的直播报道中,10月17日凌晨4时38分,记者搭乘搜救直升机,在内蒙古四子王旗主着陆场上空与北京直播间连线,发回了《神舟与星月同辉》的现场报道。之后的搜救部队搜索、神舟着陆、两名航天员自主出舱等一系列新闻,记者都是在移动盘旋着的直升机上进行独家直播报道,整场直播以现场音响、记者报道、专家评点、背景资料和主持人穿插介绍组成,使听众在第一时间了解了"神舟六号"载人航天飞行圆满成功的重大消息。

央广的"青藏铁路通车运营"现场直播——《穿越青藏高原》,则是以卫星连线为标志的超远距离、超大规模的现场直播。这场现场直播可谓综合运用高科技手段、难度最高的现场直播,不仅设有临时的、移动的或固定的直播间,而且通过卫星连线,进行现场直播,实现了天地大串联。

(二)由单一媒体的封闭式独立直播向多媒体开放互动式融合直播转变

最初的新闻现场直播大多是电台在自己的内部系统中独自完成的,但是,现在已向多媒介开放互动式融合直播迈进。

一方面,广播新闻现场直播的规模越做越大,一家电台独立去完成一场重大新闻事件的大型现场直播已经比较困难,特别是省级、地市级的电台要想进行跨地区、远距离的直播,无疑是对其综合实力的一次大考验。所以,现在多家电台合作联手进行现场直播、互动传播,已成为经常采用的一种现场直播方式。

另一方面,随着广播传播技术日趋先进和成熟,现场直播的科技含量越来越高,特别是网络媒体的迅速兴起,广播新闻现场直播中已越来越频繁地出现网络新媒体的身影,这使得作为传播主体之一的听众,不再仅仅做个"看客",而是可以利用各种新媒体传播平台,有机会共时性参与到节目中,他们的表现也成了直播内容的一部分,这时候原来传播者单方面提供信息就转变成了传播者与公众同时提供信息,这是一个质的变化。

1. 从一家媒体独播到多家媒体联合直播

从最早广东珠江经济台、安徽人民广播电台等多家广播媒体联合直播《长江珠江一线牵 水患无情人有情》，到2016年10月22日全国15家省区市广播媒体为纪念红军长征胜利80周年共同举行《雄关漫道从头越，不忘初心新长征》大型联合现场直播，联合直播的影响力越来越大。

一般来说，这样的联合现场直播在直播过程中，以一家电台为主导，多家电台围绕一个共同的主题，共同打造一个相同内容的时段，也就是说，相关省、市电台不同的广播频率在同一个时段同步播出。其幕后的组织、协调工作比起一家电台独立直播时更为复杂。

如泛珠三角11家广播电台联手打造、异地同步联合推出的两小时35分的大型现场直播《站在"9+2"最前沿》（获得第16届中国新闻奖二等奖）。这场直播由四川人民广播电台牵头主办，该台与参加第二届泛珠三角区域经贸合作洽谈会的广东、广西、福建、江西、湖南、云南、贵州、海南和香港、澳门等地的11家广播媒体将各自采制自己富有特色的节目内容，以接力直播的形式，通过卫星和光纤向各自电台传送，共同协作完成现场直播。11家电台充分显示了广播大联合的优势，在广大听众中产生了广泛而深远的影响。

2. 从单一媒体直播到多媒体融合直播

广播+互联网，不仅弥补了广播仅有听觉传播的不足，实现融合传播；更重要的是，借助网络，广播在传播模式上真正实现了传受双向互动式直播，听众不再是信息的单一接收者，而是作为直播的参与者，成为节目内容的一部分。听众的参与度成为判断直播效果的有效标准之一。

如前文提到的央广直播节目《我国首例机器人异地遥控操作手术》，中国广播网也参加了那次现场直播。这是广播新闻现场直播中第一次融合了网络新媒体的报道手段。整场直播中，广播与网络紧密配合，多方互动，网友通过手机短信和BBS（网络电子公告牌系统）提问，主持人和特邀嘉宾现场解答。广播网络互动充分发挥了各自优势，资源共享，实现了优势互补。比如，机器人为病人做手术时，现场缺乏有效的音响，主持人这时候就告诉听众可以通过中国广播网去看现场视频直播，这是弥补广播"只闻其声，不见其人"不足的一个典型案例。

如今，几乎每一场现场直播都是全媒体、融媒体操作。如2011年11月8日，湖北广播电视台联合央广以及北京、天津、河北等广播电台联合推出直播策划，中央电视台和湖北、河北、天津三地电视媒体及新浪网同时参与，以南北互动的形式进行了一场规模空前的跨媒体、跨时空的现场直播《同饮一江水，共有一个家——南水北调中线大移民》（获得第22届中国新闻奖二等奖）。

（三）由预知的策划报道向突发的组织报道转变

现场直播与新闻事件的发生、发展是同步进行的，一旦失误便没有任何弥补的可能。所以，在传统的直播思维方式中，无准备、无方案、无预知结果的事件是不能用来直播的。也因此，一般来说，以往的现场直播大多注重事件预设的程序，在精心选择直播主题内容之后，电台会投入大量的时间和精力对重大事件现场直播进行前期策划准备，包括相关材料的收集，报道预案的拟定，参播人员的安排，甚至还包括直播地点的选择、节目预告等前期节目宣传等。

直到2003年央广伊拉克战争特别直播节目《海湾零距离》播出，才完成了直播由程序悬念向事件悬念的转变。美英向伊拉克动武，第二次海湾战争爆发，央广在战争打响的第一时间，在第一套节目以插播的形式及时报告了这一消息，随后成立伊拉克战争特别报道组，紧急启动，迅速推出特别直播节目。从3月20日到4月24日，特别直播节目每天早、中、晚三个时段播出，前方记者、后方主持人随时播报，军事专家详细解说，及时跟踪伊拉克最新状况。节目共播出91期，平均每天播出五个小时，征服了亿万听众，获得了较高的收听率。

《海湾零距离》的成功播出标志着广播新闻现场直播由预设程序式直播向动态跟进式直播迈进，直播报道开始由事前把关向事中把关转化。

如今，越来越多的突发应急事件在没有事先文案的情况下展开了现场直播。如黑龙江广播电视台的《一次惊心动魄的救援行动》（获第18届中国新闻奖二等奖）、浙江台州广播电视台交通广播《剧毒河豚丢失 全城紧急寻找》（获第25届中国新闻奖三等奖）等，都是在接到突发的紧急求助后，中断原来的节目，迅速变成一个有组织、有调动、有发自现场、有采访报道的大型现场直播。

从近期获奖的现场直播作品来看，打破常规、临时展开，主持人迅速到岗、记者第一时间赶赴事故现场，发布最权威、及时的信息，动态跟进式直播的趋势愈加明显。

广播新闻现场直播是一个发展的事物。改革开放以来，广播新闻从录播到直播，从实况转播到现场报道、现场直播，不断摸索，不断跨越，逐步走向专业化、平民化、常态化。当然，在这一发展趋势中，不可避免出现了一些值得注意的问题，如泛直播化现象、直播迟迟到不了现场的问题、运用现场音响的能力有待提高的问题，还有如何解决直播现场的流动性问题、现场多点同步和联动问题、多媒体交互问题、新媒介融入问题，等等。凡此种种，都不容忽视，还需要广播媒体工作者在实践中不断创新、不断完善、不断突破。

（作者分别为：中国传媒大学副教授；中国传媒大学新闻学专业2017级硕士研究生）

改革开放以来广播收听方式的变迁

艾红红

改革开放 40 年来，广播业飞速发展，广播收听方式也发生了巨大变迁。改革开放前，广播有线大喇叭在农村基本普及，在城市家庭以收音机为主；20 世纪 80 年代初，便携收录机、迷你收音机开始普及；21 新世纪以来，车载收音机和手机成为人们日常收听广播的"利器"。广播收听工具的变化，反映了现代科技的进步和改革开放给百姓生活带来的巨大变化，也承载着几代广播人的努力和荣光。

一、1978—1988 年：台式收音机的黄金年代

改革开放之初，伴随着从农村到城市的经济结构调整，基层百姓的生活条件得到很大改善。吃饱穿暖了的中国人，开始渴望更多的精神文化生活，过去价格不菲的台式收音机一时成了热销品。

1978 年 12 月 29 日，湖北《荆州日报》以《"三转一响"闹深河》为题，报道了湖北省潜江市园林办事处深河村的变化，收音机广播就是其中的"一响"。但当时收音机价格昂贵，一台音质清晰的多波段收音机还是家庭奢侈品。此后几年，收音机社会拥有量剧增，有线广播和广播喇叭则逐年下降，[①] 普通人日常收听广播的场所也悄然发生变化，从盛行的户外大喇叭、家中小喇叭或大的台式收音机变为小型收音机。

与听众的收听场所转移相适应的，是广播从业者对受众认知态度的转变。1983 年召开的第十一次全国广播电视工作会议提出，广播要"像知心朋友那样同听众亲切谈话"，而不是高高在上的教育听众。"扬独家之优势，汇天下之精华"广播理念的形成，使此后收音机中传出的声音，更多的是寓教于乐的、让人感到亲切的话语。

[①] 1980 年，全国广播喇叭 9856 万只，1984 年减少为 8603 万只，1985 年 8271 万只。参见《中国广播电视年鉴（1986）》，中国广播电视出版社 1987 年版，第 862、864 页。

在改革开放的时代大潮下，广播工作者认真践行"自己走路"的方针，通过快速播报、直播突发新闻等方式，实现了广播新闻与报纸有声版的告别。

20世纪80年代初开始，中央人民广播电台的名牌栏目《全国各地人民广播电台联播》节目常播出"本台消息""独家新闻"，吸引了听众注意力。如1983年12月20日，中国总理飞抵埃及开罗访问，中央人民广播电台在访问团平安抵达的十分钟内就做了及时报道。同年的一项调查表明，广播成了中国百姓获知重要新闻的第一渠道，占受调查人数的53%，而报纸占比为34%，电视仅占13%。① 当时知名度最高的新闻节目之一，就是中央人民广播电台的《新闻和报纸摘要》和《全国各地人民广播电台联播》节目。1984年国庆35周年之际，中央人民广播电台推出的现场直播赢得了极高的社会赞誉。广播节目改革带来听众黏合力的提升、影响力的提升，又反过来助推了收音机销量的增长。

广播腾飞、收音机畅销的大背景是中国社会的日益开放和富强。在改革开放的前沿——广东沿海地区，广东人民广播电台推出一系列改革动作，以大版块、大时段直播及热线电话等新形式，创出了被学界和业界称之为"珠江模式"的广播新形式，在全国范围内引发了持续的示范效应。

二、1988—2000年：过渡时期的广播收听

本文中的过渡时期是指从传统的单向、固定收听时代向交互、移动收听时代的过渡。这段时间，广播的接收工具已从固定的大块头收音机变成便携收音机；在收听节目的过程中，广播节目与听众利用热线电话实时双向互动。

从听众角度来看，1988年无疑是中国广播业发展的重要拐点：从这一年开始，中国平均每百人拥有收音机的数量停止了连续多年的攀升，开始逐年下滑。② 1980年后，先是日本收录机涌入中国，接着国产燕舞收录机风靡全国，加上各种三四个波段的立体声收录机，叫人目不暇接，成了那个时代街头舞蹈的标配，更是时尚的代名词。随着收录机的兴起，单功能收音机的需求量下降。以上海为例，晶体管收音机销量1980年为102.56万台，1985年为57.3万台，到1989年只有32.41万台。电子管收音机逐渐被淘汰。特别是在调频、立体声、集成化等关键技术被——突破后，收音机产品加速更新迭代，款式也从大台式转向组合式和袖珍式。

---

① 王巨光：《中央人民广播电台听众调查综述（1983年~1985年）》，《中国广播电视年鉴（1986）》，中国广播电视出版社1987年版，第571页。

② 1987年，中国平均每百人拥有收音机的数量是24.1架，比1986年增长0.4%。从1988年开始，收音机的人均拥有量连年下滑，到1995人均收音机的数量只有16架。听众来信也逐年减少。数据来自《中国广播电视年鉴》（1986~1999），中国广播电视出版社2000年版。

随着电视机的普及和电视"第一媒体"地位在20世纪90年代初的奠定，广播的地位一度下降，收音机成了家庭闲置品。到20世纪末，功能单一的台式收音机在民间家庭中基本消失，物美价廉的袖珍收音机装进了人们的口袋，装进了越来越多的公共交通工具或私家车中。广播收听工具的变身，也标志着广播收听场景的转移，倒逼着广播内容的调整——日常的广播收听变成了相对私人的事情，一些咨询个人感情、家庭、事业问题的广播谈话节目出现了。

车载收音机为广播从业者打开了交通广播的新天地。最先试水的是交通越来越拥堵的上海，1991年9月30日，上海人民广播电台设立交通信息台，成为国内首家交通广播频率。该频率设立的初衷是为司机提供及时的路况信息，即时通报突发事件，疏导行人车辆，播出后收效良好，被听众誉为"无形导游"和"空中红绿灯"。[①] 到1999年年底，中国东部和南部沿海地区已有15家交通广播频率，西部地区也相继出现了五家。从交通广播频率的分布，可以清晰反映出移动听众的分布，也反映了广播电台作为服务型媒体在大中型城市复兴的事实。不过当时国内互联网的发展还处于初级阶段，广播电台的网上迁移还较少，听众听广播还主要是依靠传统的收音机。但是可以确定的是，电台已开始注意通过让听众点歌、打热线电话、发短信等方式参与互动，部分实现了无线电广播的双向传播功能。

三、2000年至今：无时无处不在的移动多媒体收听（视）

21世纪以来，互联网迅猛发展，智能手机逐渐成为一个集成诸多功能包括广播的接收端，成了现代人须臾不离身的日常装备。截至2018年6月，我国网民规模达8.02亿，互联网普及率为57.7%；2018年上半年新增网民2968万人，较2017年末增长3.8%；我国手机网民规模达7.88亿，网民通过手机接入互联网的比例高达98.3%。[②] 统计数据还显示，近年来，台式电脑、笔记本电脑、平板电脑的使用率均出现下降，手机不断挤占其他个人上网设备的使用时间。

互联网和智能手机的一大贡献，是突破了原来的广播边界，使曾经由广播电台到收音机用户的清晰单向线性传播结构变成了现在漫无边际的网状传播。这点在中国的表现尤为突出，因为无论是音视频网站的兴起，还是音视频客户端、微信公众号，中国都走在了世界的前列，其中既有传统广播电台的功劳，也是全民参与的结果。"随着融媒体时代的开启，广播已不仅仅局限于传统电台通过电波或导线进行定期连续的语音传播，而是包含了更多的制作与播出平台，也分化出

[①] 黄铭兴：《空中"红绿灯"记上海人民广播电台交通信息台》，《新闻记者》1992年第1期。
[②] 中国互联网络信息中心：《第42次中国互联网络发展状况统计报告》，http://www.cnnic.cn/hlwfzyj/hlwxzbg/hlwtjbg/201808/t20180820_70488.htm.

更多的接收终端",① 除传统的收音机外,手机、电脑、便携式接收终端、车载接收终端、数字电视等设备均可接收电台广播信号。"广播接收终端的多元,不仅为听众收听增加了选项,也克服了传统广播转瞬即逝、不能回听等弊端。融媒体广播不仅弥补了传统电台节目的易逝和资源浪费,还可以轻易实现节目的储存和再播出"。②

移动接收终端的推广和普及,使人们收听广播的习惯彻底改变,新型智能手机与传统袖珍收音机、车载收音机等一道,组成了随时随地、任意组合、方便快捷的广播收听渠道,广播的时间限制、容量限制均被突破。一方面,全世界的音乐和新闻资讯等音频节目源源不断,取之不尽,用之不竭,让现代人大饱耳福;另一方面,随时随地接收或传送成了广播听众的日常状态,只要手中有一台上网设备,就随时可以打开搜索引擎,查找所需音频信息,过去定时收听广播的方式已一去不复返了。广播收听与节目上传、节目评价的同步交互,使广播电台随时可以了解听众情况,分析听众的组成和节目偏好,及时做出应对措施。

互联网技术支持下的移动收听,极大地便利了听众与电台的互动,使听众与内容生产者之间的转化成为轻而易举的事情。"收音机是我们能够想象的最美妙的公共传播体系,巨量的频道……可以让听众不再只是收听,而且也让他们能够说话,广播节目不再孤立听众,而是串联听众"。③ 广播事业初创时期,人们就赋予了其双向交互传播的美好愿望,也就是我们今日所乐见的"社交媒体"属性。互联网技术介入广播后,传统的广播概念、广播使用及广播收听等都需要重新审视、重新厘定。

从广播收听角度看,一类是同步收听,即节目播出与收听发生在同一时间,多数的广播从业者、广播调查公司所进行的调查对象,目前基本都局限于同步收听的群体,而这一群体主要集中于堵在路上的司机和有充足闲暇时间的中老年人;另一类是非同步收听,就是平时并不听收音机,但会在业余时间搜索手机里的广播音频节目。以笔者本人的经验,自己和熟悉的亲友都不是同步收听广播的受众,但却是声音广播的忠实听者,平时经常通过"喜马拉雅 FM""蜻蜓.fm""得到""龙卷风网络收音机"等手机客户端收听广播音频节目,还在微信朋友圈里大力推广。可见,在互联网的影响下,广播的潜在听众范围是增大而不是缩小了。遗憾的是,即使在中国互联网络信息中心经常发布的互联网发展研究报告中,对这部分听众的情况也常常语焉不详。广播电台如果忽视这一部分听众的需

---

① 艾红红、冯帆:《"广播"定义新探》,《中国广播电视学刊》2017 年第 3 期。
② 艾红红、冯帆:《"广播"定义新探》,《中国广播电视学刊》2017 年第 3 期。
③ 〔英〕汤姆·斯丹迪奇著:《从莎草纸到互联网:社交媒体 2000 年》,林华译,中信出版集团 2015 年版。

求，无疑是自我设限，束缚了发展的手脚。对广播电台而言，拥抱新技术，接纳和呼应新听众的要求，是其未来发展的必然选择。

针对互联网的迅猛发展，广播界很早就参与到"三网融合"的实践，力求打通传统媒体与新媒体之间的隔阂。2018年3月，为充分发挥广播电视媒体的作用，国务院机构改革方案又提出组建国家广播电视总局的决定。其主要职责就是贯彻党的宣传方针政策，拟订广播电视管理的政策措施并督促落实，统筹规划和指导协调广播电视事业、产业发展，推进广播电视领域的体制机制改革，监管、审查广播电视与网络视听节目内容和质量，负责广播电视节目的进口、收录和管理，协调推动广播电视领域"走出去"工作等。这意味着广播、电视与互联网融合的加深及对广播传输内容尤其是互联网广播内容监管的加强。而对广播电台、电视台与互联网内容的共同治理，在一定程度上也是对诸多"听众"正变为广播内容提供者的积极应变。

四、结语

从中国听众听广播方式的变迁，也可以看到中国广播业的发展。在接收工具从固定收听的单功能收音机到移动收听的多功能"收音机"，听众从单纯听广播到听众、受众和广播用户"三位一体"的转换过程中，电台与听众都成了全媒体生态链中的一环，需要引起广播工作者的高度重视。而无论是广播从业者还是业余广播内容提供者，只有切实把为听众/受众服务放在第一位，才能真正办好广播，满足人民日益增长的美好生活需要。

（作者系中国传媒大学新闻学院教授）

云南广播以类型化开先河，走出特色传播之路

杨 锦 李建文

改革开放 40 年来，中国广播在求新求变中得到了空前发展。云南人民广播电台（以下简称云南电台）既与时代、与全国同步，也表现出鲜明的云南特色，先后创办经济、音乐、交通、旅游、少儿、教育等专业化频率，并于 2004 年在全国省级电台中率先进行类型化改革，跻身全国一流省级广播电台行列。

一、类型探索：开创全国省级电台类型化改革先河

改革开放初期，随着"扬独家之优势、汇天下之精华""四级办广播、四级混合覆盖"等一系列方针、政策的出台和实施，云南电台"以新闻为突破口"走上了改革之路。之后，伴随着社会主义市场经济的发展，大众的生活方式日趋多样化，娱乐需求激增，同时广播市场也出现了细分营销趋势。1987 年，云南电台提出"专业化办台"方针，调整频率资源配置，开设新闻综合、民族语、教育文艺三个频率，之后陆续开办经济广播、音乐广播、交通广播等专业化频率，更好地适应和满足不断变化的受众需求。

20 世纪 80 年代以来，全国广播电台数量成倍增加，到 21 世纪初，一般省会城市都可以收听十几个广播频率。与此同时，电视成为受众接触最多、最主要的媒介，而广播随着汽车逐渐家庭化而改为以车载收听方式为主。

2002 年，借鉴国外成熟的类型化电台模式，原中央人民广播电台开办了全国第一个类型化广播——音乐之声，为当时相互模仿、缺乏创新的中国广播注入了一剂强心针，也为今后的类型化广播改革打下了基础。综合审视当时中国广播发展的内外环境变化，类型化已成为广播发展的大势所趋和时代选择，既能满足特定人群收听需求，也能整合资源，实现本地化、差异化竞争。

"所谓类型化电台，实质上是一种心理和需求的归属，它是针对特定地区和特定受众的需求而调整设计与运营的广播模式，这种模式根植于特定受众之中，为特定受众所接受。"[①] 类型化电台不仅是广播区隔受众、细分市场、避免同质

---

① 覃信刚：《关于类型化电台的解析》，《中国广播电视学刊》2008 年第 1 期。

化竞争最有效的模式，也确立了广播在电视、新媒体冲击下生存、发展和竞争的模式，通过面向特定人群的小众化"窄播"，实现面向全社会的大众化"广播"。

之后，全国各省级电台也开始谋求类型化改革，但基本是从单一频率入手，实施一个频率的类型化，再逐渐推开。当时，云南电台办有新闻综合广播、民族语广播、国际广播、经济生活广播、音乐广播和交通旅游广播六套频率，各频率对受众进行了初步细分，但从播出内容看，虽突出了某一方面的特色，同质化现象还比较严重，频率间缺乏明显的市场区隔。因此，2004年，云南电台提出类型化改革要"整体推进、全方位改革"的方针，不仅要借鉴国外类型化电台的细化模式，更要从整体上进行全方位改革，立足未来设计规划好频率类型，推进本土化；还要充分考虑云南的省情以及经济、政治、文化、民族等因素的影响，履行好媒体使命和社会责任，强化公益性和服务性，力争建成"一流队伍、一流管理、一流节目、一流技术"的省级电台。

云南电台采取了全方位、分阶段的办法，设计了"两个五年"的路线图和时间表："第一个五年，从2004年至2009年，主要是创新观念，改变生产方式，推进数字化发展，创新管理、受众、传播、营销、技术保障五个模式；第二个五年，从2009到2014年，主要是完善已有的各种模式，寻找空白模式，确立新的细化模式，推进市场化发展。"① 从管理模式入手，制定出台了30多项理顺机制体制的管理新规，将综合性电台的管理模式逐渐转变为类型化电台的运行模式。同时，在确定各频率地位、作用、市场、受众的基础上，重新整合节目资源、定位频率资源，逐渐形成了鲜明的类型化电台整体架构。其中，新闻综合广播定位为"新闻+谈话"的类型化新闻广播，经济生活广播缩小外延定位为经济广播，交通旅游广播变为交通广播，音乐广播进一步细化为成年人经典音乐台"缤纷97"和青少年流行音乐台"青春100"，民族广播、国际广播全面改版。2005—2006年，云南电台新办旅游、少儿、教育三套频率，2010年新办农村广播。在类型化改革中，云南电台还建成了中国大陆首个广播文化专题博物馆——云南广播博物馆，于2008年开馆，收藏展出广播实物和声音资料六万多件。

二、本土特色：鲜明的时代特征和云南民族文化特色

对外广播的发展和民族语广播的繁荣是云南广播的鲜明特色。从中华人民共和国成立到改革开放，云南电台先后开办了"对云南境外国民党军残部广播""对云南境外侨胞广播"节目，为祖国统一、边境安宁、社会稳定做出了积极贡献。国家需要云南向周边国家发出中国声音，树立云南形象乃至国家形象。云南

---

① 刘园丁、殷彭：《一流的类型化电台　访云南人民广播电台党委书记、台长覃信刚》，《中国广播》2009年第6期。

广播以其独特的地缘优势,成为当时对外传播的重要渠道之一。1986年,云南对外广播开播,采用越南语播音,呼号为"云南广播电台",是全国三个对外短波广播电台之一。2007年,云南对外广播呼号改为"云南人民广播电台香格里拉之声",采用越南语和汉语普通话播音,覆盖了中越、中老、中缅我方边境县(市)和以越南河内、泰国曼谷为中心的七个东南亚、南亚国家和地区。

改革开放让地处祖国西南边疆的云南实现了历史性跨越,也让云南的民族语广播实现了大发展,特别是民族文艺节目最为繁荣。西双版纳、德宏、文山、红河等地广播电台相继开办了傣语、景颇语、哈尼语等民族语广播节目,加上云南电台开办的西双版纳傣语、德宏傣语、傈僳语、景颇语、拉祜语等五种民族语广播节目,云南成为全国开办民族语广播语种最多的省份。20世纪八九十年代,云南大部分地区群众文化教育落后、不懂汉语,民族语广播文艺节目是他们精神文化生活最重要的"空中舞台"。在那个文化娱乐活动相对匮乏的年代,许多少数民族群众在节目播出前,会早早聚集在收音机前等待,境外少数民族侨胞也经常收听,"在日本、印度和菲律宾等地侨居的傈僳族人,经常收听云南电台的民族语言广播,并把一些文艺节目录下来,放给亲友们欣赏"。① 这些用声音记录下来的民族文化,对于云南少数民族文化的保护和传承具有不可低估的历史价值。

进入21世纪,随着现代化进程的加快,云南许多少数民族语言面临逐渐消失的危险,云南各地电台担负起民族语言保护传承的责任,纷纷开办民族语教学节目,用日常生活用语、歌曲和谚语等形式普及和传承少数民族语言,传播少数民族文化习俗和传统礼仪。

三、文化品质:云南广播的坚守与突破

21世纪以来,基于互联网、移动通信等技术衍生发展出的新媒体迅速崛起,媒介生态发生了颠覆性变革。媒介生态的变革重构着媒介格局,广播传播力、影响力和公信力的整体下滑是广播需要面对和改变的现实。相较于经济发达地区,云南广播在管理模式、经营理念、人才储备方面有差距,但广播仍难以替代。

媒体融合为广播带来了新的机遇和发展空间。习近平总书记关于"加快媒体融合发展,占领信息传播制高点""加强国际传播能力建设,增强国际话语权"等重要论述为广播在新时代的改革创新指明了方向和路径。云南广播"不变"的是职责和使命,融合创新、转型升级更要坚定"主流意识"和"文化意识",提升公共服务、舆论引导和对外传播的能力和水平,对内凝聚"云南力

---

① 云南省地方志编撰委员会:《云南省志·广播电视志》,云南人民出版社1996年版,第99页。

量",对外塑造"云南形象",打造具有云南民族文化特色、反映时代特征、辐射南亚东南亚国家的新型广播媒体,切实肩负起时代赋予的使命和责任。

目前,新媒体已经融入云南少数民族地区社会生活的各个方面,深刻改变了少数民族受众的生活方式和媒介接触方式,越来越多的受众特别是年轻受众转向新媒体。国家"一带一路"倡议的提出和实施,对云南广播的对外传播能力提出了更高的要求,需要全媒体融合传播,打破区域的限制,实现对南亚、东南亚跨语境文化的交流和融合,为"一带一路"建设塑造良好的国际舆论氛围和民意基础。云南广播需要"改变"的是树立"互联网+"思维,从制度、管理、内容、渠道等方面进行全面改革,加快全媒体深度融合、一体发展,提升传播力、影响力和引导力。

不同的媒介在人类社会化发展进程中发挥着不同的作用,亦形成了不同的媒介文化。当前不同媒介渐已交融,但任何媒介都不可能取代其他媒介的价值,在激烈的竞争下必须面对受众市场进行优化创新,呈现出具有独特性、竞争力的媒介文化形态。媒介融合的本质也不是要消除不同媒体的特性,使所有媒体实现同一化发展,而是要在保持媒体自身发展独立性、自主性的基础上进行内容生产、传播、营销等层面的优化升级,满足受众需求,凸显文化价值。

虽然互联网打破了时间和空间的限制,将广播的竞争推向更广阔的市场,但地方广播依旧是本土化媒体,只要坚持坚守与创新,在新时代仍大有可为。云南广播在新时代的发展要开掘文化属性,以文化传播为核心,面向新媒体平台提升优质内容生产能力,让云南元素更加鲜明、讲云南故事更加生动、使云南声音更加响亮,也为人民群众过上美好生活提供丰富的精神食粮。

(作者单位:云南广播电视台)

三次难忘的茶叙

赵复铭

编者的话：在回顾我国改革开放40周年的时候，一些第一次出现的创新之举不时闪现。成立于2003年的上海第一财经媒体集团，拥有第一财经电视、第一财经日报、第一财经广播、第一财经周刊、第一财经网站、第一财经研究院传媒矩阵，在以多平台传播财经信息的同时，积极探索数字媒体业务和金融商业信息服务业务，力图多方位、多角度服务大众。第一财经中的主力军——第一财经广播，立足上海，辐射全国，联合全国各地财经广播频率或节目，播出针对当地听众关注的财经资讯。如《中国财经60分》通过节目联播网，辐射全国，并落地香港新城财经台；《中国长三角》节目通过央广传播至全国；《三江联播》节目是国内唯一的粤、港、沪三地联播的经济新闻专题节目，是香港政府重点建设节目……

本文作者赵复铭是当时第一财经广播的管理者，文章叙述了当年几个创新节目的出台"灵感"。

2002年的初夏，上海广播电视台（SMG）开始了又一波改革潮，这是一次深层次的改革，将原来并驾齐驱的东方电台和上海电台、东方电视台和上海电视台同质化的频率和频道实行合并，构架起更加清晰的、类型化的专业化内容生产链。将原来同城竞争的力量凝聚起来，"兄弟抱团"，共同参与到国内广播电视的大竞争格局中，乃至参与国际同行间的合作与竞争。这是一次凸显"内容为王"理念的体制机制改革，激发起了上海广播电视人敢为人先、勇攀高峰、争创一流的激情。在这一波改革大潮中，引人瞩目的"弄潮儿"莫过于2003年7月"第一财经"的横空出世。这是一次全新的多媒体资源配置的大融合，开启了媒体专业化内容生产的全新实践。作为这一轮改革的参与者和经历者，见证了第一财经的成长发展壮大，这期间我负责第一财经广播的管理，用改革思维和融合的理念做成了一些开创性的事，收获了专业财经广播的全新发展。如今再回首那段经历，有三次"不经意"的茶叙，成就了"意外"的成果，至今值得回味。

太湖茶叙聚拢长三角

第一财经传媒有限公司成立之初，时任总经理高韵斐要求我们在做好财经专业内容的同时，要眼光向外，开放办节目，聚合更广泛的资源，让专业化的财经广播有更大的传播力和影响力。当时，中央提出的长三角一体化建设战略已经实施多年，江、浙、沪三地在产业互动、设施联建、政策协调等方面都有了持续的推进且已显现成效。但是，三地的媒体却并没有形成紧密的联动，作为主要围绕经济社会发展的专业化媒体，三地的经济广播在信息互通、节目协作与线下互动方面也鲜有作为，可谓是"鸡犬之声相闻，老死不相往来"。2004年初夏的一个周末，我和浙江广播经济频率总监孙彪、江苏无锡经济广播的沈顺源副总监，在太湖边的一个茶室里相聚，一起喝着用太湖水沏泡的龙井茶，就第一财经拥有的专业财经资讯如何能在长三角地区的经济广播中实现共享的事宜进行商议。大家觉得这样的信息共享自然对各经济频率财经资讯的丰富和专业性、权威性的提升大有帮助。但是，这是一种单一性的信息共享，如果能够借长三角一体化建设的东风，开设一档专门汇集各地展开长三角一体化建设信息的节目，就能很好地串联起长江三角洲全区域内的经济广播，依托长三角一体化的战略，为经济广播开放办节目、联合办活动、联合促经营探索一个新途径。长三角地区是世界第六大城市群，也是我国经济发展，创新驱动最具活力的地区之一，这是一个经济广播大有作为的富矿。大家一拍即合，经过一番"头脑风暴"，商定开办一档由长三角区域内所有地市经济广播共同参与、一起打造的联播节目《中国长三角》，节目将全方位集中报道长三角区域内各地经济社会的发展动态和成绩。这一动议很快得到了区域内各地市宣传部领导的支持和各经济广播的热烈响应。经过三个月的筹备，2004年8月18日晚上，长三角地区内的18家经济广播的领导聚集宁波，举行了《中国长三角》节目开播暨宁波经济广播开播十周年仪式。从此之后，每个星期日的中午12点，《中国长三角》节目的声音回响在浦江上空、江浙城乡。正是以这个节目为抓手，我们一起携手组织了"穿越长三角""走访长三角民企""红船激励嘉兴 改革再起航""欧亚大陆桥的改革潮""寻访宁波的经济地标""长三角的新中国经济地理坐标""中国海洋装备生产走向世界"等一系列的大型新闻采访活动，受到了各地党政领导的高度肯定和听众的欢迎。2006年初，央广经济之声提出《中国长三角》可以同时段在经济之声播出，这无疑给我们极大地激励。同年5月中旬，《中国长三角》节目在经济之声播出，此后，在经济之声的参与下，节目品质有了进一步的提升，同时也组织了一系列的特别专题直播，成为长三角各地领导对外宣传十分倚重的窗口，该节目在经济之声也整整播出了六年。

赤水河边茶叙议联合

进入21世纪，中国的改革开放也进入全面建设市场经济的阶段，其中金融改革开放进入了全新的领域，中央的金融改革政策接连出台。上海证券交易所不仅和深圳证券交易所遥相呼应，而且中国期货交易所、黄金交易所、钻石交易所、石油交易所等相继面世。2003年金秋时节，我和时任北京电台经济广播总监赵多佳见面时，说起北京是中国的政治中心，国家发改委、央行、金融三总部等政策中心，上海是金融中心，大量的市场信息云集。在中国金融改革的大时代，我们两家应当实行优势融合，开创一档国内的专业财经新闻节目，经过深入分析后决定两家携手开办《中国财经60分》节目，这是一档采编、播出手段创新的节目。为了突出信息的时效性，采取了分头编辑、版块切换、连线直播的方式。北京经济广播负责编辑最新的政策资讯和外汇资讯，上海第一财经负责编辑最新的国内外股市和期货行情资讯，两家分头就当天的重要财经新闻采制深度报道，节目在每天的18点同步连线播出。该节目的推出可谓适逢其时，节目播出后受到了京、沪两地受众的高度关注。《中国财经60分》节目开播半年后，黑龙江哈尔滨电台经济广播以连线的方式将节目在哈尔滨落地，一年后节目又在广东中山市落地。2007年8月全国经济广播年会在贵阳举行，会上我介绍了《中国财经60分》这档国内首创的专业财经新闻节目编播情况，引起了经济广播同仁的高度关注。会议期间，大家在赤水河边一起喝着茶，聊起了经济广播大协同、大联合的话题，一致认为：现在的中国，金融资讯是十分热门的，各经济广播都因为信源的制约，不能架构起内容很完整、很权威的财经新闻节目，希望能够共享《中国财经60分》节目，并且建立起重大节目协作联动的机制，使经济广播形成一个更为广泛的合作整体，让节目在联合中有更大的传播力和影响力。我感到这是中国改革开放带来的新变化，同时也是经济广播谋求更好发展的新诉求。于是，我们和北京经济广播协商后将《中国财经60分》节目全面开放，给各经济广播台共享。为此，上海广播电视台技术部门很快专门调试开辟了卫星上传通道，节目由上海上星全国落地，这样每天18点《中国财经60分》节目在全国的35家经济广播同步播出。由于节目形成的广泛影响力，2009年国家广播电视研究机构、中国传媒大学和《媒介》杂志社评选的"全国十佳原创广播新闻节目"，《中国财经60分》名列其中，认为原创的财经新闻在十佳节目中独树一帜，是广播电视专业化频道（率）建设的例证。

香江之滨茶叙出新招

21世纪之初，中国的经济高速发展，尤其是中国的金融业和国际市场的接轨日甚，中国的财经新闻也受到国际社会越来越多的关注。2004年，第一财经电视频道和美国全国广播公司环球集团持有的全球性财经有线电视卫星新闻台（CNBC）亚太频道合作，每天传送的"中国经济新闻"成为该频道最受欢迎的新闻内容。香港回归之后，香港成熟的证券市场运行和监管的经验对上海具有十分重要的借鉴意义，而上海金融业的崛起自然也受到了香港的高度关注。2005年10月由第一财经广播、广东电台和香港普通话台携手举办的"三江论坛"在香港举办，论坛间隙，香港李嘉诚旗下的黄埔和记新城财经电台的总经理和我说到第一财经广播、广东电台和香港普通话台合作的《三江联播》节目传递的内地财经信息很受香港市民的欢迎，他们作为香港专业的财经广播媒体，十分期待和第一财经广播的节目合作。于是我们相约第二天中午在旺角海景酒店详谈。第二天中午我们一起喝着茶，详细介绍了各自财经节目的架构和特点，新城财经电台表示，他们播报内地股市和外汇的信息都来自于香港的平面媒体，相对时效性较差，而且亦缺乏权威性，尤其不能向香港投资者实时播报上海股市的信息。我们也觉得香港市场的资讯在第一财经广播中也比较有限，其实，很多在沪台商和港商都很关注香港的股市，他们对港股的实时信息很有需求。交谈中了解到，沪、港两地的金融联通是一个必然的趋势，而且有关沪、港通的课题论证正在实质性启动。于是我们商定两家开设实时连线直播节目《沪港一线通》，实时播报沪、港两地最新的股市走势和市场信息。经过三个多月的准备，新城财经电台专门招聘了说普通话的专业财经主持人，调整了节目编排，于2006年春节之后《沪港一线通》正式播出，该节目播出至今，在两地一直保持着同时段广播的收听率高位。尤其是在该节目开播十年后"沪港通"正式上线，节目终于成为实时反映"沪港通"的专栏，受到两地投资者的好评。

　　中国改革开放的时代大潮，催生了传统媒体的改革和发展，也为媒体的创新突破提供了千载难逢的机遇。我在财经广播的八年正逢中国经济蓬勃发展，金融业改革开放快步疾进，一系列的体制、机制创新，为我们打开了一个又一个崭新的天地，让我们得以在其中探索、实践，做成一件件以往未曾想象过的事，做大了一桩桩以往难以做大的事。以上的三段轶事是自己投身媒体改革中难忘的经历，也是一段媒体改革的印记。改革开放的时代激励我们解放思想，使我们敢想敢做。要感谢这个伟大的时代给了我们机遇，让我们没有碌碌无为，虚度年华。

（作者系上海广播电视协会副秘书长）

地方广电媒体的"跨地域"采访

——大型媒体（新闻）行动异地实施的实践和经验

吕 岸

策划实施大型媒体（新闻）行动已经成为各家主流媒体抓好主题宣传的一个重要手段，更是彰显媒体影响力的一个重要途径。作为宁波广播的主频率，最近几年围绕大主题、大主线策划实施大型媒体行动已成为宁波新闻综合广播一项责无旁贷的职责和任务。通常，这类媒体行动主要有两种模式：一种是在本地展开，围绕某一个主题实地采访，挖掘新闻线索，组织系列报道；一种是"异地采访"，就是走出宁波，围绕一个和宁波有关联的主题，到兄弟城市甚至跨出国门采访，既报道当地的宁波元素，也报道当地一些好的经验和做法供宁波学习借鉴，这就是我们所称的"跨地域"采访。这个"跨地域"采访有的是以媒体行动的形式，有的则是以新闻行动的形式进行。

早在20世纪的90年代，宁波新闻广播就已经开始探索、实践了大型新闻行动的"跨地域"采访活动，比如中国西部行、长江纪行、文化纪行、港口城市行、抗战60周年纪行、大桥经济行、贵州扶贫十年间等，尤其是2011年之后，我们组织实施的"跨地域"采访更是每年都举行，逐渐进入一年一策划的常态。比如2012年的"蓝色崛起——浙江、广东、山东海洋经济发展行"、2013年的"美丽中国行"、2014年跨越三大洲的"21世纪海上丝绸之路万里行""海丝申遗九城市纪行"、2015年的"万里共潮生，长江经济带城市纪行"大型媒体行动、2016年的对口帮扶贵州20年系列报道《六千里帮扶路 二十载山海情》、"知行合一重走阳明路"等，此类活动已经成为宁波新闻广播的每年特色活动，有些年份还不止一次。

一、"跨地域"采访的必要性

开展"跨地域"采访，需要投入不少的人力、财力，也有人会有这样的疑惑：是不是不务正业，劳民伤财？从我们多年的实践来看，"跨地域"采访至少有这样几个缘由。

第一，从城市特性来说，宁波作为较早的沿海开放城市，工商经济、民营经济相对比较发达，历史上又是开埠较早的港口城市，所以一直以来宁波人的自我感觉良好，所谓"走遍天下，不如宁波江厦"，就反映了当代宁波人狭隘的视野，自我满足的思想。尤其是近年来，宁波经济的排名在全国有所下降，许多城市已经追了上来。作为主流宣传媒体，我们一贯坚持正面报道为主的立场，也报道了本地不少成就和成绩，但是作为"瞭望者"，更是需要保持清醒的认识，跳出宁波地域看看其他城市的先进经验和做法，无疑会有借鉴"他山之石来攻玉"的成效。

第二，我们选择的报道主题不是"空穴来风"，而是与宁波当前面临的情况有关联度。比如有些国家战略宁波也是参与其中，那么同类城市是怎么做的、做得怎样，对于主流的受众面来说，具有一定的关注度；再比如，在报道重点的选择上我们也会更倾向于域外的"宁波人、宁波事"，从新闻价值的接近性来说，对于宁波本地的听众来说，也具有相当的吸引力。

第三，从锻炼队伍的角度看，实施"跨地域"采访也是一种培养记者队伍的好手段。异地采访和记者在本地等电话等通知、跑会议、跑酒店的采访方式完全不同，需要自行联系、自定选题，在一个陌生的环境中，在众多的新闻材料中发现新闻价值，并且能够采访到、制做出一则足以播出的报道，这的确也是培养并考验记者的能力。

第四，从扩大媒体影响力看，组织这类活动，是作为一个新闻主频率策划、编辑、采访实力的综合展示，有主题、成系列、团队化作战在扩大媒体知名度的同时也增进了同行间的交流、协作。

第五，从媒体的创收来说，策划实施大型的新闻行动也容易吸引一些广告客户的加入，容易从政府部门获得一些资源，这对如今不景气的传统媒体的广告创收来说，也增加了一些创收亮点。

二、"跨地域"采访的主要特点

纵贯这几年，新闻广播围绕大主题、大主线策划实施的大行动具有以下几个特点。

其一，主题重大。大主题催生大行动。近年来，我们的大型媒体行动都是围绕国家实施的重大战略或重要倡议而开展。比如，2012年的"蓝色崛起——浙江、广东、山东海洋经济发展行"，就是依据国家批准山东、浙江和广东关于实施海洋经济发展战略试验区的重大举措而策划；2014年的"21世纪海上丝绸之路万里行"活动也是根据国家提出的"一带一路"倡议之后展开；2015年的"万里共潮生，长江经济带城市纪行"大型媒体行动等，无一不是主题重大、题材厚重、叙事宏大的媒体新闻行动。

其二，主题有接近性和关联度。尽管题材重大，但我们的出发点一定立足本地。作为一家地方媒体，你报道的主题重点肯定需要和这个城市的经济、社会、人文、政治等方面密切相连。选题时，题材的接近性和关联度是我们首先需要考量的。比如"蓝色崛起——浙江、广东、山东海洋经济发展行"，作为核心示范区，宁波在浙江实施海洋经济战略中担负着重要的任务。同时期，山东和广东也同样获批了国家级的海洋经济试验区，他们的先进经验和做法值得学习和借鉴；再比如"2014年海丝申遗九城市纪行"，作为古代海上丝绸之路的活化石，宁波和国内泉州等九个城市是古代海上丝绸之路申遗的发起城市，这些城市有哪些遗存的古迹，他们是如何开发、保护的？值得我们去关注。

其三，重要的时间节点。构成主题策划的另外一个因素是围绕一些重要的纪念日和时间节点。比如2017年我们实施的"建设名城名都，甬港同行新丝路"，就是在香港回归20周年之际，因为宁波和香港历史上的特殊关系，我们及时进行了策划，派采访小组在宁波、香港两地进行了系列报道；再比如2016年对口扶贫贵州20年的报道《六千里帮扶路 二十载山海情》，既是对中央提出的精准扶贫战略的响应，也是对2006年我们组织对口扶贫贵州黔西南州十周年采访活动的延续。16篇系列采访报道对后十年宁波和贵州黔西南州的合作帮扶工作做了全面的回顾、总结。

其四，参与广泛、组织形式多样。异地采访主要形式就是派出采访小组，到目的地分头采访。但是我们在组织这类活动时，也注重上下联动、同行协同、广电齐动、多媒体互动等方式。一般情况下，采访组会邀请下面市、县、区的广播联盟台成员派记者一起采访，这有利于记者业务交流，也有利于联盟台活动的紧密性，同时也弥补了我们记者采访力量的欠缺。毕竟，日常的采访活动也需要兼顾，不可能全部记者都走出去。"美丽中国行""海丝申遗九城市纪行""万里共潮生，长江经济带城市纪行"这些采访都是这种上下联动的采访模式。还有一种采访是和兄弟城市台一起进行。比如"蓝色崛起——浙江、广东、山东海洋经济发展行"，我们邀请舟山台的同行，首先互派记者到对方城市采访、报道，然后再组成两个联合采访小组到山东、广东的沿海城市进行采访。再有一种形式是跨媒体的采访，"21世纪海上丝绸之路万里行""建设名城名都，甬港同行新丝路"等活动，我们就是和电视记者联动，联合组成采访组进行采访。"知行合一重走阳明路"更是融合了广播各个频率、电视新闻频道以及新媒体记者，除了新闻报道之外，还采用了节目现场直播、新媒体直播等各种手段。

其五，"走转改"特色明显。每一次的异地采访，我们新闻广播的总监、副总监、主任都亲自带领采访小组，沿海、沿江、沿路，一路奔波，采访最基层的人物、探寻最微小的事例，践行走转改的作风和要求，寓重大主题内涵于民生视角、朴素叙事。比如我们在"美丽中国行"中,率先报道了安徽实施河长制的故事,之后这一做法在浙江也全面铺开;在"蓝色崛起海洋经济纪行"中,先后报道的广东通过红树林保护来加强对海洋的保护理念、山东对海洋科技蓝色硅谷的发展经验等都引起了有关部门的重视;在"21世纪海上丝绸之路万里行"中,我们挖掘了"扎根西非50年的老宁波""两个退休老人非洲创业故事";在"知行合一重走阳明路"中,讲述了一批阳明路上创业、创新、创造的宁波人的故事;在《六千里帮扶路 二十载山海情》中,讲述了"晴隆羊和光棍村的故事""小小香菇撑起一片天"等,故事鲜活感人,听众反响热烈,有的稿件还被中央媒体采用。

其六,精品创优有成果。大主题、大行动带来大成果。最近几年,"21世纪海上丝绸之路万里行""知行合一重走阳明路"等活动先后被评为全省重大主题报道创新策划奖。"蓝色崛起海洋经济纪行""六千里帮扶路 二十载山海情""万里共潮生,长江经济带城市纪行"等作品也先后被评为广电总局党的十八大广播电视宣传优秀节目和省市新闻奖、省市重大主题报道优秀作品评选一、二、三等奖。

三、"跨地域"采访的组织实施

所谓"在家千般好,出门万事难"。地方媒体的"走出去"工程组织实施起来还是有一定的挑战。在人生地不熟,可供利用的资源十分有限的情况下,我们摸索出一套行之有效的实施方法。

第一,宏观政策、微观解读。"跨地域"异地采访往往时间有限,人力成本、财务成本都比较大,而我们的叙事题材比较重大,一般具有系统性和纵深度。在这种情况下,选题就在微观上入手,从点上深入,以小见大,见微知著。这就需要我们善于把握政策,读透、研究透有关政策,牢牢把住主题方向,把大主题落到实处。比如"蓝色崛起海洋经济纪行"节目策划前,专门找了有关海洋经济的研究专家,就国家实施的战略要点、重点进行解读,帮助我们进一步理解政策重点。

第二,做好文案,选好题目。一个好的策划文案往往起到事半功倍的功效。这个策划文案不同于我们一般的活动文案,除了人员、日期、时间、地点等要素之外,到异地采访,也需要做好具体的采访攻略。好在如今网络资讯发达,采访城市和采访对象的不少情况都能从网上查到,在出发前,把大概需要采访的主题、采访对象、采访点都一一落实好。

第三,挖掘资源,用好资源。新闻采访从某种程度上说也是一种社交活动,充分挖掘好、利用好各种人脉资源对于实施异地采访帮助很大。一般情况下,我们走出去采访通过几种渠道来实施:一是通过当地的宣传部门来接待安排,如果出境的话，需要通过涉外部门来进行接洽；二是通过当地城市的兄弟单位来协助安排采访事宜；再一个就是要利用好各种政府驻外机构以及商会、经促会等社团组织，尤其是采访在外地打拼创业的宁波籍人士、宁波元素等都需要我们利用好各种资源。

小叙事、大行动、主旋律。在刚刚召开的全国宣传思想工作会议上，习近平总书记提出了新形势下宣传思想工作使命任务：举旗帜、聚民心、育新人、兴文化、展形象。作为宁波广播的新闻主频率，要提升自身的传播力、引导力、影响力、公信力，巩固壮大主流思想舆论，加强传播手段和话语方式创新，创作出更好引导群众、服务群众的新闻作品，坚持实施"跨地域"采访活动，不失为一种有益的尝试。

（作者系宁波广电集团广播频率群副总监）

城市台讲好改革故事应把握三种辩证关系

牟 毅

2018年是改革开放40周年，策划实施一系列形态鲜活、影响深广的报道，全面展示改革开放40年来波澜壮阔的历史进程和辉煌成就，是城市台做好今年重大主题宣传的重中之重。如何把改革故事讲好？近几年来，浙江台州广电紧紧围绕全面深化改革这一重大主题，策划实施了一系列主题报道，充分展示重要领域和关键环节改革给台州带来的新气象、新作为，并在策划理念、选题路径和内容表达三方面不断创新突破，努力把改革故事讲活、讲好，取得了较好地反响。本文对台州广电的探索实践进行了梳理，希望能对城市台做好改革开放40周年的主题宣传有所启发。

一、策划理念：把握好问题导向与成就宣传的辩证关系

党的十八大以来，在以习近平同志为核心的党中央坚强领导下，广大干部群众积极投身改革，全面深化改革取得重大进展和历史性成就。浓墨重彩地讴歌全面深化改革的新进展、新成就，是主流媒体义不容辞的责任。然而，在具体实践中，一些成就报道往往停留在表层的动态发布和成绩简介，没有足够的吸引力和影响力。其实，讲好改革故事，还需把握好问题导向与成就宣传的辩证关系。习近平总书记多次强调，"改革是由问题倒逼而产生，又在不断解决问题中而深化"。问题导向是全面深化改革的必然选择和基本遵循。改革就是从具体问题抓起，着眼于解决发展中存在的突出矛盾和问题。讲好改革故事就是要讲好发现问题、直面问题、解决问题的曲折过程和来之不易的成效。所以说，主流媒体在策划改革报道、讲好改革故事的时候，一方面要善于以问题切入，展现好克难攻坚的历程，让成就报道丰满起来；另一方面在问题的探究中，也要善于总结经验和阶段性成效，传递改革信心。

（一）做好成就报道，也要触及改革难点、痛点

成就报道，通俗来说就是围绕党委、政府的中心工作，对一个时期内某个领域取得的成就进行报道。就台州的改革历程而言，重塑体制、机制新优势，有效

破除民营经济发展的制度壁垒，进一步降低制度性交易成本，加快新旧动能转换，不断优化制度环境、人文环境、法治环境、舆论环境、营商环境……这一系列的努力与探索，成为媒体人讲好改革故事、做好成就报道的不竭源泉。《台州新闻》连续几年在岁末年初推出特别策划，观察分析年度重大改革事件和经济现象，传递改革信心，凝聚发展正能量。系列报道《探访倒逼转型中的"台州制造"》聚焦台州块状经济的转型路径，提供新常态下传统产业优化升级的台州样本。在策划报道时，报道组就定下基调，不能落入"年终喜报"的俗套，而是要抓住当前台州产业转型升级中"问题倒逼"的典型特征，以产业面对的危机事件切入，用探访的形式展开调查，展示民营经济创新发展中"台州制造"危中寻机的探索和历程。温岭鞋业因为低、小、散面临安全隐患，医化产业因为高污染面临环保整治，模具产业因为技术含量低面临倒闭潮……正是没有回避改革中的难点和发展中的痛点，这组报道因而具有独特的视角和厚重感，获得了当年度的浙江新闻奖重大主题报道优秀作品一等奖。

（二）坚持问题导向，也要总结经验，传递信心

坚持问题导向，不能仅仅满足于发现和解决个案问题，更重要的是在观察、调研、采访中，发现新情况、新问题、新现象，从而得出普遍性的解决之道，总结出有示范意义的经验来推动工作，这也是讲好改革故事的题中之意。台州广电在采编实践中既坚持"问题导向"，更把报道落点放在"新闻背后的新闻""问题背后的启示"上。民间投资是促进经济稳定发展的重要力量。2016年，全国民间投资增速遭遇断崖式下滑，引起国务院的高度重视和社会的高度关注。国务院连续召开会议部署扩大民间投资工作，并出台促进民间投资"26条"。这些举措引起了全国媒体的广泛关注。台州广电新闻中心也不例外，对于国务院督查组到浙江开展专项督查进行跟踪报道。然而，督察组审视台州时发现，作为全国唯一的民间投资创新综合改革试点，台州交出了民间投资连续16个月保持逆势增长的成绩单。在投资指标持续下滑的大环境中，台州民间投资却出现了一枝独秀的"逆势上行"，这一现象激发人们深入思考：台州民间投资缘何能够实现逆势增长？这背后有着怎样的经验和启示？带着问题，采访组广泛走访发改委、经信局、六大投融资平台以及多家重点企业、多个重点项目，了解来自制造业、基础设施建设、公共民生领域一线的民间投资情况，结合中央、省市相关政策和会议精神，分析台州民间投资逆势增长的推力和动力，采制出六集系列报道《台州民间投资逆势增长的背后》。这组报道对全省乃至全国都有较好的启示作用，同时也引起中央及省级媒体的持续关注。

二、选题路径：把握好自上而下与自下而上的辩证关系

改革创新的路径一般认为有两种：一种是自上而下，发挥顶层设计对基层实

践的引领、规划、指导作用；另一种是鼓励各地从实际出发进行探索，把基层改革创新中发现的问题、解决的方法、蕴含的规律形成共识，推动整个面上的制度创新。讲好改革故事，在选题路径上，既要从全国性的改革寻找地方落点，又要充分反映以地方实践为全国改革先行探路，把握好自上而下与自下而上的辩证关系。

（一）从全国性的改革寻找地方落点

经济体制改革是全面深化改革的重点。浙江是全国民营经济的先行地区，过去曾创造了体制、机制的先发优势，但先发优势出现逐渐减弱现象，存在的问题更加凸显。习近平总书记为民营经济发展指明方向，非常重要的一点，就是把民营经济的发展与体制、机制优势结合在一起，从内在的发展机制上推动民营经济再上新台阶。"全面深化改革，再创民营经济新辉煌"正是台州在"八八战略"指引下的破题之举。台州广电新闻中心为此策划了"再创民营经济新辉煌"系列主题专栏，围绕"新政""新气象""新服务""新征程"等关键词掀起报道热潮，特别是"新政"系列，报道聚焦2017年下半年以来密集出台的系列新政，运用电视优势，形象解读《股改新政10条》《上市新政10条》《人才新政30条》《台州市鼓励民间资本参与PPP项目的若干意见》以及《深化一般企业投资项目"最多跑一次"改革实施方案》等一系列务实管用、精准到位的政策为民营经济带来的红利，在改革大潮中奏响台州旋律。

（二）以地方实践为全国改革先行探路

除了大家比较熟悉的自上而下的改革，随着改革推进，自下而上的改革也在更多领域出现，地方和基层的改革积极性很高，他们普遍认识到，只有通过改革，才能巩固地方的经济社会发展，而在某些领域进行改革试点，能获得政策支持，从而加快推进改革。在试点基础上，地方创新形成可复制、可推广的经验，自下而上向决策层提供有益参考，同时也为其他地区学习借鉴。这其中，就包括台州的小微金融改革试点。金融业有这么一句话：小微金融全国看浙江，浙江看台州。一直以来，台州以服务小微企业为突破口，力推地方金融改革，为地方经济的稳健发展提供金融服务保障，创造出特色鲜明，在全国有广泛影响的"台州模式"。在2015年12月2日召开的国务院常务会议上，台州正式获建国家级小微金融改革创新试验区。台州广电抓住这个金融领域的改革动态，及时推出系列报道《小微金改 台州探路》，报道台州小微金融改革创新的经验和脉络，探析未来改革的方向与路径，对浙江乃至全国的金融改革和发展具有较强的借鉴意义。

同样以基层实践提供示范路径的还有"最多跑一次"改革。在这次地方先行先试的改革中，台州不但"比多比快"，更"比好比优"，在投资项目开工前

"最多 100 天""标准地"改革、"受办"分离改革、商事登记改革等方面都有创新探索。具体到媒体中，可供报道的案例太多，如何选择素材、提炼经验，并使改革经验得以复制、推广，台州广电的《探访"最多跑一次"》系列报道，从大量实例中提炼"流程的再造""数据的共享""意识的重塑"三条共性经验，为"最多跑一次"改革提供台州样本，为全国改革先行探路。

三、内容表达：把握好宏大命题与微观叙事的辩证关系

全面深化改革这一重大主题，传播主体多元，传播内容丰富，"做好正面宣传就是要用通俗易懂、群众喜闻乐见的形式讲故事、讲道理"，这是习近平总书记对于弘扬主旋律、传播正能量提出的要求。2017 年是实施"十三五"规划的重要一年，是党的十九大胜利召开之年。2018 年是改革开放 40 周年、"八八战略"实施 15 周年。这样的特殊年份恰恰是新闻媒体弘扬主旋律、检验新闻传播能力的时刻。然而，传播渠道与信息载体的多元化，尤其是社会化媒体的活跃，使主流媒体的渠道优势不再、受众分流，削弱了对重大主题实现传播效果。表现重大主题的新闻报道，如果仅以大声势、大场面为表征，显然是走不进受众内心的，难以起到入脑入心的效果。而讲述百姓故事如果仅专注于细节描述或简单停留在故事层面，没有放到全面深化改革这个大背景中，显然又难以具备深刻内涵和时代价值。讲好改革故事，既要准确把握时代宏大命题，也要创新方法、手段进行微观叙事，让硬题材"软着陆"，实现传播力、影响力和感染力的统一，收到春风化雨、润物无声的传播效果。

在投资体制改革浪潮中，铁路建设的投融资体制改革被视为铁路体制改革的热点。2015 年 12 月，国家发改委推出八个社会资本投资铁路的示范项目，允许民资投资铁路建设和运营，这意味着铁路体制"铁板一块"的单一所有制结构将被打破，更多领域放开竞争性业务，为今后铁路系统改革注入新的活力。这批示范项目中，跟台州相关的有杭绍台高铁，在采制新闻专题《首条民资控股高铁落地记》的过程中，坚硬的高铁题材怎么才能"软着陆"？一条铁路怎么才能"折射"出改革印记？采访组曾一度迷惘。整理思路，回归到"民资控股铁路"这一改革事件本身，发现"博弈"这个词高频出现，无数次会商、会议、会谈的现场，就是政府、央企、民企多方博弈的过程，改革在博弈中艰难推进。最后采访组决定采用"新闻由头 + 倒叙叙事 + 新闻事件"的故事化结构。专题一开场就是杭绍台铁路有限公司创立大会的现场，用白描笔法加大量现场声来还原会场气氛，把受众带入事件的情境中去，对于"新成立的杭绍台铁路有限公司由民营企业控股，开了中国铁路史的先河"产生好奇心。接下来，用差不多 15 分钟的时间讲述了一个"跌宕起伏"的故事，从一开始民资能不能进来，进来以后能不能控股，民企控股以后 PPP 项目怎么分成，项目正式签约前为什么又搁

置了……一波三折，改革进程中的焦虑、纠结、期待、喜悦都在这个"故事"里一览无遗。可以说，故事化的叙事手法软化了原本偏硬的题材。而在画面表达上，片中运用大量的微表情特写来表现改革亲历者在谈判中思想的波动、情绪的变化，并通过抓拍细节，比如红绿灯刹那转换、笔从手指滑落的瞬间等来表现事件的转机和进展。在后期剪辑中，更是创新性地将十余位采访者的同期声交叉剪辑，配以音效，制造出一种针锋相对、步步推进的视觉效果。专题通过叙事、文字、画面和节奏上的创新表达，展示了各方在思想再解放、利益再调整、机制再创新改革破冰过程中的激烈碰撞和坚定信念，彰显了改革者的勇气、担当和创新智慧。该片在2017年度浙江新闻奖评选中获电视新闻专题一等奖。

综上所述，改革开放40周年之际，主流媒体更要重视讲好改革故事，承担起举旗帜、聚民心、育新人、兴文化、展形象的重要使命，提升重大主题报道的舆论引导水平和社会影响力，进一步巩固和壮大主流媒体舆论阵地，不断推出有影响力的新闻精品，向改革开放40周年献礼，为时代喝彩。

(作者系浙江台州广播电视台新闻中心副主任)

媒介技术发展背景下的新闻教育改革探析

史文静　赵雪婷

如何培养新型新闻人才是高校新闻教育亟待思考的问题。在变化的传媒业态中应挖掘自身发展的特点和优势，了解并学习最新的媒介技术，调整自己的优势来适应变化的媒介环境。

一、新闻教育改革的背景

（一）传播技术发展，传媒环境改变

从口语传播到如今的信息技术传播，信息传播方式的变化带来的是新的社会交流形态。媒介技术的发展为社会的进步提供了极大的动力，在一定程度上改变了原有的社会形态，促进了传媒业态的发展变化。媒介融合已是大势所趋，大数据新闻的出现也使新闻信息的传播更加精细、完善，AR技术、AI技术、机器人写作等新的技术在传媒业的应用，使新闻传播的信息更加生动。新的媒介技术使传媒业态向着更加完善、多元的方向发展，在这样的传媒环境下，要求新闻人才不仅拥有专业知识，还须具备全能的素质，了解最新的传媒动态和媒介技术发展。

（二）信息发布渠道多元，人才需求变化

技术的发展不仅使信息的形式多元化，也使信息的发布渠道多元化。信息流通的广度和速度都在逐渐增大，独家报道逐渐弱化，信息垄断的现象明显减弱。新闻信息的生产从原先记者现场采写再发布逐渐转向在后台的新闻信息的整合加工与批量生产发布。这就要求新闻记者对信息拥有网络采集的能力与更强的编辑整合能力。新闻人才要拥有较强的网络编辑能力，学会运用必要的信息采集软件，抓取网络上庞大的信息资源，再进行整合发布。

（三）传播权分化，新闻人才市场环境不乐观

媒介技术的发展迎来的是一个"人人都有麦克风"的时代，受众向用户的转变使新闻信息的传播者不再只是新闻媒体。自媒体出现，传播权的分化意味着信息资源的分散，专业新闻人才的市场环境不容乐观。传播者的多元化带来压力

的同时,也为专业新闻人才带来了机遇。传播者的多元化意味着信息的多元化,传播过程中的噪音使得信息的可信度弱化,鱼龙混杂的信息环境中的接收者希望得到更加权威的信息内容。这就要求新闻人才找准定位,树立专业、权威的"把关人"角色,学会深度解析新闻内容,为受众传播更加专业、可信度更高的新闻产品。这意味着对新闻人才的培养提出了更高的要求。

作为传媒环境中的主要角色,新闻传播人才应该与时俱进,在变化的传媒业态中挖掘自身发展的特点和优势,了解并学习最新的媒介技术,调整自己的优势来适应变化的媒介环境,新闻教育也需顺应时代的发展,紧跟传媒业态的变化,不断提高专业内涵。高校应在新闻教育上改革创新,结合传媒业态的发展调整新闻专业培养方案,个性化培养新闻人才。

二、新闻教育的时代困境

(一)新闻教育的体制困境

"30年来,新闻教育界在人才培养模式的探索上下了不少功夫,也有了一些成效,但实事求是地看,由于整个新闻教育体制没有变化,我们所说的'新模式'还在传统轨道上运行,我们的新闻教育体制是与媒体脱离的学院制。这样的新闻教育制度已经到了非改革不行的时候了!"[①] 10年前,吴廷俊先生就对中国新闻教育体制的改革提出了建议。从2008年到2018年,我国新闻教育体制在不断摸索中发展,新闻教育是紧跟时代发展的学问,必须契合时代特征。目前我国新闻院校教育以"专业课程+毕业实习"为基本模式。与此同时,配合多种社会实践,尽可能地培养锻炼学生的专业能力,但是新闻专业的学生依旧无法紧跟传媒业态的发展,尤其是地方院校新闻专业的学生对新的媒介技术了解甚少。新闻教育体制在一定程度上依旧囿于学院制。

(二)新闻教育的理论困境

新闻理论的研究须紧跟新闻业发展,学者通过对新闻业界的现象和社会的现象进行研究、分析,发展出新的理论。但滞后的新闻理论无法满足快速发展的传媒业界对新闻人才的需求。中国的新闻学缺乏国际化的新闻视野,在相关教材中对国际新闻介绍的篇幅少之又少。"长期以来,我国的新闻学研究和新闻教育在一种封闭的状态下进行,新闻学研究人员和新闻教育工作者缺乏足够的国际学术视野,缺乏国际通用的研究方法和统一的标准,造成研究边沿化,所研究的成果大都缺乏普适性,所培养的人才在国家上缺乏竞争力。"[②] 在国际环境中,我国新闻传播事业的话语权比较薄弱,这与我国新闻学对国际新闻理论研究的边沿化

[①] 吴廷俊:《问题与成绩同行:1978—2008 中国新闻教育发展研究》,《新闻大学》2009 年第 2 期。
[②] 吴廷俊:《问题与成绩同行:1978—2008 中国新闻教育发展研究》,《新闻大学》2009 年第 2 期。

和国际新闻人才培养的忽视有着密不可分的联系。

除此之外，新闻学教材案例陈旧，不能体现当下新闻学科特点。以网络与新媒体课程的相关理论而言，教材中的案例远远跟不上当下新闻培养所需要的资料，媒介技术的快速更替和受众的不断成长，教材中的案例只能是过去的陈述，不具备当下的价值。再以新闻写作为例，新闻的写作在新媒体时代已经产生了极大的变化。不同的传播载体上所适应的新闻语言具有不同的特点，信息碎片化和饱和化的当下，标题以及文章的行文结构与形式和过去相去甚远。教材内容的更新缓慢，学生学的也只是"旧"知识。

（三）新闻教育的实践困境

教学硬件问题是新闻教学实践上的一只拦路虎。教学设备陈旧，实验条件差，学生无法接触最新的媒介技术，学习最新的应用技能，导致学生在毕业之后成为技术方面的"傻白甜"。除此之外，专业教师缺乏新闻实践，师资力量不足也是新闻教育面临的问题。美国的新闻教育注重对学生技能素质的培养，"一项调查显示，在美国的新闻学院里，只有17%的教授没有当过记者。大部分教授认为，是新闻从业经验，而不是博士学位，更是一个聘任新闻教育工作者的先决条件"。而在中国，大学教授必须是博士毕业，在硬性指标的要求下，新闻专业的教师以科研能力为主，业务能力为辅。师资不仅在量上无法取胜，在业务的教授质量上也无法得到保障。高校的扩招和师资力量的不足，使新闻专业人才无法得到精准细化的培养。

新闻院校与媒体的结合是新闻专业必须具备的教学内容，学生在媒体实习的过程中面临无人来教的尴尬境地。新闻工作的性质使实习单位的记者无法全身心带着学生学习业务知识。学生的实习也通常以一纸实习证明结束而没有得到实质性的锻炼，学到的业务知识也只是皮毛。

三、新闻教育的未来调整与发展方向

（一）特色化新闻教育体制改革

中国当下与媒体结合并不紧密的学院制新闻教育，应该借鉴国际上较为成功的新闻教育体制，发展出适合自己的新闻教育体制。中国新闻教育体制应该摆脱学院制的局限，实现以下几个方面的"学院+"发展。

1. 学院+政府

学院的新闻教育与政府结合的体制，在构建学生马克思主义新闻观方面具有积极的意义。中国的新闻学因历史原因具备了"党的喉舌"这一特征，所以新闻专业的学生对马克思主义新闻观的正确理解是新闻教育中的首要任务。

"学院+政府"的模式还能更好地借助政府资源，更好地掌握新闻相关的政策制度。这一模式在"部校共建"的热潮中也凸显了良好的成果。新闻专业的学生在接触政府宣传部门等的有关工作时，能够更好地理解新闻的党性内涵，深刻地理解新闻与政治的关系，在未来的社会工作中有更好的发展。

2. 学院+国际

特色化的新闻教育体制要求学生具备马克思主义新闻观的同时，以国际化的眼光看待新闻专业，开阔眼界并形成自身的价值体系。我国新闻教育体制应借鉴西方等较早发展新闻学的国家已经实践过且具备良好反响的新闻教育体制。例如，美国的职业倾向的学院制，英国的学徒制、媒体与学校联合培养制，日本的在学校指导下的媒体培养制，等等。① 在研究西方新闻教育的同时，反思我国新闻教育与国际接轨的情况，借鉴西方新闻教育体制中的优点，以国际化办学的理念发展我国的新闻教育，这样培养出来的学生才不会坐井观天，目光短浅。

除此之外，美国等发达国家的媒介技术在全球处于领先地位，我国在新闻教育中也应该多加学习，在技术方面不断成长，这样培养出来的新闻人才在国际上才能具备竞争力。

3. 学院+媒体

目前，建设学院媒体一体化的实践平台是新闻教育体制中的一项突破。我国高校和媒体合办的实习基地一般主要在毕业实习和寒暑假接收一部分学生进行实践，实践方式以媒体从业人员的指导为主，学生实践要服从媒体日常工作的安排。而校内一体化的新闻实践平台的管理和运作并非社会化的，它服从和服务于院校，身兼提供教学实践和校园服务两重任务。从本质上说，实践平台并不游离于学校之外，而是在院校管理之下的一个校园服务机构，其工作接受学校和专业教师的指导，由报纸、广播、电视台或影视工作站等多媒体联合构成，为多门新闻实践课程提供实践环节，成为课程考核的一部分。除此之外，资深记者进校园进行培训，分享最新的传媒动态也是培养学生传媒前沿眼光的一种手段。只有媒体与学院深度合作，才能够发挥媒体资源的优势，为新闻教育注入活力。

"学院+媒体"的形式除了能够较大限度地运用媒体师资之外，还可以共享媒体设备资源与技术资源，解决学院实验设施落后的困难，让学生的学习内容除旧迎新，更好地掌握发展中的传媒知识。

4. 学院+社会

大学是社会的一部分，但人员构成依旧单一。新闻学作为一门社会科学，应该与社会相结合，深入到社会中去挖掘内容。"学院+社会"的教育体制，让学生深入到社会中去，体验社会生活，扎根于社会的实践才能领悟到新闻学所具备的社会责任感，也能够更加生动、有效地培养新闻专业学生对所学专业的信念。

---

① 吴廷俊：《问题与成绩同行：1978—2008中国新闻教育发展研究》，《新闻大学》2009年第2期。

（二）文理兼收，人才来源均衡化

新闻学院在新闻人才来源方面应文理兼收，保证生源的合理化和均衡化，目前依旧有许多新闻专业设立在人文学院之下，文科专业生源占比重是新闻专业生源明显的特点。但是新闻专业大数据化的发展要求新闻专业的学生具备计算机的相关编程知识，这就产生了生源性质与学科属性不匹配的情况，所以要以合理的文理比重招生，促进新闻教育的良性发展。

新闻教育的发展不仅依赖于学生的文理兼收，还仰仗于师资的融合并包。媒介融合的发展使新闻学科不再是文学院所设立的专业。1997年新闻传播学成为一级学科，随着媒介技术的发展，大数据新闻等逐渐火热，新闻学和计算机专业等专业越来越紧密，新闻学和社会学、计算机专业等多种学科背景的全面人才越来越多，新闻专业的师资力量越来越需要这样多学科背景交叉的人才加入，为新闻教育添砖加瓦。

（三）全能型培养，个性化发展

"新闻学的学术来源应该根植于人文科学和人文类的社会科学中。新闻应该与政治联系，这样才能理解民主生活和民主机构；和文学联系，这样才能提高语言和表达能力，并深刻理解叙述的方式；和哲学联系，由此确立自己的道德基准；和艺术联系，这样才能捕捉到完整的视觉世界；和历史联系，在此基础上建立自己的意识和直觉。"[①] 新闻学建立在多种学科的深厚底蕴之上，一个优秀的新闻人才应该具备深厚的文化素养和全面的知识基础，并且具备良好的技术应用能力。因此，在新闻专业课程设置方面，分化出学术型人才培养课程和技术型人才培养课程。学术型课程主要培养学生的内在文化涵养，在业务输出中具备敏锐独到的视角，例如新闻史论、新闻理论、传播理论，社会学、哲学等相关课程设置；技术型人才培养课程主要培养学生对媒介技术的使用能力，例如视频编辑课程，网页编辑课程，大数据计算等相关的信息编程课程。

学生可以在修读学术与技术课程的过程中，全面了解新闻学所学习的知识，打好基础。在此基础上，学生根据个人的特点，选择学术或者技术进一步学习，成长为符合当下传媒环境中所需要的"T"型人才，既有全面的知识基础，适应融媒体的环境，又有一技之长，在擅长的领域发挥作用。

三、地方新闻院校新闻教育的发展定位和方向

地方新闻院校作为新闻教育领域不可或缺的一部分，如何定位新闻专业教育，发挥地方院校特色，培养适应时代发展的新闻人才，是地方院校新闻教育的

[①] James W. Carey，李昕：《新闻教育错在哪里》，《国际新闻界》2002年第3期。

首要问题。在此以宁波大学新闻专业教育为例，探讨地方新闻院校的新闻教育应该如何改革发展。

（一）地方院校新闻教育资源特色

地方院校的新闻教育应该立足于地方发展的特色，培养适合地方新闻传播风格的新闻人才。宁波与多个国家具有港口贸易往来，因此培养具备跨学科传播的国际新闻传播人才与财经新闻人才是契合宁波特色的培养方式。宁波的新闻教育媒体资源主要以宁波报业集团、宁波广电集团和文化传媒企业为主，在培养新闻人才时结合媒体资源，夯实学生基础知识的原则上，提高学生对地方媒体的认识，培养学生对地方媒体新闻内容的敏锐性，具备发现地方特色并将其生成新闻产品的新闻素养。

要深入了解地方媒体的新闻发布风格，就要了解地方知识，了解地方受众的需求。地方知识是指生活在特定区域、组织、行业、部门内的人们，在长期日常生活互动中形成的经验性知识。地方教学型大学必须明确自己所处时空中的地方性知识的具体内容到底是什么。其次，对所确定的地方性知识进行开发，也就是体验、考察、描述、理解、选择与编码，使之书面化。把地方性知识纳入具体教学过程中，让学生学习地方知识，理解地方文化。只有对地方知识具备深刻的认识，才能满足当地受众的新闻需求，契合地方新闻媒体的平台风格。

（二）结合传媒环境发展的课程设置

宁波大学位于世界第四大港口城市的宁波，具备良好的经济产业和众多外企，传媒环境开放且国际化。因此，新闻教育应结合当地发展的特色。宁波大学新闻学专业下设新闻与新媒体、影视多媒体两个模块，通过课堂教学、实训、实践与实习及各种项目协作、校企合作的方式，培养学生掌握较为全面的通识知识，了解掌握各类新闻传播学专业理论和全媒体时代下的各种实践、实训技能的国际型、应用型、创新型、复合型人才。

新闻专业课程设置采用"平台+模块"的结构体系，夯实学生专业基础，再进行模块化选择，根据学生的兴趣进行个性化培养。如下表所示：

课程分类	必修学分	必修百分比	选修学分	选修百分比	合计学分	学分百分比
通识课程平台	36	31.71	6	11.88	42	25.61
学科基础课程平台	21	12.8	8	4.87	29	17.68
专业教育平台	28	24.66	10	19.80	38	23.17
18版新闻与新媒体方向模块	29	25.55	6	11.88	35	21.34
18版影视多媒体方向模块	29	25.55	6	11.88	35	21.34
任意选修课程平台	0	0	16	30.68	16	9.76
创新创业训练计划	0	0	4	7.92	4	2.44
小计	85	51.83	79	48.17	164	100

专业课程设置中以新闻学概论、传播学概论、中国新闻传播史、新闻采访与写作、新闻编辑、新闻摄影、新闻评论、深度新闻报道、网页设计制作、新闻策划、新闻伦理与法规、马克思主义新闻观几门课程为核心课程，在基础培养中以新闻理论与新闻业务为主，在选择模块后再以个性化的选择来教授相关的技术应用。

（三）团队化实践培养模式

宁波大学新闻专业的学生在经过基础夯实阶段之后，在大二会进入全媒体实训中心进行实践活动。学生选择感兴趣的项目或者课题，跟随老师做科研或者新闻采访业务实践，进行团队化实践培养，学生在实践中可以提升自己的科研和业务能力。除了全媒体实训中心之外，有志于创新、创业的学生还可以参加创新、创业第二课堂教学，包括科研创新训练计划、创业训练计划、科技竞赛计划、人文素养提高计划和职业技能培训计划五方面，培养创新、创业的能力。

（四）部校共建，推进新闻人才培养

"部校共建"是我国新闻教育领域较热的人才培养模式，它始于 2001 年 12 月 24 日，上海市委宣传部与复旦大学达成协议，决定共建复旦大学新闻学院。宁波大学"部校共建"新闻学院启动于 2016 年 7 月，推进新闻人才的培养。目前宁波大学新闻专业就宣传部的"宁波美丽乡村三条示范线"进行调研，由新闻学院教师带队，学生团队化合作，立足宁波乡村，深入调研后拟成 30 万余字的宁波乡村记忆专著，调研期间由学生撰写的新闻稿在《宁波日报》等相关媒体上发布。通过全媒体实训中心的团队化实践，"部校共建"的项目联动了学院、宣传部与媒体，得到了良好的实践成果。

宁波大学新闻传播学院还是一个年轻的学院，"部校共建"也处于起步阶段，应该向具备经验的学校学习。复旦大学新闻学院原院长赵凯先生在接受《文汇报》的采访时提到："得益于共建机制，新闻学院在学科发展、人才培养、硬件建设、国际交流等方面取得了丰硕的成果"。"部校共建"为新闻学院的发展带去了良好的发展动力，但是面对"共建"，固然可以把复旦新闻学院作为"共建"成功的"典型"来学习和借鉴，但绝不能简单地照搬和套用其模式，更不能抛开学科发展和新闻教育自身规律，盲目"共建"。作为地方院校，要吸收复旦新闻学院"共建"过程中具备创新力的举措，探索适合地方院校发展的特色化模式。

结语

在传媒业态剧变的情况下，新闻教育的改革是必须要进行的。了解新闻教育改革的背景，在综合新闻教育研究的发现的基础上，把握未来新闻教育改革的方向，了解传媒业态的新闻人才需求，结合地方院校的特色，培养适合地方传媒环境的新闻专业人才，是地方新闻专业的探索路径和发展方向。

（作者单位：宁波大学。本文系 2017 年宁波大学教学研究重点项目课题"校地协同培养新闻传播专业人才模式创新研究"的结项成果，项目编号：jyxmxzd1718）

广电媒体对农业发展的正面影响

徐晓飞　刘陈强　芳　忱

《2016—2020年中国互联网+农业产业深度调研及投资前景预测报告》提到，我国各地农村经济发展水平参差不齐，虽然在农村网民的数量增长很快，但是，由于农民电脑操作水平有限，信息高速公路"最后一公里"的问题还是特别突出。目前，农民要想获得最新鲜的农业信息，除了依靠电视、广播等被动接受的传统媒体，别无他法。

随着农村建设的不断加快、城乡二元结构壁垒的不断消除，越来越多的农村青壮年劳动力选择到城市打工。进城务工潮在增加城市建设活力的同时，也让农村劳动力的年龄结构变得单一，50岁左右的劳动力成为农村农业生产的主力军。而这部分人口受成长环境、教育结构限制，文化水平大都偏低，接受新鲜事物能力普遍较弱。他们在选择信息渠道时往往受到限制，难于使用互联网、手机App等新媒体获取信息，而他们对广播、电视等传统媒体的依赖性却比较强。

一、传统媒体仍然是农村地区主要信息传播渠道

乡村劳动力一般指的是乡村人口中，参加合作经济组织，其中包括在乡村企业事业单位和从事家庭经营生产的劳动力。从中我们不难看出，随着年青一代农民进城务工潮出现，现阶段乡村一般都是五六十岁的人员。这部分人经常使用手机的人数有限，经常使用智能手机获取信息的人数更为有限。每天收听收音机、看电视，是他们获取信息的重要途径。

调查显示，城市受新媒体影响，使用电视作为信息源的比例反倒比农村偏低。而农村地区使用新媒体的受众较少，所以，广播和电视现在仍然是农村地区人们的主要信息来源。

二、主动作为，广播和电视已经成为农村地区主要信息源

互联网产业不断发展，社交网络尤其是社交媒体基本上已经成为青年群体使用的最主要媒介。社交媒体在农业方向的应用，无论是在理论上还是在现实实践

中，都存在一定困难需要克服。① 由于上学、外出打工等原因，农村长大的年轻人纷纷以学生或打工者身份进入城市，在造成农村劳动力老龄化的同时，也让广播、电视等传统媒体又一次成为人们获取信息的主要途径。

我们在采访中常见这样的现象：农民在大棚中进行农事劳动，往往习惯于在一旁挂一台收音机，一边从事农业生产，一边随时收听广播节目。电视则作为茶余饭后的信息传播主力军，出现在农民家中。网络传播虽然快，信息虽然以碎片式出现在农民周围，可是农民却没有或很少有机会去接受这些网络信息。这就需要媒体根据农民接受信息的特点，主动对接农民需求。比如，天津电视台新闻中心开办的节目《一堂乡村课》采用农民喜闻乐见的日常化生活用语，传递中央和地方的最新农业政策，报道"都市菜园"等有助于提高农民收入水平、有利于方便市民日常生活的内容，很受欢迎。

目前，农村地区的大部分受众选择广播电视的方式去接受信息，可见虽然是传统媒体，但是广播电视在农村仍然是信息传播的主力军。

我国农村科技信息传播方式主要有大众传播、组织传播、人际传播三种方式。2013年，华中农业大学的王序勉采用文献研究和问卷调查等方法进行调研。以佛山地区的农业信息传播现状调查为现实依据，他认为在科技不断发展的今天，充分利用电视、广播以及报纸在农业科技信息传播上的独特优势，各种传播手段相互配合，才能共同服务农业的发展。②

天津农村广播开办的节目《乡村大舞台》采用农民喜闻乐见的方式，主动占领乡村娱乐阵线，传递乡村振兴的相关信息，扩大农民的人文视野，还通过朴实无华、娱乐大众的方式，将最新的人文思潮传递给农村广大受众。

三、广播与电视承担起新农村建设的宣传重任，为新农村建设添砖加瓦

天津农村广播开办的《城乡大流通》节目以农民和城郊居民为主要服务对象，让农民手中的闲置物品再次进入流通环节，促进资源进行重组分配。西青区辛口镇小沙窝村的李家强就是节目的受益者，他家生产的萝卜经过节目宣传卖出了好价格。天津农村广播《联盟大视野》节目采写了稿件《宝坻区农民邸友臣发明能烧湿柴禾的炉子》，让农民自己发明的农用生产设备以最快速度进行流通，炉子的发明者邸友臣也由此成为远近闻名的农民经纪人。

---

① 桂学舟：《社交媒体在农业信息传播中的应用研究》，华中师范大学硕士学位论文，2015年。
② 周光辉：《新媒体环境下农业科技信息传播的有效途径分析——以山东省滨州市沾化县、枣庄市山亭区为例》，http://media.people.com.cn/n/2014/1208/c382352-26169166.html

天津电视台也在农业发展中充分发挥媒体作用。该台新开办的栏目《一堂乡村课》以农业发展中的新兴经济体、农业发展中遇到的新现象、农业生产新技术为着眼点。通过专家的讲解，让农民接受农业发展的新事物、新思路，使农业生产具有全新的发展契机。与此同时，通过节目中的市农对话，增进市民与农民的互相了解。

天津西青区辛口镇第六埠村从2008年开始兴建"都市菜园"，市民出资承包土地，由农民栽种，市民在农产品成熟后前往采摘。在整个经营环节中，农民在耕作伊始即拿到资金，避免了看天吃饭、问地要粮的农业生产窘境。一方面，农民的收入有了保障，市民吃到了原汁原味的农产品；另一方面，市民在采摘农产品的时候与农民有了交集，通过互相了解，市民和农民成了朋友，这为消除城乡二元结构打下了良好的基础。农民岳磊家因经营"都市菜园"从年均收入不足十万元增加到了年均收入超过20万元。相关节目播出后，产生了良好的效果，为天津周边"都市菜园"这种经营模式的推广奠定了基础。第六埠村成功的案例可以复制推广，在北京、上海等一线城市周边已经出现了与"都市菜园"相同模式的农业经济体。

《一堂乡村课》还以天津大港沙井子三村为例展开讨论。这里地处沿海地区，土地盐碱化成为制约农业发展和农民增收的桎梏。经实地土壤勘测和一系列"问政"，得出结论，可以通过无土栽培的方式在这里进行土地复垦，以增加农民收入。其间，农民代表和村领导、农业专家进行了反复研讨。无土栽培的耕种方式可以使盐碱地变成千亩良田，可以很好地解决土壤盐碱化、土壤板结的问题。

蓟州区小穿芳峪村以生态旅游远近闻名，但是近期乡村发展遇到瓶颈。来到这里的游客往往只住上一宿就离开。乡村游怎样才能留住游客，让他们把更多时间放在农家院，从而产生更多消费？针对农家院旅游的痛点，《一堂乡村课》展开讨论，以"辩论+农业专家和经济学家授课"的方式，为农民把脉、支招儿，分析乡村游的特点、卖点和经营点，让农村能够留得住人，赚得了钱。

传统媒体对农业发展的正面影响涉及宣传的方方面面。总体上讲，农村经济相对落后，信息传播比较闭塞。受年龄结构限制和受教育程度限制，在农村从事农业生产的农村主要劳动力很难或很少通过互联网、手机App等获取信息。农村地区的信息传播主力军，仍然是广播和电视等传统媒体。这时，怎样驾驭使用这些传统媒体、媒体传输什么新闻内容，就成了我国大部分乡村发展中的一个重点。

广播和电视等传统媒体对农业发展产生正面影响的关键，一要看传播途径，二要看传播内容。使用农民会接受、会运用的传播媒介，去传播农民喜闻乐见的内容，这才是有益于农业增收、农民致富的良方，才能为农业建设添砖加瓦，才能使广播和电视成为对农业发展有正面、深刻影响的传统媒体。

（作者单位：天津广播电视台新闻中心）

新时期媒介融合人才培养的四重转向

赵 渊

传播技术的快速发展深刻改变了媒介形态，媒介社会化发展重构了舆论传播生态，加速催动着传媒人才培养模式的创新，媒介融合成为传媒人才培养改革的热词。如何在行业快速分化变革中科学校准媒介融合人才培养的准星；如何与传统的人才培养模式及其资源供给状况有效接驳；如何科学厘定技术力量在人才培养模式创新中的权重；如何在社交媒体去中心化表达和媒介社会建构中审视媒介融合人才的泛媒介功能等，成为当前媒介融合人才培养的重要挑战。媒介融合人才培养在经历了前期探索与实践后，面临基于思维模式、培养路径、培养动力和评价体系的四重转向要求。

一、媒介融合人才的思维模式转向：从单维向多维演变

长期以来，我国传媒人才培养高度强调专业细分与口径匹配。传统新闻学专业较多定位在为纸质媒体培养人才，广播电视学专业主要服务于广播电视行业，网络与新媒体专业强调学生新媒体素质与能力的培养。与人才培养定位相适应，各相关专业形成了具有鲜明媒体介质特点的人才培养模式，并在长期的办学中涵养了专业文化、专业认知架构及其思维模式，成为构筑人才特质的核心要素、专业文化传承的基因密码。

媒介融合人才是对原有传媒人才培养模式的深层变革，不仅仅强调在技能层面具备文字、图片、视频、音频等全媒体形态的综合新闻报道能力，更重要的是构建基于媒介融合的认知心理范式、思维模式。实现思维模式由单维向多维转向，形成基于媒介融合的"元"素质和能力。这种转向主要有四层内涵：一是"嵌入思维"。融合报道实现了同一新闻素材在不同媒介载体上的立体化派发，形成了不同传播载体之间报道视角、阐述方式与话语风格的差异化搭配。融合报道的核心能力不是渠道的物理化运用，而是不同渠道传播特性的咬合，从物理变化到化学反应，嵌入思维是媒介融合人才的重要思维素质；二是联想思维。联想思维是一种拓展思维，相对于传统媒体的线性报道结构，媒介融合赋予新闻报道

更多的开放性，构筑了基于互动的立体化、多维度报道形态，需要对报道中的关联内容与要素具有更加全面的理解与观照，更多了解新闻事实的基本面状况，在此基础上形成对新闻事件的全面评价与深度体认，提升多媒体背景下的新闻判断力和价值引领力；三是究根思维。媒介融合形成了资讯、平台、环境、渠道等的整合，构建了全新的媒介生产与运行架构。究根思维是对媒介融合后新的新闻生产模式、内容创作机制、管理运行体系等形成基于知识、意识、能力层面的主观认同，不仅仅着眼于多媒体工具"怎么用""怎么做"，更增强其对媒介融合趋势本质等的理解，知其然，更知其所以然；四是重点思维。从单维到多维的新闻生产方式变革对媒介从业人员的演绎归纳能力、重点把握能力、价值牵引能力提出了重要挑战。媒介融合后重点思维的不足，会导致内容报道价值聚合力的缺陷，影响渠道与平台融合的成效。当前亟待健全媒介融合技能培养——内容生产创新与聚合——传播力跨越的逻辑发展链条，将重点思维能力的培养纳入媒介融合人才培养的重要中间环节。

二、媒介融合人才的培养路径转向：从加模块向变模式演变

当前，媒介融合人才培养主要有两种方式。

一种是封闭式局部改革方式。这是当前大多数新闻传播类院校选择的改革策略。即在保持原有的新闻学专业、广播电视学专业、编辑出版专业、网络与新媒体专业基本培养模式不变的情况下，增加全媒体关联课程，使学生具备多种媒体运用能力。一些高校在原有课程模块的基础上，增加通用性多媒体课程。比如，开设计算机辅助报道、互动写作、融合媒体报道等课程，意在使学生具备初步的多媒体实践报道能力。这种基础专业结构＋多媒体技能的改革方式，将多媒体技能正式引入人才培养视野，但是与媒介融合所倡导的复合型媒介能力仍然有很大差距。

二是开放式的深层变革。以融合性能力建构为目标，改革传统人才模式和办学体系。2014年7月1日，拥有百年新闻教育历史的美国印第安纳大学，将新闻学院、电子传播学院、传播与文化学院三者合并，组成媒体学院：新闻—电影—传播。南京大学金陵学院将传媒学院、艺术学院、信息工程学院、城市工程学院全部打通，根据学生的不同专业背景设计不同课程体系。中山大学传播与设计学院在大类专业结构创新上迈出了重要步伐，打破原先按照媒体介质和类型划分专业的方式，整合新闻学专业、网络与新媒体专业，形成具有数据、视觉和设计等课程模块的新闻学；整合公共关系学和传播学，形成既具有扎实的传播学理论基础，又具有公共传播实务技能的传播学。这样的改革符合媒介融合的发展趋势，但是我国传媒高等教育存量庞大、办学资源紧张等束缚因素长期存在，很难在较短时间内打破原有教育闭环系统，在办学体系层面进行全面改革的条件还不

成熟。

当前媒介融合人才培养模式创新要在媒介变革与传媒教育创新的张力范围内，寻求既符合行业创新趋势，又符合高等传媒教育发展基本面的变革路径，从加模块向变模式演变是当前一种较为可行的方式。其主要内涵包括四点。

一是重构传统课程体系内容。媒介融合课程的变革不是简单的"传统媒体+新媒体"课程搭建，而是在引入新媒体课程的同时，通过媒介融合这一重要动量对传统课程内容进行改造，贴近传媒改革发展的需求，适应媒介融合的趋势。比如，在《新闻学概论》《广播电视概论》等课程中，增加媒介融合相关知识模块，并尝试以融合媒体发展视角对阐述结构、内容表征等进行完善，建构学生的全媒体视野，涵养学生的全媒体素养；将文字、图片、视频、音频等多媒体能力复合作为《新闻采访》《新闻叙述》《新闻编辑》《新闻评论》《电视采访》《电视评论》等专业课程内容的能力培养基点，强调在全媒体能力培养基础上，再强化新闻、广播电视等精细化专业能力；在《新媒体应用》《视觉传达》等新媒体课程设计中，注重与传统媒体技术运用方式、呈现手段等的衔接，打通不同介质媒体的逻辑阐述链条，实现新旧意识、内容与能力的融合性建构等。

二是强化通识教育在人才培养体系中的权重。文化素质与技术创新是媒介融合人才培养的两翼。当前国内外新闻院校都高度重视通识教育。美国新闻教育界最权威的组织美国新闻与大众传播教育认证委员会要求学生必须修读 72 个非新闻传播专业课程学分，占学生修读总学分的 60% 左右。中山大学传播与设计学院利用学院跨学科师资的优势，开设政治学、经济学、人类学等跨专业课程和《人文经典导读课》，夯实跨学科知识体系。当前我国高校总体课时当量有限，很难在短时间内大幅增加跨专业通识性课程。传媒类通识教育课程要聚焦中心，围绕媒介融合的发展趋势，强化重点建设方向。通过开设人文基础类课程，扩大学生文化视野，夯实文化底蕴，提升文化境界，使原生以更加理性、建设性的态度审视新闻题材，赋予报道更多的思想厚度与文化情怀；通过科技经济类课程，加强对技术创新、产业转型、改革发展等问题的思考，提升辩证理解与深度剖析能力，提升新闻报道的专业化水平；通过开设心理学、社会学交叉类课程，针对新时期社会分层、城乡社群关系演变、人际网络发展特点等，提升深度介入话语中心和核心新闻事件的能力。同时高校要依托办学特色与学科优势，开出一些具有校本优势的特色性通识类课程。高教园区可以发挥跨校资源共享的优势，建立融合多学科的通识课程群菜单，让学生有更多的自主选择课程的机会。

三是打造跨专业联合实践模式。1983 年美国大学协会首次提出"顶点课程"模式，建立浸入式实践平台。将学生在大学期间所学的各种专业知识与技能，在一定课程形态中予以集成，提升综合实践与运用能力，发展学生的综合素质，增强学生的竞争力和适应性。这与媒介融合人才培养具有高度的模式适配性。当前在美国各新闻院校中得到了广泛推广。湖南师范大学新闻与传播学院开设了新闻调查与深度报道"顶点课程",通过这一课程平台,培养学生融合多种技能的跨媒体传播能力。浙江传媒学院整合全校资源,打破专业壁垒,创新性开展毕业联合创作尝试。毕业联合创作整合编剧、表演、编导、摄像、灯光、戏剧美术、音乐、后期制作等专业,组织开展电影及舞台剧创作、重大文化项目实施等,打造了横跨各种专业的融合培养链,取得了很好的成效。学生毕业联合创作作品在金鸡百花电影节国际微电影周展映,在北京大学生电影节等活动中获奖。目前毕业联合创作正在逐步向学年实践、学期实践、课程联合实践等延伸。跨专业联合实践在不改变现有人才培养大类的情况下,通过跨专业联合培养的常态化,为媒介融合人才培养模式创新提供了新的视角。

四是校企共建人才培养共同体。发挥产教融合优势,高校与传媒企业共建人才培养平台,将为打通媒介融合人才实战"最后一公里"提供条件。中国传媒大学和传媒企业共同组建了互动营销案例库和新媒体产品案例库,清华大学新闻与传播学院和业界共同开设了"清新时报工作坊""清新视界工作坊""清新网工作坊""清影工作坊"。中国人民大学组建了"跨媒体实验工作坊"。当前地方党委宣传部和高等院校共建新闻学院,也为共建校企媒介融合人才培养共同体提供了机制基础。

三、媒介融合人才的培养动力转向:从外源技术驱动向内源素质驱动演变

从外源技术驱动向内源素质驱动转变,体现着媒介融合人才培养的阶段性分期。一直以来,技术要素在媒介融合人才培养中发挥着重要驱导作用,引领着培养目标、教育方式与途径等的变革。但伴随着媒介融合的持续深入,由媒介融合驱导的媒介传播形态变革逐步演变为媒介化社会结构、社会舆论结构与传播生态等的系列变革,主要表现为传播议题的离散化、话语结构的去中心化、媒介传播的互动化、人际交往的虚拟化等,媒介融合逐渐成为媒介化社会的中间载体和方式。特别是后喻时代的到来,出生于21世纪的大学生,是在互联网快速崛起进程中成长起来的一代人,具有丰富的社交媒体运用经历和实践技能,在某些新兴媒介技术的运用上比大学老师还要娴熟。媒介融合人才培养,需要从技术性外部驱动转化为内源素质驱动。

内源素质驱动主要有三层内涵:一是以价值引领为导向。从片面注重技术作用向注重技术背后的媒介社会性功能转型,把技术置于价值引领的视域下,发挥传播价值对多媒体技术及其运用的引领功能,厘清价值与技术之间的"道"

"器"关系。2016年11月7日，习近平总书记在会见中国记协第九届理事会全体代表和中国新闻奖、长江韬奋奖获奖代表时强调，广大新闻记者要坚持正确政治方向、正确舆论导向、正确新闻志向、正确工作取向。贯彻落实总书记的重要指示，媒介融合人才培养不能简单陷入技术主义的桎梏，要把马克思主义新闻观贯穿在专业知识内容更新、多媒体技能培养与媒介传播实践中，加强政治性教育模块与其他知识模块的内在连接点，将政治性要求深度融入采、写、编、评、播融合媒体技能培养中，使多媒体技能成为弘扬社会主旋律、强化意识形态引领功能的重要武器；二是重在培养学生接纳新知识与新技术的能力，构建媒介融合人才培养的持续创新动力。当前媒体技术发展日新月异，虚拟现实技术、人工智能等均已不同程度介入媒介传播创新中。高校课程体系创新无论在技术水平、空间容量上都很难追上技术迭代的过程。简单增加新媒体知识内容、课程模块无法解决更高层次人才的培养质量问题。媒介融合人才培养要着眼于在知识结构、发展潜能、思维特质、创新精神等方面形成适应媒介持续创新的素质结构，使其不仅能够高效吸收学校知识与技能，更具备接驳媒介前沿，在实践与就业中快速融入行业创新趋势的能力；三是形成关键能力的牵引效应。在实践运用能力层面，媒介融合人才培养不要求学生在所有类型的媒介运用上达到同等量级，而是娴熟掌握一到两门关键性媒体运用能力，了解该种媒体传播特性及其深层功能。当前通常是一种传统媒体运用技能加一种新媒体能力，在此基础上带动其他关联媒体的综合使用，进而形成精专结合的全媒体的能力结构和素养。

四、媒介融合人才的评价机制转向：从媒介专业化评价向专业性与社会化评价兼备演变

传播技术的发展和媒介化社会的形成，持续放大了传媒在社会政治、经济、文化发展中的作用。传媒在巩固高度专业化行业门类特征的同时，持续发挥着产业递延与辐射效应，"传媒+"产业成为构建经济新业态、产业新门类的重要创新样式，深度渗透到社会各行业、各领域。传媒专业人才的社会通用性功能进一步彰显。复旦大学新闻传播专业的学生只有30%进入媒体工作。媒介融合人才培养的评价标准，也从原有专业性评价转移到专业性与社会化兼备的评价视域。

专业性与社会化兼备评价主要考察四大纬度。一是媒介融合人才与行业需求的匹配度、与行业创新方向的贴合度、对行业发展的贡献度。重在考察高校专业传媒人才培养对媒介融合进程的智力支持和人才支撑，强调其基于精准行业服务面向的能力状况，这是媒介融合人才培养状况评价的基本面；二是在去中心化媒介舆论结构中的深度传播力及价值引领力。媒介融合人才培养呼应了社交媒体快速普及、新兴媒介形态不断涌现、媒介话语内容及结构离散化的发展趋势。媒介

融合人才经历了高校的系统教育，他们的价值观念、对各种新媒体的驾驭能力，成为去中心化舆论结构中的重要导向性力量。通过培养社交媒体领域的知名博主、红色大V，形成对传播话语的深度引领，提升自媒体领域及全社会受众的媒介素养，这也是考察媒介融合人才培养成效的基本内容；三是传媒＋对新兴产业形态赋能作用的发挥。传播技术的快速发展，媒介形态的全面变革，让传媒成为一种基本的产业资源与生产资料。深度浸入商品贸易、金融、旅游、互联网产业、文化服务业等，跨界融合、产融融合、生态融合构建了"传媒＋产业"发展图景。对媒介融合人才培养绩效的考察，要从传统的狭义传媒领域的审视转移到对泛传媒领域、传媒跨界领域的关注，考察其是否更好地契合产业创新的趋势；四是对传媒类创业的考察。当前传媒特别是新媒体已经成为大众创业的重要热点，依托媒介融合技术与新媒体形态的创业项目层出不穷。比如，自媒体平台"逻辑思维"将媒体平台与书籍出版、演讲和互联网电商相结合，构筑了独特的商业模式。全媒体制作公司成为制播分离后的重要市场主力。2010年纽约城市大学新闻学院与陶氏奈特基金中心合作，推出首个新闻创业硕士课程，我国很多新闻院校将创业课程建设与传媒专业教育紧密结合。比如，浙江传媒学院依托传媒专业优势，构筑"通识课、课程群、苗圃班、实验班"＋"创作、赛事、实训、孵化"素质导向型、实战应用型全链融合创新创业教育新格局，培育年营业额超百万元的学生媒体创意公司有14家。

媒介融合人才培养的四重转向为新时期我国传媒教育改革提供了基本逻辑指向。由于我国传媒关联专业布局、结构、层次、质量等的差异性，媒介融合人才培养的方式与路径上存在较大的不同，但这种改革速度、效率、质量、效益上的差异并不影响媒介融合及其人才培养的整体发展趋势，由四重转向引领的传媒人才培养模式变革将为我国传媒竞争力提升提供持续动力与有力支持。

（作者系浙江传媒学院党委院长办公室副主任、高等教育研究所副所长。本文系浙江传媒学院新闻传播研究院2018年度课题"意识形态与贸易壁垒对我国国际传播力影响及对策研究"的阶段性成果）

深化司法改革背景下法制节目的舆论引导艺术

——以央视《法治在线》对念斌案、陈满案、聂树斌案的报道为例

杨凤娇　熊方萍　龚　茜

一、研究背景

我国的司法改革随着改革开放的进程而渐次展开，逐步从程序改革发展到制度、工作机制的改革，再到体制改革。① 党的十八届三中全会对深化司法体制改革提出了新的要求，从而启动新一轮司法体制改革；② 十八届四中全会首次以"依法治国"为主题，审议通过了《中共中央关于全面推进依法治国若干重大问题的决定》，专门就全面推进依法治国做出部署；③ 党的十九大报告明确指出"深化司法体制综合配套改革，全面落实司法责任制，努力让人民群众在每一个司法案件中感受到公平正义"。在全面深入推进司法体制改革的进程中，党中央对纠正冤假错案给予了特殊关注。习近平总书记指出："不要说有了冤假错案，我们现在纠错会给我们带来什么伤害和冲击，而要看到我们已经给人家带来了什么样的伤害和影响，对我们整个的执法公信力带来什么样的伤害和影响。我们做纠错的工作，就是亡羊补牢的工作。"④ 随着最高人民法院设巡回法庭、跨行政区划法院审理，尤其是推进以审判为中心的诉讼制度改革，人民法院近年来纠正了一批冤错案件。根据2018年全国"两会"期间发布的《最高人民法院工作报告》，十八大以来人民法院依法纠正重大冤错案件39件，让正义最终得以实现，以纠正错案推动法制进步，充分体现了全面依法治国，深化司法改革的成效。⑤

---

① 陈卫东：《新一轮司法改革的重点与展望》，《中国法律》2015年第1期。
② 马长山：《新一轮司法改革的可能与限度》，《政法论坛》2015年第5期。
③ 陈卫东：《新一轮司法改革的重点与展望》，《中国法律》2015年第1期。
④ 白龙飞：《纠正冤假错案：勇于担当，有错必纠》，《人民法院报》2018年3月7日。
⑤ 胡永平：《解读高法报告：纠正重大冤错案39件让正义得以实现》，中国网，2018年3月10日，http://www.china.com.cn/lianghui/news/2018-03/10/content_50696626.shtml

冤错案件的复查纠正由于案件自身的复杂性，容易引发争议并出现网络舆论失焦。因此，对重大冤错案件的复查纠正进行正确的舆论引导，是主流媒体应有的责任与担当。本文试以近年多次获得中国新闻奖的央视《法治在线》为例，探讨法制节目如何基于客观、平衡的专业报道，进行理性的舆论引导。

纵览新一轮司法改革背景下得以纠正的重大冤错案件，念斌、陈满、聂树斌三案堪称典型案例。其中，念斌案的改判是近年来我国司法改革的一个缩影，疑罪从无、非法证据排除原则等推动念斌的无罪释放，该案被法学专家称为是司法史里程碑式的案件；①陈满案在再审过程中，司法机关对证据的重新界定推动了改判进程，也是近37年来我国第一起直接由最高检提出无罪抗诉的案件，同时该案也被写入最高法和最高检的报告，是我国司法机关启动冤错案件纠正机制的重要标志；聂树斌案被称为"中国司法改革试金石"，其背后包含最高法收回死刑复核权、疑罪从无原则的落实、保障律师代理申诉案件的权益、对人权的司法保障等司法进步表现。

对于上述三起重大案件，央视《法治在线》均作了客观、翔实的报道，且这三期节目先后被推荐到中国新闻奖，分别是2014年播出的《念斌：从死刑到无罪》、2016年播出的《23年，陈满和他背后的那些人》和《迟来的正义：聂树斌案22年全纪录》。其中，对念斌案和陈满案的报道，最终摘获第25届和第27届中国新闻奖。值得一提的是，在2018年第28届中国新闻奖评选中，《法治在线》的《解密于欢案》再次获奖，该栏目在当时复杂的舆论场中，用独家获取到的完整的执法记录仪画面、案发现场周边监控录像、重要卷宗材料以及检察官的分析，回应关于于欢是否"正当防卫"的争议，并将"理性围观热点事件，参与法制建设"的理念传达给观众。②重视证据、独家画面、法理分析等手法同样体现在《法治在线》对冤错案件复查纠正的报道和舆论引导中。

二、《法治在线》在冤假错案报道中的舆论引导策略

进行舆论策略分析之前，先对三起冤错案件进行简单的梳理。2006年7月，福州平潭县澳前镇一居民家发生中毒事件，念斌被认为有重大作案嫌疑。投毒案历时8年10次开庭审判，念斌4次被判处死刑立即执行，直到2014年8月，福建高院最终改判念斌无罪。1992年12月，陈满被锁定为海南某杀人焚尸案凶手，并于1999年二审获判死缓。陈满坚称蒙冤，家人坚持申诉，2016年2月1

---

① 参见第25届中国新闻奖专题类《念斌：从死刑到无罪》在参评推荐表中关于该案社会效果的阐述，http://www.xinhuanet.com/zgjx/2015-06/09/c_134310872.htm.
② 参见《解密于欢案》关于节目采编过程及社会效果的阐述，http://www.pingjiang.zgjx.cn/News-AwardingSys/WksPublicsubmittedAction/todetails.do?id=8a89901063dadf070163df91ad6a0286

日，浙江高院依法对陈满故意杀人、放火再审案公开宣判，撤销原审裁判，宣告陈满无罪。1995年4月，聂树斌因故意杀人、强奸妇女被判处死刑，同年执行死刑。2016年12月，最高人民法院第二巡回法庭对原审被告人聂树斌案复审宣判，宣告撤销原审判决，改判聂树斌无罪。

从以上事件梳理可看出，三起案件案情复杂，跨时长，复查纠正过程曲折，属于具有典型意义的冤假错案，因此对媒体的报道和舆论引导策略也提出更高要求。

（一）秉承新闻专业理念　客观呈现而非评判

及时、准确、客观、平衡是报道复杂案件时取信于受众的重要前提。《法治在线》对三起重大案件报道案的报道，一方面及时关注舆论热点，不回避舆论痛点；另一方面遵循新闻专业主义理念，注重客观、理性地还原案件的来龙去脉及各方声音，力求准确客观，避免报道有失偏颇。

1. 关注社会热点　第一手材料和独家画面增值

学者尹鸿曾提到，《法治在线》对法制节目进行了新闻化的实验。① 这种"新闻化"既可以理解为选题尊重新闻规律，关注热点事件；也体现了《法治在线》在实践层面遵循新闻规范，重视对事实的核实、调查，在报道时将事实与采编人员的主观评价区分开。《法治在线》栏目自2003年创办以来一直保持着对新闻性、现场感的追求，尤其是在新兴媒体迅猛发展的当下，更重视积极回应公众关注的热点案件。正如开篇所讲，冤错案件具有较大争议性，而念、聂、陈三案改判之前则属于典型的舆论痛点，报道这三案需要相当的智识和勇气、担当，以及作为专业报道者的客观和理性。笔者在调研中了解到，念、聂、陈三案重审过程中的每一次开庭，《法治在线》记者都实时实地跟进，取得第一手采访资料。司法机关尚未做出最后判决时，《法治在线》以新闻专业主义的原则对待素材，如实传递，不评价案情，不干预审理。待到司法机关做出最后判决后，《法治在线》对素材进行整合，串联起案件中涉及到的法律知识，将法理寓于案件报道中，呈现给受众。从念、聂、陈三案的报道中可以看到疑罪从无、非法证据排除规则、死刑复核权收回最高法等法理知识的传播。

另一方面，笔者在调研中了解到，《法治在线》栏目组在采访中屡屡进行突破式采访，获得官方和民间重要信源的独家信息。就拿念斌案的报道来说，调研中了解到，这期节目中两高工作人员出镜阐释法理，在法制类节目中是较少见的，对提升报道权威性具有重要作用。此外，念斌案的关键人物张燕生律师向

---

① 尹鸿：《"第一现场"：法制电视节目的新闻化探索——以中央电视台〈法治在线〉为例》，《现代传播（中国传媒大学学报）》2008年第3期。

《法治在线》栏目组提供了与案件相关的毒物检测质谱图等全部证据,并在审判结束后主动帮助《法治在线》栏目组联系念斌,采访到一些珍贵的视频素材。这也侧面反映出《法治在线》凭借自身的公信力和出色的采访技巧,与采访对象之间建立起信任和合作关系。

2. 平衡报道,避免立场预设

媒体对冤错案件的报道极易陷入预设立场的误区,带着预设好的立场,用简单归因的方式为案件提供一种解释框架,使新闻事件善恶分明,也使受众解码时爱憎分明——无限同情蒙冤者,一味将责任归咎于公权力。[①] 带着这一预设进行报道的过程中,记者对事实的选择往往按需采用,刻意强化或故意弱化某些事实细节,迎合受众情感需要。如此一来,不仅新闻真实性受影响,更有可能对舆论形成错误引导。

避免立场预设,离不开听取案件中涉及到的多方主体声音。这三起冤错案件的复查纠正历时较长,过程曲折,涉及到多个方面。其中,《念斌:从死刑到无罪》呈现了四次被判死刑的念斌终获无罪释放的过程。报道素材来自栏目组记者的多次跟踪采访,力求客观公正,其采访对象包括念斌、念斌家属及辩护律师、被害人家属、各方面法律专家。《23年,陈满和他背后的那些人》讲述了陈满23年中从死缓到无罪的经历。陈满案改判离不开各方力量的努力,节目呈现了陈满的家人、朋友、同学、律师、学者、素昧平生却积极奔走的热心人士等形象,传递出他们对法律公正的信息;由于该案是1979年《刑事诉讼法》实施以来第一次以最高检的名义提出无罪抗诉意见,节目还采访了最高人民检察院刑事申诉监察厅副厅长。《迟来的正义:聂树斌案22年全记录》讲述了聂树斌案从1994年案发到2016年再审改判无罪的22年历程。由于聂树斌已经过世,案发时间又在22年前,节目组通过采访聂树斌家人、被害人同事、代理律师、王书金案办案民警、采写《一案两凶 谁是真凶》报道的记者、聂树斌案再审合议庭法官等多位亲身经历案件的当事人,搜集大量报纸、录像、照片以及相关卷宗等客观资料的方式来尽可能保证报道的客观、公正。

通过对三期报道进行详细梳理,我们可以看到各方声音及其引用比例(详见下表)。冤错案件的报道是为了解决问题和汲取经验教训。《法治在线》对这三起案件的报道忠于事实,平衡报道,听取多方声音,还原事件来龙去脉,避免预设立场和简单归因,也避免了片面迎合网络民意的泥淖。

---

① 罗瑞垚:《专业法治报道的新闻框架建构——以〈新京报〉〈南方周末〉为例》,《新闻研究导刊》2016年第7期。

表1 《法治在线》念、陈、聂三起报道的信源引用情况

	念斌案	陈满案	聂树斌案
当事人及其亲友	9（21.4%）	18（32.8%）	10（26.3%）
律师	9（21.4%）	13（23.6%）	6（15.8%）
司法机关（含公安机关）	13（30.9%）	12（21.8%）	17（44.7%）
专家学者	8（19.1%）	8（14.5%）	2（5.3%）
其他	3（7.2%）	4（7.3%）	3（7.9%）
合计	42（100%）	55（100%）	38（100%）

注：我国宪法规定，公安机关既是司法机关，又是行政机关。当公安机关担负刑事案件侦查任务时，属于司法机关的一部分。念、陈、聂三案中公安机关行使的是司法权，此处计入司法机关。

（二）恪守法理规范，彰显法理追求

专业报道领域的媒体应当对自身定位有清晰认识，除了作为新闻报道者之外，还担任着专业知识和民众之间的"翻译官"。具体到法制报道领域，从事法制领域报道的媒体不仅要恪守新闻专业主义，还应该遵守法制报道中的专业规范，为公众搭建起学习了解法律知识的桥梁，以实现普法的目标。①

一档恪守法理规范的节目，应该发挥起报道法制信息，记录法制进程，传播法治理念，承担普法和记录法治进程的责任。

1. 用法律事实说话，注重证据

新闻采访与刑事侦查既有共通之处也有不同之处。二者相同在于"新闻采访与刑事侦查具有一定的共通性，都是查明事实、搜集证据的调查活动，意在最大限度地接近所调查事件、案件，获取真实情形"。② 二者不同在于前者指向新闻事实，是记者经过调查采访，利用掌握的信息，根据一定的逻辑规则，以新闻语言还原出来的事实状态；后者指向法律事实，是经过一定诉讼程序后能够认定的事实，是通过诉讼各方证据的交锋及对抗，裁判者最终能够认定的事实，法律事实的形成必须符合法律规定的形式并受制于法律的评价。③

这三起报道中，《法治在线》提供了法律事实的多种形式，包括书面文件、影像资料、电子数据等，并且多次呈现从司法机关获得的言词证据和实物证据，包括当事人的陈述和证人证言、侦查机关的讯问和现场勘查、讯问笔录、司法机关鉴定报告、法院判决书等原始资料。以念斌案为例，其中出现的法律证据有：现场指认照片、作为关键证据的水壶、案件转折点的质谱图、审讯录像等；陈满

---

① 叶东芝：《案件报道：专业精神的缺失与重塑》，《传媒》2014年第21期。
② 庹继光、吕柠芯：《法律专业主义是记者的理想而非义务——兼与周筱赟博士商榷》，《新闻爱好者》2015年第9期。
③ 陈乐：《新闻客观性原理的法律解读》，复旦大学硕士学位论文，2007年。

案中报道呈现的法律证据包括：审讯笔录、检察院起诉意见书、法院判决书、案件卷宗等。用法律事实说话，以法律事实为准，增强报道的说服力。

2. 注重法律价值，彰显法理追求

法制选题兼具严肃性的同时，也涉及色情、暴力、血腥等犯罪元素，使其更容易受娱乐化的互联网传播语境影响，一些法治新闻在报道视角上呈现出媚俗之态。为了快速抓取受众注意力，获得赏心悦目的收视率反馈，部分法制节目从报道视角上将法制报道变为猎奇消费品，罔顾法制新闻自身所承载的社会责任，致使原本庄重的法制新闻被颜值娱乐化，对舆论造成不良影响。《法治在线》对念、聂、陈三案的报道从选题视角上，均从普通人命运与司法改革的联系上切入，兼顾人文关怀，紧扣习近平总书记提出的"深化司法体制综合配套改革，全面落实司法责任制，努力让人民群众在每一个司法案件中感受到公平正义"思想，较好地规避了娱乐化、肤浅化的倾向。

《法治在线》对三案不仅体现了司法机关的纠错决心，更是难能可贵地彰显了普通民众对法治的追求。念斌案中念斌的姐姐念建兰、陈满案中陈满的母亲王众一和热心人士程世荣，以及聂树斌案中聂树斌的母亲张焕枝，均是同你我一样的普通公民，在面对冤错审判时，她们对法治的坚持和信任展现出了公民对法治的追求，以及对司法公正的坚定信心。同时，这也体现出我国公民法律素质逐步提高，越来越尊重法律，越来越懂得依法办事，运用法律武器捍卫合法权益。

调研中栏目组制片人刘美佳女士表示，节目体现的是主流价值观，是符合现代文明社会的价值观——法治社会中冤情有渠道可伸，有司法途径可走。正如卢梭所言，"最重要的法律，不是刻在大理石上，也不是刻在铜表上，而是铭刻在人的心里"。在《法治在线》对念、陈、聂三案的报道中，受众能看到遵法守法、懂法用法的法治观念越来越深入每一个公民的心。

（三）将事件置于历史坐标下，体现司法改革进程

将典型个案与历史背景、社会背景相结合，在对事实的纵向挖掘与横向拓展中呈现司法改革的历程、影响与趋势，是《法治在线》舆论引导的一大特点。在对三起案件的报道中，《法治在线》采取了同样的双线叙事思路，一条明线讲故事，一条暗线讲近年来我国司法改革的步伐，利用贯穿其中的背景补充、拓宽了观众视野。背景补充包含两个方面：一是案件再审过程中对应的司法改革新规，二是同时期内其余再审改判成功的同类案例。前者如念斌案得以推进的重要背景之一，《刑事诉讼法》的修改规定证据鉴定人必须出庭，否则将对证言证据负全部责任；后者如陈满案再审过程中，钱仁凤案、杨明案等冤错案件再审改判成功所传递的信心和希望。

我国历史上曾处于人治状态下，因此在法治建设中难免遇到很多观念、文化

方面的冲突。如果在冤错案件纠正的报道上不予以深入浅出的引导和阐释，就难以实现"让人民群众在每一个司法案件中都感受到公平正义"。《法治在线》在三案的报道中处理得当，依次从三个层面打开观众视野，分别是：第一层，展现了普通民众对法治的信任、追求和坚持，对法治越来越尊重，越来越懂得依法办事，依法维权。第二层展现了司法机关敢于面对错案、纠正错案的勇气，吸取教训，在制度上和程序上进行了开创性的努力和尝试，纠正类似的冤错案件的同时，也有效预防了冤错案件的发生。第三层，在呈现案件相关事实的同时，也记录了我国近年来司法改革取得的成果，一方面珍贵的影像资料起到了史料作用，另一方面也将国家对司法文明、司法公正的追求传递到全社会，体现了中央依法治国的总方略。

将三案的发生和解决放进明确的历史坐标中，联系历史进程和社会环境进行纵深方向的思考，为受众提供了广阔多元的视角，实现了"广度""深度""厚度""力度"的兼顾。

三、结论与思考

综上所述，在面对容易引发舆论危机的冤假错案报道面前，《法治在线》栏目通过客观平衡报道，呈现多方信源；恪守法理规范，坚持法理追求；开掘纵深，将事件置于历史坐标下等方式进行舆论引导，既严格恪守新闻专业主义和法制专业主义，又充分挖掘冤错案件背后的纵深价值。

但面对新的传播技术、媒介生态和收视格局，《法治在线》栏目如何提高节目的传播力、影响力也是亟待思考的问题。

首先是传播技术的运用上，仍然囿于传统表现手法。"入入兰室，久而不知其香"，一档优秀节目如果不能因时因地制宜创新，则势必使受众感到审美疲劳。这里的"时"是指新媒体时代，"地"是指所处的市场（受众）环境。今日之受众已非昨日之受众，今日之表现手法也已远不止昨日之表现手法。令人目不暇接的新媒介视听表达提高了受众在形式上的审美趣味，丰富了信息产品呈现的多样性。如果只注重内容生产，忽视表现手法的创新，必然会造成受众流失。

其次是媒介生态的把握上，社交平台开发乏力，二次传播缺位。身处信息爆炸的时代，好酒也怕巷子深。在社交媒体及网络视频平台竞相崛起的今天，内容分发的能力直接影响内容的传播辐射范围。尽管具备生产原创、优质的电视节目的能力，但《法治在线》不具备自己的官方微博、官方微信订阅号，在互联网传播上仅仅依赖于央视新闻网站和新闻客户端，内容分发能力有限，亟待适应新的媒介生态，探索新的分发模式。

当前司法体制改革正全面深入推进，肩负普法重任的法制栏目如何抓住这一契机，将我国法治建设的最新进展呈现给公民，以实现普法价值，传播法治理念，增强公民对法治社会建设的信心，是亟须思考的重要议题。尽管仍然存在瑕疵，但《法治在线》栏目在内容生产制作上对新闻专业理念和法理精神的把关上，对舆论引导的正确打开方式上，都为广大法制类报道提供了很好的参考、借鉴。

（作者分别为：中国传媒大学电视学院教授；中国传媒大学硕士研究生；中国传媒大学硕士研究生）

深度报道舆论引导力的构建路径

王国安

在新媒体环境下,舆论引导面临传播主体多元化、传播信息碎片化、传播形态糅杂化、传播平台社交化等新的格局。如何在新的舆论引导格局中保持舆论引导力的提升而不是下降,这是主流媒体在媒介融合过程中需要考虑的重要问题。对于主流媒体来说,面对新媒体的冲击,需要以深度媒介融合实现相加、相融,但更重要的是,在媒介融合的过程中,应稳步提升自身的舆论引导力。

此时,深度报道的功能和作用应该被看到。深度报道是一种全面而深刻的新闻报道,在碎片化传播充斥舆论场的新媒体传播时代,深度报道是主流媒体专业性、权威性的集中体现,是主流媒体对抗碎片化传播、占领舆论主阵地的重要报道形式。因此,需要对新媒体环境下,深度报道舆论引导力的构建进行深入研究,以找到主流媒体提升舆论引导力的具体路径。

一、坚守深度思维占据舆论阵地

面对新媒体的碎片化阅读、信息茧房、回声室效应等结构性问题,传统媒体是坚持深度报道的定位和思维,在多元化的传播主体中坚守舆论主阵地,还是放弃深度报道,以更符合新媒体传播特征的传播方式,以十万+作为自己的传播目标?对于处于新媒体冲击下的传统主流媒体来说,这是一个必须做出的选择。

此时,需要审视新媒体传播的风险是什么?当空姐乘坐滴滴顺风车遇害后,自媒体大号"二更食堂"很快推出了一篇爆款之文《托你们的福,那个杀害空姐的司机,正躺在家数钱》。文章用词煽动、恶俗,甚至出现不堪入目的色情想象,对遇害者及其家属造成了二次伤害,引起了舆论的强烈反弹。最终,在舆论压力下,"二更食堂"永久关停。这就是自媒体传播的最大软肋——虽然可以吸引眼球,但是却缺少应有的职业道德和专业素养。这种道德和专业层面的缺失在敏感事件和问题上呈现,自媒体离被抛弃也就不远了。

此时,需要审视深度报道的价值是什么?深度报道需要阅读量,没有阅读量,深度报道的价值难以充分体现,而那些精彩的深度报道总是可以带来很高的阅读量。深度报道更需要体现舆论引导力,深度报道能否解释问题、规范发展、引领导向,也是对深度报道的应有定位。深度报道的这些价值是一般新闻报道形式不能替代的,更不是自媒体博眼球式的报道可以替代的。传统媒体在建设主流新型媒体时,在思考如何提高舆论引导力时,必须对此有清楚认知。

这就需要传统媒体坚守深度思维,占领舆论主阵地。坚守深度思维,就是充分认识深度报道的历史作用和当代价值,给予深度报道足够的重视、空间和规模,就是在选题上体现出强烈的时代意识、现实意识、问题意识,在构思时体现出全面的大局意识、中心意识、引导意识,在采写中表现出足够的深度思维、深入能力、调查素养。

在新媒体环境下尤其如此。面对嘈杂的舆论场,需要深度报道还原真相,引导舆论,一锤定音。以央视的《新闻1+1》为例,其节目的主要构成包括两个部分:通过调查,对事件真相深度还原;通过访谈,对事件进行立体透视。在事件真相的还原中,提供全面而深刻的事实,让人们对事件有一个准确认知,不至于偏听偏信、情绪先行;在对事件的立体透视中,各种角度的分析都被考虑到,观众不仅看到分析问题的视角,剖析问题的理性思维,还可以得到专业的、深刻的观点指导。

如9月21日《新闻1+1》对霸座现象的分析。各种各样的花式霸座视频引起了人们的关注和愤怒,到底该如何看待霸座现象?解决霸座问题?《新闻1+1》对事件进行了深度还原和深刻分析:霸座事件是道德层面的问题,还是法律层面的问题?面对"霸座姐"的霸座行为,我们拿什么办法对付不讲理的人?目前法律对霸座者的处罚是否太轻?在公共交通工具上,如果没有乘警,如何处理霸座这样的类似事件?在逐层深入的分析和讨论中,人们对问题的本质和症结逐渐看清,对解决问题的方法和方式逐渐了解,从而能够克制自己的情绪化思维,开始理性讨论霸座现象。

二、加强新闻策划供给新闻精品

一般新闻体裁的报道,考验的是记者的新闻敏感和报道速度;深度报道的采写,则更多考验新闻记者的新闻策划能力与深入报道能力。只有在精心策划的基础上,深度报道的主题才能深刻、鲜明、重大,深度报道的素材才能丰富、生动、集中,深度报道的影响才能广泛、热烈、深入。从深度报道新闻生产的过程看,新闻策划是生产深度报道精品的第一步,而且也是贯彻始终的关键一步。

这里所说的新闻策划,指的是对新闻报道过程的策划。也就是在尊重新闻真实性和客观性的基础上,发挥记者的思维能动性,聚合各种新闻资源,调动记者的创新思维,利用新闻传播的规律,对深度报道过程所做的全过程、全方位的策划。以便最大化地开掘深度报道素材的价值,把握好新闻传播和舆论引导的

"时度效",构建深度报道的现实舆论引导力。因此,这里的新闻策划与对新闻事实的策划无关,它强调的是作为深度报道这一题材的策划意识与能力。

深度报道的新闻策划决定了是否能够产生新闻精品。对于深度报道来说,在社会转型时期所起到的历史价值和社会作用,以及深度报道对报道文本和形式的追求,都决定了深度报道不是易碎品。回顾深度报道的历史,那些充满时代感、责任感、思想性的深度报道,都在新闻史和社会发展历史上留下浓重的一笔。

首先,深度报道的策划是定位的策划。做什么样的深度报道,如何做深度报道,这关系到一家媒体的深度报道的定位。以《新华日报》为例。早在2011年3月,报社就成立内参部与深度报道工作室合一的机构,率先对深度报道进行专业布局,强化精品生产导向。报社党委会、编委会创新管理,为本部门定岗定责;整合报社信访舆情资源,归口本部门开发研判,强化舆论监督报道;在全国省报首开"还原真相"求证栏目,强化深度调查报道;明确主攻一版"新华关注""还原真相"和"新华调查"重点栏目,做优《新华日报内参》,当好"省委眼睛",而且只考核"好稿"指标,不考核一般稿件。① 在此定位之下,《新华日报》的深度报道在新闻精品生产,社会影响扩散,舆论引导实现方面取得了显著的成绩。

其次,深度报道的新闻策划是主题策划。深度报道的主题就是深度报道记者通过新闻调查和写作,想要反映的中心思想和主要观点。深度报道的主题通常是重大主题,如何突出这些重大主题的重要性、深刻性、历史性,都离不开对主题的策划。如,重大主题的"热"——大局之下的中心,重大主题的"深"——事实和思想层面之"深",重大主题的"近"——对实际、生活、群众的贴近,重大主题的"快"——时代和社会变动之脉搏。

第三,深度报道的新闻策划是规格策划。深度报道的选题重大、题材丰富、意义深远,从新闻的规格上讲,通常属于重大的战役性报道。这就意味着,深度报道的规格比一般的新闻形式要高。例如,在版面和时段的安排上,在篇幅和时长的编排上。虽然,新媒体时代,人们的阅读呈现出碎片化的倾向,但是,深度报道不同于一般易碎的新闻产品,其蕴含的深层价值需要以更高的规格予以体现。这就需要在新闻策划时,对深度报道的时、度、效等方面做出规格层面上的判断。

第四,深度报道的新闻策划是文本策划。深度报道的可读性首先依赖于深度报道的新闻冲击力,这是深度报道可读性的直接来源,那些对人们生活、思想,对社会公正、公益产生直接影响的深度报道,必然会引起人们的广泛关注。此

---

① 林培:《以"真品"和"正品"来确保精品生产》,《传媒观察》2017年第4期。

时，阅读被新闻本身的价值推动。当然，任何深刻性的内容都需要符号化的呈现，尤其是在消费社会，意义与符号越来越处于同一层面。对于深度报道来说，在追求深刻而全面反映真相的同时，也应该追求文本的质量。这就离不开报道手法的创新与探索。

三、创新报道手法提升作品可读性

新媒体时代的信息量呈现爆炸式增长，受众的阅读习惯和阅读方式也发生了变化，受众日益习惯于在社交媒体上阅读"短、平、快"的新闻，阅读特点趋于碎片化。而深度报道着重挖掘新闻背后的新闻，表象背后的原因，篇幅一般比较长，如果读者没有耐心阅读，那么提高深度报道的舆论引导力就是一纸空话。在碎片化阅读的背景下，如何应对这种传播的碎片化，狙击思维的碎片、浅层、简单化，将成为深度报道需要面对的问题。

此时，集成报道的手法可以成为新媒体技术之外的尝试和探索。集成报道的两大支柱是故事与信息，"通过冲突主人公、电影化场景、人性化主题，满足了信息过剩时代的主流需求——去碎片化。"[1] 集成报道手法可以有效提高深度报道的可读性。

从集成报道的理论看，新闻报道的叙事框架是：中心人物、电影化场景和人性化主题。首先，找到一个推动深度报道情节发展的"人"，接着，在内容设置中引入电影化理念，使作品可以呈现强烈的画面感，使读者在阅读作品时能够领略体会到当时的氛围、环境，在脑海中浮现出一个清晰的画面，并能够感同身受，产生共鸣。最后，是人性化主题的提炼，通过情感层面的去碎片化，能够使读者的认同感和接近性得到增强。

十九大报告中首次提出"实施乡村振兴战略"，主流媒体的深度报道需要将"乡村振兴背景下的乡村新变化，探索乡村振兴的有效路径"作为报道的主题，以对群众进行正确的引导。如果按照常用的报道手法，深度报道要全面反映具体变化和振兴实施策略的内容。显而易见，这样的报道可能因为文本的枯燥而缺少可读性。

《新华日报》社会新闻部于2018年2月28日推出了深度报道《返乡记》，以人为报道对象，从返乡支教的乡村教师、返乡当农民的大学生、返乡当村官的大学生和带头致富的新乡贤等人的视角，书写乡村变化，探索乡村振兴路径。把枯燥的内容转换成人的故事，用一个个生动的人的故事来体现变化，使得深度报道的内容变得生动和丰满。在内容的表现上，该深度报道也一改党报严肃的叙述

---

[1] 张立伟：《从深度报道到集成报道——去碎片化的主流新闻范式》，《新闻记者》2016年第3期。

风格，电影化场景叙述手法的运用让作品富有动感和画面感。如：

又到一年开学时，一大早，何建香老师驱车30公里从县城赶到全县最南端的乡镇——盘湾镇中心小学开始一天的教学。这一年，她作为县城小学的骨干教师支教乡村。

"起立，上课，同学们好！"

"老师好！"

"寒假你们有没有读课外书啊，哪位同学能说一说读了什么书？"

……

一位乡村支教女教师的形象跃然纸上。这样的文字在《返乡记》中很多，电影化场景的报道手法使得作品充满了动感和可视感，读者读来兴趣盎然。四位人物就是身边的人，睁眼可见，触手可及，故事富有典型性，同时又充满了人情味，严肃和重大的主题就这样蕴含在一个个人物故事中，舆论引导力悄然得到了提升。

四、增强智媒意识，拓展报道载体

在原有的新闻生产和舆论引导模式中，深度报道的传播载体只是单一的介质——或是报纸，或是电视，或是网络。在新媒体环境下，新闻生产的方式与舆论引导的模式都在发生改变。

从传播权角度看，新媒体带着赋权功能——在媒体迭代过程中，新媒体赋予个体更多传播权，新媒体在客观上起到了传播权分化的作用。这种传播权的分化，赋予了新媒体使用者更多表达机会，同时也让新闻生产发生了变化——"协作性新闻策展"开始出现。这一新闻生产模式的特点是：生产过程的去组织化、去科层化；开放、多节点、动态的个体化实践；没有被最终文本所装载，而是不断再生新闻内容。[①]

新的新闻生产模式，让传统的舆论引导思维与手段面临挑战。生产过程的去组织化、去科层化，意味着传播者的把关角色在退化，他们所秉持的精英经验出现了失效的可能；开放、多节点、动态的个体化实践，既带来了传播的扁平化，同时也为抗争性话语的表达提供了更多机会，舆论场中的冲突、矛盾、隔阂会增加，情绪、情感、观点性内容会增多；不断再生新闻内容，则意味着信息供给的开放性和持续性，传统舆论引导者对信息流向和流量的控制变得更加困难。

此时，深度报道应该面对移动化、社交化、智能化传播的现实背景，在智闻融媒的属性和传播机制、传播渠道的创新上做出探索。

---

① 陆晔、周睿鸣：《"液态"的新闻业：新传播形态与新闻专业主义再思考——以澎湃新闻"东方之星"长江沉船事故报道为个案》，《新闻与传播研究》2016年第7期。

所谓智闻融媒，一方面，指的是深度报道的思想性和指导性，能够对复杂的现实和问题做出深刻的剖析。这一点，是传统主流媒体在移动社交传播生态下必须坚守的定位。因为，对于移动传播来说，并不只是传播平台的改变，还意味着垂直化内容的生产——垂直化、专业化的内容，只有专业化的报道才能满足移动化传播的内容需要。以各家媒体对守岛英雄王继才的深度报道为例，新时代奋斗者的价值追求是什么？平凡岗位上爱国主义精神如何体现？这是人们在思想层面上存在的问题，这些问题关系到人的发展，自然也是社会的议题。各家媒体通过对王继才32年守岛事迹的深入报道，对其甘于奉献和牺牲的守岛精神的深度开掘，回答了时代的提问，解答了人们的疑问，让人们充分领会了习近平总书记对王继才同志先进事迹所做出的重要指示：要大力倡导爱国奉献精神，使之成为新时代奋斗者的价值追求。

另一方面，指的是在传播的生产方式上调动用户参与，在传播的平台上扩展传播的载体。以《新京报》的深度报道为例，在刊发时，除了将深度报道的作品在报纸、网站、新媒体端进行传播，还与《新京报》旗下的《动新闻》形成图文和视频融合传播的复合传播模式——每一条深度报道都会有相应的视频内容与之对应，相互补充，形成合力。这种深度与视频复合传播的方式既拓展了新闻报道的平台和空间，又实现了传播的层次——视频内容为深度报道的预告与看点；深度报道为视频内容的延伸与总览，从而满足了人们全媒体时代的阅读习惯和倾向。

在媒体平台与传播方式创新之后，《新京报》的深度报道取得了良好的传播效果。2017年的数据显示，《新京报》调查组2017年刊发调查报道56篇，同步标配66条调查视频，总点击量超过两亿。其中，有40多条点击量都在百万以上，单篇最高的《天津独流镇假调料调查》点击量达2024万。

(作者单位：中国新闻社)

西藏广播电视融合发展的思考

——西藏广播电视40年改革发展巡礼

王清江

自1978年十一届三中全会开启改革开放进程以来，中国的改革事业已经走过了40年的光辉岁月。改革开放成了"当代中国发展进步的活力之源"。弹指一挥间，40年来，在党和国家的特殊关怀和自治区党委、政府的正确领导下，西藏广播电视沐浴着改革开放的阳光雨露长足发展，综合实力与日俱增。随着党的十九大关于"坚持正确舆论导向，高度重视传播手段建设和创新，提高新闻舆论传播力、引导力、影响力、公信力"精神深入贯彻落实，西藏广播电视融合发展逐渐成为专家学者和从业者的关注焦点。

一、改革开放以来西藏广播电视改革发展概况

改革开放40年来，西藏广播电视人继承和弘扬"老西藏精神"，艰苦创业，牢牢把握正确舆论导向，积极宣传党的主张，充分反映人民心声，热情讴歌火热生活，把党和国家的声音传入千家万户和世界各地，为推动西藏经济社会长足发展发挥了不可替代的作用。

（一）舆论引导水平不断提高

改革开放带来了社会生活各方面的巨大变化，现代化建设取得辉煌成就，每一个历史跨越，每一个可歌可泣的事迹，为西藏广播电视新闻宣传提供了源源不断的源泉。改革开放40年来，西藏广播电视不忘初心，牢记使命，牢牢把握正确舆论导向，坚持团结稳定鼓劲、正面宣传为主的方针，圆满完成重大宣传报道任务，突出做好重点主题、重要会议、重大活动的宣传报道，浓墨重彩地宣传了新时期中央对西藏工作的一系列重要指示精神，以及自治区党委、政府各阶段重大工作部署，热情讴歌了全区各族人民群众对伟大祖国的热爱之情，对中国共产党的拥护之情，真实、准确地记录了西藏改革开放发展的坚实步伐、巨大成就和崭新风貌。特别是2017年以来，西藏广播电视紧紧围绕深入学习宣传贯彻习近平新时代中国特色社会主义思想和党的十九大精神这一主线开展各项工作，突出

宣传重点，提高节目质量，组织开展了"新时代 新气象 新作为"等主题采访活动，开辟了"学习贯彻党的十九大精神"等专题专栏，大力宣传习近平新时代中国特色社会主义思想的时代背景、科学体系、精神实质、实践要求，大力推动广大干部群众持续、深入学习宣传贯彻党的十九大精神，大力宣传习近平总书记关于治边稳藏重要论述在西藏的成功实践，让习近平新时代中国特色社会主义思想深入人心，并落地生根。

(二) 事业建设日新月异，持续发展

党和国家历来十分重视西藏广播电视事业。改革开放40年，是西藏广播电视事业由小到大，由点到面，由城市到农牧区，实现腾飞的40年，跨越历史的40年。1978年，自治区批准了西藏广播电视十年发展规划，同年筹建中的西藏电视台开始试播黑白电视节目。截至2017年年底，西藏全区共有广播电视台77座。目前，一个以中波、短波、调频、微波、有线、无线、卫星传输的广播电视传输覆盖网络纵横交错，广播电视发射台站星罗棋布，遍布西藏全区。"天上一颗星，地下一张网"的广播电视传输覆盖体系基本形成，全区广播电视人口综合覆盖率分别由1978年前的18%和8%上升到2017年年底的96.17%和97.26%。真正做到了电波传千里，声屏连成家。

(三) 节目改革逐步深化，生产制作能力大幅提升

在改革开放大潮中，西藏广播电视人在宣传改革举措、改革成就的同时，也在不断加强自身改革。改革开放40年来，西藏广播电视在遵循党的新闻宣传工作规律的基础上，为满足受众多元化的需求，不断探索广播电视发展新路，创新节目形态，在宣传机制、节目设置、传播方式等方面大胆创新，继"新闻联播"节目之后先后开办了《新闻直通车》《今晚九点》等10多个藏、汉语新闻类节目，使新闻报道更具时效性和贴近性；《今夜有约》《圣地西藏》《七色风》《生活百分百》《财经播报》《歌声传情》等一大批深受受众喜爱的品牌节目相继开播，使完整的西藏广播电视节目体系逐步形成。仅2017年，《驻村夜话》《西藏诱惑》等广播电视栏目（节目）影响力进一步扩大，新开办了《高原先锋》《空中的祝福》等新闻、文艺、体育等类型栏目，创作了《便民警备站》《喜玛拉雅之灵》等影视剧，拍摄制作《老西藏的人生记忆》《西藏扶贫攻坚纪实》《口述西藏》等纪录片、专题片，译制广播节目12000小时、电影80部、电视剧1600小时。

(四) 对外宣传取得重大成果

改革开放40年来，西藏广播电视始终坚持"以我为主，以正面宣传为主，以事实为依据"的方针，根据国外受众的收听收看习惯，不断创新宣传形式和内容，向全世界讲好中国西藏故事、传播好中国西藏声音。西藏人民广播电台和

西藏电视台每年都能收到国内和瑞典、意大利、尼泊尔、英国、法国、德国、美国、印度、不丹等30多个国家和地区受众的来信。西藏人民广播电台在原有的《对国外藏胞广播》节目的基础上，开办了《中国西藏之声》《圣地西藏》等对外节目，以亲切、自然、拉家常的方式，客观、真实地介绍西藏美丽的风光、悠久的人文历史、独特的风俗习惯和改革开放以来的新面貌、新发展、新变化，受到广大海外受众的欢迎。同时，西藏人民广播电台从1995年5月开始，每月向原中国国际广播电台《中国之窗》提供一期有关西藏的节目，全方位、多侧面地对外宣传西藏，增强了西藏在世界的知名度。2002年9月，西藏电视台藏语频道在尼泊尔落地，受到了尼泊尔观众和旅居尼泊尔藏胞的欢迎。2007年，西藏电视台与深圳广电集团建立了战略合作伙伴关系，在深圳卫视B版（对外频道）上同时挂西藏卫视和深圳卫视台标，推出《在西藏》《七色风》《西藏旅游》的综合栏目《神州风情》，在港澳台落地。特别是近年来，西藏人民广播电台《中国西藏之声》《圣地西藏》等藏语、英语对外广播节目，西藏电视台制作的《人间圣地 天上西藏》《美丽西藏》《多彩西藏》等宣传片、《轮回的草原》《西藏一个隆起的神话》等纪录片，立足西藏发展实际，讲好中国故事西藏篇章，向广大广播电视受众展现了西藏特色美景和人民幸福美满生活。

（五）广播电视与新兴媒体融合发展初见成效

近年来，西藏人民广播电台、西藏电视台全力推进融合发展，发展中国西藏之声网、牦牦TV等新兴媒体，打造全媒体传播矩阵，进一步做强做大"听西藏""看西藏"品牌。如，2015年3月西藏广播电视原创快闪作品《宁嘟拉》（藏语版《喜欢你》）在西藏电视台微信公众号"最心灵"等新兴媒体上热播，在全国各大媒体以及国外许多新闻及网络上产生了重大反响，成为网民关注的焦点。

（六）人才队伍逐步壮大，素质不断提高

改革开放40年来，特别是近年来，随着西藏广播电视事业不断发展，从业队伍不断壮大。目前全区有广播电视从业人员约5000人，逐步形成了一支汇聚行政管理、新闻宣传、艺术创作、工程技术、经营管理等各类人才的从业队伍。据不完全统计，截至目前，西藏广播电视共有近50人获得长江韬奋奖、全国百佳新闻工作者、全国优秀新闻工作者、全国"十佳百优"广播影视理论人才等荣誉称号。一大批优秀采、编、播人员伴随着西藏广播电视的发展而成长，一大批优秀作品脱颖而出。从1984年度开始，西藏广播电视每年都有新闻、专题、文艺等广播电视节目在全国各类评比活动中获奖，据不完全统计，先后有600多篇作品获得国家级大奖，如广播剧《圣旅》获全国"五个一"工程奖，电视专题片《藏北人家》获得国际电视专题片金奖等。

二、改革开放以来西藏广播电视发展的基本经验

党的十一届三中全会以来，在党中央、国务院的亲切关怀下，在国家广电总局和兄弟省、市、区的大力支持和无私援助下，在自治区党委、政府的坚强领导下，西藏广播电视乘着改革开放的强劲东风，紧紧抓住"西新"工程这一重大历史机遇，与时俱进、开拓创新，牢牢把握正确舆论导向，为西藏长足发展和稳定提供了强有力的思想保证、舆论支持和精神动力，在取得显著成绩的基础上，也探索和积累了一些重要的经验。总的说来，改革开放40年来，西藏广播电视发展取得了以下五个方面的基本经验：一是坚持以马列主义、毛泽东思想、邓小平理论、"三个代表"重要思想、科学发展观和习近平新时代中国特色社会主义思想为指导，确保西藏广播电视始终坚持正确的政治方向。牢牢把握正确的舆论导向，始终是广播电视最大的政治、最硬的道理、最根本的任务。改革开放40年来，西藏广播电视始终坚持和巩固马克思主义在意识形态领域的指导地位，始终坚持政治家办台的思想，确保了正确的政治方向。二是中央的关怀，自治区党委政府的高度重视、全国兄弟省市区的无私援助是西藏广播电视长足发展的重要保证。西藏广播电视自从诞生以来，每前进一步都离不开中央的关怀，全国的支援和自治区党委、政府的坚强领导和高度重视。特别是改革开放后，在中央实施"西新"工程以来，国家投入巨资，加快了西藏广播电视事业的发展。同时全国兄弟省、市、区广播电视台对西藏广播电视从人、财、物等方面的援助，对西藏广播电视的发展起到了积极作用。三是坚持团结、稳定、鼓劲，以正面宣传为主的方针，唱响主旋律，打好主动仗。牢牢把握正确舆论导向，坚持守土有责，把好关口、把好度，为建设小康西藏、平安西藏、和谐西藏、生态西藏鼓与呼，从而赢得了自治区党委、政府的充分肯定和广大受众的欢迎、喜爱。四是坚持以藏语为主，突出西藏特色，打造广播电视频率频道品牌、节目品牌和播音员主持人品牌。以特色赢得受众，以品牌占领市场，成为办好西藏广播电视的一条重要经验。五是在改革中发展，在发展中创新，逐步探索适合西藏实际情况的西藏广播电视发展之路。

三、高举习近平新时代中国特色社会主义思想伟大旗帜，推动西藏广播电视融合发展

改革开放40年来，西藏广播电视取得了快速发展。"随着网络新技术新运用新平台的迅猛发展，信息传播和获取越来越快捷，谁的传播手段先进、传播能力强大，谁的思想理念和价值观念就能广为流传，谁就能在掌握话语权上占据主动。"40年，是节点也是起点，在传播形态、传播格局深刻变革、凤凰涅槃的关键阶段，西藏广播电视将如何续写宏伟篇章？以改革开放40年办西藏广播电视

的成功经验为基础，站在新的更高的起点上，继续坚持改革开放，坚持改革，融合发展，仍然是当前需要重点思考的问题之一。

笔者认为，2018年是贯彻党的十九大精神的开局之年，是改革开放40周年。西藏广播电视已进入发展的关键时期，必须在认真总结40年成功经验的基础上，高举习近平新时代中国特色社会主义思想伟大旗帜，全面贯彻党的十九大精神，全力推动西藏广播电视融合发展。

（一）推动西藏广播电视融合发展，首先要做亮主线宣传，做好正面宣传，进一步提高广播电视舆论引导能力

意识形态决定文化前进方向和发展道路，对一个政党、一个国家、一个民族的生存和发展至关重要。党的十八大以来，以习近平同志为核心的党中央高度重视意识形态工作。广播电视在意识形态工作中的地位和作用不断增强，影响不断扩大，责任更加重大。意识形态工作和广播电视融合发展迫切要求西藏广播电视做亮主线宣传，做好正面宣传，进一步提高广播电视舆论引导能力。西藏广播电视在做亮主线宣传，做好正面宣传的基础上，要认真履行"48字"职责、使命，积极推进宣传方式、方法创新，推进广播电视"头条"建设和新媒体"首页首屏首条"建设，进一步健全重大宣传报道一体化统筹机制，建设全区广播电视新闻宣传协作平台，提高主流舆论和正面声音的传播效果。遵循新闻传播规律，在内容策划、选题设置上下大力气，把笔触、镜头和话筒对准人民群众，组织好典型宣传，善于用讲故事的方式做宣传报道，使新闻报道更加接地气、有人气。

（二）推动西藏广播电视融合发展，第二要加强精品力作创作生产，为人民群众提供丰富精神食粮

习近平总书记在党的十九大上提出"中国特色社会主义进入新时代，我国主要矛盾已经转化为人民日益增长的美好生活需要和不平衡、不充分发展之间的矛盾"。满足人民过上美好生活的新期待，必须提供丰富的精神食粮。目前广播电视处于内容为王的新媒体时代。这些都要求西藏广播电视加强精品力作创作生产，为人民群众提供丰富精神食粮。要深耕中国特色社会主义进入新时代为创作提供的丰厚土壤，用好西藏悠久厚重的历史文化、改革发展的伟大实践、各族人民艰苦奋斗的实践创造为创作提供的不竭源泉，以现实题材为重点，以国家广电总局"记录新时代工程"为契机，创作生产出更多体现当代中国价值观念、具有西藏地域特色和民族特点的优秀作品。

（三）推动西藏广播电视融合发展，要全力推进广播电视和中国西藏之声网、牦牦TV等新兴媒体深度融合，建设成具有西藏特色的广播电视新型媒体

"媒体融合发展，关键是融为一体、合而为一"。西藏广播电视要紧抓住国家广电总局实施"智慧新闻出版广电战略"新机遇，以西藏人民广播电台、西

藏电视台为重点，建设具有广播电视特点的"中央厨房"融媒体中心，再造采编发流程，形成"一次采集、多种产品、多媒体传播"的广播电视格局。以中国西藏之声网、牦牦TV等网站为基础，探索建设西藏网络广播电视台，突出广播电视音视频优势和特色，塑造"听西藏""看西藏"音视频品牌，打造新型主流媒体。

（作者系西藏自治区广播电视收听收看中心主任记者）

"过去未去,未来已来":改革开放 40 年广电事业发展回眸与展望

蔡之国　王文瑾

20 世纪 20 年代初期,无线电广播开始传入我国。1940 年 12 月 30 日,延安新华广播电台的播音,成为我党领导的人民广播事业的开始;1958 年 9 月 2 日,北京电视台(中央电视台前身)的正式开播,标志着我国电视事业的起步。新中国成立后,特别是改革开放 40 年来,我国广播电视事业获得迅猛发展,已经形成中央、省级、地市级、县级等四级广播电视播出机构并存的发展格局,建构起以传统广播电视台为主并向新媒体延伸的传播体系,以及国有资本主导、多种所有制协同发展的产业链体系,成为宣传党和国家政策、传播新闻信息、提供文化娱乐的主阵地,并在我国政治、经济、文化、生活等诸多领域发挥着不可替代的传播与引导作用。改革开放 40 年的广电媒体在迅速壮大的同时,却在传媒政策及媒介技术变革中遭遇着钱穆先生所说的"过去未去,未来已来"的生存发展境遇。

一、1978 年至 21 世纪初的广电媒体:在政策调整中发展与转型

1978 年党的十一届三中全会确立了"解放思想、实事求是"的思想路线,将对内改革、对外开放作为我国发展的一项基本国策,我国开始进入以经济建设为中心的新阶段。广播电视业也在国家广电政策的调整中实现着从原先的行政事业管理向"事业性质,企业化管理"的转型发展。

(一)"四级办台"广电事业新格局的形成

1983 年 3 月 31 日召开的第 11 次全国广播电视工作会议提出了四级办广播电视的方针,在此政策指引下,我国广播电视业开始实行中央、省(市、区)、市(地、州)、县四级办广播、四级办电视、四级混合覆盖的调整建设战略,这极大地推动了我国广播电视事业的发展,广播电视台的数量也从 1980 年的广播电台 106 座、电视台 38 座、广播电视发射台和转播台 2469 座发展为 1996 年的广播电台 1320 座、电视台 2827 座(其中无线电视台 961 座、有线电视台 715 座、企业有线电视台 558 座、教育电视台 593 座),广播电视人口覆盖率也从 1980 年

的53%（广播）、45%（电视）迅速提高到1996年的84.2%（广播）和86.2%（电视），并随着卫星传播技术、有线电视的发展最终基本实现了广播电视人口的全覆盖。虽然四级办广播电视存在重复建设、重复覆盖等问题，却也在某种程度上促进了中国广播电视事业的迅速发展，并形成四级广电媒体并存发展的新格局。

（二）向"事业性质，企业化管理"的转型发展

1978年，《人民日报》等新闻媒体试点"事业性质，企业化管理"的改革，稍后，广播电视媒体也开始从纯事业单位性质向"事业性质，企业化管理"的体制转向。1979年1月28日，上海电视台播出《上海电视台即日起受理广告业务》的幻灯片并播出我国电视业第一条商业广告"参桂补酒"，这既是被美联社、路透社等媒体评论为"中国开放的信号"，也是广播电视媒介向产业化发展的先导标志。随着中宣部下发《关于报刊、广播、电视台刊登和播放外国商品广告的通知》（1979）、国务院发布《广告管理暂行条例》（1982）等政策的出台，广播电视台的广告收入也日渐提高，比如1987年中央电视台广告收入为2700万元，高出国家财政投入的两倍之多，这使得广播电视"事业性质，企业化管理"的体制转型逐渐为人所接受，并在1992年党的十四大确立社会主义经济体制后成为媒介体制改革的共识。"事业性质，企业化管理"的媒介体制转型虽然减轻了国家财政负担，加速了媒介的内部改革，促进了节目内容的优化及广电事业的产业化发展，但既具有行政管理体制又具有企业化运营的市场机制，既要承担党的宣传功能又要进行企业化竞争的媒体体制，必然使得广电媒体或在行政管理与市场竞争中左右摇摆，或在政治性与市场化中徘徊，并随着媒体竞争的加剧而愈发发展艰难。

（三）在竞争中内部结构与节目质量得以优化

"事业性质，企业化管理"的广电媒体体制加速了媒体之间的竞争，并促使广电媒体进行内部结构调整与节目质量的提升。广电媒体根据中办、国办下发的《关于加强新闻出版广播电视业管理的通知》（1996）、《关于转发〈中央宣传部、国家广电总局、新闻出版总署关于深化新闻出版广播影视业改革的若干意见〉的通知》（2001）等精神，从1996年开始加快无线电视台、有线电视台甚或广播电台的合并与整合，甚至成立广播电视集团，如1999年成立全国第一家广播电视集团——无锡广播电视集团。这样，广播电视播出机构的数量得到有效控制，以致在2001年年底全国共有广播电台304家、电视台354家。合并后的广电媒体为应对媒体竞争，纷纷调整组织机构及优化人员构成，提升广电媒体的管理与运营。不仅如此，广电媒体还在满足党委宣传工作要求的同时，使出浑身解数来优化节目质量，提升传播效果，以进一步满足受众的需要。比如众多广播

电视台或打破原有的事业单位身份而招兵买马、招贤纳士，或通过对受众的市场细分并办多电视频道以满足受众分众化的现实，或由以往的新闻、社教、综艺等电视节目的"三驾马车"向访谈节目、真人秀、电视活动等更多电视节目形态延伸，或加强对海外广播电视节目的借鉴、引进与本土化改造以及挖掘本土文化资源进行电视节目的创新，或通过加大对广告商的招揽、多元化经营甚或如湖南电广传媒一样进行上市融资以获得竞争的物质基础……广电媒体在竞争中获得发展，在竞争中实现了分化，有的电视媒体在竞争中脱颖而出，有的则在竞争中显得较为贫乏，这种局面尤其在电视媒体上星后更为明显。

二、21世纪初至今的广电媒体：在数字化生存中融合与创新

尼葛洛庞帝在《数字化生存》中指出，数字化将分散权力、全球化和赋予权力。互联网技术的发展，将人类社会引入到一个自由、互动的媒介体系当中，这在赋予受众更多权力的同时也分散了传统媒体的权力与竞争力。于是，21世纪以来的广电媒体在坚守广电本位、创新创优节目形态的同时，也开始了"+互联网"的延伸与融合，特别是在2014年中央全面深化改革领导小组第四次会议审议通过《关于推动传统媒体和新兴媒体融合发展的指导意见》后，"强化互联网思维，坚持传统媒体和新兴媒体优势互补、一体发展，坚持先进技术为支撑、内容建设为根本，推动传统媒体和新兴媒体在内容、渠道、平台、经营、管理等方面的深度融合，着力打造一批形态多样、手段先进、具有竞争力的新型主流媒体，建成几家拥有强大实力和传播力、公信力、影响力的新型媒体集团，形成立体多样、融合发展的现代传播体系"，已成为广电媒体的共识及努力的方向。

（一）在深化内部改革中强化"内容为王"

传统媒体竞争的加剧以及互联网的介入，使广播电视台面临很大的竞争压力。为了应对竞争，诸多广播电视台加大内部机制与体制的革新，或整合频道资源，或统管广告和财务，或采用聘任制、制片人制甚至制播分离制等，不断调整优化内部结构，激活媒介活力，为参与媒介竞争奠定基础。不仅如此，"内容为王"、创新创优、"品牌化"、首播独播、经济收入等关键词愈发成为媒介生存与发展的共识。各家广播电视台一方面在加大电视剧购买的同时，还加强首播权的购买以及自制剧、独播剧的生产，如湖南广播电视台推出的"金鹰独播剧场"就是通过播放《还珠格格》《宫》《大长今》《人民的名义》等赢得了极高的口碑和极佳的经济收入；另一方面，各家电视台还通过借鉴、引进、本土化改造及创新等方式加快电视栏目或节目的创办，甚或出现一家广播电视台或频道依靠一两个优质栏目来拉动节目收视率并实现较高经济收入的媒介景观。比如被誉为"湖南电视现象""广电湘军"的湖南广播电视台，就是通过引进、创新、创优

了一大批节目,如《快乐大本营》《超级女声》《偶像来了》《爸爸去哪儿》《我想和你唱》《中餐厅》等,"成为推动中国电视发展的重要力量";浙江卫视也是依凭《中国好声音》《奔跑吧,兄弟》等电视栏目极大地拉升了收视率,实现了电视媒体知名度和经济收入的双提升。应该说,各家电视台通过努力打造"品牌化"或"现象级"电视栏目而成为媒介竞争的利器,在实现良好口碑的同时也实现了较好的经济收入。不过,值得注意的是,随着媒介竞争的加剧,电视剧播映权的费用大增,电视节目的生产成本也急剧上升,很多广播电视台出现"收视叫好而经济效益不佳"的状况,并影响着广播电视台的可持续发展。

(二)在媒介融合中实现台台合并及台网联动

媒介融合是当下媒体发展的必然趋向,广电媒体也与时俱进,在加强台台合并整合的同时也加快运用最新传播技术武装广电媒体,努力构建起媒介融合发展的现代传播新体系。首先,广播电视台的合并与整合步伐在继续。在《国家广电总局关于印发〈国家广电总局广播影视改革工作实施方案〉的通知》(2006)、《关于规范广播电台、电视台两台合并有关问题的通知》(2007)、《中共中央办公厅、国务院办公厅关于印发〈深化文化体制改革实施方案〉的通知》(2014)等政策的推动下,21世纪继续进行传统媒体的台台合并,比如2014年成立的广东广播电视台就是由原广东电视台、广东人民广播电台、南方电视台、南方广播影视传媒集团、广东省广播电视技术中心整合组建而成;再如2018年成立的中央广播电视总台是由原中央电视台、中央人民广播电台、中国国际广播电台合并组建而成。为增强广播电视媒体整体实力和竞争力而进行的台台合并、整合,有助于通过媒介资源整合降低重复投资,有助于打造更具竞争力的主流媒体,提升广电媒体的传播力、影响力和引导力。其次,广电媒体基本构建起广电、网站、客户端、微博、微信公众号等诸多媒介融合发展的矩阵格局雏形。虽然中央与地方广电媒体在媒介融合的矩阵格局上存在着发展差异,虽然广电媒体的融合矩阵也存在内容同质化等问题,但媒介融合、矩阵传播的格局已经初步形成,并日渐发挥传播威力。比如"央视新闻"客户端截至2017年年底下载量已达6000万次,"央视新闻"微信公众号在中国时事类微信公众号影响力排行榜中位居第二,其发文数量、用户阅读量、互动数等都位居前列;再如湖南卫视与芒果TV实现双核驱动,齿轮效应较为显著,而芒果TV流量与用户实现双跨越,成为党媒旗下用户规模最大的视听新媒体平台。应该说,"台网端微"是广电媒体基于现有媒体结构而进行的媒体延伸,表现出从"相加"到"相融"的媒介变革努力。再有,"中央厨房式"业务运营机制开始了从点到面的实践性运作。"中央厨房"在纸质媒体实验运营后被广电媒体纳入融媒体架构之中,是连接广电媒体与网络资源的信息共享通道。2017年2月,中央电视台发布成立"央视新闻移动网"，该网将用户互动平台与通稿系统、媒资系统整合为一，实现了采编内容共享、多媒体协同制作、多平台整合发布、大数据用户生成内容，实现了广播电视与网络媒体的深度融合。省、市级广播电视台也借鉴央视经验，开启了"中央厨房"建设项目，目前已有18个省、市的"中央厨房"上线运行。虽然"中央厨房"在运作实践中还存在协同合作意识差、子媒体竞争加剧、维护成本高、内容同质化、记者采写压力大等问题，但随着内部体制的调整与革新，其运营将逐步获得改善。另外，台网联动成为媒介融合的新形式。"电视+互联网""电视+手机"的台网联动、跨屏传播打破了传统电视传播的桎梏，在互动中实现了受众参与，成为媒介融合的实践典范。比如中央电视台在"纪念抗战胜利70周年大阅兵直播报道""全国两会直播报道"等重大活动中实现了"台中有网，网中有台"的多屏互动、立体传播。

（三）在多元化经营中努力实现经济收入

媒介竞争的加剧使广电媒体面临受众流失、广告收入下降的不利局面，这使2002年以来没有财政拨款、多依凭广告收入和有线电视收费作为经济来源支撑的广电媒体不堪重负，于是，多元化经营成为广电媒体的不二选择。首先，广播电视台将多元化经营触角伸向"商业销售""技术研发""衍生品售卖""影视制作"、户外广告等与媒体技术相关的行业。其次，一些广电媒体还从事房地产开发、旅游、影视剧投资、网络服务、展览展台搭建等行业，努力通过多元化经营创造经济收入，为广电媒体的运营与发展助力。比如上海文广集团的业务构成除了广电媒体的广告运营、有线收费之外，还有上海东方明珠广播电视塔、上海电影集团公司、上海文广演艺中心、文广科技发展公司等多元化产业，其占比重也逐年提高；而单独组建多元产业经营平台的重庆广播电视集团则拥有以网络创新为重点的频道产业和以内容制作为重点的个体产业、以旅游房地产为重点的关联产业，形成了颇具竞争力的多元化产业结构，其多元化经营收入甚至已经超过广告收入。值得注意的是，广电媒体的相关企业如湖北广电、江苏有线、广西广电、幸福蓝海等的上市，则通过直接融资方式为广电媒体的发展奠定了资本基础。

三、"新时代"后的广电展望：在改革创新中挑战危机

"事业性质，企业化管理"的广电媒体既要强化党媒的喉舌责任又要参与媒介竞争，实现经济效益，这种独特体制随着互联网媒体的参与竞争而生存发展愈发艰难，而传统媒体裁员、关停的信息也似乎印证着广电媒体面临的更为严峻的挑战：传统广电媒体的收入模式还较为单一，广告收入大幅度缩水已经成为常态；广电媒体的新媒体运营状况也不是很乐观；广电媒体的传播力、影响力、引导力也呈现出下降的态势；……可以说，广电媒体处于危机四伏的时代，在

"过去未去，未来已来"的媒介现实中展望未来，"新时代"的广电媒体需在守护党的传播阵地的同时，冷静思考"未去"的和"已来"的、"不变"与"变化"的媒介生态，改革创新，砥砺奋进，化"危"为"机"，在新时代实现新发展和新跨越。

（一）在守护阵地中进行广电媒体体制机制的革新

严格地说，作为党媒的广播电视台不可能完全走向市场，还将是体制内的一块"事业"和产业。为此，坚持新闻立台，积极做党和政府声音的传播者、社会主流价值的弘扬者、"两效统一"的践行者是任何时候、任何情况都必须要高举、稳举的旗帜。不过，在坚持党管媒体、弘扬国家意识形态的前提下，广播电视台现存的领导任命制、不同业态的相对独立、内部存在的恶性竞争、宣传和市场无法有效平衡等问题都会影响着广电媒体的竞争力、传播力和经济收入的实现。为此，如何将"事业单位"的行政资源与"企业化管理"的市场化资源有效整合起来，如何将党媒性质与受众接受联结起来，如何将分属不同管理部门的报纸、广播电视及其分别建立的网络媒体融合发展起来，如何将社会责任与经济效益结合起来，等等，将是未来广电媒体体制、机制改革要思考并着力解决的关键问题。

（二）在媒介融合发展中实现广电媒体话语权的争夺

话语权，简而言之就是说话权，即控制舆论的权力。习近平总书记指出："读者在哪里，受众在哪里，宣传报道的触角就要伸向哪里，宣传思想工作的着力点和落脚点就要放在哪里。"媒介作为传播信息的桥梁，在信息传播中具有第一位的意义，广电媒体必须坚持"受众在哪儿，媒体就延伸到哪儿"的原则布局信息传播媒介。不过，当下广电媒体的传播媒介发展还无法完全跟上媒介变革的节奏，比如当广电媒体还在发展网络媒体的时候，互联网的主战场已经转向移动互联；而当广电媒体转向移动互联的时候，互联网巨头却已转向人工智能、大数据快速发展的万物互联。因此，要争夺话语权，广电媒体首要的是把握媒介技术变革趋向，紧跟甚或率先创建更新型、更为受众接受的传播媒体，这是广电媒体掌握传播话语权的前提和关键。不仅如此，传播媒体的融合只是当下媒介融合理论的一种方式，按照浦尔、戈登、弗瑞兹·克鲁普等媒介融合学者对媒介融合的阐释，媒介融合还包括媒体机构的融合、信息生产的融合、信息呈现的融合等，虽然我国广电媒体比如新近成立的中央广播电视总台通过台台合并实现了媒体机构的合并，并通过台网端微的建构、"中央厨房"的运行、音视频与文字的信息呈现等媒介融合实践，表现出创建新型主流媒体以及与网络媒体展开对话语权争夺的努力，但综观我国众多广电媒体的媒介融合更多的还是电视"+互联网"的思维，尚未真正从媒介融合的角度进行更深层意义上的融合发展实践，并且分属不同行政单位的条块分割更是影响着真正意义上的媒介融合发展。为此，未来广电媒体将在适应甚或创新媒介技术变革以满足用户需要的角度进行信息生产、信息语言呈现、信息传播媒介等融合外，还将会在市场特别是行政力量的推动下实现媒体机构的大合并、大整合（包括将分属不同行政单位领导的媒体，比如将广电、报纸等进行整合），或者实现跨区域的媒体之间的合作或者协作，以进一步构建新型主流媒体，掌握媒介传播话语权，促进媒体传播力、影响力、引导力、公信力的实现。

（三）在创新创优节目生产中实现广电媒体的传播力

创新力形成竞争力，竞争力形成影响力与传播力。创新电视栏目或节目是广电媒体永葆竞争力、传播力的生命源泉，也是主流媒体实现文化自觉、文化自信、文化自强的不二法宝。比如中央电视台从2012年大力实施创新战略，加大创新力度，创办了诸如《谢天谢地你来了》《梦想合唱团》《中国诗词大会》《朗读者》等栏目，表现出极强的竞争力与传播力；再如湖南电视台的《超级女声》《我想和你唱》等电视栏目也曾引发全民的狂欢……但不可否认的是，我国广电媒体的总体创新能力还稍嫌不足，原创又有传播力的节目更是少之又少。为此，加快创新创优人才队伍的培养，消除阻碍创新体制、机制的束缚，打造面向全民的开放式创新平台，构建规范有序的创新管理体系，建立以旗舰频道或者品牌栏目为核心的创新研发机制，在提高广电媒体经济收入的同时提高经济效益等，是广电媒体提高创新节目生产、实现节目竞争力和传播力以及可持续发展的未来努力方向。

（四）在加强版权保护中呵护广电媒体的生命力

版权是广电媒体生存的根本，而加强版权保护则是实现版权管理并保障广电媒体生命力的重要途径。不过，网络及新媒体对广电媒体的新闻、优质栏目的转载侵权行为极为普遍，这种盗卖广电媒体的产品去盈利的行为虽然提升了广电媒体产品的传播范围，但无疑会降低广电媒体的收视率、影响力和经济收入。比如中央电视台因为网络侵权所造成的经济损失每年高达几亿元，而湖南卫视、浙江卫视、江苏卫视等诸多广播电视台因优质节目版权被侵犯也面临多方面的惨重损失。为此，国家未来将会加大对广电媒体知识产权、版权的保护，构建起广电媒体版权运营保障体系，制定出完善的版权管理制度、侵权监测制度及维权处理制度，以进一步打击侵犯知识产权、版权而危害广电媒体事业的行为，确保广电媒体的生命力。

结束语

回眸过去，"过去未去"，"事业性质，企业化管理"的广电媒体在宣传和市场化中徘徊，并面临越来越激烈的市场竞争；展望未来，"未来已来"，互联网的强劲崛起使作为党媒的广电媒体无论是话语权还是传播力、影响力、经济收入都面临极大的压力。为此,面对"过去未去"的"不变"以及"未来已来"的"变",广电媒体不应故步自封,因循守旧,而应该勇于面对严峻的挑战,勇于改革,敢于创新,在冷静中砥砺前行,在竞争中争夺话语权,在创新创优中实现传播力,才能实现坚守政治方向与创造经济效益的双赢。或许,谁率先把握了广电媒体未来的变革走向,谁就赢得了竞争的先机,成为有传播力、影响力、引导力和经济效益的新型主流媒体。

(作者单位:扬州大学新闻与传媒学院)

浅谈广播呼号在我国广播事业发展不同阶段所呈现的时代特征

陈健声

引言

呼号的英文单词是"call lettles",起初是专指广播电台名称的字母代号。1920年11月2日,由美国匹兹堡西屋电器公司开办的商业广播电台开始播音,呼号为KDKA。它被公认为世界上第一座广播电台。它的开播,标志着世界广播事业的诞生。此后,美国广播电台的呼号都是美国联邦通讯委员会指定的以W或K开头的三到四个字母,用以区分美国所有的电台。[①] 其他国家的电台被指定使用其他字母,中国的电台呼号以字母X开头。

中国的广播电台曾经在一段时期内使用过四个字母的呼号,例如延安新华广播电台使用XNCR作为呼号。时至今日,我国的广播电台几乎不再使用字母呼号,所谓"呼号"基本与广播电台频率和电视台频道名称相混淆。[②]

广播电台的呼号相当于电台的一张身份证,在实际使用中,成为听众区分不同频率、建立对电台印象的有效方式。广播播出机构的呼号已经日益成为频道专业化和品牌塑造的重要元素。呼号分电台呼号和频率呼号,一般在没有确指的情况下,呼号都是指电台呼号。本文试图用翔实的例证,厘清我国广播电台呼号发展的沿革,用全景式的扫描呈现广播呼号在我国广播事业发展不同阶段的时代特征。

呼号(电台呼号)

新中国电台发展的初期,电台数目少、频率资源少、电台类型单一,很多地方电台往往只有一个频率,这个时候电台的呼号很简单,就是电台的名称。根据

---

① [美] 苏珊·泰勒、伊斯特曼、道格拉斯·A·弗格森:《电子媒介节目设计与运营:战略与实践(第六版)》,谢新洲等译,北京大学出版社2005年版,第555页。
② 维基百科:《无线电台呼号》,https://zh.wikipedia.org/wiki/%E6%97%A0%E7%BA%BF%E7%94%B5%E5%8F%B0%E5%91%BC%E5%8F%B7.

《广播电台电视台审批管理办法》第十条的规定：广播电台、电视台的台名、呼号等原则上应与国务院确定的行政区划名称一致。① 20世纪90年代贺州人民广播电台开播之初，当时只有FM93.0兆赫一个频率，呼号就是"贺州人民广播电台"。有时候一个电台会针对不同的收听对象使用不同的呼号。比如，中央人民广播电台在1950年正式开办对国外广播时，对外广播用的呼号是北京广播电台，对海外华侨广播的呼号是中央人民广播电台。

随着我国广播事业的发展，尤其是珠江经济电台的开播掀起了各级广播电台设立系列台的潮流，新频率在全国遍地开花，一个电台往往拥有多个专业频率。这个时候电台的呼号已经无法对旗下的所有频率做出有效区隔，频率呼号开始广泛使用。频率呼号一般是由原国家新闻出版广电总局批准的电台名称加频率名称（简称）组成。一个电台呼号下对应多个频道名称，构成频道呼号，表明频率定位，便于频率区分。比如，广西人民广播电台各套广播节目的频率呼号分别为：广西人民广播电台综合广播、广西人民广播电台经济广播、广西人民广播电台教育广播、广西人民广播电台文艺广播、广西人民广播电台交通广播。上海作为我国第一个拥有两个省级广播电台的省级行政区，早在2002年7月，当时的上海文广新闻传媒集团所属十套广播节目全部启用新呼号播音，开启了上海广播频率专业化改革。当时在"上海人民广播电台"的呼号下有新闻、交通、文艺、戏剧四个频率；"上海东方广播电台"的呼号下有新闻综合、金色、流行音乐、综合音乐、财经、浦江之声等六套广播节目。

2006年，国家广电总局《关于印发〈国家广电总局广播影视改革工作实施方案〉的通知》中对"推进地方电视台、广播电台体制改革，实行资源整合，广播、电视合并"作了部署。按照改革部署，全国广播影视系统着眼于资源有机整合，一直在积极稳妥、规范有序地推进广播电台、电视台合并，组建广播电视台的改革。截至2017年年底，全国所有县级、地市级、副省级广播电台、电视台已经完成合并，已有27个省（市、区）完成省级广播电台、电视台合并的改革任务。西藏、新疆未列入文化体制改革范围，只有吉林、广西两省区尚未完成。

完成合并改革的各省级广播电视台对于呼号的处置有两种情况：一种是保留广播节目和电视节目的原有呼号，另一种是广播节目和电视节目统一呼号。除去还未改革合并的五家省级电台，在已完成合并改革的27家省级广播电视台中，呼号统一呼"××广播电视台"的有14家，保留原人民广播电台呼号的有13

---

① 国家广播电影电视总局：《广播电台电视台审批管理办法》，http://www.sarft.gov.cn/art/2004/9/24/art_ 1583_ 26293. html.

家。早在2001年6月，江苏省广播电视总台（集团）成立之时，"江苏人民广播电台"改称江苏省广播电视总台广播传媒中心，保留"江苏人民广播电台"呼号。但是现在下属的各广播频率已经统一改呼号为"江苏省广播电视总台"，不再呼"江苏人民广播电台"。2009年10月21日，原上海文广新闻传媒集团更名为上海广播电视台，原先分别在"上海人民广播电台"和"上海东方广播电台"两个呼号下的各套广播节目，都统一呼号为"上海人民广播电台"。

除省级之外的各地方广播电视播出机构合并、组建广播电视台后，电视节目和广播节目的呼号大都统一为"××广播电视台"。2016年3月，国家新闻出版广电总局批复同意贺州市广播电视台各套广播、电视节目统一呼号为"贺州广播电视台"，两套广播频率播出时分别呼"贺州广播电视台综合广播"和"贺州广播电视台交通音乐广播"。

频率呼号

2002年，中央人民广播电台"音乐之声"的开播，标志着我国广播事业进入了类型化时代，各级广播电台相当多的现有频率都进行了类型化的改革，新开播的频率也往往以类型化的面目呈现：新闻、交通、音乐、文艺、生活、经济、农村、旅游等，不一而足。但与此同时，我国电台频率名称的同质化现象日益突出，比如在同一个区域范围内往往能同时收听到好几套音乐频率，频率名称和呼号都是"××音乐台""××音乐广播"，频率名称的同质化不利于受众在各频率间做出有效区隔，也严重影响到各频率品牌形象的建立。一些电台解决办法就是换一个全新的，简单、响亮的频率呼号——新的频率呼号要朗朗上口、易记、易识别、尽可能明白无误地体现出频率的风格、定位等信息，在本地收听市场中要有唯一性。比如中央人民广播电台第三套节目类型化改革后直接改频率呼号为"音乐之声"，结果一炮打响，成为中国广播事业发展中的重要里程碑。

但是广播电视播出机构所开办的频道（率）的名称、呼号等要符合国家广电总局要求，不得有擅自调整频道（率）名称、定位、呼号等违规行为。于是相当多的广播频率在原有的频率呼号后缀一个短称谓，对频率进行再区隔。这个短称谓或是频率简称，或是能体现频率本身内涵延展的一个词语——经常是在其他流行文化因素和频率之间建立联系。短称谓要求一定是响亮、简短、易记。比如："杭州交通经济广播——交通91.8"和"深圳人民广播电台生活广播——生活942"，短称谓中的"交通"和"生活"都是本频率定位和简称，简单上口，重复使用以强化频率定位；还有"江苏经典流行音乐广播——经典975"和"江苏音乐广播——魅力897"，短称谓中的"经典"和"魅力"这两个词都是最能代表两个频率本身内涵的延展。并且在这样的短称谓中，通常都会和频段位置结合起来，这样受众无论以何种方式接触到频率呼号的同时也就知晓其收听频率，让信息传播更有效率。再比如广西人民广播电台的"新闻910""私家车930""950Music Radio""970女主播电台""交通1003"和新成立的"摩登104"等频率莫不如此。另外,频率收听频段也可以单独和频率呼号组合在一起,比如"上海交通广播1057"就深入人心。在频率的实际运作中,代表频率的简短称谓既可以和频率呼号结合在一起使用,也可以单独使用,起到呼号的作用。

还有些广播频率在原有频率呼号的基础上再加上一个短称谓,是因为这些频率经过多次改版转型,或是与联播网合作经营,原有频率呼号已经体现不出当前的频率定位,原频率呼号和现频率定位甚至是南辕北辙。受制于国家相关的法律法规的相关规定,只能在频率呼号后缀一个短称谓,重新表明频率的定位,进行品牌的推广。比如"私家车930"之于广西教育广播、"970女主播电台"之于广西经济广播,还有全国其他许多电台的频率都是这种情况,它们往往只是在每个整点呼号一次频率的正式名称,其他的时间以及线下的推广中都只使用代表现在频率形象定位的短称谓,起到呼号的作用,让频率形象和定位的传播更加直接有效。

现在很多类型化的音乐电台的频率呼号后面都会连缀一个简短的英文称谓,比如四川人民广播电台岷江音乐 iRadio、广州广播电视台青少年广播 My FM880、上海人民广播电台经典金曲广播 Love Radio103.7、北京人民广播电台 Metro Radio 动听调频,以及 Hit FM 和 KFM981。频率使用英文称谓,很大程度上是因为类型化电台本来就是舶来品,而美国的音乐电台很早就意识到上口呼号的价值,现在几乎每个城市都有"Magic""Kiss"和"Mix"这样的呼号,这些呼号容易区分、容易记忆,所以收听率很高。把国外一套成熟的类型化音乐电台的运作模式借鉴过来,取一个响亮的英文名字也是顺应潮流的选择,而且 Hit FM、Metro Radio、KFM981 定位本来就是欧美流行音乐专业频率。另外,在呼号中夹杂英文也是因为英语的简洁性、不可替代性,以及符合人们追求新颖、时髦的心理特点。英文称谓的命名格式基本都是用最能代表频率风格定位的一个英文单词或英文字母加上单词 FM 或 radio 组合而成,希望以此在受众心目中确立起时尚、前卫的频率形象。2007 年,台湾的中广音乐网 Wave Radio 更名为 i radio,频道的运营者认为 i radio 具有数字、现代等前瞻性的意涵,也代表自我、个性。[①]

还有很多广播频率的频率名称比较长,而且拗口、难记、不易传播,为了快速建立起频率的品牌形象,一些频率在全天的节目中不再呼完整的频率呼号,或是减少频率呼号的频次,而是直接使用一个代表频率身份的简短称谓,让呼号语言更有冲击力。如:中国国际广播电台国际流行音乐广播全天节目只呼"Hit

---

① 中广频道家族-音乐网,http://www.bcc.com.tw/investor/about-9.html.

FM"；上海人民广播电台流行音乐频率动感101，只在全天节目开播时呼一次呼号，其他时间里只是把频率口号和频率短称谓组合在一起反复强调"大声听音乐，动感101"；深圳人民广播电台生活广播全天节目中更是只使用"生活942，生活就是爱"这一短称谓和口号的组合。在频率的实际运作中，这些响亮的简短称谓实际已经取代了呼号，并赋予了这些频率与众不同的个性，常常与富有感染力的频率口号组合在一起，不断强化受众印象，极具煽动性。但是这种做法有擅自变更频率呼号的嫌疑。

同一广播电台旗下的所有频率的呼号都尽量采用统一的命名格式，整齐划一，形成频率品牌宣传的集群效应。比如中央人民广播电台几乎所有频率的呼号都是"××之声"——中国之声、经济之声、音乐之声、都市之声、中华之声、神州之声、民族之声、华夏之声、香港之声、文艺之声、老年之声、中国乡村之声——以定位为中国国家新闻广播的"中国之声"为龙头，所有频率呼号格式统一，都能明白无误地体现出频率的定位、服务的对象等信息，展现出中央人民广播电台权威、全面的国家级电台风范，表明了中央人民广播电台在中国广播事业中的旗舰地位。

广播是传播声音的媒介，呼号顾名思义就是电台或频率名称的语言化表达。呼号是电台（频率）听觉识别系统 AI（Audio Identity）中的重要听觉要素之一。[1] 在一个信息流井喷的时代，一个拗口的呼号和一个上口的呼号之优劣，不言自明。现在的广播频率越来越意识到上口的呼号的价值——容易区分、容易记忆。这也是现行的电台呼号加频率名称的频率呼号命名方式欠缺的地方。现在广播市场中那些处于领先位置、收听率高的电台频率，他们的呼号往往都是朗朗上口的。越来越多的电台频率都把频率呼号和频率短称谓结合在一起使用，但在实际操作中往往打擦边球，弱化原有的频率呼号，不断强化频率短称谓的推广与使用。

呼号使用的规范化

正确使用频率频道名称、呼号等是广播电台频率基本运行规范，也是广播媒体打造专业特色、塑造品牌形象的重要元素。随着广播事业改革的不断深入，部分广播频率仍存在未经批准变更频率频道名称、呼号等问题，广播电台频率呼号使用不够规范的现象仍存在，在频道呼号的使用上打擦边球，少呼或不呼法定呼号的现象突出。广西壮族自治区新闻出版广电局在2015年4月发文强调：严禁擅自变更频率呼号，各广播电台频率呼号须按照《广播电视播出机构许可证》

---

[1] 董畅：《广播节目策划与制作》，中国传媒大学出版社2007年版，第36页。

《广播电视频率频道许可证》载明的内容规范使用,并于准点播报。[①]无论是在电台节目中,还是社交媒体、网站或是其他一些途径的推广中,广播频率的名称或呼号都要保持一致,不能换一个地儿就换一种说法。主持人在节目中对频率名称和呼号的使用中一定要避免一些似是而非、含混不清的提法。频率规范呼号应该在直播间、录音间等重要场所张贴或标注,方便工作人员记忆、使用。主管部门在加强监督管理的同时,各级广播电台也要充分认识规范使用频率频道名称、呼号重要性和必要性,保证广播事业健康、有序发展。

结语

纵观我国广播事业的发展历程,大多数广播电台呼号的使用都是非常规范、严谨的,而且其历史沿革脉络清晰、传承有序,广播呼号在我国广播事业发展的不同阶段中呈现出不同的时代特征。随着时代的发展,同一呼号的内涵或外延会有所变化。比如,2015年11月8日,山东广播电视台综合广播恢复呼号为"山东人民广播电台",但是这里的"山东人民广播电台"只是频率呼号,而不是以前可以代表整个广播电台的呼号了。现在我国广播事业进入了发展的快车道,新的频率不断涌现,类型化改革方兴未艾,新的频率类型、新的节目样式层出不穷,各级广播频率面貌为之一新。但频率的新形象、新定位往往与原有频率呼号产生错位,未经批准变更频率频道名称、呼号等问题屡见不鲜,广播电台频率呼号使用不够规范的现象仍存在。在加强监督管理、规范现有各套广播的播出呼号的前提下,如何打造出受听众喜爱、有个性、有品质的广播频率,很多电台也都做出了有益探索。当然,如何在行业监管的理性和频率运营的个性间寻找到一种平衡,这也是考验行业监管者和广播从业者智慧的一个新课题。

(作者单位:广西贺州人民广播电台)

[①] 自治区新闻出版广电局办公室:《自治区新闻出版广电局对规范区内广播电台频率呼号提出新要求》,http://www.gxpprft.gov.cn/index.php?m=content&c=index&a=show&catid=37&id=16845.

见微知著看变化

——以甘州广播电视台《甘州百村行》为例

门晓峰　朱兴忠

如何做好纪念改革开放40周年的宣传是各级媒体今年的重头戏，40年来神州大地处处都发生了深刻的变化，各行各业都有值得大书特书的先进典型事迹，全国各地都有值得宣传的喜事、大事，用什么样的角度去展示40年来发生在最基层的变化是县、区级广播电视台思考的问题。

地处甘肃河西走廊中部的张掖市甘州区广播电视台，2018年3月就根据全年的宣传工作重点，提出要结合自身实际策划一档纪念改革开放40周年的栏目。然而受地域和新闻资源的影响，如果不能另辟蹊径，做一档百集系列节目难免会捉襟见肘，仅仅从司空见惯的衣、食、住、行入手会落入俗套，有了好的创意才有好的策划。甘州广播电视台自建台以来从没有做过百集以上的电视系列节目，怎么样才能立足本地更好地挖掘新闻资源，用电视的手段向全区人民展示改革开放成就，是摆在主创人员面前的一个难题，一筹莫展之际栏目组想到：甘州区是传统的农业大区，具有悠久的农业发展历史，全区有200多个村子，40年来农村发生了翻天覆地的变化，农民的生活一天一个样，尤其是全区的部分村社历史久远，乡村文化底蕴丰厚，何不利用这些优势做一档《甘州百村行》的节目，来纪念改革开放40周年。

思路一旦确定，栏目的基本概念就形成了，以"挖掘乡村文化底蕴、展示改革开放成就"为栏目宗旨的《甘州百村行》策划文案几经推敲最终定稿。为了让这次大型报道活动获得成功，甘州广播电视台积极争取区委宣传部的支持，并以宣传部的名义向各乡镇发文，要求各乡镇高度重视这项工作，首先在所属乡镇筛选有宣传报道价值的村社供广播电视台参考。宣传部的文件下发后一大批备选的村报到了《甘州百村行》栏目组，但是从上报的文字材料来看并不尽如人意，乡镇选择的典型大部分都只停留在表面，共性的村多，个性的村少，提供的都是些简单的数据，这些材料发一条消息还行，做一期十分钟的节目就比较困难。面对这种情况，栏目组有了自己的想法，好节目是跑出来的，记者就是要在平淡的采访线索中发现有价值的东西。与其在文字材料堆里找线索，不如到乡村实地去，用记者敏锐的眼睛去发现，见微知著看变化，与细小处展示大成就。

以甘州广播电视台主要领导带队的《甘州百村行》栏目组正式出发，第一站来到了一个叫燎烟村的地方，这个村单从经济总量和农民的富裕程度来看在全甘州区是排不上号的，在电视台以往的新闻报道中都没有多宣传过，栏目组到现场后也感觉在宣传改革开放 40 周年这个宏大的叙事背景下，燎烟村确实有点拿不出手的尴尬。就在栏目组犹豫不决的时候，看到在村头有一个土墩立在国道边，询问村里的人后得知那是西汉就有的烽火台，再看看村委会院子里立的移动通讯塔，思路受到启发，一下子茅塞顿开，我们为何不从汉代的烽火台说起？两千年前人们通过烽火台传递信息，今天通过移动互联网寻找致富门路，并且燎烟村是个有历史的村子，它的历史底蕴足够《甘州百村行》去表现。首先要讲故事，讲生动的故事，有了故事才能吸引观众去收看，我们就采访了解这个村子历史的当事人，让他讲这个村子的来历，用传奇故事开头容易抓观众的眼球，讲过往仅仅是个引子，关键是 40 年来的变化。与我们栏目组不谋而合的是，燎烟村以烽火文化为基调利用大集体时代的果园修建了一个农民公园，公园里有过去使用过的生产工具，三四十年前使用而如今早已被淘汰的石碾、石磨等都摆放在这里供村民怀旧。在这些过时的农具前，村民娓娓道来这些年在生产生活中发生的巨大变化，一件农具就是一段挥之不去的历史，从他们的叙述中就能感受到敢叫日月换新天的豪迈和他们对改革开放政策的衷心拥护。在燎烟村，我们采访、拍摄了正在上网的农村妇女和新兴的电商，让事实说话，让细节活起来，在节目中我们没有涉及司空见惯的衣食住行，而是将镜头对准人们日常忽略的身边变化。这期节目播出后收视率创同时段节目最高位，引起了区委、区政府的关注，区委借势在燎烟村举办了全区第一个农民丰收节，一个名不见经传的村子经过《甘州百村行》的宣传一下子成了网红村，央视《新闻联播》也作了报道。

《甘州百村行》是一档大跨度、大容量的节目，做出每一期节目的个性至关重要，如何在所到的村子发现有价值的新闻点考验着栏目组的每一名成员，上至台长下到编导、摄像、主持人都在思考如何把节目做得有品质、有内涵、有发现、有新意。祁连山下有一个村叫柏杨树村，这个村紧紧地依偎在祁连山脚下，是典型的冷凉灌区，离城市有 60 多公里的路程，由于受交通和自然条件的限制，这个村子在致富奔小康的路上走得比其他地方慢，经济条件相对落后，改革开放 40 周年来党和政府给予大力的扶持，村民的生活发生了喜人的变化。特别是精准扶贫以来，党和政府更是不遗余力地给予帮扶，柏杨树村脱贫致富的先进事迹不时被各级媒体报道，柏杨树村是媒体眼里的"明星村"。《甘州百村行》栏目组来到这个村后面对的是怎样找到一个新的切入点，如果继续重复过去就是老生常谈，编导也提不起精神，主持人也无从临场发挥。对此，栏目组没有急于拍摄，在仔细和村民聊天中我们发现了一个非常好的线索，柏杨树村在40年的变迁中先后告别了吃了几百年的涝池水历史，又经历了水窖水，到今天的自来水，一个村的吃水史浓缩了改革开放40年的变化，这些让老百姓得到实惠的变化，老百姓最有切身的体会。柏杨树村的村民知道栏目组的采访拍摄意图后，争先恐后地为我们讲述过去吃涝池水的艰难和辛酸，说起吃到甘甜的自来水，喜悦之情溢于言表，从他们幸福的笑容里我们感受到了改革开放政策的伟大、英明。一个个鲜活、生动的故事扑面而来，讲好故事是《甘州百村行》的追求。栏目组一鼓作气采访了出生于不同时期的村民，他们用最朴实的语言谈感受说体会，这些场景同样感染着《甘州百村行》栏目组的所有人员，都为能在改革开放40周年这个重要的时间节点上，能深入到基层采访感到自豪。对柏杨树村的采访拍摄栏目组没有仅仅止步于吃水的变化，而将最后的落脚点落在今天柏杨树村不仅解决了吃水难的问题，在村党支部一班人的带领下，发展起了高原夏菜，蔬菜专业合作社将收获的蔬菜远销东南沿海，这在祖祖辈辈以种粮为生的柏杨树村具有划时代的意义。在节目的最后我们用大全景做结尾，巍峨的祁连山高高耸立，山下是一片宁静、和谐的村庄，上百亩连片的高标准蔬菜大棚在镜头里无限延展开，寓意着在新的时代柏杨树村人的日子一定会越过越兴旺。

《甘州百村行》栏目在开拍之初就定位在用细节讲故事，用小故事串起大事件。平山湖乡是甘州唯一的少数民族乡，这个乡的平山湖村与内蒙古接壤，跨越甘、蒙两省，虽然这里位置险要，但却处在大山深处，过去交通不便，牧民的生活困难，改革开放40年来，这里从简易公路发展到将要通车的高速公路，短短几十年完成了跨越式的发展，这样大跨度的故事如何讲得生动感人。栏目组再三讨论后认为，跨越时间久的新闻事件最好让亲历者去讲述，于是栏目组在村子里找了具有代表性的一家人，这家人祖孙三代都生活在大山深处，世代以放牧为生，老祖母已经80多岁高龄，她是一名老党员，曾担任过村社的社长，栏目组就从老祖母这里入手，让她讲自己的亲身经历。老人的讲述客观、鲜活，为《甘州百村行》平添了难得的史料，接着栏目组又采访了这个家庭的第二代人，从他们的身上追寻岁月的变化痕迹。采访完两代人后栏目组把重点放在了第三代人的身上，这个主人公是一位开始独自创业的年轻牧民，他与自己的祖母、父母不同，学校毕业后利用自己的家乡发展旅游业的契机，在家门口开起了牧家乐，并发动母亲在牧家乐的旁边开了一家小超市，专营蒙古族特色的商品。小伙子灵活的头脑加上好的政策扶持，他的牧家乐生意红红火火，南来北往的游客都愿意到这里领略民族风情。三代人在不同的年月有着不同的经历和感受，恰好他们全家变化最大的都集中在改革开放的这

40年里，这些变化不仅仅体现在衣食住行的变化，更重要的是思想观念的变化，小伙子面对摄像机镜头侃侃而谈，从他落落大方的采访中栏目组分明感受到改革开放以来的变化，已经深入到千家万户的日常生活之中。栏目组把对这家人的采访巧妙地组合、编辑，用电视直观形象的特点展现在观众眼前。整个节目串词不多，让同期采访去说话，让当事人用事实讲改革开放好，这样的节目才有说服力。

为了把《甘州百村行》节目做成精品，栏目组做到策划在先，在节目中要充分体现出电视的特色，要善于用电视画面去叙述故事，有的长镜头不着一句解说，但大画面却起到了"此时无声胜有声"的良好效果，《甘州百村行》栏目组采用多机位同时拍摄的手法。为了凸显大全景画面在节目中的作用，栏目组专门配备了航拍机，航拍手根据编导的需要适时跟进画面，这样恢宏、壮观的航拍画面有力地说明了改革开放40年所取得巨大成就。在这些航拍画面中有成片的小康住宅楼群、规模宏大的设施蔬菜大棚、几千亩集中种植的玉米等，精美大气的航拍画面给观众以耳目一新的感觉，这些平常不多企及的视角带给人强烈的视觉震撼，也让观众有了"换了人间"的自豪。

《甘州百村行》的每一个工作人员都是灵魂人物，尤其是现场出镜的主持人，主持人能否理解编导的意图，他能否在现场发挥出最好水平都关系到节目的质量，栏目组特意在全台挑选了两位经验丰富的主持人出镜，主持人的现场出镜说活了整个节目，主持人灵活的采访方式也有效地调动了被采访对象的倾诉积极性，保证了采访工作的顺利进行，也是这档新闻纪实类节目的特点更加突出，避免了将节目做成单纯死板的说教，寓教于真情实感，让观众在愉悦的收看中感知一个地方40年的变化。

《甘州百村行》在半年多的时间从祁连山下的村落到新兴的小康村庄，从一件遗忘的小农具到电商人家，无处不在的时代变革激励着栏目组的全体人员，这次采访既是一次走、转、改的新闻实践，也是一次新闻采访的业务练兵，尤为重要的是所到之处都是对栏目组的一次刻骨铭心的教育。它教育新闻工作者只有真心扎根于基层，才能发现具有时代意义的新闻素材，也才能拍摄出经得起观众和时间考验的精品力作。结合纪念改革开放40周年拍摄的《甘州百村行》是甘州广播电视台的第一次大型集中采访活动，作为西部地区最基层的新闻单位，这是一次有益的尝试，最值得令人欣慰的是就在《甘州百村行》播出一个月后，央视《新闻联播》及中央主要媒体开设的栏目《百城百县百企调研行》正式开播，这个与《甘州百村行》策划思路不谋而合的节目给我们更大的信心，比中央媒体先行一步是《甘州百村行》栏目组的荣耀。边干边向央媒学习，《甘州百村行》会越做越精彩。

（作者单位：甘肃省张掖市甘州区广播电视台）

融媒时代主流媒体的新闻评论创新

——以《央视快评》为例

李文学

《央视快评》是中央电视台精心打造的新闻评论新品牌,其紧紧围绕习近平总书记重要思想和重要讲话,进行快速阐释和权威解读,旨在更好地聚焦习近平新时代中国特色社会主义思想。自2月15日《央视快评》问世以来,其借助央视强大的融媒体平台和自身品牌形象,创新新闻评论的制作和传播方式,迅速形成了强大的舆论影响力,顺利实现了央视以新闻评论创新来提升自身品牌形象和舆论引导力的初衷。毫无疑问,《央视快评》的成功实践必将给其他主流媒体在融媒时代的新闻评论创新以新的启示。

一、融媒时代主流媒体新闻评论创新的重要性

媒体是舆论的旗舰,评论是媒体的旗帜。[①] 融媒时代,新闻评论日益成为媒体的核心竞争力,成为引领社会舆论的强劲引擎。作为主流媒体,牢记新闻评论的"旗帜"作用,不仅能够巩固媒体自身的权威性和公信力,还能够在日益复杂的舆论格局中占据舆论引导的主动权。以新闻评论创新为抓手,也才能树立新的主流媒体形象,在日益激烈的媒体竞争中立于不败之地。

(一)维护权威性,保持公信力

融媒时代,是一个"人人拥有麦克风"的时代,各种自媒体的出现是融媒时代的一个重要表征。当下,面对各类新媒体的冲击和竞争,传统主流媒体已然失去了过去在新闻信源、传播渠道等方面存在的竞争优势,主流媒体曾经单纯依靠"独家新闻"来获取影响力和舆论引导力的时代已经一去不复返了。而现在,"以互联网为代表的新媒体已经成为舆论传播的重要平台,极大地改变着舆论存储、舆论表达和舆论引导的格局"。[②] 这种语境下,新闻评论以其权威性、思想

[①] 侯煜,杨恒:《新闻评论的舆论引导能力分析》,《社科纵横》2010年第11期。
[②] 李宗建,程竹汝:《新媒体时代舆论引导的挑战与对策》,《上海行政学院学报》2016年第5期。

性和建设性，势必就成了主流媒体重获影响力和公信力的首要选择。相较于良莠不齐的各类新媒体，主流媒体在长期的发展过程中形成了权威、理性和严肃的媒体形象，更受群众信赖。过去，《人民日报》的"人民时评"、《中国青年报》的"冰点时评"，都是引导舆论的有力"抓手"。而在融媒时代，像央视的《央视快评》一样，把新闻评论创新作为自己重获权威性和公信力的"旗帜"，也必然会成为更多主流媒体的选择。

（二）打通"舆论场"，形成新格局

习近平总书记在全国新闻舆论工作座谈会上曾指出，党的新闻舆论工作是党的一项重要工作，是治国理政、定国安邦的大事，要围绕中心工作，传递主流价值，壮大主流思想舆论。① 在这个"人人拥有麦克风"的互联网时代，网络上各种自媒体信息虽然鱼龙混杂、真假难辨，但却时时能够左右舆论的生成和走向，而主流媒体的报道却很难在舆论争夺战中占得上风。如此，"两个舆论场"之间的冲突与博弈就不能仅靠传统的新闻报道来弥合。而新闻评论在舆论引导中具有的思辨性、说理性和战斗性等文体特征，恰好可以增强主流媒体的舆论引导力，成为打通两个舆论场的有力抓手。正如《央视快评》依靠自己强大的融媒体平台多端发稿，让主流媒体的声音迅速在两个舆论场中形成合力，形成了主流媒体舆论引导的新格局。如此，距离形成风清气正的网络舆论环境，也就为时不远了。

（三）打造"新引擎"，提升竞争力

随着我国传媒体制的改革，"事业单位，企业化经营"已然成为主流媒体发展和改革的主要方向。主流媒体直接参与市场竞争，势必需要有自己的"拳头产品"，以此提升自己的核心竞争力。这样，新闻评论便成了一种可能。首先，如今我们已经从一个信息匮乏的时代进入到了一个信息爆炸和冗余的时代。人们缺乏的不是信息，而是对于信息的解读；其次，融媒时代，传统媒体在新闻时效性和独家性上的优势早已不复存在。"独家新闻"少而又少，但主流媒体依靠自己的人才优势和品牌优势，打造深入、权威和透彻的"独家评论"却成为可能。从央视打造的《央视快评》《中国舆论场》等评论栏目在短时间内取得的巨大成就和影响力，我们就不难发现这一点。可以说，主流媒体以新闻评论创新为"新引擎"和核心竞争力，不仅能让主流媒体在"观点市场"中取得引领地位，还能让主流媒体在激烈的市场竞争中立于不败之地。

二、《央视快评》新闻评论创新的特点

（一）"旗帜"鲜明，立意高远

央视作为国家电视台，作为党的新闻舆论工作的重要阵地，肩负着特殊的使

---

① 习近平：《坚持正确方向创新方法手段 提高新闻舆论传播力引导力》，《紫光阁》2016年第3期。

命与担当。关键时刻发出关键声音,重大事件彰显重大作用,央视责无旁贷。①自 2 月 15 日《勇做新时代的奋斗者》一文见诸央视融媒体平台以来,《央视快评》秉持自己的使命与担当,每日都对当日重大事件进行快速地阐释和解读,旗帜鲜明,立意高远,在舆论场中起到了舆论和价值引领的作用。例如《央视快评》在 9 月 30 日第 5 个烈士纪念日当天刊发的《以英烈精神砥砺奋进力量》一文,以习近平等党和国家领导人同首都各界代表一起出席向人民英雄敬献花篮仪式为由头,评论全文虽然只有 915 个字,但却字字珠玑、掷地有声,让"祭奠英烈,崇敬英烈,砥砺奋进"的思想激荡在每一个受众心中,不仅在国内引发共鸣,香港的《文汇报》、大公网等也先后进行转载,取得了良好的传播效果。《央视快评》的成功实践表明,唯有高举习近平新时代中国特色社会主义思想的伟大旗帜,创新新闻评论工作,才能在融媒时代的媒体竞争中占得先机,形成主流媒体舆论引导的新格局。

（二）融合制作,全媒传播

不同于其他评论文章"新闻由头+观点"的刻板写作模式,在央视网上,《央视快评》充分利用媒介融合的特长和优势,在文章开头链接了所要评述的事件和新闻的短视频。这样,在增加新媒体视觉传播效果的同时,亦满足了不同受众对于传播文本的特殊偏好,而链接的新闻视频本身,则发挥互联网的"超文本"特性,成了评论文本的要素之一,无形之中又增加了评论的深度和分量。此外,《央视快评》还充分利用二维码等传播手段,着力提升受众体验和《央视快评》的覆盖面。加之,精选的《央视快评》还在《新闻联播》中以声画的方式呈现,无疑又大大增强了《央视快评》的传播力和传播面。当然,《央视快评》的成功还离不开央视强大的传播平台。借着融媒时代的东风,央视现已形成了包含央视、央视网（央视移动网）和"两微一端"在内的"全媒体"。而《央视快评》的迅速走红,正是借助于央视强大的融媒体平台。《央视快评》从第一天起,就坚持移动端优先的策略,在央视网和"两微一端"优先推送和推荐,精选出的《央视快评》则在《新闻联播》播出。这样,从传统媒体端到新媒体端,《央视快评》全媒传播、多屏互补,让《央视快评》尽可能多地覆盖到了方方面面的受众,从而使这档新的评论栏目获得成功。

（三）反应迅速,风格明快

在"新闻直播"越来越成为常态的当下,想要在纷繁复杂的各种评论观点中脱颖而出、先声夺人,就必须讲求新闻评论的时效性,以求在新闻事件发生后

---

① 万仕同:《构筑阐释新思想的精神高地——中央电视台倾力打造评论品牌"央视快评"》,《新闻战线》2018 年第 5 期。

第一时间进行权威解读，迅速占领舆论引导的主动权。例如，4月17日下午内蒙古人民检察院就广州医生谭秦东被凉城警方以涉嫌损害鸿茅药酒声誉罪跨省抓捕情况进行通报，《央视快评》第一时间推送了《防止荒唐执法，必须加一道监督"紧箍咒"》的评论文章，迅速在舆论场中起到了价值引领和舆论监督的作用。除此，《央视快评》的"快"还体现为评论风格的明快。融媒时代，人们习惯于快阅读，对文章的风格和节奏要求较高。不同于传统党媒的新闻评论，《央视快评》力戒过去的八股文风，以平实、轻松、活泼的笔调娓娓道来，感情饱满、文字畅达、说理实在，既有理论高度，又讲求生活实际，在传统媒体和新媒体端都取得了良好的传播效果。这种不拘一格，明快洒脱的评论风格，从《你好，习主席》《人心所向，势不可挡》《还老百姓蓝天白云繁星闪烁》等评论标题就可见一斑。《央视快评》一经推出就广受好评，纷纷被国内外媒体竞相转载，除了重要性和权威性，也离不开这种轻松畅快、接地气的评论风格。可以说，这种时效上的快速和写作风格上的明快，也正是互联网和新媒体时代所需要的。

三、融媒时代主流媒体新闻评论创新的路径

媒介深度融合的当下，各类自媒体如雨后春笋般涌现，在观点市场上与主流媒体自由竞争。这种语境下，作为担负着宣传党和政府的方针、政策以及引领社会舆论等重要使命的主流媒体，如何迎难而上，创新新闻评论工作以提高自己的舆论引导力和竞争力，就成了每个主流媒体所必须思考的课题。

（一）善举评论"旗帜"，做好"顶层设计"

新闻评论是媒体的旗帜和灵魂，也是主流媒体权威性和公信力的主要来源。在媒介深度融合的当下，创新新闻评论工作，首先就是要充分认识到新闻评论工作的重要性，在顶层设计时就要对新闻评论创新工作予以重点的关注和支持。诸如央视的一些新闻评论名专栏，从过去热播的《焦点访谈》和《新闻1+1》到如今融媒体时代的《央视快评》和《中国舆论场》等栏目，无一不是顶层设计者重视和关注的结果。而创新新闻评论工作，又可以反哺和提高媒体的影响力和核心竞争力。可以说，《焦点访谈》曾是传统电视时代央视的一张名片；而《央视快评》则很有可能成为融媒时代央视的一张名片。以央视为鉴，其他主流媒体势必也要在顶层设计上高度重视新闻评论的创新工作，善举新闻评论创新的"大旗"，以新闻评论创新驱动媒体发展，在融媒时代赢得主流媒体该有的权威性和公信力。

（二）培育融合思维，再造生产流程

时至今日，媒介融合发展已经成为我国传媒业发展壮大的助燃剂，其改变的

不仅是传统媒体的外部构造，更是对其内部机理和发展逻辑的重新塑造。[①]然而，主流媒体在长期的发展过程中形成了自己的评论生产流程和文化惯性，这种语境下，要想培育媒介的融合思维和融合文化，再造评论生产和传播的流程，难度可想而知。但主流媒体在融媒时代的新闻评论创新，还是必须得从重视互联网和融合思维的培育开始。以《央视快评》为例，融合新闻评论的制作和传播不仅仅是"电视+新媒体"这么简单的事，而是渗透到了从顶层设计、写作排版、平台选择、发布时机等方方面面的工作，央视新闻中心和央视网等部门齐心协力，组建专业评论员队伍，建立选题、报题、审发等流程机制，统一策划、集中调度，正是这种从媒介组织到评论生产的深度融合，才有了今天《央视快评》的美誉度和影响力。可以说，融合思维就是要再造新闻评论生产的流程，让各个环节有机整合，充分发挥出主流媒体的资源优势，再结合新媒体的平台和传播优势，达到传播效果和影响力的最大化，而融合思维培育的好与坏，则直接关系到主流媒体新闻评论创新效果的大和小、成与败。

（三）提升表达效率，着力全媒传播

新闻评论的表达效率即观点传播的效率性问题，新闻评论作为一种观点表达的实用文体，表达效率是最优先的价值，优先于它作为一篇文章的文本价值。[②]主流媒体创新新闻评论，直接参与到观点市场的竞争，就不得不考虑表达效率问题。融媒时代，评论者既要拥有融合思维，还要有洞悉新媒体传播和受众接受规律的能力。首先，选题要切合当下的热点、重点和难点，要充分发挥主流媒体的资源和人才优势，而不是人云亦云，或者自我设限。要在评论写作中不断尝试脱敏议题，从而扩展自己的论说空间，这样也才能戳中当下老百姓最关心的问题，提升传播力和影响力；其次，从评论文本本身入手，选择文字、图片、声音、视频等多种论说符号，亦包括互联网特有的"超链接"，目的就是最大程度地提高评论的表达效率和论说效果；最后，有了好的选题和文本，还要借助媒介融合的优势，着力"全媒体、多平台"传播和覆盖。唯有此，新闻评论创新工作才能落到实处。

四、结语

"新闻宣传是否善于创新，是否能够做到常做常新，是其发展壮大、保持强大生命力的关键。"[③]融媒时代，主流媒体的新闻评论创新工作是一个需要长期

---

① 李文学：《"应景评论"的实践反思与发展策略》，《湖南大众传媒职业技术学院学报》2017年第2期。
② 曹林：《时评写作十讲》，复旦大学出版社2011年版，第38页。
③ 习近平：《干在实处走在前列——推进浙江新发展的思考与实践》，中共中央党校出版社2013年版，第311页。

探索和实践的过程,《央视快评》的成功实践表明,传统主流媒体在融媒时代只要"明者因时而变,知者随事而制",就可以在新闻评论创新工作中有所突破,开创新闻和舆论引导工作的新格局。

(作者系陕西师范大学新闻与传播学院2016级博士研究生)

城市广播舆论监督路径探析

左 宁

1978年12月,十一届三中全会首次提出了对内改革、对外开放的政策。改革开放解放了生产力,推动了各项事业的发展,成为我国的基本国策。"实践是检验真理的唯一标准"大讨论解放了人们长期被禁锢的思想,新闻事业开始破冰。进入21世纪,新技术革命重构了媒介生态,改变了舆论监督的形态。

从开展"批评与自我批评"到舆论监督受到重视,直至写进法律,从媒体监督到全民监督,舆论监督经历了不同的发展阶段。城市广播作为区域性传统媒体,通过受理投诉、评论、树立典型及内参等方式行使舆论监督权,在反映民声、代表本地人民参政议政等方面发挥了重要作用。其舆论监督的表现形式和功用随着相关政策的推进、新闻改革的深化而逐渐变化。本文以南京广播的实践为例,分析了改革开放以来城市广播舆论监督的发展路径。

一、改革开放给舆论监督带来的变化

(一)舆论环境发生改变

改革开放带来了经济的飞速发展,也使社会发生了结构性巨变,利益阶层形成。改革开放打破了新闻禁忌和信息垄断,传播媒介开始裂变,传播内容不断丰富,公众的思想逐渐独立。尤其是随着移动互联网的兴起,信息呈井喷态势,也给谣言提供了温床。多元价值观的冲击增加了思想的差异性和多变性,社会矛盾增多,舆论环境日益复杂。

(二)舆论调控模式产生嬗变

在新民主主义革命时期、社会主义革命和建设初期,我国有一套严整的新闻控制模式,即对社会意识形态单向灌输式的刚性控制。这在当时复杂的政治背景下十分必要。用屏蔽负面信息的方式可以大大减少敌对势力通过信息传播带来的舆论风险,有利于团结。

改革开放后,市场经济促使利益分化和阶层分化,也在不断强化着公民社会的自主品格。简政放权使政府过于集中的管理权力向社会转移,政治上高度一元化的管理模式逐渐向社会治理模式转变。社会主义民主化进程不断推进，公众的自觉意识不断提升，对政务公开和自主表达的需求日益强烈。变新闻控制为开放式的舆论监督和隐性引导，新的舆论调控模式逐渐形成。

二、不同时期城市广播的舆论监督形态

"在我国，舆论监督主要指人民群众或新闻从业人员通过新闻媒体和各种宣传工具对社会行政管理机构进行的监督与批评。"① 城市广播舆论监督的发展阶段没有精确的时间节点，本文依据相关政策的出台及不同类型舆论监督节目的产生时间进行了大致划分。

（一）新闻舆论复苏期，舆论监督报道以反映民生问题为主

1. 广播业态及政策支撑

1978年到20世纪80年代末，全国逐步恢复了实事求是的思想路线，新闻的真实性原则得到贯彻，新闻舆论进入复苏期。1983年元旦，上海人民广播电台整点新闻诞生，随后广州、南京等地电台纷纷推出整半点新闻。1983年3月，第十一次全国广播电视工作会议提出了"四级办广播电视"的方针，各地创办系列台有了政策依据。1986年12月，"珠江模式"成为广播改革的标杆。这一时期，社会新闻和经济新闻不再是报道禁区，新闻的类型、数量和形式开始增多，节目逐渐呈现"百花齐放"的态势。

舆论监督逐步受到重视。1987年10月，十三大报告首次把舆论监督的概念写进党的文件。1988年，《新闻改革座谈会纪要》指出要"正确开展批评，发挥舆论监督作用"。同年召开的全国广播电视厅局长会议要求广播电视"要有效引导社会舆论"。党和政府对舆论监督权的放开使新闻批评成为新闻改革的重点。1978年11月，中央人民广播电台在"学习"节目中播出了《理论和实践问题——实践是检验真理的唯一标准》的讲座。此后，各地电台的新闻评论纷纷上马。

2. 新闻评论以反映民生的问题报道为主要形式

严格来说，这一时期城市广播独立的舆论监督类节目还未出现，新闻评论多为三分钟以内的短评，以新闻节目的子栏目呈现，如南京人民广播电台于80年代初开办的"大家谈"栏目。评论主要集中在问题报道上，大多指向民生问题。例如，在80年代后期，记者发现南京图书馆无人借阅名著，于是播发评论呼吁公众重视经典阅读。再如，在80年代的南京，不同的配镜工序由不同单位完成，导致眼镜的产销周期拉长，记者呼吁生产销售一体化。此时舆论监督实现的是新

---

① 人民网党史百科, http://dangshi.people.com.cn/GB/165617/173273/10415341.html

闻传播和社会教育的功能。一些敏感问题则会以内参形式呈报政府。

这一时期，舆论监督的互动性开始萌芽，新闻报料热线成为市民投诉及提供新闻线索的窗口，媒体监督与群众监督初步结合。

（二）新闻舆论发展期，舆论监督不断完善社会治理

1. 媒体管理及舆论监督实现法制化

20世纪90年代，新闻舆论进入发展期，宣传重点转向"以经济建设为中心"。随着系列台的相继开办，各地城市广播继续调整节目结构和布局，不断创新节目样式。信息渠道的拓展使媒体间的市场竞争加剧。1997年8月11日，国务院颁布了第一部针对广电系统的行政法规《广播电视管理条例》，广播电视管理自此进入法制轨道。

这一时期，舆论监督开始纳入党和政府常态化、法制化的监督管理体系。1992年的党的十四大报告、1996年的《中共中央关于加强社会主义精神文明建设若干重要问题的决议》均提出要重视、加强舆论监督。1997年的十五大报告则明确将舆论监督提升到法制层面。

随着寻呼机、手机、QQ、MSN、网络论坛等通讯、社交工具的相继出现，受众与媒体的互动性增强，媒体监督和群众监督的交汇点逐渐增多。

2. 舆论监督节目形态

这一时期舆论监督节目诞生，各地城市广播纷纷开办热线投诉节目，新闻评论栏目的影响力不断扩大。舆论监督由民生服务转向社会监督，不断完善社会治理。

（1）热线投诉节目

90年代初电话的普及使互动直播具备了物质条件，热线投诉节目在此基础上诞生。1993年元旦，南京经济台"听众热线"问世，开创了广播舆论监督的新模式：听众电话直接接进直播室，所投诉问题零时差播出，主持人当日即反馈至相关部门，并在节目中对处理结果发表意见。因其形式新颖，影响力迅速攀升，成为职能部门每天必听的节目。同类节目还有南京交通台的"投诉有门"和南京新闻台的"市民热线"。此时的投诉节目主要解决具体的民生服务问题，如电话初装、水电气、消费矛盾、中巴车服务、环境卫生等问题。虽然舆论监督仍停留在个案层面，但切实起到了为民办实事的效果。

90年代中后期，随着贫富差距逐渐拉大，社会不公现象开始增多，共性问题随之而来，舆论监督向纵深发展。1995年4月，南京交通台"排忧专线"节目上线，主持人东升敢于质疑官僚作风和违背公序良俗的行为，为弱势群体仗义执言，并邀请评论员和律师理性表达观点。节目对解决社会矛盾、督促机关改进工作作风、疏解社会情绪作用明显。

351

另外，主要面对出租车群体的交通类专业投诉节目出现，抨击宰客现象、表扬好人好事、发起互帮互助，通过舆论帮助行业主管部门进行规范管理。

（2）以评论为代表的新闻报道

这一时期的广播新闻评论大多与改革、经济建设和民生问题有关，具有较强的批判性。以南京新闻台"大家谈"1995年的报道为例，有针对豪华娱乐场所合并、倒闭现象提出办事要符合中国国情的"失宠并非偶然"，评论执法检查打假问题的"多些'回头查'"，还有评论商品和服务价目应使顾客看得到、看得懂的"请将价格广而告之"，以及批评个体户挂靠国有企业偷税漏税的"此风该休矣"等。这些评论播出后均引起了相关部门的重视，进行了相应整改。

此外，述评类的新闻专稿对某些政策也起到了修正作用。例如，1994年，南京市由多家企业投资建造的人行天桥市政工程接连遭到非议：行政命令不断推翻原定的设计方案令造价不断提高，广告效果却大打折扣；为了赶工期，天桥质量存在问题等。南京交通台的新闻调查"天桥的教训"评论说："市政设施市场化的方向没有错。人们对天桥的非议以及天桥的教训在于：不能用计划经济的传统模式来搞市场经济。"[①] 天桥建设问题被曝光后，南京市政府再推出十座天桥的计划宣布延期，再建天桥的数量也相应削减。

（3）初始形态的问政节目

上海人民广播电台1992年开办的新闻谈话节目"市民与社会"、南京新闻台1993年初开办的访谈节目"市民与公仆"都属于初始形态的问政节目。以"市民与公仆"为例，该节目由记者组稿，采访政府各部门的主要领导，就相关政策释疑答惑，解决老百姓的实际困难，搭建起政府与市民沟通的平台。

（三）新闻舆论繁荣期，政媒合作开启深度舆论监督模式

1. 政务公开制度推行

20世纪90年代末到2009年，随着政务公开进程的推进，新闻舆论进入了繁荣期。互联网发展加速，媒体的多样性与开放性使公众得以公开表达利益诉求，群众监督的壁垒打开。

这一时期，阶层分化加剧，网络上仇官、仇富的心态逐渐放大。为避免陷入"塔西佗陷阱"，政府在运行监督机制的同时大力推行"阳光政务"。自1999年"政府上网工程"启动以来，政府网站数量快速增长。2000年12月，中共中央办公厅和国务院办公厅联合下发《关于在全国乡镇政权机关全面推行政务公开制度的通知》。2002年11月，十六大报告强调要"认真推行政务公开制度"。2007年10月，十七大报告指出"必须让权力在阳光下运行"。2008年5月1日，

---

① 金定国、沈光浩：《天桥的教训》，《视听界》1996年第S1期。

《中华人民共和国政府信息公开条例》正式实施。这一时期，自媒体尚未成熟，主流传统媒体依然掌握着话语权。政务公开制度使各级政府有了与媒体紧密合作的政策依据。

2. 政媒合作下的舆论监督形态

（1）问政节目开办

问政节目是政府通过城市广播主动进行舆论监督的节目，开启了深度舆论监督模式。自1997年9月邢台人民广播电台与文明办联办全国首个"行风热线"节目以来，各地政府陆续与当地电台合办此类节目。2004年11月13日，南京新闻台与南京市纠正行业不正之风办公室联合开办"政风行风热线"节目。从2005年开始，南京市政府每年都以一号文件形式下发工作实施方案，职能部门的行政"一把手"按计划走进直播室与听众对话。有了政府的支持，节目建立起快速处理和反馈机制，投诉办结率超98%，回复率达100%。

（2）城市管理类型台出现

政府通过与当地电台展开全方位合作掌握舆论主动权，城市管理广播应运而生。作为"官方舆论场"的主力军，城市管理广播帮助当地政府宣传政策、发现问题、反馈民意，舆论监督向制度建设方向发展。

2005年3月1日，在北京市政府的支持下，全国首家定位为城市管理和服务的北京城市管理广播开播（2007年11月更改呼号为北京城市服务管理广播）。"听城市管理广播，做城市主人"。2007年6月21日，南京城市管理广播开播。该台以投诉节目"城市热线"、政务访谈节目"城市对话"为骨干，辅以服务、话题类节目，开通24小时录音电话，全方位服务南京城市管理，真正成为沟通百姓与政府的桥梁。

（3）其他舆论监督节目形态

这一时期，投诉节目基本成为民生广播的标配。城市广播还与电视、报纸联合开展舆论监督，如东升跨界主持广播投诉节目"排忧专线"和电视投诉节目"东升工作室"；南京经济台投诉节目"邓超热线"在《扬子晚报》和《南京广播电视报》开辟专栏等。新闻评论作为独立节目出现，如南京经济台的"骨鲠在喉"和南京新闻台的"马青时间"。

（四）网络舆论发展期，城市广播舆论监督面临转型

1. 话语结构巨变，意识形态引导权重加大

以2010年微博的爆发式增长为节点至今，网络舆论发展期到来。2011年微信的发布标志着人际间的网络互动有了新的表达方式。传播技术革命正在促成一种新的社会结构。以往信息不对等的金字塔型结构变成了开放式的围观结构，公众可以通过网络对个体进行围观并施加影响。web2.0、web3.0的出现创造了受

众生产内容、深度参与传播、聚合社群的条件。媒介的话语结构发生巨变，互联网巨头和网络意见领袖占领了舆论制高点，传统媒体的话语权面临被解构的威胁。"人人拥有麦克风"实现了全民监督。

在社会转型期，各种社会问题带来不稳定因素。面对西方价值观的冲击，国家一方面继续加强舆论监督、推行阳光政务，另一方面高度重视对意识形态的引导。2013年11月，习近平总书记在十八届三中全会上强调"一刻也不能放松和削弱意识形态工作，必须把意识形态工作的领导权、管理权、话语权牢牢掌握在手中"。2017年10月，十九大报告要求"不断增强意识形态领域主导权和话语权"。2018年8月，全国宣传思想工作会议强调"意识形态工作是党的一项极端重要的工作"。"坚持团结稳定鼓劲、正面宣传为主，是宣传思想工作必须遵循的重要方针。"

2. 舆论监督转型

新媒体的疾速发展挤占了传统媒体的生存空间。随着政务新媒体的崛起，网民可以通过网络及时反映问题，政府通过新媒体矩阵快捷处理。这一时期城市广播已不再是政府发布信息的主渠道，舆论监督更加注重舆论引导功能。2013年7月，南京城市管理广播转型，主要服务于城市生活，北京城市服务管理广播也于2014年1月改版转型。

城市广播各舆论监督节目的侧重点悄然改变。2013年，南京经济台与南京电视台"直播12345"节目联合推出"聚焦12345"节目。广播主持人播出由电视台记者提供的12345政务中心的投诉事例，进行适当评论和追踪，舆论监督功能弱化。2013年，南京新闻台"政风行风热线"不再与政府联办，回归投诉节目。评论节目"马青时间"更加关注国内的网络舆论热点事件，对本地事件的理性评论则会引起职能部门的高度重视，如"弹性放学"政策实施后出现的家校矛盾、停车计费征信问题等都进行了政策上的调整。

3. 现阶段舆论监督的策略

网络舆论处于自在无序的状态，有害、虚假信息泛滥，具有不确定性、易爆发性和偏激性的特点，群体极化效应明显。城市广播必须始终坚持党性原则，在本地舆情事件发生后及时核实，尽可能客观、全面地发布调查报道，引导网络舆论理性发声，帮助政府化解舆情危机，优化常态管理机制。

现阶段，城市广播还应不断拓展广播母体外延，充分利用各类新兴传播手段使生产内容触达更多公众；不断创新以增强用户黏性；充分利用自身专业性、地域性优势及媒体公信力打造网络意见领袖，掌握舆论主动权。

三、结语

改革开放以来，作为区域性媒体，城市广播的舆论监督经历了聚焦民生服务、完善社会治理、政媒合作深度监督到理性引导的发展路径。无论时代如何变迁，城市广播的"喉舌"角色不变；维护党和国家的工作大局、维护人民群众切身利益、维护社会稳定和人心安定的原则不变；舆论监督揭示问题、分析问题和解决问题的过程不变。

广播人应找准自身定位，坚持"为人民服务"的宗旨和正确的舆论导向，顺应舆论发展规律，正确把握舆论监督主、客体对立统一的二元关系，从维护公平正义的角度出发，与舆论监督客体共同构建和谐社会。

（作者单位：南京广播电视台）

从单媒体到融媒体　见证媒体改革进程

——以中卫市新闻传媒集团媒体融合改革实践为例

吕建宁

每当用哲人的眼光去观察事物时，我们就可以发现一种普遍雷同的现象，那就是在其发展过程中，困难和成功总是结伴而行。然而，大凡成功者的实践已经充分证明：战胜一次困难，就会获得一次飞跃。中卫市新闻传媒集团发展过程中所走的每一步，都是中卫传媒业"多元并举、跨越发展"的转型升级之路，更是一段改革发展的历史见证，也是一次次媒体形态的蜕变。

一、媒体融合不凡路，推开大窗见大景

2014年是中卫市媒体事业发展的转折点。在当年3月中旬召开的全市深化改革领导小组会议上，中卫市明确将推进媒体融合发展列入深化文化体制改革任务清单。作为中卫市2014年近百项改革任务之一，明确了融合发展目标、构想、政策和路径，市委宣传部会同组织、人事、财政、编制多部门，经过深入调研，多次座谈，分析现状，研判形势，应对挑战，把握趋势，第一时间形成了《中卫新闻传媒中心组建方案》。2014年8月4日，整合中卫日报社、中卫广播电视台、中卫新闻网的媒体资源，组建成立了中卫新闻传媒中心，开创了宁夏传统媒体和新媒体融合发展的先例，实现了同一区域内跨媒体重组，形成了既符合传媒发展规律，又适应市场经济要求的新型运作模式。从此，也翻开了中卫传统媒体与新兴媒体融合发展的新篇章。

2014年8月18日，习近平总书记主持召开中央全面深化改革领导小组第四次会议，通过了《关于推动传统媒体和新兴媒体融合发展的指导意见》。中卫新闻传媒中心组建目标以及"组建方案"与中央的改革要求高度一致，为中卫新闻传媒中心的融合发展搭载了一段顺风车，进一步使传媒中心解放思想、更新观念，从逐步探索、局部突破走向全面深化、深度融合奠定了理论的基础。

二、不凡的融合路，不凡的发展路

2017年7月，经自治区编办批复，"中卫新闻传媒中心"更名为"中卫市新闻传媒集团"，这是促进传媒中心转型发展的重要里程碑。

从整合到转型发展三年多来，传媒集团党委以"抓铁留痕、踏石留印"的工作作风，全力围绕"四个重点"，全面推进"四项工作"，在蜕变中发展，在蜕变中飞跃。

（一）坚持党管媒体，这是媒体改革发展的基本遵循

在媒体融合发展中，牢牢遵循"意识形态工作是党的一项极端重要的工作"要求，我们始终坚持党管宣传、党管媒体原则不动摇。围绕新闻宣传"围绕中心、服务大局"的工作职责，充分发挥宣传文化引领作用，在创新上下功夫，在接地气上见实效，广泛地聚集社会正能量，不断巩固、壮大健康向上的主流思想舆论。市委、政府主要领导和分管领导多次调研指导媒体融合工作，提出具体明确的要求，确保了媒体融合改革始终沿着正确的方向前行。这是媒体生存、媒体融合的内在要求，也是壮大主流思想舆论、打造新型主流媒体的根本前提。

（二）坚持内容为王，这是媒体改革发展的基本原则

坚持以用户为中心，《中卫日报》版面、中卫电视台、中卫广播电台两个频率栏目、中卫新闻网页面重新改版上线；对《中卫日报》进行增刊扩版，由原来的周四刊、4开12版小报改为周五刊、对开8版大报，信息量增加了60%；开通上线了《云端中卫》手机客户端，开播了《中卫交通音乐频率》。投资500多万元装修了演播大厅，投资300多万元建成了"中央信息厨房"，实现了新闻采集、编辑、录播各环节流程再造。筹办了电视第二频道《中卫公共频道》；中卫电视台增设了"中卫早新闻""中卫午新闻""直播中卫"等栏目，专题栏目增长了400%，新闻由原来的每天15分钟增加到100分钟，增长了近600%；目前，"报、台、网、微、端"一体化运营，形成了"1端24媒"立体式传播的全媒体宣传架构。

（三）优化组织构架，这是媒体改革发展的基本保障

打破人员身份界限，大力推行绩效化、扁平化、全面质量等管理方式，在编人员和聘用人员实行同工同酬；在组织结构、采编流程、考评体系上打破新媒体和传统媒体壁垒，实现一体化发展、同标准考评；全力打造导向正确、管理规范、运行高效、经营多元的全媒体矩阵，推动传统媒体与新兴媒体及相关产业有机融合。

（四）注重内引外联，这是媒体改革发展的重要方向

启动了宁、蒙、陕、甘毗邻地区及其他媒体战略联盟合作机制，与全国50多家媒体签订了《媒体联盟战略合作框架协议》。以此为依托，于2017年7月

举办了"百家媒体看中卫"活动，中央媒体等全国各地87家主流媒体180多名记者参加了活动。当年在签约媒体平台发稿达1100多篇（条）。以此为依托，于2017年7月24日至26日举办了"百家媒体看中卫"活动，彰显了媒体融合发展的成效和影响力。

三、坚持媒体融合发展理念，坚定走媒体融合发展之路

（一）理顺管理，解决媒体改革的体制困扰

通过采取"事业单位属性、企业化运营"的渐进式改革方式，保留了市委直属全额拨款正处级事业单位，原在编人员身份不变，按照原经费渠道和相关政策标准予以保障。引进现代企业制度，推行企业化管理。继续保留"中卫日报""中卫广播电视台""中卫新闻网"的名称和呼号，以确保报纸年检、频道审核和归口管理的顺畅衔接。

（二）创新机制，打通媒体改革的制度围墙

打通新闻传媒集团内部各平台之间合作的制度围墙，建立统一指挥调度的多媒体中央信息厨房采编平台，实现新闻信息一次采集、多种生成、多元传播，推动传统媒体和新兴媒体在内容、渠道、平台、经营、管理等方面深度全面融合。配齐了15个部室中层干部，全面启动了15个部室的工作。编、采等业务部室将所有采编人员聚合在一起，进行统一报道部署，统一策划主题，统一组织采访，统一编发稿件，采写的稿件由集团总编室、采访中心、新闻部、出版部、广播部、网络运营部确定其新闻价值，最终决定以一种或几种媒介形式将产品全媒体呈现。

（三）以人为先，补齐媒体改革的人才短板

通过开展岗位培训、传帮互学等方式，让报纸记者和电视记者相互融通。目前，传媒集团的记者，既能拿纸笔、相机，也能扛摄像机；既可采写文字、拍摄图片，也可录制视频，实现了根据媒体定位和传播需求，策划采写不同稿件的目标。采写的稿件由集团总编室、全媒体采访中心、新闻部、出版部、广播部、网络运营部"会商"确定其新闻价值，最终决定以一种或几种媒介形式将产品呈现给读者和市场。

（四）拓展经营，弥补媒体改革的后续发展

先后与市纪委、人大机关、中国邮政中卫分公司、宁夏网络公司中卫分公司、中卫歌舞团及两县一区宣传部等签订了战略合作协议，双方将进一步加强在媒体领域、渠道领域、平台领域、物流配送等多方合作，以共享资源、优势互补，增加收入。投资160多万元的数码快印项目，已投入社会化运营。启动了中卫文化创意产业孵化园项目建设项目、旅行社注册和文化产品的多业态开发。通过"政策促动、策划推动、组织带动、部门互动"的宽领域、广范围经营策略，

开辟新渠道，培育增长点，经营收入连续三年逆势上扬，三年迈出三大步，从当初的不足400万元，发展到2015年的700多万，2016年的1000万元，经营发展连年突破30%的增长率，成为业界发展快、态势好、后劲足的创新驱动、融合发展的典型。

回顾媒体改革发展三年多来的历程，中卫市新闻传媒集团在内容建设、传播手段、体制机制、技术支撑、平台建设、经营收入等方面持续用力、加快融合，取得了显著成效。投资500多万元成功装修了演播大厅，投资300多万元建成了"中央信息厨房"。目前，"报、台、网、微、端"一体化运营，形成了"先新媒体，再广播电视、后报纸"的新闻发布梯次，实现了从"相加"到"相融"的重大变革和"1+1>2"的宣传倍增效应。2016年，中卫市新闻传媒集团获中国报业协会全媒体建设项目创新奖；2017年6月，在中国传媒融合发展大会上，2017年11月，中卫市新闻传媒集团荣获"中国媒体深度融合30强"荣誉。2017年11月，《中卫日报》荣获"中国地市党报媒体融合十强"荣誉称号。2018年中卫市新闻传媒集团荣获"中国报业融合发展创新单位、宁夏报业融合发展先进集体"荣誉称号。

中卫媒体每一次改革发展既是一场全方位的革新，也是一次全新的艰苦征程，更是一次凤凰涅槃、浴火重生的淬炼。回首过去，中卫媒体人为之自豪；展望未来，任重道远。党的十九大把习近平新时代中国特色社会主义思想确立为党的指导思想，中卫市传媒集团将牢牢坚持党的新闻舆论工作职责、使命，把习近平新时代中国特色社会主义思想作为阵地建设之本，坚持正确舆论导向，发展壮大主流媒体队伍建设，始终把习近平新时代中国特色社会主义思想作为网上正面宣传的主要内容，贯穿到工作的各个方面。在瞄准"奋力打造中国西部最具特色新型主流媒体"的目标中，一定会取得属于他们的辉煌业绩。

（作者单位：宁夏中卫市新闻传媒集团党群工作部）

电视媒体的"变"与"不变"

伍时华

改革开放40年来，人们通过广电媒体传播媒介源源不断地获取大量的信息以及享受各种娱乐文化，电视节目更是极大地影响着人们的生活习惯和思维方式。随着移动互联网时代的发展，电脑、手机等新媒体的快速崛起，已经对电视传统媒体，造成了巨大冲击，媒体"新旧之争"成为所有从业人员无法绕开的话题。由此，在全新的媒体环境下，在媒体发展的新形势下，作为一名电视媒体人，我们在这场变革大潮中应当做些什么、能做什么，应该成为我们每一个人认真思考的问题。在我看来，面对正在经历的变革，身处这样一个媒体转型的时代，要有探索的勇气，也要有坚守的勇气。虽然新媒体的快速发展让我们感受到了冲击和压力，甚至有一种"狼来了"般的紧迫感和危机感，但越是在变的时代，越是要看清摸透什么在变，什么不变，唯有这样才能真正适应新形势。

作为电视媒体人结合实践浅谈改革开放以来电视媒体的创新发展：传播形态在变，但党媒属性不能变；传播模式在变，但"内容为王"主旨不能变；受众习惯在变，但服务受众目的不能变；媒体环境在变，但"喉舌"作用不能变。

一、传播形态在变，党媒属性不变

改革开放以来，电视媒体在发展，电视媒体传播形态在变化，特别是随着电视媒体的转型发展，媒体融合传播的视野更加宽广，传播形态与过去有着本质不同。如今，人们再不用盯着小小的黑白电视机看得眼睛发涩，大彩电、液晶电视、数字电视、网络电视已经走进每个人的家中，轻轻一按遥控器，几十个台、成百上千的电视节目供您选择。同时，人们看电视的习惯发生了变化，通过APP移动客户端，在手机上实现了看电视。媒体融合新格局以互联网、微信、微博、客户端等新媒体平台，成为社会舆论产生、发酵、传播的新途径，其在舆论引导中的作用逐渐提升，更是极大地影响着人们的生活习惯和思维方式。

无论在"电视平台"播出还是在"网络平台"播出，万变不离其宗，不管时代如何发展、媒体格局如何变化、传播形态怎样变革，电视媒体融合创新发展坚持党媒姓党的属性原则都不能变、不能忘、不能丢。习近平总书记曾强调，党和政府主办的媒体是党和政府的宣传阵地，必须姓党。这不仅适用于传统媒体，同样也对新媒体适用。党性原则在架构媒体融合创新发展的过程中，媒体从业人员必须要体现党的意志、反映党的主张，坚持正确的舆论导向，在这一点上绝不能有丝毫动摇。

改革开放40年来，电视媒体始终与党风雨同舟，以党的旗帜为旗帜，为推动改革事业的发展发挥了十分重要的舆论引导作用。作为地方电视媒体，永州广播电视台在改革创新发展中始终坚守党媒属性这个魂，凝心聚力讲好永州故事，传播永州声音。在党的十九大、改革开放40周年等重大主题报道中，永州广播电视台结合党台、党端特点，精心组织，周密策划，制订符合党媒特点的宣传报道方案。以十九大报道为例，永州市广播电视台、永州广电APP客户端共同推出《新高地·新永州——砥砺奋进的五年》大型主题报道，14集新闻大片《新高地新永州》，集中宣传了全市五年来深入贯彻习近平总书记发展新理念、"创新开放新高地、品质活力新永州"建设取得的新成就。每集由"先导片+故事+决策者说+海采+述评"五大版块组成，时间20分钟左右。整个报道以个案、小故事为切入点，做到以小见大，既有声势，又有感染力，立意深、开口小，以点带面，充分运用现场出镜、各种新闻语言、图表等形式，形成新的亮点，为十九大的胜利召开营造了良好氛围。在十九大召开期间，推出《潮涌潇湘》栏目，聚焦永州的十九大基层代表李晖、田满姣，全方位展示永州两位基层代表履职的风采；同时微信、微博、客户端等新媒体开设"网友热议"平台，广泛征集网友评论，每天择优刊播于十九大专栏中……这些"自选"报道，增加了十九大报道本土化特色，丰富了报道内容，受到了党委、政府的肯定和受众的欢迎。

二、传播模式在变，内容为王不变

所谓新闻，"新"这个字点明了传播速度对于新闻的重要性。进入21世纪以来，以网络化、数字化为代表的新媒体技术改变了媒体的传播模式。特别是由单向、线性、孤立式传播变为互动、融合式传播。无论是电脑还是手机客户端，相比于电视传统媒体，传播速度是新媒体最大的优势，也是目前传统媒体最大的短板。由于新媒体在采编工具、手段、传播途径、接收载体等方面都优于传统媒体，因此在信息传播速度上，直接体现为"采制—推送—接收"的快速、便捷模式，这样的传播方式，在突发新闻的采制上，显得更为明显。更重要的是，新媒体可以第一时间推送消息，而传统媒体大多数情况下，还是要"守时播出、到点播出"，比速度当然要吃亏。比如，2017年3月，我台电视记者还在现场拍摄消防队员救援高楼发生火灾的新闻，手机上已经推送出这条新闻，寥寥数语、几张图片，阅读量立即破万，可我台电视媒体的这条新闻却要等到晚上7点半，新闻时段才能与观众见面。因此，拼速度，电视媒体很难拼过新媒体。但是，新闻虽讲究速度，但速度绝不是唯一的，对于新闻来说，最大的生命力一定还是内容，是传播的价值、信息的价值、引导的价值。

此时，我们电视媒体坚定地站在了"内容"这一边。第二天，我台播出了关于这场火灾的相关新闻后，立即组织深度报道组的记者，改变原有选题，就做这起高层火灾的深度报道，并定档在《直播119》中播出。于是，电视记者从火灾的起因、现场救援、高层建筑火灾逃生、如何杜绝火灾隐患等方面，进行了深入细致的采访，把很多市民不知道的细节、知识通过电视记者的报道表现出来。《杜绝火患 还得从预防做起》这条新闻播出后，不仅起到还原事实、澄清谬误、引领导向的作用，老百姓看了也都表示，丰富精彩、全面翔实。通过这篇报道，我想，电视媒体坚持"内容为王"是正确的，因为受众对内容的重视和渴求，是永远不变的。

根据"内容为王"的逻辑，只有做出更优质的内容，才能让更多的用户接受。所以对电视媒体来说，节目内容优势表现在两个方面：一是有巨大的内容产量，二是有专业水准的内容品质。当然，电视媒体融合发展中，"内容为王"并未过时。在"人人都是记者"的时代，过去单向、被动接受内容的"受众"变成了主动参与传播的"用户"，可以随时随地通过对内容的选择性观看、分享、评论等来发声。在纷繁复杂的媒体环境中，媒体的内容（包括视频）成了媒体黏性的关键，没有优质内容就没有竞争力。无论是电视媒体还是新媒体，最终都要依靠内容特别是原创内容来吸引观众，赢得用户。电视媒体要利用自身的视频优势，牢牢紧抓自己的原创节目资源，坚持"内容为王"的主旨不能变，把传统媒体的权威性和公信力跟新媒体的灵活性和广泛性结合起来，让受众在主流媒体中获取自己的信息来源。

同样，作为地方电视媒体，更要通过生产更多专业性强的具有地方特色和地域文化的原创节目内容，精准定位自己的受众，办出符合本地特色、具有本土化的节目。把原本只是视频画面，制作成碎片化、适合新媒体传播的有效内容，不断推出群众喜闻乐见、广电独家发现、独家获得、独家分析、首发抵达接触用户的电视节目。近年来，永州电视台根据本地特点和优势，陆续开设了《民生直通车》《大事小事》《平安永州》等民生栏目。结合当地文化底蕴深厚的实际，开办了《品读永州》《潇湘讲坛》等文化类栏目。面对老年化社会和国民健康意识的不断深化，我们打造了《健康是福》《讲医堂》等健康科普类栏目。这些扎根群众、服务群众的栏目不断成长，成为品牌和形象，获得了观众的极大认可。

三、受众习惯在变，服务受众不变

在 2010 年之前，传统电视工作者往往觉得引领受众是一件比较简单的事情，他们通常会觉得你播什么，观众就看什么，会不假思索地买账。随着移动互联网技术的发展，观众的那种"客厅电视和卧室电视"收看习惯已经悄然改变，智能手机、平板电脑的呈现成为获取信息和视频节目的首要渠道，海量的网络视频资源和任何时间、任何地方可以点播观看的互动方式，省去受众漫长的等待时间，重塑新的收视习惯。

据中国互联网络信息中心的统计，截至 2018 年 6 月，我国网络视频用户规模达 6.09 亿，占网民总数的 76% 以上。特别是对年轻人来说，利用互联网和智能手机、平板电脑等相结合所带来的收视体验要胜过传统电视。根据相关调查，如今很多人的手机上，都有不低于五个移动 APP 客户端，这些移动客户端已经成为受众接收信息、了解新闻和观看电视节目的主要载体。不可否认，如今看手机的人多了，看电视的人少了，受众的习惯变了。

既然受众的习惯变了，如果传统媒体还像过去那样"四平八稳"地做节目，显然要与受众需求脱节，会在竞争中处于更加被动的位置。因此，电视节目的推出和改版要创新，增强节目的可看性，进一步丰富节目类型。例如：近年来央视的文化益智类节目《中国诗词大会》成为综艺节目中的一股清流。一方面适应受众对于信息量大、可看性强的要求，整理大量诗词，邀请许多古典文学领域学者专家担任评委，为节目质量和内容奠定基础；另一方面，节目以"中华诗词、文化基因"为主旨，在节目细节上进行了较大幅度的创新和改革。节目播出一段时间内，全国人民以读背诗词和名句为荣，节目达到了普及古诗词的目的，同时得了广大观众的好评和认可。

作为地方广电媒体的永州广播电视台根据受众的习惯对所有节目进行及时改版和科学编排，而改版的根本目的和根本要求，就是要增强节目的可看性，进一步丰富节目类型，并形成台、端同步播出的架构。例如，在《永州新闻联播》等节目中，我们要求所有的时政要闻都要拆条推送，并对一些关注度高的新闻重新配音剪辑，制作成新媒体短视频。在主持人播报方式上，改变常规时政新闻正襟危坐的播报方式，尝试让主持人说新闻。

特别是一些重大突发性事件，人们更需要知道灾情，了解详细的灾情，而最好、最直接的渠道就是我们的广播电视和新媒体了。如：2017 年 7 月 1 日至 2 日，永州市发生历史罕见洪涝灾害。对此，永州台各频道、频率和网络台在台里的统一调度下，全员值班、精心组织策划。电视新闻栏目《永州新闻联播》在 7 月 2 日至 5 日打破了平时 22 分钟的播出常规，通过开设《永州防汛抗灾特别报道》每天在永州电视台新闻综合频道 10：00、13：00、15：00、17：00、19：

35、22∶00、24∶00全天候七档滚动播出，内容时刻刷新，及时将全市抗洪救灾情况第一时间汇总播出。同时，新媒体永州广电APP客户端开设专栏，24小时滚动播出。为受众和用户持续提供有价值的抗灾信息，推动了抗洪救灾工作，确保了人民群众生命财产安全。

而我们所做的一切，都是本着服务受众这个目的，就是要让受众喜欢看，这种喜欢慢慢地就会形成习惯。一旦习惯养成，那么无论受众接收信息的渠道、方式、习惯怎么变，他都会在心中保留一份期待。

四、媒体环境在变，"喉舌"作用不变

所谓新形势，也就意味着周边的环境在发生着日新月异的变化。伴随着改革进入"深水区"，多元化的思想表达对于传统媒体而言，也是一场严峻的考验和艰难的挑战。长期以来，广播电视担负着党和政府"喉舌"的重任，传统媒体依然是宣传文化思想的主阵地，仍然具有鲜明的意识形态属性和重要的社会舆论导向作用。新媒体由于人员入职门槛相对较低、传播限制相对较小、片面追求阅读量、点击率等因素的制约，在某些新闻事件报道中，存在一些偏离事实、观点片面、虚假报道、"标题党"等现象，而这些对传统媒体来说，是要坚决杜绝的。

作为一名广播电视人，我们可以自豪地说，改革开放的春风通过电视等媒体的宣传，吹遍了祖国山川大地，吹进了千家万户。改革开放巨大成就的取得，一代代电视人有不可磨灭的功劳。电视在寓教于乐中推动了经济的发展，改变了人们的生活。

那个年代，信息闭塞的人们是通过电视知道了中国有邓小平这位伟人，知道了他作为中国发展掌舵人提出了改革开放的伟大创举。广播电视忠实地报道党和政府的政策，当好党委、政府和人民的喉舌，引导着一代人看清祖国的发展方向，靠自己的辛勤劳动首先富裕了起来。

在经济发展的低谷中，在经济危机爆发的时刻，电视肩负起组织动员和团结群众的职责，广泛报道党和政府应对危机的决策，鼓舞人民树立信心，团结发展，一次次渡过了难关。在1998年特大洪水、汶川特大地震等大灾大难来临的时刻，电视迅速反应，公布事实，引导舆情，迅速把全国人民团结在一起，共同抵御灾难，在全国上下唱响了一曲曲抗灾、救灾赞歌。

曾经的人们看着电视赶潮流的行为留下了深刻的回忆。一个电视节目一经播出，一夜之间电视中人物的穿着、发型会变成全社会的潮流，电视中人物的行为和追求甚至影响一代人的行为和追求。电视始终站在时代发展潮流的最前沿，充分发挥对社会价值取向和人们观念主流的引导、推动作用。

无论媒体环境怎么变，我们必须始终坚持习总书记在全国宣传思想工作会议

上的讲话要求，不断加强社会主义核心价值体系建设，弘扬中华优秀传统文化，围绕中心、服务大局、引导社会正能量。在这方面，我们《永州新闻联播》紧紧围绕市委、市政府中心工作，挖掘地方文化亮点、倡导市民文明生活方式，相继推出了《民生新时代》《聚焦项目大突破 打响一号工程攻坚战》《与文明同行》《身边的劳模》《最美人物》等一批主题鲜明、应时应景、内容积极、鼓舞人心的报道，得到了各级领导和观众的好评，也用实际行动，捍卫了主流媒体阵地，传播了社会正能量。

　　新形势，新变化，变与不变，相对不绝对。作为一名电视媒体从业人员，在变革的时代，要清晰地认识到，我们需要改变什么，更要弄清楚我们一定要坚持什么，敢于尝试、勇于实践、积极探索，根本目的是要把我们的节目做得更好。与新媒体的竞争是好事，这种危机感和紧迫感，让我们时刻牢记不能固步自封，但也绝不能妄自菲薄。

（作者单位：湖南永州市广播电视台）

无声之屏：改革开放 40 年手语节目主持研究综述

王彦 曹芮

中国是世界上聋人最多的国家。改革开放 40 年来，中国社会经济高速增长，相应的精神文明和信息无障碍建设也随之蓬勃发展，努力实现在传播中确保"没有障碍""不出现渠道堵塞"。第三十四届联合国大会印发的《聋盲者权利宣言》亦明文规定，聋盲者有权通过"他们所能吸收的媒介和方式"来获得信息，为此政府和公众不仅应提供可实现无障碍传播的技术设备，而且应当"鼓励进行这方面的研究"（联合国，1981）。已有研究发现，人类汲取信息的感官渠道"80%来自视觉，其次来自听觉"，这意味着视障者、听障者遭遇的信息传播障碍是最大的（McQuail，2010/崔保国、李琨译，2006，第 142 页；Geruschat & Smith，1997）。在所有的传播媒介中，视听障碍受众使用比例最高的是电视媒体，尤其偏好以手语为主要沟通语言、以手语主持人为界面人物的手语节目。那么，什么是手语主持？中国手语节目主持的发展现状如何？与学界研究关系如何？主要集中在哪些议题？与其他国家存在哪些差异和距离？上述问题构成了本研究的核心。

为使讨论更集中和精确，我们比较不同文献中的概念定义，首先界定手语主持是指在视听媒介中，以手语为主要沟通语言、以手语主持人为界面人物的节目创作活动。为解答研究问题，以改革开放起始年 1978 年 1 月 1 日到 2018 年 8 月 30 日为时间范围，我们先在谷歌学术、中国知网上以"手语主持""手语主播"为关键词展开电子检索，分别得到谷歌学术文献 748 篇、中国知网文献 270 篇，再用人工逐件筛查的方式排除无关文献，遴选出谷歌学术核心相关文献 25 篇、中国知网核心相关文献 18 篇，合并二者重合部分，最终得到有效中文文献 34 篇（详见附录）。

按照成果数量排序，这 34 篇文献依次分布在节目研究、计算机辅助虚拟手语主持、播音主持业务、人才培养、理论构建研究等五个领域（表 1）。国外没有播音主持艺术学科，也没有针对手语主持人的专门研究，只有围绕手语节目、手语翻译、计算机模拟手语技术、无障碍传播等邻近议题展开的相关研究。国外相关研究相对中国来说数量庞大，难以计算，故我们只作择要整合综述。

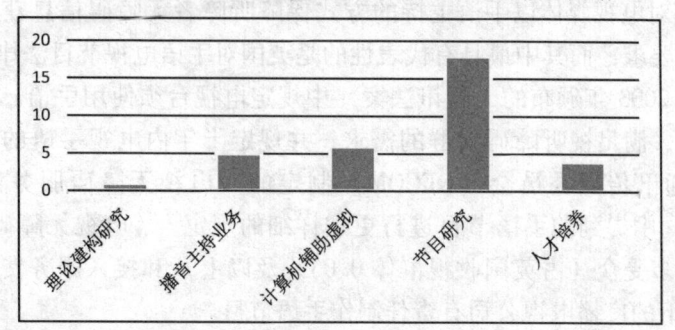

表1　谷歌学术、中国知网的34篇手语主持核心文献

[柱状图：理论建构研究、播音主持业务、计算机辅助虚拟、节目研究、人才培养]

一、政策环境：无障碍传播法规中外有别

法律与政策的制定是听障群体信息平权和手语主持有序发展的基本保障和关键推力，也是手语主持研究的重要议题。平等获取信息是每个人的基本权利，但人们汲取信息的渠道并非生而平等。据世界卫生组织统计，全球大约有4.66亿人患有残疾性听力损失（世界卫生组织，2018.3.5）。中国现有2780万听障用户、1300万视障用户，其中听障人数占全世界1/4强、视听障碍人数占全国身心障碍总人数40%强（张淳艺，2018.5.22）。据2017年中国残疾人事业发展统计公报（残联发〔2018〕24号），截至2017年年底，中国已有854.7万残疾儿童及持证残疾人得到基本康复服务，其中包括视力残疾人88.3万、听力残疾人40.7万、言语残疾人4.3万、肢体残疾人484.6万、智力残疾人71.3万、精神残疾人125.9万、多重残疾人35.5万。身心障碍导致的知沟，使这一庞大群体成为听力世界的局外人。

（一）西方国家立法走在世界前列

早在20世纪中期，欧洲与美国的学者就已经关注到听障群体在电视媒体中获取信息的障碍。1979年Braverman, Barbara B. 和Cronin, Barry Jay撰写《电视与聋人》一文中就提出应立法保障聋人平等获取电视信息的权利，并通过技术改进克服聋人看电视所遇到的障碍。学界的呼吁推进了欧洲与美国等西方国家相关法律和政策的制定，使其有助于支持手语节目的立法走在了世界的前列。

美国于1990年颁布的《残疾人法案》中规定"广播媒体、有限电视运营商和其他多渠道视频节目运营商，必须为听力和视力残疾人提供紧急信息的无障碍获取"，而在此之后的1996年颁布的《美国电信法》中则将无障碍信息获取的范围扩大到与"与一般受众相同的服务质量"，进一步明确了电视媒体为听障群体提供手语主持活动的责任与义务。

德国的《无障碍信息条例》、英国的《通讯法案》、日本的《老年人和残疾人的指导原则——信息和通讯设备、软件和服务》、澳大利亚的《残疾人歧视法案》等也都对电视媒体以手语主持的方式保障听障者无障碍信息获取的权利提出了法律的要求，而其中最具有代表性的是英国对手语电视节目法律的制定。

英国于 2003 年颁布的《通讯法案》中规定电视台须使用手语、字幕和音频描述等形式，满足视听障碍人群的需求，并规定十年内电视手语的节目应达到 5%。英国通讯传播委员会（OFCOM）制定的《电视无障碍服务法案》则对《通讯法案》中提到的手语节目进行更加详细的规定，《电视无障碍服务法案》要求拥有较多受众（占英国收视群体 0.05% 及以上）和接入服务费用仅占他们收入 1% 以下的广播电视公司有责任制作手语节目。

英国通讯委员于 2006 年对手语节目是否能帮助聋人群体进行调查，调查结果显示广播电视公司虽能符合对手语节目播放时长的要求，但播放时间一般在午夜，类型则集中在翻译类的手语节目，这对聋人群体并没有太大的帮助。针对这类情况，英国通讯委员会对法案进行了修改，修订后的法案规定，拥有英国观众收视 0.05% 至 1% 的广播电视企业一个月必须在 9 点到 10 点期间播放 30 分钟的手语节目，但如果频道不想播放手语节目法案也提供了替代安排，即为提供播放的频道进行付费。这项规定虽然对播放时间的要求有所缩短，但对手语播放的质量提出了更高的要求。

英国通讯传播委员会于 2007 年对《电视无障碍服务法案》又进行了更改，将手语节目从 30 分钟提高到了 75 分钟，同时增加了对替代安排贡献的付费价格。同年年初签署的《残疾人权利国际公约》规定残疾人"获得以无障碍模式提供的电视节目、电影、戏剧和其他文化活动"，要求各缔约国政府"承认和推动手语的使用""拟订和公布无障碍使用向公众开放或提供的设施和服务的最低标准，并监测其实施情况"。

（二）中国政策制定开创多个里程碑

中国也致力于推进电视媒体手语节目和手语主持的建设，循序渐进制定一系列政策与法规。

1990 年中国颁布的《中华人民共和国残疾人保障法》中明确规定"开办电视手语节目，开办残疾人专题广播栏目，推进电视栏目、影视作品加配字幕和解说"，这是中国首次将手语节目的开办以法律的形式确立。

1991 年《中国残疾人事业"八五"计划纲要（1991—1995 年）》中将"开办手语节目"首次写入国策。而在此之后的每五年一次《中国残疾人事业发展纲要》中进一步对"开办电视手语节目"的数量和质量进行细致的规定，如 2001 年颁布的《中国残疾人事业的"十五"计划纲要》规定"省会级有条件的中等城市争取开办手语节目"、2006年颁布的《中国残疾人事业的"十一五"计划纲要》则规定"办好手语新闻节目"。

2004年，我国与挪威共同启动开办了"中挪SigAm双语聋教育"（手语和汉语）实验项目，促进聋人与健听人士之间的交流。

2006年中国签署了联合国组织的《残疾人公约》。该公约明确规定："缔约国确认残疾人有权在与其他人平等的基础之上参与文化活动，并应该采用一切适当的措施，确保残疾人获得以无障碍模式提供的电视节目、电影、戏剧和其他文化活动。"手语主持节目提升至尊重人权、营造无障碍社会环境的高度，信息无障碍建设也成为中国在全媒体时代的信息平权运动重要表征，成为国家政府着力打造的公益事业。

2008年出台《中华人民共和国残疾人保障法》，将信息交流无障碍作为残疾人的重要权益之一正式提出。同年，《中国残疾人事业"十二五"发展纲要（2011—2015年）》（中发2008〔7〕号）提出"中央、省、设区的市电视台要积极创造条件开办手语节目，对困难地区电视台开设手语栏目给予支持"。

2009年发布《国家人权行动计划（2009—2010年）》，明确要求"在100个城市开展无障碍城市创建工作""开办电视手语节目""广播电台残疾人专题节目""推动影视作品加配字幕工作"等。《2012年政府工作报告》《中国残疾人事业中长期人才发展规划纲要（2011—2020年）》《中国残疾人事业"十二五"发展规划纲要》对此亦有专门论述。

2016年4月21日，全国首档由听障群体制作播出、听障主持人播报主持的手语节目《手语新闻》在新聋网播出，突破此前仅由手语传译员挂角画面、辅助主画面的健听主播进行无障碍传播的局限。值得一提的是，该创举仅限于新媒体平台，作为传统媒体的电视仍对此持谨慎准入的态度。

截至2017年年底，据2017年中国残疾人事业发展统计公报（残联发〔2018〕24号）数据：在政策建设方面，中国的无障碍建设法规、标准进一步完善。全国共出台了451个省、地市、县级无障碍建设与管理法规、规章和规范性文件。

在信息化建设方面，中国残联门户网站发布稿件约3.2万篇，全国31个省、276个地市、1197个县级残联开通网站。全国残疾人人口基础数据库持证残疾人3404.0万人。积极推动残疾人证（智能化）工作，全国共有21个省申请智能化残疾人证试点。完成浙江省杭州、宁波市与江苏省苏州市两省三市先行发卡。同时开展残疾证电子证照建设，为"互联网+残疾人服务"应用奠定技术基础。

在文化宣传方面，助残微视频《盲人女孩》入选国家新闻出版广电总局2017年度"百人百部中国梦短纪录片扶持计划"，全国共有省级残疾人专题广播节目25

个、电视手语栏目 31 个；地市级残疾人专题广播节目 198 个、电视手语栏目 254 个。

2018 年 7 月 1 日，全国首个《国家通用手语常用词表》和《国家通用盲文方案》审定和实施，标志着自改革开放 40 年来中国听障者第一次拥有自己的"手语普通话"。

（三）小结：中国手语主持政策暗藏隐忧

综合以上中外政策比较，可以看出中外政府都非常重视手语主持法律及政策的制定，不断完善相关立法保障手语主持活动的有序发展，为听障碍提供更优质的手语主持节目。

中国手语主持法律的制定与欧洲和美国等西方国家相比起步并不晚，但与西方国家将手语主持活动法律及政策的制定建立在调查基础之上，并精确地规定节目比例和时间等细节的做法相比，中国有关手语主持的政策和法律的制定存在过于宽泛、对节目时长频次的精准描述忽视听障受众需求、缺乏对政策制定后的效益调查等问题，以致于媒介机构的对策举措也就相应随意（李东晓，2013；王彦、李东晓，2015）。教育市场同样不容乐观，国内学术界尚未出版专业的手语主持刊物，也没有专门针对电视媒体手语用书的系统教材，培养出来的学生鲜有进入电视台从事电视手语新闻传译工作（李祖慰，2015a）。

二、弱化的听障主持人：中国手语电视节目的现实与困境

手语电视节目是手语主持的工作载体，也是手语主持研究的重中之重。手语主持是听障群体平等获取信息、相互连接、传承文化、融入主流社会的重要保障，也是国家建设无障碍传播环境的重要途径之一。藉由电视节目，手语主持人得以开展创作，成为节目的重要参与者、主导者，以无声的方式为听障受众传达和转换电视媒体中的有声信息，保障其平等获取信息的权利。

（一）为什么是电视

之所以是电视（而非其他媒体）成为手语节目的主要传播渠道，是因为电视被认为是大多数听障群体获取信息的最重要途径。王彦、李东晓（2015）对浙江省某特殊教育职业学院的视听障碍学生进行调查，证实电视媒体是视听障碍受众最倚重的专业信源，提出听障者担任手语节目主播、加强视听障碍人群主体的纪实性娱乐化传播内容、拓宽无障碍频道和手语视听节目数据库的传播渠道等建议。这是因为，视障者喜欢通过"听电视"来想象、模拟、体验无障碍接受信息的常人生活场景的仪式感，听障者喜欢通过看"自己人"手语节目主持的出镜来阅读手语、汲取信息、获得身份认同感（Kyle，1992；沈玉林，2013；李东晓，2013；王彦、李东晓，2015）。

电视媒体的无障碍传播渠道，一是在电视节目中添加字幕，二是提供手语翻译（传译员），三是提供手语主持。在第二种方式中，手语传译员作为翻译者出

现在屏幕的挂角画面中，通过手语解释屏幕中画面主题的健听主播播报的声音信息。在第三种方式中，手语主持人占据主屏画面，用手语主导节目的进展，并伴有配音和字幕。Kurz & Mikulasek（2004）调查显示，听障受众更喜欢第三种形式。从严格意义上来说，只有第三种才是真正意义上的手语主持。

（二）在场的手语传译员，不在场的手语主持人

截至2017年年底，中国已有省级残疾人专题广播节目25个、电视手语栏目31个；地市级残疾人专题广播节目198个、电视手语栏目254个（残联发〔2018〕24号）。这些手语电视节目的主流样态是：健听人员主创，每周一播，时长15分钟左右，短新闻录播。中央电视台新闻频道《共同关注》虽然因国家级平台的优势在播出频次、时长上遥遥领先（这种领先仅限于中国大陆，与英国法定的每天1小时12分钟时长相比甚至还不达标），但在节目样态上与其他手语节目没有质的区别。

尽管在2016年有了全国首档由听障群体制作播出、听障主持人播报主持的手语节目《手语新闻》，但该节目的播出平台仍在新聋网，而非电视台。因此，传统电视媒体中由手语传译员挂角画面、辅助主画面的健听主播的播报组合，并未得以突破。

虽然健听主播和手语传译员同时出镜成像，但二者呈现并不对等。健听主播代表的新闻机构处于强势的主导地位，而手语传译员则处于特殊的弱势地位（倪兰，2015）。健听主播占据画面主要位置，掌握节目的话语权。手语传译员在屏幕画面中所占的比例最多只有一半，以挂角画面的形式处于被动位置，具体职责是同步传译健听主播的口语解说报道内容。

不同国家的不同手语传译员在屏幕中所占的比例不同，奥地利约占屏幕的1/3、英国约占屏幕的1/6，中国约占屏幕的1/12——基本上都远远小于新闻主播所占屏幕的比例，小到令受众连表情都看不清，更不说手型、唇动，以致于"聋人看不懂聋人节目"的荒谬感油然而生。

在节目制作中的被动地位难免给传译工作带来障碍。Nyabok（2016）访谈肯尼亚四家电视台发现，手语传译员的压力主要来源于节目录制前缺乏与新闻主播沟通和准备材料的时间，长时间信息密集的高强度工作，使手语传译员承担巨大的心理压力，产生疲劳感，误译、漏译不断。

邓江爱（2015）呼吁，"强调手语主持的主体地位（适当调大出镜画面的比例）""放慢手语语速以降低聋人受众因视觉疲劳而漏读或误读新闻信息"，在"在语速、服装、唇语、表情"等副语言元素上强化"主持技巧"，同时主动学习聋人文化、了解聋人心理需求和接受信息的方式与特点，做到有的放矢。

（三）看不懂的手语节目

尽管中国新闻手语传译节目数量可观，但无论是收视效果还是质量评估，都不容乐观。听障受众对电视中的手语传译员持低满意度。肖晓燕（2011）对全国范围的新闻手语节目进行聋人受众满意度调查，发现不满意率高达53.7%，不满意的前三大原因依次是：①聋人看不懂。②传译员手势不流畅。③传译员表情不到位。值得一提的是，这些令一半以上听障受众不满意的手语传译员，全部是健听者（而非听障者）。刘艳虹、顾定倩、程黎、魏丹（2013）就能否看懂手语节目进一步展开研究，发现只有10%聋人受众能看懂，27%的聋生和44.9%的成年聋人基本看不懂。央视《共同关注》节目的手语理解调查显示，被测聋人中有半数"完全看不懂"手语传译员的翻译，信息获取量仅有20%到40%。

不仅中国听障受众对手语传译员的认可度不高，对聋人国际非政府组织的46名聋人进行手语主持满意度调查的结果也显示，只有32%的聋人受众对手语主持满意，68%的聋人受众对手语主持持不满意的态度（Alexina, 2016）。

为什么不满意？王欢（2015）的解释是，目前手语节目存在手语"非通用语言"造成手语节目的"非标准化"，这些"非通用"和"非标准化"具体表现在手语速度不同、手语不能表达专业用语、节目配乐的干扰等。

手语新闻主持的语速对电视手语新闻质量的影响，在袁伟（2016）的研究里得到进一步证实。袁伟（2016）整理26家电视台约6000分钟的语料库，对五个地区的1120个听障人士和手语教师进行手语主持节目理解度问卷调查，结果显示听障受众对当前手语主持语速普遍持不满意，进而提出分层次、分阶级对手语主持语速进行规范的建议。其中分层次指针对上星电视台和地方电视台，从工具属性和文化属性两方面进行区别规范；分阶级指针对手语理解速度的不同，对以手势汉语为主和自然手语为主的两类手语主持进行区别规范。

（四）小结：主持人去哪儿了

令一半以上的目标听障受众"看不懂"的手语节目，存在意义为何？对此，有学者批评大陆媒体尚未很好地利用自身的覆盖率和收视率优势尽到服务推广无障碍传播的义务，以致于许多手语节目只是应付上级检查而草草应付的"政绩工程"和"形象工程"（李东晓，2013，第130页）。在这个双重工程里，健听手语口译员成为健听主播的传声筒，真正意义上的手语主持人失踪了，缺席于中国电视媒体。手语主持人都去哪儿了？如果有一天他们占领手语节目主播台，他们会是什么样的主持人？

三、寻找理想的手语节目主持人

国外学者于20世纪50年代起关注电视听障受众这一特殊群体，但当时的研究重点在于探究听障受众对电视媒体的需求。到了80年代，听障受众无障碍信息获取的权利得到普遍认同，研究重点也开始转移到听障受众对字幕的需求。直到21世纪初，研究的重点才开始转移到听障受众对手语主持的需求研究。

现如今我们考察少数由听障手语主持人主导且运作成功的手语电视节目，如英国的"See Hear"节目等，发现他们没有手语传译员，只有手势、表情、身体动作并茂的听障手语节目主持，而且从不任用健听主播。我们还发现，理想的手语节目主持人成功模式并非不可复制，而是有一定共性可循。

（一）职业性

专业性和职业化被认为是手语节目界面人物的首要要求，也是手语主持质量的重要衡量标准。美国是手语职业化最早的国家，美国于1964年成立手语翻译人员的注册机构，并针对手语翻译的不同应用场景开设不同的认证体系，其中就包含表演艺术类的专业手语的认证。自1980年代至今，手语已经作为独立语言，被加拿大、美国、日本、英国等发达国家纳入国家教育体系。部分英美国家还建立起一套关于培训、测试与鉴定手语翻译的完整体系，甚至有国家组建起国家级的手语翻译机构。

中国手语的职业化进程相对较为落后。直到2007年，中国手语翻译才被人力资源保障部认定为一种职业。直到2013年，全国首个手语主持专业硕士研究生培养工作才由南京特殊教育职业技术学院、江苏师范大学携手合作开展，开创特殊教育研究人才培养新模式。截至目前，国内还没有相关本科专业，只有中州大学、南京特殊教育职业技术学院和辽宁营口职业技术学院开设三年制大专手语翻译专业。据李祖慰（2015a）、王俊珍（2017）先后统计，国内学术界尚未出版专业的手语主持刊物，也没有专门针对电视媒体手语用书的系统教材，培养出来的学生鲜有进入电视台从事电视手语新闻传译工作。可以说，电视媒体中手语主持的缺席、手语传译员岗位的稀缺和编制的饱和，以及手语主持科研的滞后，相应制约了手语主持人才培养的职业化和专业化。

2009年对手语翻译的一项调查显示，中国手语翻译的总体水平偏低，94%是在志愿者和兼职工作的基础之上从事手语翻译，40.8%的手语翻译表示接受过手语培训，只有20.4%获得了手语证书，电视中的手语传译员大多由健听手语教师担任。

（二）规范性

不论在中国还是外国，听障受众"看不懂"手语的情况都普遍存在，听障受众通过手语主持所获得的信息准确度远远低于健听受众。肯尼亚的一项关于手语主持理解度的调查中也出现了类似的结果，有65%的听障受众表示难以理解手语主持人所传达的信息。更有部分听障受众表示，在第二天观看报纸时发现与之前从手语主持那里所获得的信息不同。中国有用实验法将49名聋人受众及20名健听人受众分为两组，向其播放相同内容的新闻片段，统计两组成员的信息理解度。调查结果显示，聋人组所获得的信息准确度仅为24%，而健听人组获得的信息准确度为96%（Xiao, Chen, & Palmer, 2015）。可见，统一和普及听障受众日常近用的、能读懂能理解的手语，提高手语播音主持的示范水平，是实现手语规范的第一步。

手语的规范，与听障群体的第一语言应激反应有关。奥地利广播公司在推出手语主持之前制作了一盘样本磁带来探究聋人受众的偏好，磁带中包含三种形式选择，即仅手语主持、仅字幕以及手语主持和字幕相结合，大多数听障受众投票支持手语主持和字幕相结合的方式。但比起辅助手语理解、传达新词语的字幕，听障受众更看重手语主持的存在。听障受众对手语主持的需求，实际上与听障群体渴望手语被承认为一种合法的语言有关（Kurz & Mikulasek, 2004）。手语本身就是一种独特的手势表达语言，有自身的语法结构。手语是先天性聋人群体的母语，在电视媒体中使用手语表达更加符合聋人受众的信息获取习惯。计算机学者们研发三维人脸口型库和中国手语表情库的建立，最终生成口型与表情融合、带有真实面部特征的手语合成人脸动画研究，发现手语与汉语的共同点在于"唇动一致"（杨长水、王兆其、高文，2001；何文静、陈益强、颜庆聪、周经野，2010；王振，2010）。季筱椳（2012）研究各台电视手语新闻发现，当前电视手语新闻中的界面人物，不论是健听还是听障、主持人还是传译员，基本都是使用以有声汉语语法顺序输出手语，而不是聋人手语的自然语法。这对听障受众造成困扰，使他们面临转换两种语言的困惑，甚至产生缺乏真正意义上的尊重和平等的愤怒。对此，李祖慰（2015b）指出，手语主持人才培养重点不是双语语言能力，而是"双语驾驭节目的能力"。前者是入门的条件，后者才是出口的标准。为此，他倡议在手语主持教学中应用双语教学模式，提出双语教学梯级模式的设想，从简单渗透层次、整合层次、双语思维模式的不同梯级不断进阶，越来越熟练地实现健听文化与听障文化之间的无缝对接和转译。姬祥祥（2016b）从手语节目制作的角度出发，提议以手语为主、汉语口语和汉语字幕为辅的双语制播模式，即采用手语主持人独立创作，同时将其创作内容转译成有声语言画外音，这样能使看不懂手语的聋人受众和健听受众能以汉语手语字幕的方式补充理解，也便于不懂手语的健听受众借有声汉语和汉语字幕学习手语，使双语相辅相成。

手语的规范，与通用手语的普及程度有关，也与表情和身体动作等"手语副语言"的辅助表达有关，也与播音主持专业技巧有关。林腾驹（2012）以十八大手语翻译作为研究对象，将中美两国的手语翻译的视频进行对比，发现：一是美国的手语主持的面部表情和身体动作较丰富，而中国的手语主持仅靠手势传递信息；二是美国手语主持的手语标准化程度、可理解的准确度要远远高于中国手语主持人。对此作者建议，一是手语主持人应注意表情和动作，重视到面部表情和动作对手语传递信息的重要性；二是加快融合自然手语和手势汉语，尊重聋人受众的语言习惯。曾晚晴（2016）研究手语副语言发现，手语传译员或主持人的服饰选择应有别于健听主播，不能仅仅从日常审美出发选择浅色系服饰。因为浅色系服饰与手部皮肤颜色相似，会产生视觉障碍，影响手语解读。此外，不戴手套、戒指、手边、手镯等饰物，不留长指甲，不抹指甲油，以最自然、最本色、最完整的"净手"演绎手语，亦是必备的职业素养（张宁生，2009年，第254页）。从这个意义上来说，智能语音技术对真人手语主持的影响，只会发生在低端新闻播报市场的挤占。因为真人播报的"分寸感、感染力、个性化创造、艺术性"和"准确的内在语、恰切的对象感、精准的停连重音、丰富的语气节奏变化"等优势，是"气息僵滞、语言单一、停连重音不当、思想感情缺乏运动变化"的虚拟主持人与智能机器人无法替代的（翁佳，2017）。

手语的规范，还与手语使用者的自然身份、手语熟练度、节目情境、传译员的主体地位等有关。刘思言（2018）选取北京卫视《新闻手语》、南京栖霞电视台《小芮说新闻》在2016年间合计2000分钟语料为研究对象，以新闻中具有重要作用的模糊限制语（如"据不完全统计"）为切入点，比较健听传译员和聋人传译员的传译数量、目标词语选择及高频词等方面的传译情况。研究发现，在语料对等的情况下，二者出现模糊限制语的总数基本不存在差异，但是健听传译员仅传译86处（14%），聋人传译员则传译499处（83%），前者的漏译指标远远高于后者。这说明，健听传译员对手语中模糊限制词语的掌握程度、词码转换速度均不及聋人传译员熟练。究其原因，这可能与源语言的书面化程度、节目播出情境、新闻的信息量、手语的熟练程度，以及传译员的主体地位等，均有很大关系。

（三）可接近性

1. 身份上的接近性

聋人受众对手语主持人的人选及手语主持的类型存在着对"自己人"的明确偏好。基于英国聋人研究信托基金1993年至2005年项目数据的分析发现，由聋人担任手语翻译类型的手语主持满意度要远远高于由健听人担任的手语主持；相较于翻译类的手语传译员，聋人受众更喜欢英国的"See Hear"节目（Jim，2007）。国内学者调查听障受众发现，听障手语主持的赢效在于三个方面：一是权威性，听障手语主持在手语的使用上更为准确，是听障受众心目中的权威；二是悦目性，听障手语主持相较于健听手语主持更善于使用副语言，如口型、眼神、眉毛、肢体动作等进行表达，因此更易理解；三是接近性，听障受众更易信赖与自己有相同认知、阅历的听障手语主持（王彦、李东晓，2015）。西方聋人受众表示，如果有聋人较多参与组织完成的节目频道，他们将愿意付费观看（Jim，2007）。类似的节目频道有服务于大陆聋人和手语爱好者的非营利小众网站"手语视点"（链接：http://www.csl-press.com/）。该网站运营手语电视节目、手语 MV 作品、聋人影视作品、聋人文化资讯、各国手语教学等五个手语栏目。其中，来自韩国、泰国、印度、中国香港、中国台湾等知名听障手语主播们悦丽的手势、略嫌夸张的挑眉毛、眨眼睛、努嘴巴等自然的面部表情，是健听手语翻译无法复制的，令全球华人听障受众深深着迷。尽管这些地区的通用手语和自然手语对于其他华语地区聋人较为生疏，但因有中文字幕和辅助表情表意，节目传播效果和收视满意度仍然相当可观。

2. 听障文化上的接近性

听障手语主持之所以成为聋人受众最喜欢的电视界面人物，不仅因为聋人手语主持手语表达的专业性，更重要的是一种挨紧主流文化的心理接近性。他们将聋人手语主持进入电视媒体视为融入主流文化的一种途径。所以，听障群体对手语主持的需求，在某种程度上正来源于对听障文化认同的渴望。

手语主持人应掌握听障文化多次被提及。李祖慰（2015a）认为，聋人文化"一部分继承了汉文化"，另一部分也形成了"独有的多地域文化"。黄晓玲（2018）指出在新媒体环境下，手语主持人应掌握听障群体表达信息、接收信息、理解信息的习惯，从而更好融入听障群体中，更好满足听障受众的需求。姬祥祥（2016a）从教学实践出发，强调《聋人文化》课程在手语主持专业中的重要性，认为只有尊重聋人文化，才能真正做到信息传递的无障碍。

结语：烟波微茫，任重道远

藉由中外研究综述，我们发现，尽管国家大力倡导信息平权和无障碍传播，但中国手语主持发展现状与受众需求仍存在一定落差。尽管让听障人士参与手语节目制播的呼声甚嚣尘上，然而，现有手语节目绝大多数是从属于健听人主导话语权的政绩形象工程，而不是从"自己人"角度出发的供需对等。具体表现在手语主持主播与手语翻译概念混淆；有专业潜质的听障主持因缺乏上岗机会而"失踪"；健听手语翻译挂角小画面出镜，处于没有人格色彩的"失语"状态。手语主持人的"失踪"和健听手语翻译的"失语"，导致相应的理论研究也处于"烟波微茫信难求"的摸索状态。

本文梳理的受众研究数据已经多次表明，中国的手语主持质量和手语节目收视率堪称"严峻"（袁伟、姚喜双，2014）。一方面国内的听障主持迄今未成气候，另一方面国外社会科学界没有播音主持学科，导致中文学术界当前对手语主持的仅有的 34 篇研究文献多集中于语言学、翻译学、符号学、广播电视学、社会心理学、虚拟手语技术等宏观与中观层面，而对微观层面的手语节目创作、手语播音主持等手语节目研究本体缺少深入系统探讨，也就无法为当前手语主持提供科学的理论指导。

限于研究问题和研究精度，本文仅仅综述当前手语主持的实践与研究，并没有对其背后的成因作进一步探索，未能知其所以然。所以然的答案，有赖于后续研究采用问卷调查、焦点小组、深度访谈等研究方法，对其成因刨根问底。对于未来研究的方向，或可在听障受众研究、整合手语主持的内部表达技巧与传统播音主持理论中的"内在语""对象感""情景再现"等概念、比较手语主持与有声语言主持的异同等面向展开。不论是实践探索还是理论研究，中国手语主持都任重而道远。

（作者分别为：浙江工业大学人文学院副教授、浙江省舆情研究中心特约研究员；浙江工业大学人文学院硕士研究生。本文系浙江省社会科学界联合会重点研究课题"面向身心障碍群体的视听传播研究"的阶段性成果，项目编号：2013Z19）

改革开放 40 年来城市电台法治节目探索之路

——以成都人民广播电台为例

李申建

法，国之根本。自韩非子首倡"依法治国"，弱秦遽然变强。汉王刘邦凭剑的锋芒入咸阳，但一得秦都，便约法三章，于是，民附而国安。至后来封建帝制轰然倒塌，其本质亦是变人治为法治。然后历经百年演进健全，积贫积弱之中国方有今日之蓬勃。纵观古今，人类社会无法则生乱，盛世莫不是因法而建、因法而盛。立法，为法治第一步，若发不入民心，则法为一纸空文。因此，大众普法教育，可谓关键。

作为党和政府喉舌的成都人民广播电台（以下简称：成都电台）从诞生之日起就与法规法治紧密相连。1949 年 12 月 27 日，成都宣告解放。1950 年 1 月 5 日 18 点，在位于旧皇城坝永兴巷邮电局内狭小破旧的播音室里，成都人民广播电台开始播音。使用的频率为短波 415 米、1220 兆赫，中波 200 米、1500 兆赫。随着乐曲《雄鸡》作为开始曲在蓉城上空回响，标志着成都的人民广播事业正式开始。当天播送了《告听众书》庆贺成都人民翻身得解放，接着广播了成都军管会的命令和《中国人民解放军入城公告》《三大纪律八项注意》等。[①] 其中的《三大纪律八项注意》就是中央对军队的"铁律"，具有明显的法规精神。成都电台第一声就"与法同行"。

一、第一时期：1978—1991

时间跨越到 1978 年。这一年，中国迎来了具有划时代的一刻。12 月 18 日至 22 日，中国共产党第十一届中央委员会第三次全体会议在北京举行。全会的中心议题是把全党的工作重点转移到经济建设上来。提出了中国开始实行的对内改革、对外开放的政策——改革开放。

---

① 四川省地方志编纂委员会：《四川省志·广播电视志》，四川科学技术出版社 1996 年版。

从这一年开始到1992年党的十四大召开，我国的法治进入恢复与重建期。在这一时期，法治建设受到极大重视，获得迅速发展，法律的地位和权威得到确立，现行宪法和规范政治、经济、社会生活的重要法律法规相继颁布实施，"文革"期间基本瘫痪的各政法机关逐步建立健全，为我国经济社会发展提供了强有力的保障。当然，此时广播宣传出现重大转折。80年代初，根据第十次、第十一次全国广播电视工作会议精神，成都电台也应时而为，多次调整和改进节目，确保党和国家的方针政策、法律法规信息能第一时间传达给听众。

1980年2月15日，把原来设计的对象节目合并改为《新长征路上》。1982年7月3日，为了加强城市信息传播的接近性，把《新长征路上》和《地方新闻》合并改成《今日蓉城》节目。1983年11月14日，又恢复《地方新闻》节目，每天播送两次；把《今日蓉城》改为综合性的通讯节目；并根据温江专区并入成都市行政区域的情况，举办《台、站联办节目》作为宣传区县的窗口，后更名为《对农村广播》节目，加强对成都农村听众进行科学技术、法律法规的宣传教育。①

从法治宣传方式手段来看，当时的宣传工作还显得较为粗放。据成都电台退休主任播音员秦言介绍，20世纪80年代的成都广播节目，有关法治的内容大多选用报纸上的新闻文字通过播音员在广播新闻节目里播读，法规政策还停留在呼口号上。节目没有互动，主持人语态较生硬，缺少鲜活感。

二、第二时期：1992—2001

1992年春天，邓小平同志南巡讲话的春风吹拂到祖国各地，新一轮改革向我们走来。从1992年到2002年党的十六大召开，我国为了适应从计划经济体制向社会主义市场经济体制转变的要求，确立了依法治国的基本方略。在这一时期，社会主义市场经济迅速发展，为法治建设注入了强劲动力。依法治国的基本方略得到确立，建设社会主义法治国家成为我国法治建设的目标和方向；一批直接规范与保障市场经济的重要法律法规相继制定和颁布，社会主义市场经济法律制度逐步建立；依法行政作为依法治国的主要环节受到高度重视，得到全方位推进。成都电台围绕经济建设中心工作，在新闻节目中增加法制新闻的数量并开辟法制专栏。

1991年，原《新闻节目》更名为《早新闻》节目，每天早上7点播出十分钟录音。节目涉及国家和成都本地的重大新闻报道，期间也有关于成都本地法规的简要新闻在节目里以消息形式播出。后来每周设置一期《法制栏目》，此时节目开始重视选用外采法治稿件。据该节目主持人杨德强（播音名：招杨）介绍，当年一般选用特约记者来稿，每篇稿费两元多，主持人平均工资每月才70元。

---

① 成都市地方志编纂委员会：《成都市志·广播电视志》，四川大学出版社1997年版。

1993年《午间特快》节目开播，其中增设法制栏目，节目形态仍旧较为传统，既"我播你听"，缺少权威人士现场解答和有效的听众互动。该节目一直播出到1995年成都电台大改革后停播。

1995年，成都电台系列台纷纷成立。新闻台、交通台、商业台、文艺台四强挺立。为了更好的宣传成都，为党和政府的中心工作服好务，新成立的成都电台新闻台将《早新闻》更名为《成都新闻》。此时，新闻专业大学毕业生分配上岗、专业录音技术设备引进使用，成都电台的法治新闻和专栏的采编能力进一步提升。新闻记者能方便地携带TDK磁带采访机采访新闻人和事。《成都新闻》节目的法治新闻报道更多地出现了现场同期声报道和记者评论环节，宣传效果逐渐凸显，节目出现了多样化的态势。当然，此时的法治特约通讯员来稿的稿费也比以前翻了一倍，每篇作品由两元变四元。

1999年10月成都电台新闻广播推出了一档消费维权法治节目——《特快3·15》。该栏目积极宣传《中华人民共和国消费者权益保护法》的法规政策，为成都的经济建设发展和维护市场和谐稳定发挥能动作用。在常规直播节目中，主持人通过电话连线听众、商家和执法部门，倾听听众的诉求，寻找真实经过，邀请律师走进直播间，解决百姓的消费困扰，积极为广大消费者维权，为合法商家说话。因为"快""活""新"的风格，特别是能解决听众实际问题，节目赢得了社会的好评。曾有听众将一面写有"广播黑包公"字样的锦旗，赠送给主持人徐良军，以表感谢之心。

三、第三时期：2002—2011

从2002年至2011年，党和政府为了适应全面建设小康社会的要求，从上到下坚持依法治国、依法执政、依法行政相互推进，加快建设社会主义法治国家。在这一时期，依法执政被确定为"新的历史条件下党执政的一个基本方式"；立法工作取得重大进展，中国特色社会主义法律体系基本形成；明确提出树立社会主义法治理念，坚持党的事业至上、人民利益至上、宪法法律至上；《全面推进依法行政实施纲要》颁布施行，提出十年左右基本实现建设法治政府的目标。

在21世纪的第一个十年，成都电台的改革之路和国家同步进行，为成都市建设"法治政府"积极服务。特别是在法治文化的宣传工作上，成都电台又有了新举措、新表达。

2002年原《成都新闻》更名为《成广新闻》。1996年入职电台主跑公、检、法口子的专线记者辛艳丽同志已快速成长起来。许多大案要案、涉及民生的法治消息都及时、客观、鲜活地在重要栏目《成广新闻》里播出。为了让新闻节目更具有现场感，为民服务，并能更好地抓住听众的耳朵，随后《成广新闻》增加了《现场》和《热线电话》版块。通过和有关部门的配合，《现场》记者郝毅精选案例，高质量地用数码录音笔记录在法庭、在案发现场的同期声，传递法治现场原始声。《热线电话》接听听众的求助电话，值班编辑、双方当事人、律师、职能部门等多方通话，宣传法律知识，维护民众利益。

从2003年开始成都人民广播电台积极探索法治栏目常态化，在这一时期出现了三档涉及法律宣传的广播节目。

2003年，成都新闻广播将原来的《特快3·15》节目更名为《梁军热线》节目，不再仅仅涉及《消费者权益保护法》。《物权法》《劳动法》《合同法》《婚姻法》等法律法规也成了节目宣传的范围，服务面更广，关注度更高。值得一提的是，每年3月15日"消费者权益保护日"，节目组还到成都市消费者协会现场做现场直播节目，听众、职能部门、主持人现场面对面交流，传播效果好。因节目形态多样、节目贴近百姓，《梁军热线》成了成都新闻广播的金牌栏目。

除了担负政治宣传任务的成都新闻广播外，成都交通广播在普法宣传路上也积极作为。2004年9月20日下午两点《平安成都》节目正式开播。这是一档主打防范宣传和便民服务类的广播法治节目，由成都市公安局和成都电台交通广播联手打造，通过提高市民防范意识，共同营造全国一流治安环境，创平安成都。该节目邀请多警种嘉宾，全方位解答群众最关心的问题，其中包括交通事故处理、户籍护照办理、消防安全、防范宣传知识等。形式新颖、内容丰富、交流亲切是《平安成都》栏目的特色，尤其在服务市民和增强群众安全防范意识上发挥了重要作用，并以"警情下达，深入百姓接地气，传递社会正能量"的主流导向成为成都媒体宣传中的"亮点"，节目也多次在省、市评比中获奖。[①]

为了更好地宣传法治，构建和谐法治社会。2006年成都新闻广播推出了《与法同行》节目，每天下午两点播出，每期半个小时。主持人为招杨、琴畅。除了邀请律师对法治案例以案说法外，节目组还同新华社区、水井坊社区、芳草街道等一起举行"法治节目社区行文艺活动"，通过现场唱歌、跳舞、小品等文艺表演将法治宣传向基层延伸。

四、第四时期：2012年至今

党的十八大以来，十八届四中全会在我党历史上第一次以"依法治国"为主题并出台《中共中央关于全面推进依法治国若干重大问题的决定》，确立了建设中国特色社会主义法治体系、建设社会主义法治国家的总目标，形成了坚持中国共产党的领导、坚持人民主体地位、坚持法律面前人人平等、坚持依法治国和以德治国相结合、坚持从中国实际出发等重要原则。这些也都是中国特色社会主

---

① 四川新闻网，http://news.sina.com.cn/s/2004-09-17/07083689765s.shtml

义法治建设的历史规律和宝贵经验。

中国共产党第十九次全国代表大会于 2017 年 10 月 18 日至 10 月 24 日在北京召开。这次大会做出了"中国特色社会主义进入新时代"的重大判断，并指出我国社会主要矛盾已经转化为人民日益增长的美好生活需要和不平衡、不充分的发展之间的矛盾。在稳定解决十几亿人的温饱、全面建成小康社会之后，人民美好生活需要日益广泛，不仅对物质、文化生活提出了更高要求，而且在民主、法治、公平、正义、安全、环境等方面的要求日益增长。这些方面，都需要法治建设能协同跟进，都需要依法治国予以保障。

在普法宣传中，新闻媒体承载着重要的社会责任与使命，在这样的时代背景下，拥有新媒体做技术支持的《998法治大讲堂》应运而生。

《998法治大讲堂》是由成都市依法治市领导小组学法用法工作组、成都市司法局和成都市广播电视台新闻广播联合举办的一档独具特色、贴近百姓的广播普法节目，也是成都市首个大型广播综合法治节目。[①]

《998法治大讲堂》栏目自 2012 年 11 月 3 日正式开播以来，围绕"人人讲法共建和谐"的主题以及"做老百姓最喜欢、最扯耳朵的法治节目"这一节目定位，内容上不断扩容，时段上不断优化，收听率长期名列晚高峰黄金时段前三名，成为成都推进依法治市的品牌节目。

从党的十八大到党的十九大，在这五年间《998法治大讲堂》栏目结合不同阶段、不同形势下的普法宣传方向，不断丰富节目内涵。为了不断适应普法工作的新要求和媒体发展的新变化，经过了数次较大的改版，在创新普法手段、丰富节目形式、拓宽新媒体渠道、打造品牌效应等方面都取得了一些成绩。

（一）节目形式推陈出新，做"最扯耳朵"的法治节目

节目充分利用广播传播迅捷、接收最为便利、伴随性最强的特点，采取通俗易懂、喜闻乐见的方式向听众进行普法宣传，开设了《依法治市》《司法局长在线》《以案说法》《律师档案》《热点直击》《检察官说法》《法治龙门阵》等多个固定板块。截至 2018 年 7 月底，共制作播出 1200 余期普法专题节目，50 余个成都市级部门、120 余个区（市）县执法部门负责人轮流走进直播间，本着"谁执法、谁普法"的原则，与听众面对面交流，为广大市民普及法律知识。

节目组还与成都市 16 个知名律师事务所达成合作关系，长期为节目内容提供专业法律支撑。四川大学法学院教授徐继敏、四川省社会科学院研究生院院长夏良田等 14 位专家学者、知名律师加盟《998法治大讲堂》智库，在节目发展

[①] 成都市司法局、成都市广播电视台、法治龙门阵编委会：《法治龙门阵：大型广播节目"法治大讲堂"·第一季》，成都时代出版社 2015 年版。

定位、普法手段创新等方面积极建言献策，提供科学参考，提供法律支撑。

为增强贴近性，让节目内容更"接地气"，节目还深挖自身潜力，积极创新形式，特邀"警察散打第一人"耿琦、邛崃优秀普法员王家荣等工作在基层一线的普法工作者，以通俗幽默的讲述、深入浅出的讲解，为群众进行普法，走出了一条普法新路径。

2015年该栏目还将优秀的节目文案整理成《法治龙门阵》一书，由成都时代出版社正式出版，面向全国公开发行。

（二）积极拓宽新媒体渠道，打造"融媒体"普法平台

按照成都普法工作的要求，《998法治大讲堂》栏目在不断完善节目形态、拓展收听覆盖面的同时，也在不断扩展新媒体宣传渠道，利用新媒体传播迅速、覆盖面广的特点，占领普法宣传的新阵地。目前，《998法治大讲堂》已打造成一档"融媒体"普法节目，进一步提升了节目传播力与影响力。

《998法治大讲堂》现有微博、微信公众号、网易号，与节目同步推送普法宣传推文，各新媒体平台累计聚合粉丝超过五万人，单次节目收听观看最高流量突破十万人次。其中，微信公众号结合时下民生热点，推送普法文章近千条，其中原创文章占总数的一半以上。同时，为了方便群众随时随地关注节目，《998法治大讲堂》还在微信平台实现了网络音频、视频同步直播及回放功能。目前，各新媒体平台除了拥有大量四川本地粉丝外，还吸引了来自安徽、广东、江苏等全国各地的粉丝超过一万余名，普法范围从本地走向了全国。

据节目负责人辛艳丽介绍，下一步《998法治大讲堂》将在现有基础上，积极开拓更多新媒体渠道，联合技术部门，于2018年年内在微信平台上线"微信公开课"功能，邀请法律专家、职业律师、执法工作者进行线上授课，通过更便捷的渠道让普法教育覆盖到更多人群。

（三）多种渠道联系群众，增强节目服务性与实用性

《998法治大讲堂》聚焦民生热点，话题设置涵盖了人身安全、食品安全、劳动保护、旅游出行、购房买车、工伤赔偿、未成年人保护、遗产继承等各种与老百姓日常生活密切相关的法律问题，将枯燥、难懂的法律条文转化成为通俗易懂的日常语言，让群众学以致用。

同时，栏目联合成都本地的优秀律师事务所，打造"律师在线"功能版块，开通了包括热线电话、短信平台、微博私信、微信留言等多种咨询方式，为群众及时解答法律疑惑。截至2017年7月底，节目组已为5000余人次及时解答法律问题，解决了实际困难，引导群众运用法律手段解决问题和争端。

（四）加强策划丰富手段，打造惠及群众的普法外场活动

为了让节目更加贴近人民群众、扩大普法范围，《998法治大讲堂》栏目创新普法宣传形式，与成都各区（市）县、各职能部门联动，积极开展大型普法

宣传主题活动，深化"法律七进"主题活动，让老百姓在家门口乐享"法治盛宴"，推动普法宣传深入实施。

从开播到至今，栏目先后在高新东区、温江区、青羊区、蒲江县、金牛区、新都区、郫都区、崇州市、龙泉驿区等地开展多场大型外场活动，通过多种多样的展现形式和表达手段，为人民群众带去精彩纷呈的普法宣传活动，现场还通过设立宣传展板、现场咨询点，切实为老百姓解决了日常生活中遭遇的法律疑惑。在举行大型外场活动的基础上，栏目还致力于打造常态化的普法宣传形式，让普法宣传工作不再是"昙花一现"，而是成为能够实实在在惠及群众的法律公共服务。2018年8月起，成都市高新区司法部门和该节目合作推出面对农村居民播出的《成都高新区普法村村通》栏目，每周三下午4点这档四川方言法治广播节目在成都高新区所有行政村通过村村通喇叭向农民朋友播出，接地气的内容，诙谐幽默的表达使得这档小栏目深受农民的喜欢，将普法宣传延伸到田间地头。

为深入推进"创业天府"行动计划，服务我市"双创"工作发展，从2017年6月开始，在成都市司法局的指导和支持下，《998法治大讲堂》创新形式，打造了成都市首个以"三国文化"为背景的创业主题普法微剧《麻辣三国之刘关张创业史》，融合了刘备、关羽、张飞、诸葛亮等典型人物形象和"双创"背景，在剧情中设置在创业过程中可能面临法律风险的类似情景，以微电影的形式进行演绎、拍摄制作及后期包装，并在各区（市）、县创业园区进行普法，增强青年创客的法律意识，变"事后干预"为"事前预防"。

回顾改革开放40年，作为省会城市电台的成都人民广播电台，在法治文化宣传的道路上积极作为，勇于创新，站在改革高度、把握时代脉搏、心怀每位听众，在无限的电波中"传递真善美，鞭笞假恶丑"，同时代共呼吸，同受众共交流，同成都共进步。

此刻，中国特色社会主义建设进入新时代，改革将进行到底，法治宣传使命依然艰巨。

未来，成都电台将立足成都本地，服务成都经济建设，坚持依法治市、普法先行，以全面实施"七五"普法规划为工作主线，继续做好日常法治节目及普法宣传活动，不断总结经验，创新节目宣传形式，进一步推广法治文化，提升普法实效，为成都市奋力实现"十三五"发展目标，加快建设全面体现新发展理念的城市，营造良好的法治环境。

（作者系成都市广播电视台新闻广播播音员）

农民工社会融合问题的影像呈现

——央视纪实节目《城市梦想》解析

王 平

2017年央视财经频道《城市梦想》系列纪实节目（第一季，10集），将传统纪录片与电视真人秀节目巧妙地糅合在一起，跟踪拍摄了行业精英体验农民工职业生活的点点滴滴。节目播出后，引起广大观众共鸣，收视率稳居央视财经频道所有节目的前三名，被称为感人至深的"良心之作"。[①] 在当下游戏式真人秀、偶像剧、"神仙侠"剧、放大"精英"生活的所谓现实剧等火爆荧屏的背景下，央视《城市梦想》节目立足基层、以人为本、搭建跨越城乡和阶层差异的平台，深入呈现城市化进程中的农民工城市融入问题，的确具有范本意义。本文主要从社会融合视角解读央视《城市梦想》节目，同时对大众传媒在农民工城市融入中的角色作用问题进行探析。

一、社会融合——农民工题材节目分析的重要视角

改革开放以来，我国流动人口数量大量涌现，呈急剧增长态势。其中，农村劳动力的加速转移促进了流动人口的大量增加。当前，我国在推进以人为本，实现城乡统筹、产城互动、制度改革和体制创新等为重点内容的新型城镇化建设过程中，城市流动人口的社会融合问题，日益成为党和政府高度重视并尽快着手解决的问题。如2007年中共中央、国务院《关于全面加强人口和计划生育工作统筹解决人口问题的决定》要求，要深化流动人口管理服务体制改革；将流动人口管理服务纳入地方经济社会发展规划，促进流动人口融入城市生活；要解决流动人口在就业、就医、定居、子女入托入学等方面的实际困难，逐步将进城务工人员纳入社会保障体系，保护其合法权益。党的十八大也进一步提出，"要加快推进户籍制度、社会管理体制和相关制度改革，有序推进农业转移人口市民化，

[①] 孙建：《收视效果与传播意义的完美结合——评央视财经频道〈城市梦想·姑娘，不哭!〉》，《电视研究》2017年第5期。

逐步实现城镇基本公共服务覆盖常住人口，为人们自由迁徙、安居乐业创造公平的制度环境"①。总之，城市化进程中的农民工社会融合问题，关涉城乡关系协调、民生改善与和谐社会构建等，亟待政府、农民工群体自身以及社会各界的共同努力。

关于"社会融合"的概念，目前尚无明确的定义。有许多研究者认为，"社会融合"是不同个体、群体或文化之间相互配合、相互适应的过程，其目标是构筑和谐的社会。② 也有学者认为，"社会融合"旨在调整、协调社会中不同因素的矛盾、冲突，保持社会的秩序化、规范化，以防止社会结构的各个部分因缺乏亲和力、凝聚力而导致发展失控，引起整个社会的混乱、无序。③

关于"社会融合"的类型也有多种分法，有学者将其分为情感融合和行为融合；也有学者将其分为结构性社会融合和社会心理融合；还有学者认为，社会融合应分为功能性融合、交流性融合和规范性融合，等等。④ 笔者更倾向于充分考虑农民工所处的社会经济背景的"三分法"，即社会经济融合、文化融合和心理融合。

所谓社会经济融合是指农民工在社会经济地位的获得上，与城市主流社会中经济背景相同的阶层相比，能够逐渐达到这个阶层的平均水平或高于平均水平的过程，其测量指标包括职业、收入、房产的拥有、儿女的教育和居住条件等。文化融合主要指的是农民工在适应流入城市的区域性文化过程中所发生的价值、认知等方面的变化与融合。心理融合主要是指农民工在城市社会的成员身份和归属的认同上所发生的心理和情感上的变化。⑤

关于影响农民工社会融合的因素问题，有许多学者认为，农民工的关系资源对其城市融合与发展具有较大的影响。其中，以初级群体为基础的社会网络带来的交往限制，会阻碍其对城市的认同与归属，而相对于劳动力移民进城前的原始社会资本，新型社会资本在农民工的社会地位提高和城市融入中作用更大。⑥ 也有一些研究者强调，影响农民工社会融合的关键是制度障碍，如户籍制度、就业

---

① 《加快推进户籍制度改革 有序推进农业转移人口市民化》，人民网，http://lianghui.people.com.cn/2013npc/n/2013/0305/c357862-20681035.html，2013年03月05日。
② 任远、邬民乐：《城市流动人口的社会融合：文献述评》，《人口研究》2006年第3期。
③ 曹飞，田朝晖：《社会资本与农民工的社会整合》，《求实》2011年第12期。
④ 李树茁、任义科等：《中国农民工的社会融合及其影响因素研究——基于社会支持网络的分析》，《人口与经济》2008年第2期。
⑤ 悦中山：《农民工的社会融合与社会管理——政府、市场和社会三部门视角下的研究》，《公共管理学报》2012年第4期。
⑥ 赵延东、王奋宇：《城乡流动人口的经济地位获得及决定因素》，《中国人口科学》2002年第4期。

制度、社会保障制度、医疗制度、教育制度等。这些制度维度上的社会排斥，是阻碍农民工社会融合的主要因素。[①] 总之，国内社会学、公共管理等领域的学者，已经开始从不同侧面或视角对农民工的社会融合问题进行考察、分析，但传媒领域在这方面的研究还存在严重不足，对农民工题材节目等所触及的社会融合问题，尚缺乏专门深入的探索、分析。

"大众传媒通过话语符号的生产和传播，具有推动社会整合、促进人的社会融入的力量，而被比喻为'社会水泥'"。[②] 从这一意义上看，大众传媒在农民工社会融合与市民化过程中的角色作用问题，值得深入探析。前述有关流动人口的社会融合理论，无疑是解读此类节目不可或缺的重要视角。

二、央视《城市梦想》节目的社会融合视角解析

（一）直面城市化进程中的农民工社会融合问题

阿诺德·豪泽尔说："最伟大的艺术作品总是直接触及现实生活的问题和任务，触及人类的经验，总是为当代的问题去寻求答案，帮助人们理解产生那些问题的环境。"[③] 的确，关注现实生活中的热点、焦点问题，深入探索其原因，并努力寻求对策、路径，应是电视等主流媒体责无旁贷的使命和追求。然而，当前我国不少社会现实类纪录片或纪实类节目，恰在这方面存在缺失与不足。其中"题材泛化""对社会观察的深刻性不足""游离于问题本质之外"，抑或缺乏"纵向深度挖掘"，对有关问题或现象流于浅层次观察和泛化的哲理性感悟，"缺乏围绕本质问题展开深入探讨的作品"等[④]。这些问题的存在无疑影响到社会现实类纪录片或纪实类节目的传播效果，使作品的社会意义严重受限。值得欣慰的是，央视《城市梦想》勇于触及农民工社会融合这一城乡二元结构下的突出问题，在题材选择、主题开掘和节目形式等方面，皆有较大的突破和创新，成为当前社会现实类纪录片创作中的一股清流。

如前所述，城市化背景下的农民工社会融合不仅需要政府充分发挥主导作用，需要农民工群体的主动参与，而且还需要社会各界的通力合作。其中，作为"中层组织"的大众传媒在农民工城市融入过程中发挥着不容小觑的作用。

美国政治学者康豪瑟在其《大众社会政治》一书中认为，一个正常的社会

[①] 张文宏、雷开春：《城市新移民社会融合的结构、现状与影响因素分析》，《社会学研究》2009年第1期。

[②] 袁靖华：《大众传媒的符号救济与新生代农民工的城市融入——基于符号资本的视角》，《新闻与传播研究》2011年第1期。

[③] [匈] 阿诺德·豪泽尔：《艺术社会学》，居延安译编，学林出版社1987年版，第65页。

[④] 王晓宇：《浅析当前社会现实类纪录片创作的不足与改进方向——以医疗题材为例》，《中国电视》2018年第1期。

结构应包括精英、民众和中层组织三层。在现代化的过程中，传统意义上的以亲缘或村落为组织基础的联系被打破，然而能够弥补传统组织结构缺失的现代中层组织却没有发展起来抑或力量较为薄弱。这将不利于社会各阶层尤其是政治、经济等精英群体和普通民众之间的沟通与联系。康豪瑟认为，作为中介的中层组织具有相当重要的社会整合功能，能够成为精英和民众之间沟通协调的重要渠道，有助于化解社会矛盾和冲突，形成共同意志，推动社会全面发展和进步。因此，中层组织的生存发展及其所应具备的联系、协调、对话和整合等功能，值得研究者高度关注。①

基于上述康豪瑟的"大众社会政治"有关理论，笔者认为，电视等大众传媒理应担当起"中层组织"的角色与职责，为政府推动新型城镇化建设、消除农民工社会融合的边界区隔、实现城乡一体化发展等，发挥其不可替代的功能优势与作用。

诚然，新型城镇化建设取得了卓越的成绩，然而也面临越来越多的社会问题。其中，农业转移人口的社会融合与市民化问题日益凸显。正如有研究者所言："新型城镇化进程中的农民工并未因其流动带来这一群体的身份消融与城市融合，反而不断被现实强化社会边界区隔乃至生成新的社会边界。"② 这种阻碍农民工"身份消融"与"城市融合"的"社会边界区隔"，在央视《城市梦想》系列纪实节目中也有淋漓尽致的呈现。如《团圆年》中的北京环卫汽车修理工王进吉，在与精英体验者——盘石计算机工程有限公司董事长田宁交流时的一段话，就着实耐人寻思："一进北京城我就有压力，我能改变了我的现状吗？改变不了，我是农民工，我站在北京，我往那儿一站，我就是个外地人，我从心眼里，我就缺乏我的归属感，我永远融入不了那个社会群体……"

可见，"社会边界区隔"的存在不仅固化了社会阶层的流动，阻碍了城乡一体化进程，而且还会造成农民工心理的压抑和失衡，长此以往甚至会引发各种社会矛盾和冲突，最终不利于社会的和谐与稳定。所以，在新型城镇化进程中如何消除这种"社会边界区隔"，促进农村流动人口的经济融合、文化融合和心理等层面的融合发展，将是政府和社会各界面临的共同难题。作为"中层组织"的大众传媒，理应发挥其独特的联系、协调、对话、整合和监督监测等职责功能。央视财经频道《城市梦想》系列纪实节目，无疑在这一共同难题上进行了有益的探索，其在每一集节目中都能够直接触及农民工城市融入过程中所面临的种种问题，如随迁子女在城市的入学问题、农民工平等享受城镇基本公共服务、住房

---

① William Kornhauser: The Politics of Mass society, New York: Free Press, 1959。
② 董敬畏：《流动与社会边界——流动人口融合认同的建构》，《浙江学刊》2018年第1期。

和医疗问题、农村留守儿童救助保护机制的建立健全问题、农民工工资拖欠问题、农村新成长劳动力职业教育问题，以及来自农村的创业者所面临的其他诸多压力和阻隔等。央视《城市梦想》节目的确突破了当前一些社会现实类纪录片存在的"题材泛化""对社会观察的深刻性不足""游离于问题本质之外""社会意义受限"等缺陷，勇于呈现农民工城市融入过程中的种种现实问题，并努力寻求破解的对策。此类节目无疑对推进城乡一体化发展、拓展共同富裕之路、完善保障流动人口就业和基本生活的体制机制、建设社会主义和谐社会等，具有相当重要的现实意义。

（二）搭建跨越城乡和阶层差异的平台，创设融合认同的情境互动

从哈贝马斯的公共领域理论角度看，媒体在不同社会群体之间搭建的融合平台以及创设的情境互动，对于促成不同地域、不同群体的文化认同、价值观塑造和心理、身份等的社会融合，都具有强大的影响力。"农民工能否尽快融入城市社会，不完全取决于他们的职业技能水平和劳动态度，还在于他们能否成功地进行情境互动，跨越城乡之间、阶层之间的鸿沟与城里人、成功人士打交道。"[①] 从这一意义上看，央视《城市梦想》节目就搭建了这样一个跨越城乡和阶层差异的平台，创设了这样一种融合认同的情境互动，使得普通农民工与行业精英、市民的社会情境、社会角色及行为等得以相互交叉或重组，从而促进不同地域、阶层或群体之间的相互理解、接纳和融合认同。

在《城市梦想》系列纪实节目中，主创人员不仅以观察者的视角，通过跟踪拍摄的方式，真实展现农民工及其子女工作和生活的现状及问题，而且还采用行业精英隐藏身份、乔装打扮、真诚体验底层生活的"真人秀"方式，创设有助于行业精英与农民工相互交往的融合情境。在这种情境下的角色互动与交往，能够促使参与双方加深相互间的了解和理解，从而做出新的角色表现，产生新的感知、尊重和认同感等。如在《铁骑还乡》《北漂的日子》《快递小哥》《姑娘，不哭！》《钢筋工的音乐梦》和《留守大山的孩子》等节目中，我们看到行业精英们常常被农民工的淳朴、友善、责任感，尤其是面对生活的艰辛和磨难而顽强奋斗的精神所深深打动，从而对这一群体产生新的认知、尊重、理解和身份认同等情感及行为。如《铁骑还乡》中深圳雅堂电商董事长杨定平在看到黄丰硕等农民工在城里辛苦打拼，而他们年迈的父母则在农村老家一边干着田地里繁重的农活，一边还要承担监护孙辈的责任时，不由百感交集、潸然泪下。再比如《团圆年》节目中的盘石计算机工程有限公司董事长田宁在与农民工王进吉相处的过程中深有感触："我一开始对他感觉就是，他和我一样，就是我以前的那个

[①] 曹飞、田朝晖：《社会资本与农民工的社会整合》，《求实》2011年第12月。

影子，我们都是一个群体，我们都有相同的经历，我们都有一样的故事。"《北漂的日子》中的董事长白云峰在体验结束后也有类似自白，"我骨子里深深地尊重你""会与根建做一辈子的朋友"，等等。这些发自内心的感触、感动或自白等情感及行为，的确"不是站在高位所显示的自身优越感、对底层的不屑与鄙视感，而是一种精神的洗礼和反哺，是阶层的交流与融合"。①

（三）提升农民工城市融入的社会资本，培育多方参与的融合发展格局

如前所述，农民工的社会资本是影响其社会融合与城市化的重要因素。关于社会资本，学术界也尚未形成统一的概念，不同的学者从其学科范畴与研究范式出发，对该概念的界定也有所不同。本文中的社会资本主要是指蕴含于社会网络关系、社会组织和社会制度中的能够为人们所利用的资源。这种资源可划分为三个层次：一是私人关系型社会资本，即以个人的血缘、亲缘和地缘为纽带建立起来的社会关系网络；二是组织型社会资本，主要是指在特定范围、以特定性质的组织联系向个体提供服务和便利的各类社会组织；三是制度型社会资本，即作为一种公用资源为个体生活提供方便的规范和制度。② 上述三个层次的社会资本，对农民工的城市融合与稳定发展意义重大。

从农民工的私人关系型社会资本角度看，许多进城务工的农村流动人口，其人际交往关系常常停留在传统的血缘、亲缘和地缘关系层面，交往的人群主要是老乡、亲戚等。这种具有较强的内卷化、区隔化和同质化特点的私人关系网络，虽然对农民工进城找工作、适应新环境等，能够提供一定助益，但从长远的发展来看则存在严重的缺陷。如强化了某些农民工身上所固有的传统观念和小农意识，阻碍了农民工的城市融入、身份认同和社会地位的提升等。进而言之，农民工的社会融合与城市化，不仅需要利用现有的个人关系型社会资本，还需要打破原来的内卷化、同质化的社会关系网络，提升或拓展新的社会资本，方能获得融入城市的更多机会、资源和社会支持等。

从影响流动人口社会融合的组织型社会资本的角度看，来自大众传媒、行业精英等组织型社会资本的关注、支持或帮助，显然有助于农民工的城市融入和稳定发展。如央视《城市梦想》这样的系列纪实节目，就是媒介组织联手行业精英助力农民工社会融合与城市化的典范之作。在10集系列节目中，主创人员邀请10位有公益心的行业精英，切实体验、了解农民工职业生活的酸甜苦辣及其面临的诸多困难，并在这一过程中双方结下了深厚情谊。如《姑娘，不哭！》中

---

① 王晖：《独特的农民工群体影像志——评央视系列纪实节目〈城市梦想〉》，《中国电视》2018年第1期。

② 赵立新：《社会资本与农民工市民化》，《社会主义研究》2006年第4期。

的依文集团总裁夏华与来自东北农村的打工姑娘梁金梅、《铁骑还乡》中深圳雅堂电商董事长杨定平和来自广西桂平的农民工黄丰硕、《北漂的日子》中北京大型能源公司董事长白云峰与做了八年送奶工的李根建、《快递小哥》中的当当网总裁李国庆与来自山东农村的"90后"农民工侯可长等,他们皆经过几日非同寻常的相处和理解融合后,成为难以忘怀的好朋友。这不仅拓展了农民工融入城市的个人关系型社会资本,而且提升了农民工社会融合的组织型社会资本。作为好朋友的行业精英们不仅从个人层面给予农民工信息、情感和资源等方面的支持,而且从各自的企业组织层面,为农民工的家庭困难、创业困境和稳定发展等问题给予更重要的帮助。如《北漂的日子》中的北京大型能源公司董事长白云峰在体验结束,回到单位后,就立即着手帮助解决送奶工李根建儿子就近入园问题,并接其留守家乡的女儿来京团聚;《铁骑返乡》中的深圳雅堂电商董事长杨定平,在"恢复"身份回到单位后立即召开会议讨论成立"小候鸟基金",并将农民工黄丰硕安排在其家具厂工作,借钱给黄修建老家的房子,等等。总之,央视《城市梦想》节目与行业精英们的关心、关注和通力合作,不仅拓展了农民工城市融入和稳定发展的新型社会资本,而且切实帮助农民工解决了一些来自工作岗位和家庭生活中的实际困难。

当然,从影响农民工社会融合的制度型社会资本角度看,城市体系对外来流动人口的制度安排,在农民工城市融入过程中产生更为深层次的影响。如前所述,户籍制度、就业制度、社会保障制度、医疗制度、教育制度等制度维度上的缺失或社会排斥,是影响农民工社会融合的主要阻碍因素。因此,加强农民工城市融入的制度型社会资本层面的保障也即制度安排,是至关重要的。如彻底打破城乡对立的二元结构、逐步将流动人口制度化地纳入城市管理体系、将公共福利体系平等地向城市所有人口开放、不断构建与完善城乡一体化发展所需的制度条件等。

从上述农民工社会融合的制度型社会资本的提升角度看,大众传媒的助力无疑也有利于促进农民工城市融入的相关制度和政策的宣传普及与构建完善。譬如《城市梦想》每一集节目的结尾都结合典型案例对国家政策进行解读、宣传,内容几乎涉及有关政策的方方面面,如《国务院关于进一步完善城乡义务教育经费保障体制的通知》(《流动的家》)、《国务院关于进一步做好为农民工服务工作的意见》(《团圆年》《北漂的日子》)、《国务院关于全面实施城乡居民大病保险的意见》(《钢筋工的音乐梦》)、《国务院关于加强农村留守儿童关爱保护工作的意见》(《留守大山的孩子》)、《国务院办公厅关于全面治理拖欠农民工工资问题的意见》(《父亲》)、《国务院办公厅关于建设大众创业万众创新示范基地的实施意见》(《姑娘,不哭!》)、《人力资源社会保障部对农民工创业的支持及帮扶政策》(《十月花开》),等等。

此外,大众传媒作为联系农民工群体与政府决策部门的"中层组织",还能够为农民工权益的表达或制度性保障充当"代言人"的作用。学界有关研究表明,农民工城市融入的制度性排斥问题的原因是多方面的,其中农民工群体缺乏参与制定规则的有组织、有力量的"代言人",是不容忽视的重要因素。这种有力量的组织意义上的"代言人",主要是指那种能够把分散的、弱势的农民工组织起来,使其能够平等地参与社会利益的表达与博弈的社会组织。当然,这种组织意义上的代言人,也包括被称为公共话语平台或"中层组织"的大众传媒。诸如央视《城市梦想》节目对农民工城市融入过程中所面临的种种问题的系统呈现,显然有助于促进政府充分发挥制度设计、政策制定和督导落实等主导作用,尤其是不断完善城乡一体化的社会保障体系等。当然,央视《城市梦想》等节目的宣传、推动,也有助于促进人大、政协等机关发挥其在流动人口社会融合中的重要作用。如《团圆年》节目中的盘石计算机工程有限公司董事长田宁,出席了政协第十一届浙江省委员会第五次会议,在会上他提交了关注农民工养老问题的提案,并期望能够"引发、引起和带动全社会更多人去共同关注、关心农民工这个群体"。

综上,城市化进程中的农民工社会融合与市民化,既需要政府的主导,也需要农民工自身的主动参与,更需要大众传媒、企业组织和社会各界的共同努力。央视《城市梦想》系列纪实节目的媒介实践表明,大众传媒在流动人口社会融合与和谐社会建设中发挥着不可小觑的作用。它不仅能够积极搭建跨越城乡和阶层差异的公共平台,创设融合认同的情境互动,而且能够提升农民工城市融入的社会资本,促进农民工社会融合的相关制度和政策的普及与完善,培育和形成政府主导、社会和企业协同、农民工主动参与的融合发展格局,营造有利于农民工城市融入的社会环境。随着新型城镇化建设的深入推进,阶层流动与分化的趋势也日益加剧,越来越需要电视等大众传媒担当起促进阶层融合与和谐社会构建的职责和使命。社会的急剧转型、城乡一体化进程的加快,也越来越需要诸如《城市梦想》这样的为社会所急需的、直面现实生活中种种热点、难点问题的典范之作问世。

(作者系江苏师范大学传媒与影视学院广播电视系副教授。本文系2012年度国家社科基金项目"媒体法制传播与农民话语权保障研究"〈项目编号:12BXW018〉和2014年江苏师范大学博士学位教师科研支持项目"媒体法治信息传播与农民法律意识培育研究"〈项目编号:14XWR022〉阶段性成果)

广播影视走出去实现跨越式发展

朱新梅

党的十八大以来，中国广播影视事业产业快速发展，广播影视走出去步伐不断加快，国际市场不断拓展，贸易规模不断扩大，国际传播力和影响力不断提高，国际话语权不断增强，中国广播影视已成为国际广播影视重要力量。

一、加强政策资金保障，发挥政府主导作用

加强广播影视国际传播是中华文化走出去、增强国家软实力的重要方面。中央高度重视中华文化走出去和国际传播能力建设，国家广电总局（下称"总局"）通过制定政策、加强资金支持、进行统筹协调等方式，发挥政府主导作用，有效推动广播影视对外交流合作。

（一）加强政策和资金支持，推动广播影视积极走出去

为鼓励和支持影视文化产品和服务走出去，总局会同有关部门，出台了一系列政策和措施，推动广播影视又快又好走出去。一是加大对广播影视出口企业和项目的资金支持。2007年以来，总局会同商务部等部门每两年评选一次国家文化出口重点企业和重点项目，为广播影视走出去提供资金支持。二是提供金融支持。2010年，总局与中国进出口银行签订战略合作协议，为广播影视出口重点企业和项目提供对外优惠贷款、国际结算、对外担保等综合性金融服务。三是加大政策保障。2014年，国家出台了《关于加快发展对外文化贸易的意见》（国发13号文件）。2016年，总局联合商务部、文化部共同起草印发《开拓海外文化市场行动计划的通知》。2016年，中央出台了《关于进一步改进中华文化走出去的指导意见》。这些政策和资金支持，有力推动了中国广播影视走出去。

（二）纳入中国特色大国外交体系，提升国际合作层次水平

五年来，总局主动将广播影视走出去工作纳入中国特色大国外交整体框架，借力国家重大外交外事活动，签署了一系列政府间影视合作协议。2016年，习近平主席访问埃及期间，总局与埃及文化部签署电影合作备忘录，中国国际广播电台（下称"国际台"）与埃及国家电视台开设《中国剧场》栏目；2017年，

习近平主席访问哈萨克斯坦期间，总局与哈萨克斯坦多家电视台签署广播影视合作协议，开办《丝路剧场》栏目。2017年9月4日，在金砖国家领导人厦门会晤期间，首部金砖国家合拍电影被正式写入《金砖国家领导人厦门宣言》。截至2017年9月，中国已与20个国家签订了电影合作协议。

（三）实施重点工程，有效拓展国际市场

总局积极加强中国影视国际传播总体布局，按照"深耕'一带一路'、巩固非洲主流、开拓拉美市场、稳固周边友邻、提升对欧美影响"的工作思路，实施重点工程，加强国际市场开发和培育，有效推动中国影视走出去。据不完全统计，2016年，全国影视节目（包括电视剧、动画片、纪录片和综艺专题节目）出口额约1.21亿美元，比2012年的7455万美元增长62.3%；全国影视节目及服务出口额为6.57亿美元，是2012年的1.3倍；2016年电影海外综合收益约为5.4亿美元，是2012年的3倍多。

1. 扎实推进"丝绸之路影视桥工程"，深耕"一带一路"沿线国家市场

2013年，总局开始实施"丝绸之路影视桥工程"。该工程共策划了近800个项目，形成统分结合、资源共享、功能互补、综合推进的传播格局，有效推动了"一带一路"沿线国家的市场开发。2016年，中国影视内容产品出口"一带一路"沿线国家1374万美元，占全年内容出口的11.4%；出口时长9501小时，占全年出口总时长的29.5%。一些优秀影视节目深受欢迎，如《伪装者》《舌尖上的中国》《温州一家人》等哈萨克语版中国优秀影视节目在哈萨克国家电视台播出，受到广泛好评。

2. 持续推进"中非影视合作工程"，积极培育非洲市场

2012年，总局开始实施"中非影视合作工程"。截至2017年5月底，通过该工程，共有145部优秀影视节目被译制为7种语言的版本，与46个非洲国家的58个主流媒体签订了92个合作协议，较好地孵化培育了非洲市场。南非、科特迪瓦等过去只进口西方节目的非洲影视大国，已开始购买中国影视节目。

3. 积极实施"友邻传播工程"，巩固东南亚等周边国家市场

东南亚国家是我国广播影视主要市场。近年来，总局充分利用中国-东盟等多边和人文交流机制，实施"友邻传播工程"。2016年，总局举办中国-东盟广播影视合作圆桌会议，邀请文莱、柬埔寨等八个东盟国家广播影视行政管理部门高层和媒体机构管理人员参加，共同发布了《中国-东盟广播影视合作行动倡议》，签订了五个合作协议。

在"友邻传播工程"支持下，广西、云南、新疆、内蒙古等省区广电机构积极开展与周边国家广电的交流、合作，巩固拓展周边国家市场。广西台译配的33部1580集中国影视作品，通过《中国剧场》《中国动漫》等栏目在东盟国家

播出。内蒙古台多年与蒙古国有关电视台合作，播出了大量中国影视节目。2016年12月，中国农业电影电视中心、云南广播电视台与老挝国家电视台签署三方合作协议，共同开办《电视中国农场》老挝语节目。

4. 大力推进"影视剧本土化语言译配工程"，解决语言瓶颈问题

自2012年以来，各项重点影视合作译配工程及影视机构已译制近1600部中国优秀影视剧，译配成英语、法语、俄语、阿拉伯语等36个语种，译制时长近6万小时，在全球100多个国家实现播出。不少节目在当地播出引发收看热潮，如阿语版《父母爱情》2016年2月在埃及国家电视台播出，收视率高达3.8%，覆盖400万埃及观众。

二、加强新闻报道，增强国际话语权

随着中国国际影响力不断提高，中国新闻资讯越来越为国际社会所广泛关注。五年来，央视和国际台围绕国际国内两个大局，做大做强新闻报道，多视角、多维度、多层面对外宣传党中央治国理政新实践，向世界阐释中国制度、中国道路、中国特色，向世界讲好中国故事、传递中国声音、表达中国观点，塑造中国良好大国形象，取得显著效果。

（一）加强重大主题主线宣传国际传播

央视和国际台积极做好"五位一体"总体布局、"四个全面"战略布局、五大发展理念、经济发展新常态、共建"一带一路"等重大主题主线和时政新闻的国际传播工作，让世界通过新闻资讯更多更好了解中国，认识中国。比如，全国两会历来受到世界各国高度关注，央视加强对两会的国际传播，其直播信号被众多国际传媒机构转播。国际台使用多种语言对两会开闭幕式、总理和外长记者会等重点场次活动进行音视频、图文直播；全台65个语种媒体平台进行两会报道；以短波、中波和数字广播、海外合作电台、社交媒体等多媒体平台进行传播。2017年5月14日，"一带一路"国际合作高峰论坛开幕，央视综合频道和新闻频道、CGTN（中国国际电视台）以及央视网、"央视新闻"新媒体等平台进行了全媒体直播报道。国际台使用65种语言，综合运用融媒体平台和海外合作媒体，进行全景式、立体化报道，向世界阐释中国方案。2017年上半年，央视《新闻联播》等时政新闻相关新闻素材被众多境外电视台（频道）采用。央视还利用海外社交平台进行时政报道，与海外网友有效互动。截至2016年年底，央视英语新闻频道在海外12大平台运营23个官方账号，总粉丝数达到4621万，总阅读量超过171亿次，独立用户访问量近113亿。

（二）加强高访新闻报道

中央三台均建立健全高访报道机制，提高高访新闻报道能力，加强对高访新闻报道的国际传播。央视中、英、西、法、阿、俄等外宣频道，根据领导人访问

行程和出访地观众收视习惯,动态编排频道版面和节目,有针对性地引导国际舆论,取得良好效果。国际台充分发挥多语种、全媒体、广落地的优势积极开展特色报道,全台统一发稿平台集中发布多媒体稿件,全台65种语言媒体平台在重点时段、重点位置及时刊播高访新闻资讯。

(三)加强涉华重大事件报道

围绕涉华重大国际事件,央视和国际台加强议题设置,积极引导国际舆论,有力配合国家外交,维护国家主权,取得较好效果。如围绕南海问题,央视英语频道策划推出了《问南海》和《主权之争》大型系列报道;国际视通发布关于南海问题新闻337条,其中181条被境外526家电视台播出8085次。[①] 国际台在南海问题舆论应对上实现精准覆盖、合作发声。央视新闻频道还建立了"全球专家资源库",拥有15个国家50名多名顶尖智库学者,在发生涉我及世界重大事件时,推出《全球智库看中国》特别节目,通过外国权威专家发出中国声音,有效提升了中国国际影响力。

(四)加强国际重大事件突发事件报道

提高对国际重大事件突发事件报道能力,是争夺国际话语权的重要举措。央视和国际台积极加强国际新闻报道能力,快速、准确、客观报道国际重大事件突发事件,强化中国视角,表达中国主张,大大提高中国国际话语权。如央视"巴黎民众哀悼恐怖袭击遇难者""法国检方确定两名恐怖分子身份"等新闻素材被BBC、CNN、法国24台等国家和地区的境外电视频道采用。国际台对法国尼斯恐怖袭击、土耳其未遂政变、印巴边境冲突、孟加拉国和巴基斯坦恐怖袭击等国际重大突发事件进行直播式报道,表达了中国立场。

三、打造精品力作,提升国际影响力

党的十八大以来,中国影视节目质量大幅提升,国际影响力不断增长,2012年至2016年,中国影片在国际电影节上获得552个奖项。中国影视节目已发行到全球200多个国家和地区,不少电视剧在互联网上引发"华流"现象。

(一)联合开办国际性栏目,实现借嘴说话

与国际传媒机构合作开办栏目,可以实现借筒传声、借台唱戏、借船出海,提高中国影视节目的国际影响力。央视英语新闻频道、西语国际频道与澳大利亚天空电视台、拉丁美洲南方电视台等传媒机构联合制作大型电视辩论节目《对话世界》、周播文化节目《棱镜》(Prisma)。央视英语新闻频道与美国库恩基金会联合推出《走近中国》栏目,由西方人士主持,探讨中国重大政治话题,节

[①] 国家新闻出版广电总局发展研究中心:《中国广播电影电视发展报告(2017)》,中国广播影视出版社2017年版,第200、201、207、208、209页。

目播出后在海外产生积极反响。

（二）加强影视合拍，实现合作播出

央视等媒体及影视制作机构加强与国际传媒机构、影视制作机构的合作，联合制作了大量影视作品，并实现合作播出。央视与多家国外影视机构合作，推出系列精品节目栏目。如与捷克、南非、新西兰、澳大利亚、英国等国影视机构合拍动画片《熊猫与小鼹鼠》及纪录片《改变世界的战争》《孔子》等。广东广播电视台与 PBS（美国公共电视网）联合拍摄《海上丝绸之路》，在 PBS 播出。贵州广播电视台与法国电视二台联合制作的《相约未知地带——走进贵州苗寨》在法国电视二台首播，收视率达 21.9%，加上重播，法国观众人数超过 1500 万，平均每 4 个法国人就有 1 个人收看。中美合拍纪录电影《我们诞生在中国》，海外票房超过 1500 万美元。

（三）打造原创精品，形成"华流"现象

中国影视节目质量不断提升，一批原创优秀影视节目在国际上广受欢迎。如《琅琊榜》《军师联盟》《楚乔传》等古装剧成为海外发行的"现象级"大剧，现实题材电视剧也日益受到更多国家观众的欢迎，如《解密》在国外网站被翻译成德语、英语、西班牙语、法语、印尼语、波兰语、匈牙利语、葡萄牙语等多种语言，海外平台总点击量近 400 万次。[①] 上海广播电视台出品的《中国面临的挑战》系列纪录片获第 68 届美国洛杉矶地区"艾美奖"最佳社会与法制类节目奖，这是中国主流媒体机构首次在国际上荣获重要奖项。江苏台《蒙面唱将猜猜猜》《我们相爱吧》等多档综艺节目在海外 50 多个国家和地区播出；《超级战队》节目模式销往美、德、法、西班牙和北欧等国，实现中国原创节目模式海外输出的重大突破。央视春晚系列已成为国际性品牌节目，2016 年央视春晚中文国际频道亚、欧、美三版首重播春晚 40 余次；2016 年元宵晚会通过 YouTube（优兔）、Facebook（脸谱）同步高清播出，并及时发布点播视频，Facebook 平台总曝光量超过 1273 万次，独立浏览用户超过 900 万人，总互动人次超过 47 万；2017 年春晚，全球 157 个国家和地区的 222 家电视机构全程转播中文国际频道和 CGTN 直播信号。

四、加强渠道平台建设，建成多元化融合传播网络

渠道平台是节目内容走出去的重要支撑。五年来，广电机构通过卫星传播、与有关国家媒体合作、在海外社交媒体开设账户等方式，建立多元化、融合化传输覆盖网络。截至 2016 年年底，央视 7 个国际频道在 171 个国家和地区实现整

[①] 数据来源：华策影视集团提供。

频道或部分节目落地，累计用户数超过 4 亿。[1]

（一）打造国际传播旗舰媒体和本土化品牌媒体

2016 年年底，CGTN 正式开播。CGTN 包括 6 个电视频道、3 个海外分台、1 个视频通讯社和新媒体集群。[2] 国际台加强本土化传播，着力打造本土媒体品牌。国际台曼谷调频台收听率排名进入当地前十，国际台巴基斯坦中巴友谊台获得本土广告营销许可。2017 年 8 月 20 日，中巴友谊台首次播出商业广告，开创国际台自建式海外调频电台商业化运作的先例。[3]

（二）加强移动新媒体平台建设

顺应传媒融合发展移动化发展趋势，央视上线多功能海外移动新闻网，依据海外社交精准数据、用户画像及海外主流国际新闻网站多维度调研分析设置内容频道，实现内容精准传播；融通突发新闻、视频直播、社交分享、视频图片聚合等多功能，实现多渠道分发。联合北京、北美、非洲三地团队共同建设，继续扩展移动新闻网内容频道，强化视频优势，实现平台化转型，打造主流媒体移动新闻旗舰。目前，CGTN 移动新闻网全球总粉丝数超过 6000 万。

国际台以移动互联网和海外社交媒体为主要发展方向，重点打造 ChinaNews、ChinaRadio、ChinaTV 三个移动端新媒体产品，[4] 实现基于移动互联网的国际传播，形成以"中华"（China）品牌为统领的多语种移动应用产品集群。目前，已推出中英、中俄、中意等大量特色双语客户端，如中意客户端聚焦旅游、美食、文化及权威外交信息发布。

（三）开办中国频道栏目和中国频率

中国国际电视总公司与境外电视机构合作，开播海外本土化中国节目频道和时段。目前，已在越南、缅甸、捷克、英国、南非等国家打造全新"ChinaHour"海外时段品牌和"Hi + 国家！"海外频道品牌，建立了全球联播网络。与境外电视机构合作，在其电视频道固定植入播出中国电视栏目或节目，覆盖海外用户累计约一亿户。国际台海外整频率电台覆盖 50 多个国家的首都或主要城市约五亿

---

[1] 国家新闻出版广电总局发展研究中心编著：《中国广播电影电视发展报告（2017）》，中国广播影视出版社 2017 年版，第 200、201、207、208、209 页。

[2] 国家新闻出版广电总局发展研究中心编著：《中国广播电影电视发展报告（2017）》，中国广播影视出版社 2017 年版，第 201、208、200、209、207 页。

[3] 《FM98 中巴友谊台首次播出商业广告》，http://www.cri.com.cn/2017 - 08 - 23/a7927267 - 6683 - 4e4c - 644f - d80cba967a8f.html

[4] 国家新闻出版广电总局发展研究中心编著：《中国广播电影电视发展报告（2017）》，中国广播影视出版社 2017 年版，第 200、201、207、208、209 页。

人口，约24%的整频率电台在当地收听率排名位居前列，部分电台排名首位。①云南台、广西台、内蒙台等都在相关国家开办了《电视中国剧场》等栏目，播出中国影视剧节目。

（四）充分利用国际社交媒体

央视网在Facebook、YouTube、Twitter（推特）、Instagram（照片墙）、VKontakte（俄罗斯社交网站）等海外主流社交平台建立并运管央视系列、熊猫频道系列共计31个账号，涵盖中文、英语、阿拉伯语、西班牙语、法语、俄语、韩国语等主要语种，覆盖230多个国家和地区。国际台共用43种语言在境外社交平台注册113个账号，粉丝数达4300万，英语、泰语、缅甸语、日语、越南语等12种语言的境外社交媒体账号粉丝数超过百万。中国国际电视总公司在YouTube、Viki（众包翻译视频聚合网）、Netflix（奈飞）、Dramafever（美国华纳兄弟旗下电视节目视频网）等平台开设账户，新媒体网络覆盖东南亚、欧洲、北美、大洋洲、非洲200多个有互联网服务接入的国家和地区，新媒体平台累计上线近两万小时的影视节目。一些地方电视台、影视制作机构也纷纷利用海外视频网站、社交平台加大走出去力度。如芒果TV在YouTube、DailyMotion（法国视频分享网）等主流视频网站上播出湖南广播电视台优质内容，有效覆盖全球240多个国家和地区。

（五）打造海外营销推广平台

2004年以来，总局已连续48次组织国内影视机构以"中国联合展台"整体形象参与国际影视节展，集中展示中国影视节目精品，树立中国影视品牌和整体形象，成为中国影视海外营销重要品牌，有效促进了国际贸易规模的提升。2016年，总局组织影视机构参加国际重要影视节展，在12个节展上设立了"中国联合展台"②，举办推介活动，通过"中国联合展台"达成的意向签约金额为4500万美元，约占2016年全年影视节目整体出口金额的56%。2016年，"中国电影·普天同映"全球发行平台启动。目前，该平台已与亚洲、欧洲、北美、大洋洲的多个国家的主流院线成功对接，实现了多部国产新片的海外规模性商业发行。

五、加快培育市场主体，壮大走出去力量

经过多年培育和发展，中国涌现出一批影视出口企业，不断拓展国际市场，

---

① 国家新闻出版广电总局发展研究中心编著：《中国广播电影电视发展报告（2017）》，中国广播影视出版社2017年版，第201、208、200、209、209、207页。

② 国家新闻出版广电总局发展研究中心编著：《中国广播电影电视发展报告（2017）》，中国广播影视出版社2017年版，第201、208、200、209、209、207页。

提高国际影响力。

（一）数字电视技术企业推动技术和产品走出去

四达时代将中国数字广播电视技术成功输出到非洲，并在近20个国家运营，建成节目中继平台、直播卫星平台、数字地面电视传输平台三大平台，拥有440多个获授权频道，上线播出央视等华语主流媒体，用英语、法语、葡萄牙语、中文及非洲本地10多种语言播出，共发展数字电视用户近700万。[①] 云南广电传媒集团积极拓展周边国家市场，成功向老挝等国家输出数字广播电视技术。中影股份与欧洲第一大电影技术服务和设备服务提供商Ymgis集团达成合作，共同在欧洲开发"高格式银幕"影院，输出"中国巨幕系统"并开展ALPD激光光源在欧洲市场的升级改造，Ymgis集团还将在欧洲地区代理销售数字电影3D、4D、银幕等影院设备设施产品。

（二）影视制作企业加快推动内容产品走向世界

一批优秀影视制作机构积极拓展国际市场，如华策集团、新丽传媒、华录集团、华谊兄弟等，向海外发行大量自制作品并代理发行其他机构作品。其中，华策集团累计将1万多小时的作品发行授权覆盖全球180多个国家和地区。自2005年起，华策海外发行收入持续增长，到2016年已累计创汇约5000万美元。华策出品的《我的奇妙男友》在DramaFever与国内同步播出，海外平台点击量超过480万，成为仅次于韩国《太阳的后裔》的最红亚洲剧；《亲爱的翻译官》在Viki上同步播出，被粉丝翻译成23种语言字幕，一度飙升至排行榜第一名。华策集团还以"华剧场"搭建海外渠道，覆盖30多个国家和地区，年播出量超过700小时。华策集团旗下克顿传媒自制剧目全部上线YouTube克顿自营频道；华策在DailyMotion平台上线2123个视频，内容涵盖电视剧、纪录片、动画片、短视频等。

（三）出口发行企业不断提高国际营销能力

中国国际电视总公司近5年来海外发行销售金额持续增长，2016年海外节目发行突破两万小时，比2015年增长1倍多；发行近40部现实题材电视剧，比2015年增长超过50%。一批新的国际发行企业也在发展壮大。比如，上海广播电视台旗下五岸传播公司积极挖掘版权资源，2016年实现国际版权交易1339万，对外合作超过640小时，国际贸易出口近200万美元。江苏广播电视台旗下江苏广电国际传播有限公司2016年向海外发行760小时节目，其中电视剧11部415集、综艺节目22档264期、纪录片4部30集。

（作者单位：国家广播电视总局发展研究中心国际所）

---

① 数据来源：四达时代集团提供。

守正出新　砥砺奋进

——一份媒体融合发展的"答卷"

彭　锦

除传统的广播电视新闻外,客户端、微博、微信、视频直播、可视化新闻、虚拟现实(VR)技术、互动产品等全媒体、全景式、多终端的传播以"标配式"的存在,刷新着新闻报道的可看性及触达率。这些报道的背后,是传播技术和传播手段的革新,更是新闻传播领域观念和理念的更新、各级媒体机构体制和机制的创新。传统媒体与新兴媒体在深度融合领域正交出一份份出色的"答卷"。

一、自上而下高度重视,政策引领媒体融合向纵深发展

(一)中央为媒体融合发展"立柱架梁"

以习近平同志为核心的党中央高度重视媒体融合发展。党的十八大以来,党中央从战略高度谋篇布局,确定任务书、明确路线图、清晰时间表,扎实、有力地搭建推进媒体融合向纵深发展的四梁八柱。

2013年8月19日,在全国宣传思想工作会议上,习近平总书记作出重要指示,要求宣传思想工作战线上的同志们"要解决好'本领恐慌'问题,真正成为运用现代传媒新手段新方法的行家里手"[1]。同年11月召开的党的十八届三中全会,首次提出推动媒体融合发展这一重大任务。次年8月18日,中央全面深化改革领导小组第四次会议审议通过《关于推动传统媒体和新兴媒体融合发展的指导意见》,正式吹响媒体融合发展的"集结号"。"习近平总书记多次就推动媒体融合发展作出深刻阐述,强调融合发展关键在融为一体、合而为一,要尽快从相'加'阶段迈向相'融'阶段,着力打造一批新型主流媒体"[2]。

在中央的高度重视下,推进媒体融合向纵深发展的顶层设计日渐完善,中

---

[1]《习近平在全国宣传思想工作会议上的讲话》,http://www.cac.gov.cn/2014-08/09/c_1115324460.htm

[2] 刘奇葆:《推进媒体深度融合　打造新型主流媒体》,《人民日报》2017年1月11日。

办、国办发布的《国家信息化发展战略纲要》《关于促进移动互联网健康有序发展的意见》《国家"十三五"时期文化发展改革规划纲要》等政策文件，进一步明确媒体融合发展的重要战略地位、推进方向和主要任务，明确要有效整合各种媒介资源和生产要素，加强新闻媒体移动端建设。

（二）新闻出版广电系统积极贯彻落实中央媒体融合政策

国家新闻出版广电总局（下称"总局"）按照中央部署，强化政策引导，大力实施传统媒体和新兴媒体融合发展战略、"智慧广电"战略、"宽带广电"战略和"广电+"行动，并及时总结推广实践经验。[1] 2016年，总局出台《关于进一步加快广播电视媒体与新兴媒体融合发展的意见》、编制发布《广播电视台融合媒体平台建设技术白皮书》，在行业政策及技术标准等方面为广电媒体的融合发展把舵指航。2017年，总局发布《新闻出版广播影视"十三五"发展规划》，把传统媒体与新兴媒体的融合发展作为广电机构"十三五"期间全面转型升级的突破口，进一步推进全国广电领域的融合发展。

各省（区、市）因地制宜，加大广电媒体融合工作力度。对媒体融合工作和融合项目加强政策支持、扶持引导和资金投入，各省纷纷将媒体融合发展列为本省广播影视"十三五"工作的重要板块，在政策、资金等环节给予倾斜。河北局、安徽局、四川局、江苏局等专门制定出台了推进广电媒体与新兴媒体融合发展的具体意见或实施方案，浙江省连续两年把媒体融合列入重大突破改革项目。广东省在广东省委宣传部指导下，于2016年3月成立首只媒体融合投资基金，资金总规模达100亿元，以新媒体为投资方向，重点支持广东传媒出版企业转型升级和媒体融合发展重点项目。四个月后，广东省第二只百亿元规模的媒体融合投资基金由广东省委宣传部和省财政厅联合发起设立，为媒体融合向纵深发展提供良好的政策和资金环境。

二、各级媒体因地制宜，媒体融合工作亮点纷呈

近几年，中央、省级和地市级媒体量体裁衣，因地制宜、因时制宜地进行媒体融合发展的探索实践。

（一）"国家队"持续发力引领深度融合

越是信息庞杂，越是众声喧哗，越需要理性、客观、专业的信息资讯和价值判断。在舆论生态和传媒业态发生巨大变化的今天，以《人民日报》、新华社、中央人民广播电台（下称"中央电台"）、中国国际广播电台（下称"国际台"）、中央电视台（下称"央视"）为代表的"国家队"积极作为，以

---

[1] 田进：《加快推进广电媒体与新兴媒体深度融合》，《中国广播电视学刊》2016年第10期。

"自我革命"的精神啃下深度融合这块"硬骨头",推进全面创新,实现合二为一。

《人民日报》把"中央厨房"建设作为新型主流媒体必须攻克的"腊子口",通过优化采编资源的配置、提升采编联动的效能、构建融合机制的配套采编体制和绩效考核体系,形成全天候生产、全终端分发、全媒体传播的融媒体布局和配套机制。截至2017年8月,《人民日报》客户端累计下载量已达1.99亿,微博总粉丝和微信关注人数分别超过9400万和1300万。新华社立足市场变化和用户需求,着力打造"网上通讯社",搭建基于互联网的全媒体供稿库,推出了以多媒体直播为特色的"现场云"服务。2017年上半年,新华社客户端下载量已超过2.1亿,100多家中央和地方主流媒体入驻"现场云"服务。

中央电台以"新型广播、融合发展"为思路,建立融媒体新闻指挥中心和中国广播云平台,再造了连接中央电台和全国61家广播电台、2300多名编辑记者,进行协作生产的新闻采编流程和共享机制,形成"音频+新媒体"新闻产品矩阵。国际台依托"中华云"建设媒体融合新型生产制作系统,延伸开发"中华"(China)系列产品,运用融媒体方式进行立体传播,并重点经营海外社交媒体账号。截至2017年8月,国际台共有43种语言在境外社交平台注册账号113个,粉丝数达4300万,部分社交账号成为所在国媒体类第一账号,粉丝数超过BBC等主流媒体在该国的粉丝数。央视坚持以新闻为龙头,以视频为重点,以用户为中心,以"三微一端"为抓手,已经初步建立多终端、多语种、全覆盖的"一云多屏"新媒体传播体系。截至2017年9月,央视网多终端全球覆盖用户超过10亿,"央视影音"客户端全球累计下载量达5.8亿;央视新闻移动网入驻矩阵号达134家,共发布移动直播1992场、短视频8万余条。十九大召开前夕,中国国际电视台(中国环球电视网)融媒中心开始运营,可实时共享央视所有电视和新媒体新闻资源,并能汇聚全球25000多家网络媒体和70家权威媒体机构的资讯,通过融媒体建设打造外宣旗舰媒体。

媒体融合的新理念、新方法、新手段,正成为"国家队"转型升级的新抓手。让内容匹配最合适的技术手段,让内容生产贯穿价值导向并充满人文情怀,"国家队"正频频生产出网络上"刷屏最凶猛"的"爆款",逐渐成长为形态多样、手段先进、具有竞争力的新型主流媒体。

(二)"地方队"因地制宜多元发展

在新兴媒体快速发展和传统媒体经营下滑的双重压力下,省级和市、县级媒体因地制宜,主动作为,部分媒体大胆创新,先试先闯,把传统媒体与新兴媒体的融合发展作为推动广电媒体转型升级的"牛鼻子",逐渐形成合纵连横、各具特色的融合发展模式。

上海台通过资本运作整合大小文广，组建上海文化广播影视集团有限公司，与上海广播电视台一体化运作。在台、集团发展战略中，整合原电视新闻中心、外语中心、看看新闻网成立融媒体中心，建立了涵盖东方卫视频道、百视通 IPTV、手机电视、BesTV 互联网电视平台、"看看新闻 Knews"手机客户端等多种渠道的视频聚合和分发机制。湖南台于 2015 年出台并实施《建设新型主流媒体若干意见》，以"芒果云"体系为依托，台网合作形成"马栏山"文化内容云生产体系，并通过"一云多屏、多屏合一"的平台入口和特色内容优势，彼此借力构建现代新型传播矩阵，提供了广电媒体融合发展、创新转型的另一思路。

湖北"长江云"平台定位于省域生态级融合平台，通过平台共建、资源共享、优势整合，打破了省、市、县三级媒体在媒体融合进程中单打独斗的局限，打造属于主流媒体的汇聚平台，引领省、市、县广电媒体、报业媒体、政务新媒体的融合发展。2017 年上半年，已有 117 家省、市、县媒体纳入集群，共享"长江云"平台的"中央厨房"，汇聚各类媒体产品 8112 个。广东推出全国首家以广电主播为核心内容的直播平台"荔枝直播"，探索广电主播的"高格网红"之路；推出移动端新闻资讯聚合类产品"触电新闻"，上线不到一年已入驻 1.6 万个"触电号"，下载量超过 1300 万，逐渐形成了以广电媒体为主的平台型新闻聚合生态。山东"轻快"手机台以第五代超文本标记语言（H5）技术为依托，为基层广电特别是中西部地（市）县广电媒体融合发展、转型升级提供解决方案、技术支撑和服务平台。目前已有全国 20 余省的 177 家市、县电视台等机构加盟，精准覆盖两亿人口，有效推动了基层广电以低成本实现融合发展及移动互联转型。

或是借助资本力量，或是发挥内容优势，或是借助行政力量，或是打造地域级融合平台，或是形成联盟化趋势，"地方队"不拘一格，因地制宜地发挥优势，探索出一条条路径不同但都可圈可点的深度融合发展之路。

三、"守正出新"，媒体融合中的不变与变

过去五年，是媒体管理机构和各级媒体运营机构砥砺奋进的五年。传统媒体与新兴媒体正由简单"相加"迈向深度"相融"。从已取得的成绩和经验可以看出，传统媒体与新兴媒体的合二为一是一个"守正出新"的过程。

（一）守正：媒体融合中始终坚持党管媒体，坚持新闻立台

守正，是新闻传播的定位和使命不变，是尊重信息传播和互联网传播的规律不变。

第一，党管媒体的原则不变，新闻立台的原则不变。无论媒体融合如何深度

发展，主流媒体永远是党的舆论阵地，广大新闻舆论工作者是"党的政策主张的传播者、时代风云的记录者、社会进步的推动者、公平正义的守望者"[①]；而新闻仍然是新媒体时代广播、电视立台的根基。无论新闻传播的载体是微博、微信、微视还是移动客户端，主流媒体的定位没有发生改变，性质、职责和使命也不会发生变化。

第二，坚持以内容为根本，以内容优势赢得发展优势。央视制作的3集系列微视频《初心》，虽然内容加起来只有20分钟，但网络点击量突破12亿次；《人民日报》客户端为庆祝中国人民解放军建军90周年推出的H5产品《穿越时光，这是我保家卫国的样子》，以超过10.4亿次的点击量创下迄今单个H5产品访问量最高纪录；新华社于2017年春节期间推出的融媒体形态微纪录片《小账本连着大情怀》，获得了6.7亿次的观看。主流媒体正成为网络"爆款"和"现象级"产品的重要生产者，因为内容创作是传统媒体的优势。在融合发展中，通过对互联网传播与运营规律的钻研，传统媒体能够将内容创意上既有的垄断优势转化为更加有力的竞争优势。

（二）出新：在深度融合的战略谋划下，形式多样出新出彩

出新，是传统媒体打开思路、积极拥抱互联网的必然之举。通过内容创新、渠道拓展、平台运营、流程再造、组织重构、安全保障等各个环节的协同演进和开拓创新，通过新闻采编生产流程的重构和分众化、差异化的传播，实现互联网时代媒体发展的百花齐放。

这几年，新闻的制作环节变了。有条件的电台、电视台纷纷建设制播云平台和基于用户互动的制播大数据系统，通过"中央厨房"实现新闻采编生产流程的重构。信息的分发环节变了，单向传播正在向多元传播转变，一方面是多平台、多渠道的全媒体分发，另一方面是分众化、差异化的个性化传播。信息的呈现方式变了，H5产品、可视化新闻、VR内容、网络直播、短视频传播等正不断刷新着人们的观感体验，裂变式发展的技术快速渗透信息生产传播的各个方面，为人们提供着不断更新换代的产品体验。合作的模式变了，共建和共享成为媒体的"新常态"，从央媒到市、县级媒体，很多项目正在被携手推动，建立共同建设、共同受益的良性循环。

不忘初心，方得始终。回看传统媒体与新兴媒体融合发展日渐深入、硕果渐显的这几年，应该更清晰地认识到：融合发展只是手段，其目标是解决传统媒体在互联网时代的"本领恐慌"，是"打造一批形态多样、手段先进、具有竞争力

[①] 杜尚泽：《习近平在党的新闻舆论工作座谈会上强调：坚持正确方向创新方法手段 提高新闻舆论传播力引导力》，《人民日报》2016年2月20日。

的新型主流媒体",是"建成拥有强大实力和传播力、公信力、影响力的新型媒体集团",更是"建立立体多样、融合发展的现代传播体系",进而为建设社会主义文化强国贡献力量。

(作者单位:国家广播电视总局发展研究中心新媒体所)